KB042750

2

正史를 버무려 쓴

조선왕조야사

박홍갑 지음

본서는 한국고전번역원이 구축한 〈한국고전종합 db〉(https://db.itkc.or.kr)《연려실기술》을 대본으로 하였음을 밝힙니다.

正史를 버무려 쓴

조선왕조야사

2

박홍갑 지음

차례

조선왕조야사 1

제12대
인종대왕

휘는 호(峼), 자는 천윤(天胤)이요, 중종의 원자이다. 장경왕후가 중종 10년 을해(1515) 2월 25일 경복궁에서 낳았고, 경진(1520)에 왕세자로 책봉했으며, 임오(1522)에 관례를 행하여 입학하고, 갑진(1544) 11월에 왕위에 올랐다가, 이듬해 을사 7월 초하루 경복궁 아래 소침에서 승하하니, 왕위에 있은 지 겨우 8개월이고, 수는 31세였다. 명나라에서 시호를 영정(榮靖)이라 내렸으니, 은총과 복록이 빛나고 큰 것을 영(榮), 너그럽고 즐거워 잘 죽은 것을 정(靖)이라 하였다. 능은 효릉(孝陵)이니, 고양 땅 희릉 서쪽산 간좌이다. 비는 인성왕후 나주 박씨인데, 증 영의정 용의 딸이다. 갑술(1514) 10월에 태어나 갑신년(1524)에 세자빈으로 책봉되고, 갑진년에 왕비에 올랐다. 정축(1577)에 승하하니 수는 64세요, 능은 효릉(孝陵)이니, 왕의 능과 같은 언덕이다.

8개월짜리 성군

갑진년(1544) 겨울 11월 14일에 중종이 위독하자, 좌의정 홍언필과 우의정 윤인경을 침소로 불러서 이르기를,

"내 병이 중하니 세자에게 왕위를 전하고자 하노라."

하고는 이튿날 세상을 떠나니, 새 임금 인종이 즉위하고 성복(成服)했다.

왕위 계승권에 전혀 하자가 없는 정통성을 가진 인종이었지만, 세자 시절 궁중에서 벌어진 크고 작은 사건들이 잦았던 것은 계모 문정왕후가 명종을 낳았던 것이 화근이었고, 특히 명종 외숙으로 소윤을 이끌던 윤원형 세력이 워낙 막강했기 때문이다. 그러하니 임금이 된 후에도 문정왕후 눈치를 보지 않을 수 없었다.

이조민의《괘일록》에,

"인종 임금이 동궁에서 덕을 길러 성스러운 덕이 일찍 성취되어, 모든 행동이 규범에 맞아 날마다 유신(儒臣)들과 더불어 옛글을 강론하기를 주야로 게을리 하지 않으니, 당대 선비들이 자기 집에서 몸을 닦아 훗날 등용되어, 어진 임금께 쓰일 희망을 가지고 간절히 기다리니, 유풍이 크게 떨쳐서 사람들이 요순이 될 소년 임금이라 일컬었다."

라고 하였듯이, 인종을 매우 긍정적으로 평하고 있다는 점이 다소 이채롭다. 명종의 외숙이자 소윤을 이끌던 윤원형 사위가 이조민이었기 때문이다.

이동형의 야사《동각잡기》또한,

"중종이 기묘년에 사정전에 나와 원자의 글 읽는 것을 보는데, 그때가 다섯 살이었다. 보양관 남곤·조광조와 승지 사관들이 들어와 모시고 있었다. 원자가 강사직령(降紗直領)에 옥띠를 매고, 검은 가죽신

을 신고 단정히 손을 모아 책상에 앉았는데, 의젓하기가 어른 같았다. 《소학》을 읽는데 물 흐르듯 하여, 뜻을 해득하고 분석함에 목소리가 어질고 두터우매, 신하들이 가만히 중종의 안색을 살피니 기쁨을 억제하지 못하였다."

라는 내용으로 인종을 그려내고 있다.

박동량의 야사집 《기재잡기》를 보면, 경연이 열릴 때마다 중종은 세자를 임금 걸상 동쪽에 나와 앉도록 하였는데, 어느 날 경연에서 신하들과 강을 마치고 글 뜻을 의논하고 있다가 갑자기 임금이,

　"이런 말은 어디서 나왔고 그 뜻은 무엇이냐."

라고 물으니, 좌우 신하들이 대답하지 못했다. 이에 임금이 세자를 돌아보면서,

　"아느냐?"

하였더니 세자가 일어나서,

　"압니다."

라고 대답하기에, 좀 더 구체적으로 물었더니,

　"어느 책에서 나왔고 그 뜻은 이러이러 합니다."

하는지라, 좌우가 절하고 하례하지 않는 이가 없었고, 임금도 재삼 돌아보면서 기뻐하는 빛이 얼굴에 넘쳐 흘렀다고 기술하고 있다.

경진(1520) 4월에 왕세자로 책봉하였는데, 그때 나이 여섯 살이었다.

인종이 동궁에 있을 때 서연을 열어 강관이 글을 읽고 있는데, 홀연 얼굴빛이 변하면서 읽는 것을 그치라고 하고 일어나 안으로 들어가더니, 조금 있다가 다시 나와,

　"벌이 소매 안으로 들어가 몹시 쏘기에 겨우 이제 잡았노라."

라고 하였던 고사를 두고, 어린 나이의 세자가 성인의 덕이 천성으로 이루어졌으니, 온화한 용모가 이와 같았다고 《공사견문》은 전하고 있다.

부왕 집상(執喪)이 예법보다 지나쳐 날로 더욱 몸을 보전하기 어렵게 되자, 모든 신하가 뜰에 서서 울면서 여러 날 동안을 청했지만, 친히 글을 지어서 제사 드리기를 게을리 하지 않았다. 누이 효혜공주가 일찍 죽자 지나치게 슬퍼하여 병이 났으니, 천성적으로 타고난 두터운 우애가 이와 같았다.

인종이 즉위한 후 곧이어 윤원형을 공조 참판으로 올렸으니, 이것은 대개 대비(문정왕후) 마음을 위로하기 위함이었다. 대사헌 송인수 등이 한 달이 넘도록 논박하니, 마침내 가선의 품계를 거두었다. 당시에 깊이 생각하는 이들은 혹 그 처사가 너무 심함을 걱정하여 송인수에게 논박을 중지하기를 바랐을 정도였다.

임금이 일찍이 시녀들 가운데 고운 옷 입은 자를 보면 즉시 내쫓으라 명하니, 엄하게 하지 않아도 궁정 안이 자연스레 엄숙해졌다. 형조에 송사하는 자가 임금이 거동 할 때 행차 앞에 와서 원통함을 호소하니, 지은 글을 올리라 명하였다. 이때 판서 윤임이 당상관들을 거느리고 대궐에 들어가 아뢰기를,

"옛날로부터 송사하는 사람에게 지은 글을 올리라고 한 전례가 없습
니다."

하니, 임금이 이르기를,

"인군이 친히 글을 보고서 그 원통함을 가리고자 하는데, 송사 맡은
관원이 임금의 명을 어기고 올리지 않는 전례는 있었던가."

라고 나무랐다. 윤임이 다시,

"이 사람의 송사는 본조에 온 지가 며칠 되지 않아, 그 증거 자료가
전라도 아무 군에 있습니다."

하므로, 명하여 가져오게 하였는데, 겨우 서울에 도착하자 임금의 병이 위독하여 친히 보지 못했으니 애석한 일이다. 이를 두고 어숙권은《패관

잡기》에서, 인종의 과단성으로 대윤을 이끌던 외숙 윤임까지 제어함을 볼 수 있다 하였다.

《동각잡기》《패관잡기》《치재일록》 등에 따르면,

임금이 집상의 예를 다하고 자전 대비를 효성스럽게 받드니, 신하들이 임금에게 애통함을 억제하여 몸 보전하기를 청했으나, 듣지 않고 점점 병이 깊어지게 되었다. 을사년(1545) 6월 27일에 벼락이 경회루를 때려 기둥을 싼 쇠가 부서지기까지 하니, 위독한 중에도,

"벼락이 어디를 때렸느냐. 대비께서 놀라셨을까 걱정이구나."

하고, 곧 내관을 보내어 문안케 했다.

어느 날 자전 대비가 홀로된 자신과 어린 아들[명종]을 보전하기 어렵다는 말을 하니, 그 말을 들은 인종이 미안함을 견디지 못하여, 처마에 햇볕이 내리쬐는 데도 오랫동안 엎드려 대비를 위안케 하여 감동시키자, 그제야 대비 안색이 약간 풀렸다. 이런 뒤로 임금의 근심이 많아져 점점 병을 이루었으니, 조정이 다급하여 어찌할 바를 알지 못했다.

이에 정희등이,

"대군[명종]을 세제로 봉하는 것이 위로는 대비의 의심을 풀어 드리고, 아래로는 모략하는 말들을 진정시키는 것이니, 급히 거행할 것을 청하자."

라고 하여, 조정 의논이 쏠렸으나 미처 아뢰어 청하기도 전에 임금이 승하하였다.

을사년 6월 그믐밤에 인종 기운이 미미하자, 삼정승에게 유언하여 전교를 내리기를,

"내 병이 장차 거의 일어나지 못할 것 같은데 이을 자식이 없고, 선대왕의 적자는 오직 나와 경원대군[명종] 뿐이다. 비록 나이는 어리나 총명하고 슬기롭고 숙성하여 뒷일을 부탁할 만하니, 경들은 함께

도와서 세우게 하라."

하였으니, 그때 명종의 나이 겨우 열두 살이었다.

이때 친히 '전왈(傳曰)'이란 두 자를 썼다가, 문득 깨닫고 말하기를,

"내가 이미 전위한 것을 잊고서 전(傳)자를 잘못 썼도다."

하고는 드디어 고쳐 썼다.

영상 윤인경과 좌상 류관 등이 아뢰기를,

"직접 뵙고 전교를 받겠나이다."

하니, 드디어 안으로 불러들여 왕위를 전하는 단자에 계자(啓字 : 임금 인
장의 일종)를 찍어 내려주었다.

또 경연관들을 불러 보고,

"병이 이 같으니 효도를 마치지 못하겠고, 또 경들과 더불어 다시 만
나 볼 수 없겠다."

하니, 모두 땅에 엎드려 눈물을 가리고 나왔다.

《영남야언》이나 《풍암집화》 등에 따르면,

"한때 윤원형이 나라 권력을 차지할 것을 도모했으나, 인종이 즉위
하자 감히 그 간악한 꾀를 부리지 못하였다. 일찍이 절에 불공을 올
려 임금 수명이 길지 않게 해달라고 기도하였고, 또 야심한 밤 남산
에 등불과 촛불이 있어 사람들이 가만히 살펴보니, 원형이 손수 향
을 피우고 등불을 켜 놓고, 신좌(神座)에 경례하고 비는 말이 흉악하
고 참혹하여 차마 들을 수가 없었다. 또 궁중에 나무로 만든 사람을
묻어서 요망한 방술을 자행했다."

라고 하여, 당시 왕위 계승을 둘러 싼 궁중 암투가 치열했음을 전하고 있
다.

《동각잡기》에서는,

"동궁으로 덕을 기른 지 30년에 즉위하여, 온 나라가 태평한 정치를

기대하였더니 갑자기 승하하자, 서울 사대부와 서민들이 흐느끼며 통곡하여 마치 자기 부모의 상사와 같았고, 먼 지방이나 궁벽한 시골 유생으로부터 서민에 이르기까지 양식을 싸가지고 와서 대궐 밖에서 우는 자가 이어졌다. 임금 된 지 몇 달 만에 사람을 감동시킨 덕망이 이같이 깊었으니, 옛날 역사에 찾아도 실로 드문 일이라 하겠다."

라고 하여, 인종의 짧았던 재위기간을 진정으로 안타까워했다.

소윤의 당들이 갓을 털고 서로 하례하며 의기양양하여, 성복하는 날 백관이 벌려 섰을 적에 윤원형·이기가 들어오자, 홍문관 교리 정황이 분해하며,

"이 역적 놈들의 기색을 보니 원통함이 더욱 심하다."

라고 했던 사실을 《패일록》에서 담담하게 기술하고 있다.

이기가 일찍이 말하기를,

"인종은 1년을 넘기지 못한 임금이니 대왕의 예를 쓰는 것이 옳지 않다."

하여, 인종 장례를 박하게 지내도록 하여, 대비에게 잘 보일 계교를 부렸다. 다섯 달 채 안 되도록 장사를 끝낸 것은, 이기의 의논을 받아들였기 때문이다.

문정왕후가 다음 달에 인종 장사를 지내려 하니, 신하들이 감히 말하는 자가 없었는데 병조 정랑 정황 홀로 소를 올려,

"관에 칠도 마르지도 않았는데, 까닭 없이 갈장(暍葬 : 임시로 빨리 장사 지내는 것)을 한다."

하였으나 대비는 답하지 않았다.

이어 윤결이 소를 올려,

"대행대왕의 신하는 오직 정황 한 사람뿐이로다."

하였다.

발인하는 날에 이르러 늙은 백성 30여 명이 통곡하고 길에 나와 절하며 전송하였다. 이때, 이기 등의 기세가 대단하여 사람들이 감히 소리를 내어 울지도 못했다. 그러므로 사관들이 늙은 백성들의 울음을 보고 슬피 여겨 기록으로 남겼다.

율곡이 남긴 《석담일기》에 따르면, 인종 담제 후 권간들이 권력을 잡아, 해를 넘기지 못한 임금이라 하여 문소전에 모시지 않고 연은전에서 제사 지내니, 나라 사람들이 슬퍼하고 분하게 여기던 중에 선조가 즉위하여 명종 담제를 지낸 후 인종과 명종을 함께 문소전에 모시려 하니, 이준경이 말하기를,

"인종은 이미 연은전에 제사 지내고 있으니, 반드시 문소전에 합사
할 필요는 없다."

하는지라, 여러 의논들이 벌떼처럼 일어났고, 삼사에서도 번갈아 글을 올려 이준경을 을사년의 권간에 비유하니, 준경 스스로 그 허물을 자복하여 드디어 그 의논이 중지되었다.

대윤 소윤의 권력 다툼

율곡이 《석담일기》에서 이르기를,
"과거에 윤임이 윤원로·윤원형 형제와 틈이 벌어졌는데, 김안로가
권세를 잡아 동궁을 보호한다는 명목으로 중궁을 누르고 자기 세력
을 펼쳐 원로 형제를 외직으로 내쫓았으니, 대윤·소윤이라는 말썽
이 이로부터 생겼다."

라고 하였다.

이정형의 야사집 《동각잡기》에서도,

"윤임은 인종의 외숙인데 무인으로 숭정에까지 올랐고, 윤원형은 명
종의 외숙이니 문정왕후의 동생으로 과거에 올라 비록 좋은 자리를
지냈으나, 사람됨이 간사하여 맑은 의논을 일삼은 사람들에게 버림
받아, 전랑이나 중서(中書)의 천거에는 참여하지 못했다. 이 때문에
사림들을 미워하여, 항상 화를 뒤집어 씌울 마음을 품었다. 그때 조
급히 출세하려는 무리들이 윤임이나 윤원형 두 파에 각각 소속되어
서로 배척하고 대항하니, 드디어 대·소윤이란 말이 점점 퍼지기 시
작했다."

라고 하였듯이, 당시 대윤과 소윤의 갈등은 왕권 승계자를 두고 벌인 권
력다툼이었다. 그러하니 어느 한쪽을 몰아내야만 하는 치열한 싸움이었
다.

중종의 첫 번째 계비였던 윤여필의 딸 장경왕후가 인종을 낳자마자
산고 끝에 죽고, 두 번째 계비로 들어온 윤지임 딸 문정왕후가 새로 명종
을 낳았으니, 양쪽 다 파평 윤씨인지라 인종 외척을 대윤으로, 명종 외척
을 소윤으로 불렀던 것이다.

《석담일기》에서 율곡은,

"인종이 동궁으로 있으면서 장성하도록 아들이 없고, 명종은 어려서
대군이 되었는데, 김안로가 패하자 윤원로 등이 조정으로 돌아와 유
언비어를 퍼뜨려 날로 번지니, 인종이 심히 불안에 떨어야 했고, 문
정왕후도 자기 소생인 명종이 위태롭다고 여겨, 바깥 신하들에게 의
탁하여 자기 자리를 견고히 할 생각을 가지게 되었다. 이때 이기란
자가 비밀리에 계교를 부려 윤원로 형제와 결탁하였다."

라는 당시 긴박했던 정세를 잘 나타내고 있다.

어느 날 대간 구수담이 경연에서 대윤 소윤 말을 꺼내자, 중종이 크게 노해서 양쪽 모두 죄주려 하니, 조정에서는 윤임만이 그 화를 입을까 걱정하여 굳게 불가하다 말려, 일이 드디어 중지되었다. 사림들은 동궁을 보호한다는 명목으로 세자의 외숙인 윤임을 따르는 자가 많았다. 그러하니 헤게모니를 대윤이 쥐고 있었다 할 것이다.

무술년(1538)에 중종이 졸지에 선양한다는 명을 내리자, 나라 안팎이 그 뜻을 헤아리지 못했다. 이에 인종이 울면서 굳게 사양해서 중지되었다.

동궁이 아들이 없어 신하와 백성들의 걱정거리였다. 이에 윤원로가 요리조리 이간질을 꾸며, 밖으로는 세자를 바꿔 세운다는 소문을 만들어 길거리에 전파시키고, 안으로는 대군[명종]이 위태롭다는 말로써 왕비를 현혹시켰다. 이 말이 임금에게까지 들어가니, 임금도 또한 터무니없는 뜬소문을 퍼뜨리는 간특한 꾀인 줄 모르고, 대군을 무릎 위에 앉히고 어루만지면서,

"네가 공주로 태어났으면 무슨 보존하기 어려운 근심이 있겠느냐마는, 대군으로 태어났으니 불행함이 심하도다."

하면서 눈물까지 흘렸다.

이리하여 점점 의심하는 마음이 쌓여, 나라 안팎이 모두 황황했다는 사실을 《유분록》은 전하고 있다.

대윤과 소윤 세력 알력이 점차 커져 더욱 틈이 생겼는데, 정희등이 주장하기를,

"요사이 조정이 안정되지 못한 것은 이전에 성자택이 두 윤씨를 이간질하여 원수와 틈을 만들어 낸 때문이다. 이것은 사사로운 싸움이 아니라 국가에 관계 되는 것이니, 반드시 성자택의 이간질 한 죄를 탄핵한 연후에, 두 윤씨의 다투는 공사를 가려 규탄하는 것이 옳다."

하니, 이에 두 윤씨가 깊이 꺼려 저들끼리 경계하기를,

"정씨의 의논이 만일 행해진다면, 우리들이 장차 한시도 일신을 보전하지 못할 것이다."

하였다.

계묘년(1543)에 동궁에 화재가 있었는데, 세자 침소가 밖에서 잠겨 있어 세자와 세자빈이 간신히 화재를 피했다. 불 지른 자취가 현저 하자, 궁중 사람들이 모두 간신 윤원로의 소행이라 지목했다. 이때 정언 심령이 경연에서 말하기를,

"동궁에 불을 지른 일에 대해 공론이 크게 일어나는데, 언관이란 자가 어찌 묵묵히 있단 말이요. 오늘 사간원에서 아뢰어 동궁을 모해한 자의 죄를 다스리자."

하니, 동석했던 사람들이 서로 돌아보면서 실색하였다.

한 간관이 말하기를,

"이는 막중한 일이니 내일 다시 의논해서 아룁시다."

하여, 서로 힐난하다가 자리를 파해 돌아갔다.

동궁에 불이 날 적에 온 궁궐이 놀라 허둥지둥하고, 궁녀들이 각각 제 방을 찾아드는데, 귀인 정씨(정철의 누이)만이 세자가 거처하는 방으로 급히 들어와 서책과 옷을 모두 내놓고, 세자를 모시고 임금 계신 대전에 문안드리니, 임금이 크게 칭찬하였다.

이를 두고 《조야첨재》에서는,

"궁궐 안에 요기(妖氣)가 있어, 어느 날 밤 정귀인이 세자를 모시고 조용히 앉았는데, 홀연히 검은 기운이 마루와 섬돌 사이를 지나갔다. 그 소리가 우레와 같아서 궁녀들이 모두 엎드려 숨을 죽이고 세자가 창문을 닫고 싶으나 시킬 사람이 없었다. 그때 정귀인이 홀로 놀라지 않고 서서히 일어나서 문을 닫으니, 세자가 더욱 중히 여겼

다.”

라고 기술하였다.

인종이 세자로 있을 때부터 윤원로·원형 형제가 왕비(윤대비)와 세자 사이를 모략으로 이간질하여 꼭 탈을 내려 하였으며, 중종이 승하한 뒤부터는 매일같이 유언비어를 조작하여, 대비 귀에 들어가게 함으로써 인종을 불안하게 만들었다. 그중에서도 원로가 더 사특하고 독하여 사람들이 모두 이를 갈았다. 임금이 왕위를 계승하고 성복한 이튿날 삼정승과 육조 참의 이상이 원로의 죄상을 열거하여 멀리 귀양 보낼 것을 청하고, 삼사에서도 역시 아뢰자, 여러 날 만에 부처(付處)하라는 명을 내렸다. 얼마 뒤에(을사사화를 말함) 류관 등이 죄를 입고 원로는 소환되었다고, 《동각잡기》는 기술하고 있다.

이를 놓고 역사 심판대의 붓을 잡은 어느 사관이 평한 바를 보면,

"류관은 충성은 넘치나 지혜가 부족했다. 대윤을 한 번에 몰아내어 국가의 난국을 수습할 줄 모르고, 다만 윤원로 치죄에 급급하였으니, 그 형적이 대윤은 돌봐 주고 소윤만을 공격하는 것 같아, 문정왕후를 크게 노하게 만들었다. 윤원형도 이것으로 구실을 삼은 화가 수십 년 동안 그치지 않았다."

라고 하였다.

그야말로 이후의 세상은 윤원형의 천하였다.

사화가 일어난 이듬해 석방된 윤원로는 돈녕 도정으로 있으면서 아우 원형과 세력 다툼으로 알력이 생겼고, 또 공신에 오르지 못한 것을 분히 여겨 불평이 많았다. 이에 윤원형은 족질인 병조 좌랑 윤춘년을 시켜, 원로를 탄핵하게 한 뒤 유배 보낸 배소에서 결국 사사시키고 말았다.

윤춘년의 상소에서,

"윤임은 전하[명종]의 역적이요, 원로는 인종의 역적이라."

라고 한 바가 있는데, 이런 사실을 두고 선조 때 윤근수는 《월정만필》에서,

  "원로와 원형이 비록 이렇게 갈라졌으나 당초에 한마음이었으니, 원로가 인종의 역적이라면 원형 또한 역적이 아닐 될 수가 없는지라, 이는 분명 공술한 법정 자백서와 같은 것이다."

고 평했다.

제13대
명종대왕

휘는 환(峘), 자는 대양(對陽)이니, 중종의 둘째 아들이다. 문정왕후가 중종 29년 갑오(1534) 5월에 낳았다. 처음에 경원대군으로 봉해졌는데, 을사년(1454) 7월 인종의 유명을 따라 경복궁 근정문에서 왕위에 오르고, 정묘년(1567) 6월 28일 경복궁 양심당(養心堂)에서 승하하니, 왕위에 있은 지 22년에 승하 당시 나이는 34세였다. 명나라에서 공헌(恭憲)이란 시호를 내렸으니, 공경하고 순하여 윗사람 섬김을 공(恭), 착함을 행하여 기록할 만함을 헌(憲)이라 하였다. 능은 강릉(康陵)이니, 양주 태릉 동쪽 언덕 해좌이다. 비 인순왕후 심씨 본관은 청송이니, 증 영의정 심강의 딸이다. 을사년에 왕비로 책봉되었고, 을해(1575) 선조 8년에 창경궁 통명전에서 승하하였으니, 나이 44세였다. 능은 강릉이다. 외아들 순회세자를 두었으나 일찍 죽었다.

문정왕후와 수렴청정

중종이 계비를 간택할 때 윤지임 딸[문정왕후]의 병이 심하여, 파성군 윤금손 딸을 계비로 결정하였다. 그러더니 어느 날 새로 명을 내려,

"윤지임 딸의 병이 낫거든 파성군 딸과 함께 대궐에 나오도록 하라."

하였다.

당시 점을 잘 치기로 이름난 어떤 자가 시골에서 올라와 점을 쳐보고,

"오늘은 귀한 손님이 맨 먼저 오겠구나."

라고 예언한 첫새벽에 윤지임이 문을 두드리니, 하인이 나가 보고서 말하기를,

"손님이 겨우 종 하나만 달랑 데리고 왔을 뿐인데, 그가 무슨 귀한 손님이요."

하였다. 이에 점쟁이가,

"아니다, 이 분은 귀인이다."

하였다.

윤지임이 문정왕후 사주를 보이며 병이 위독하여 왔다 하니, 점쟁이가 하는 말이,

"이 분은 앞으로 국모가 될 운명이며, 손님도 매우 귀하게 될 운명입니다. 지금 관직에 있지 않습니까?"

라고 묻자 윤지임이 그제야,

"나는 별좌(종5품)직에 있다."

하였다.

그러자 점쟁이가,

"나으리는 마땅히 국구가 될 것입니다."

하였더니, 마침내 윤지임 딸이 중종 계비가 되었고, 윤금손 딸은 얼마 후

판관 노첨에게 시집갔노라고 《월정만필》은 전하고 있다.

　인종의 갑작스런 승하로 열두 살의 명종이 왕위에 오르니, 수렴청정을 피할 길이 없었다. 명종의 왕위 계승과 대비의 대리청정에 대한 의식을 행하는 것을 놓고 빈청에서 회의가 열렸다. 이때 윤인경이,

　　"지금 대왕대비(문정왕후)와 왕대비(인성왕후)가 계시는데, 어느 분이 정치를 대리할 것이냐."

라고 운을 떼자, 모두 꿀 먹은 벙어리 모양으로 앉아 있을 뿐이었다.

　이언적이 나서서 말하기를,

　　"옛적 송나라 철종 때에 태황태후가 함께 정사를 다스린 전례는 있다. 그러나 어떻게 형수와 시숙이 함께 궁전에 나앉을 수 있는가."

하니, 그제야 조정에서 다른 의견을 낼 수 없었다고 〈회재행장〉은 밝히고 있다.

　성종을 수렴청정 했던 정희왕후 때의 일기를 살펴봐도 발[簾]을 드리웠다는 기록을 찾지 못했지만, 발을 드리우는 것이 예로부터 있던 일이니 설치하지 않을 수 없다 하여, 임금도 발 안쪽에 앉도록 했다.

　하지만, 대사헌 홍섬 등이 반대하기를,

　　"임금은 마땅히 남쪽을 향하고 정면에 앉음으로써 모든 눈이 우러러보는 것이니, 모든 만물을 다 비침과 같이 한다고 하여, 마땅히 임금은 발 밖에서 여러 신하를 대하셔야 한다."

고 하자, 그 말대로 좇았다고 《동각잡기》는 전하고 있다.

　임금이 어린 나이에 계승하여 초년의 정치는 모두 대비가 독단하였다. 이로 인해 간사하고 아첨하는 무리들이 기회를 얻어 선동하고 화란을 일으키니, 당시의 정대한 사람과 훌륭한 학자로서 화를 면한 이가 매우 적었다.

　이를 두고 《일월록》에서는,

"임금이 직접 정권을 잡은 뒤로는 관후한 덕을 펼쳐, 학자들을 존경하며 선비를 사랑하였으므로 간신들이 모두 쫓겨나게 되었다. 그러나 밑에서 임금을 잘 받들고 바로 잡아주는 사람이 없었고, 임금도 그 어머니가 대리 정치할 때 처리한 일이 허물로 돌아갈까 염려하였기에, 끝내 을사사화로 인해 피해를 입은 선비들의 원통함을 풀어주지 못하였고, 간신과 아첨하던 무리들도 빠져나온 자가 많았다."

라는 사실을 남기고 있다.

발을 걷어 올린 후에도 문정왕후 쪽지가 날아드니, 임금이 보고 나서 행할 만한 것은 행하되, 행하지 못할 것이면 곧 얼굴에 수심이 가득한 채 그 쪽지를 말아 소매 속에 넣었다. 문정왕후 마음에 조금이나마 거슬리는 일이 있게 되면 불시에 임금을 불러들여,

"무엇 무엇은 어찌하여 행하지 않느냐."

라고 다그쳤고, 임금은 매양 온순한 태도로 그 합당성 여부를 진술할 뿐이었다. 문정왕후는 버럭 화를 내어,

"네가 임금이 된 것은 모두 우리 오라버니와 나의 힘이다."

라고 몰아세우는 일이 다반사요, 어떤 때는 때리기까지 하여, 임금 얼굴에 기운이 없어지고 눈물 자국까지 보인 적도 있었노라고 《축수편》은 전하고 있다.

《석담일기》와 《지봉유설》에서는, 보우가 오래도록 봉은사 주지로 있으면서 중종의 능을 절 곁으로 이장한 후, 그 절의 세력을 굳히고자 문정왕후를 기만하여,

"선릉 근처가 길한 조짐이 있으니, 중종의 능을 그리로 옮기기를 청합니다."

하였다.

문정왕후가 그 말을 믿고, 윤원형 또한 대비의 뜻에 맞추어 대신을

위협하니, 안현 등이 아부한다고 어기지 않아 마침내 이장하는 계책을 이루었다. 장차 문정왕후가 죽으면 역시 거기에 함께 장사하려 하였으나, 지세가 낮아서 매년 강물이 넘쳐 들어오므로, 문정왕후 장지는 부득이 다른 곳에 정하고, 공론으로 중종 능까지 이장하려 하였으나, 두 번 옮겨 모시는 것이 어렵다 하여 마침내 중지되었다.

명종 재위 20년 을축(1565)에 문정왕후가 승하하니, 대간이 태학생과 더불어 계속 상소하여, 보우 죽이기를 청하여 제주로 귀양 보내었는데, 목사 변협이 다른 일로 때려죽이니, 사림들이 통쾌하게 여겼다고 한다.

갑자 년간에 남사고가 사람들에게 말하기를,

"내년에는 태산을 봉할 것이라."

하였는데, 그것이 무슨 뜻인지 아는 사람이 없더니, 이듬해 을축에 문정왕후가 승하하여 태릉에 장사 지내고 나서야, 그의 선견지명에 놀라워했다.

일찍이 임금이 평소에 말하기를,

"나의 시호로 명(明) 자를 얻으면 좋겠다."

고 하였다. 그런데 임금의 묘호에 때마침 명(明) 자를 사용하게 되자, 왕대비가 울면서 평소 말씀하던 대로 되었다고 좋아했다 전한다.

소윤이 대윤을 몰아내다

인종이 왕위에 올랐을 때 조정이나 민간에서 흔연히 선정을 기대하였고, 어진 인사들이 차츰 등용되었다. 류관이 영수로 발탁되어 정승이 되니, 자기를 알아주고 대우하는데 감격하여, 나라 일에 충성을 다하며 주장하는 의견이 공정하였다. 이조 판서 류인숙은 성질이 강직하여 이름 있는 선비를 끌어들이니, 평소 청류로부터 배척받던 뭇 소인배들 모두 윤원형에게 달라붙었다.

인종 병이 위중하여 8개월 만에 죽고 명종이 왕위에 오르자, 윤원형은 이기·허자·정순붕 등과 함께 흉한 말을 만들어 밖에서 선동하고, 안으로는 애첩 난정을 궁으로 들여보내 대비와 임금 마음을 놀라게 하여 의혹을 품게 하였다.

일찍이 이기가 병조 판서가 되려 할 때 류관이 반대했고, 임백령은 기생첩 때문에 윤임과 서로 다툰 일로 원한을 품었다. 평소 정순붕은 사림들이 미워 분풀이하려 했고, 허자는 유순하였으나 출세에 급급하여 윤원형과 결탁했다. 이들이 말을 퍼뜨리기를,

"인종이 위중하자 윤임은 제 몸 보전이 어렵다는 것을 알고, 명종 아닌 계림군을 세우려고 했는데, 류관과 류인숙도 이 일에 동조하였다."

라고 하여, 문정왕후로 하여금 더욱 의심 들게 하였다.

인종이 승하하자 류관이 빈청에서 울면서,

"신민이 복이 없어 이런 불세출의 임금을 잃었으니, 나라 일을 장차 어떻게 하랴."

하였더니, 임백령이 옆에 있다가 류관의 허리띠를 잡으면서,

"대감께서 은밀히 의논하시는 일에 소생도 참여하고자 합니다."

하는지라, 류관이 놀라 눈물을 거두며,

"성군을 잃었으니, 종사의 불행이 되므로 한 말일 뿐인데, 공의 말은 무슨 뜻인가."

라고 반문했다. 이에 백령이 물러나며 소리 높여,

"선왕의 한 아드님이 계신데, 국사를 근심할 게 무엇이오."

하면서, 나와서 큰 소리로 떠들기를,

"류관의 뜻이 반드시 다른 데에 있다."

하고, 마침내 이기 등과 더불어 불측한 말을 조작하여 모함하니, 류관이 죽은 데는 임백령의 중상한 힘이 컸다고 《축수록》은 기록했다.

명종이 즉위하고 한 달이 더 지난 을사년(1545) 8월 21일에 예조 참의 윤원형에게 밀지가 내려졌다. 윤임·류관·류인숙 등을 치죄하라는 내용이었다. 윤원형은 즉각 대사헌 민제인과 대사간 김광준에게 연락하여 대신들이 한자리에 모였다. 민제인이 종일토록 밀지에 따르기를 간청했으나, 아무도 응하지 않아 그대로 헤어졌다.

일이 성사되지 못할까 두려웠던 윤원형은 지중추 정순붕, 병조 판서 이기, 호조 판서 임백령, 공조 판서 허자 등과 야밤에 광화문 밖에서 회합하였다가, 이튿날 아침 승정원으로 달려가 나라에 큰일이 일어났음을 고했다. 명종은 육조 판서 이상 대신들을 불러들였지만, 어떤 이는 죄를 물어야 한다 하고, 어떤 이는 죄 줄 수 없다 하여 의견들이 분분하였다.

다급했던 정순붕이 아뢰기를,

"종사를 위태롭게 하는 현저한 형적들이 없으나, 공론이 이미 일어 났으니 마땅히 죄의 경중을 가려서 다스려야 할 것입니다."

하니, 윤인경이,

"윤임은 이미 자기 스스로 불안한 입장에 있었으니 귀양 보내고, 세 론에 류인숙은 약간의 형적이 있다 하니 파면하고, 류관은 그 속마 음이 어떠한지 알 수 없으니 대신의 직을 갈게 하옵소서."

하여, 그대로 시행하라 명이 내려졌다.

이에 윤임을 성주로 귀양 보내고, 류관은 벼슬을 갈고, 류인숙은 파직 하였으니, 을사사화는 이렇게 시작되었다.

다음날 사헌부 관원들이 물러가고, 헌납 백인걸이 홀로 아뢰기를,

"위에서 하시는 정사는 마땅히 광명정대하게 해야 할 것입니다. 지금 윤임의 일은 마땅히 원상과 의논하여 처리할 것인데, 안에서 윤원형에게 밀지를 내려 보내, 두세 사람의 재신을 시켜 직접 아뢰어 죄를 처단하게 하였으니, 옳았다 할지라도 그 죄 주는 방법은 크게 법의 체통을 잃은 것입니다. …… 민제인 이하의 직을 모두 바꾸소서."

하니, 답하기를,

"밀지는 종사가 절박한 때이니 어쩔 수 없는 일이었고, 아뢴 뜻은 조정과 상의하여 처리하겠다."

하였다.

이에 대비가 즉시 육조 판서 이상을 불러들이게 하고, 명을 내리기를,

"백인걸은 일을 정대하게 하여야 한다는 것을 이유로 역적 윤임을 옹호하고, 나라 일을 걱정하는 사람들을 불안케 하니, 백인걸을 파면하고 금부에 가두어 심문하여 철저히 다스리고, 송희규 등은 모두 파직하라."

하였다.

백인걸이 아뢸 글을 써서 대궐로 가면서 그의 어머니와 아내에게 작별을 고하자, 아내가 울면서 말렸으나 듣지 않더니, 마침내 윤임의 당이라 지목되어 옥에 갇혔다. 대신 윤인경과 부학 나숙 등이 소를 올려 극력 구하고, 밀지의 부당함을 말하였으나, 백일걸은 끝내 안변으로 귀양갔다.

새로운 명이 떨어져 윤임은 남해로, 류관은 서천, 류인숙은 무장으로 귀양 보냈다.

이들이 원통한 줄을 알면서도 감히 구제하려는 자가 없었는데, 권벌 혼자서 항변의 글을 올렸으니, 충성이 문구에 넘치고 의기가 얼굴에 가

득했다. 김안국이 일찍이 공에게 절의를 위하여 죽을 분이라 인정하여,

"권벌은 소박하고 진실하며 충성스럽고 정직하여, 어린 임금을 부탁
할 수 있을 이는 바로 이 사람이다."

하였고, 정광필 또한 일찍이,

"권벌은 어려운 때를 당하여 목숨을 바치고, 그 뜻을 빼앗을 수 없는
사람이라."

하였더니, 그 말들이 과연 모두 들어 맞았노라고 《야언별록》은 전하고
있다.

그런 와중에 결국은 의금부에 전지를 내려,

"윤임·류관·류인숙에게는 사약을 내리고, 이림은 의주에 안치하
라."

하였다.

류관이 죽을 때 하늘을 쳐다보며 혼자서 말하기를,

"내가 선왕의 아들(명종)에 대하여 감히 배반하려는 마음을 가질 수
있겠는가. 하늘과 땅은 이 마음을 알아주리라."

하였다.

9월 초하루 정순붕 등 29명을 녹훈하여 공신록에 이름을 올리던 날,
경기 감사 김명윤이 승정원으로 찾아와, 윤임이 계림군 유와 봉성군 완
과 결탁한 혐의가 있음을 고했다. 토산 현감 이감남이 계림군의 종을 뒤
쫓아, 안변 땅 황룡 산중에서 머리 깎고 중이 되어 토굴에 사는 계림군
유를 붙잡아 거열형에 처해 버렸다.

계림군 유가 역적을 도모한다는 말은 윤원로가 함부로 지껄인 속에
서 나왔는데, 그때에는 중종이 건재했고 인종이 세자로 있었으니, 아직
나이가 젊어 후계자를 논의할 필요가 없을 시기였다. 그런데다 계림군
나이가 인종보다 열네 살이나 많았으니, 어찌 아들로 삼아 세울 리가 있

겠는가? 이미 거짓말로 죄를 얽어 허위 자백을 강요하여 처형하였으니, 이를 수긍하는 백성들이 없었다.

김명윤을 공신록에 추가 등록하여 공신이 30명이 되었고, 이감남은 세 계급을 올리어 당상관이 되었다. 이후에도 고변 사건이 연속하여 일어났으니, 명분 없던 사화 여파가 오래도록 지속되어 벌어진 일이었다.

윤원로는 동생 윤원형에 의해 처형되고, 또 대윤의 잔당으로 지목된 봉성군 및 송인수와 이약빙 등이 죽고, 권벌·이언적·정자·노수신·류희춘·백인걸 등 20여 명도 유배되었다. 을사년에 이어 정미년에 또 큰 화가 일어났으니, 이는 문정왕후의 수렴정치와 이기 등의 농간을 비난하는 양재역 벽서사건(1547)으로 비롯된 것인데, 소윤들이 대윤을 악랄한 방법으로 제거한 사건으로 기억되고 있다. 이렇듯 윤원형이 꾸민 갖가지 음모로 사림과 그 반대파들이 꾸준하게 숙청되어, 비명에 죽은 선비들이 거의 100여 명에 달했다.

을사년에 선비들을 잡아 와 대궐 마당에 고문할 장소를 마련했다. 인종의 널이 바로 빈전에 놓여있어 상복 입고 애도하는 중인데도, 취조관인 허자와 임백령은 서로 웃고 시시덕거렸다. 윤임의 기생첩 옥매향도 옥에 갇혀 있었는데, 그녀는 과거에 백령과 정을 통한 일이 있는지라 허자가 농하기를,

"이 사람만은 온전히 석방하여 영감에게 돌려주려고 한다."

하니, 듣는 사람들조차 통분히 여겼다.

명종 재위 6년 신해(1551)에 순회세자가 탄생하자, 을사년 이후의 죄인에 대하여 대대적으로 감형하여, 적소를 가까운 곳으로 옮겨 주거나 석방해 주도록 하였다. 그 후 을축년(1565)에 문정왕후가 죽고 윤원형이 죄를 입어 죽게 되자, 임금이 크게 후회하여, 을사년 이후 죄 입은 사람들의 억울함을 풀어주는 길을 열었는데, 특별히 노수신·류희춘 등 몇 사

람의 적소를 가까운 곳으로 옮기도록 하였다.

을축 8월에 윤원형이 관직을 삭탈당하고 시골로 추방되었다.

그는 악한 무리를 심복으로 삼아 평소 원한 있는 이를 사지로 몰아넣고, 위력과 권세가 높아지자 뇌물이 폭주하여 성내에 집이 열여섯이요, 남의 노예와 전장을 빼앗은 것은 이루 헤아릴 수 없으며, 살리고 죽이고 주고 빼앗는 것이 다 그의 손에서 나왔다. 아내를 내쫓고 기생첩 난정을 정경부인에 봉하였는데, 권세를 탐하는 조정의 관원들이 앞다투어 그 첩의 자녀와 혼인 하였다고 《패관잡기》는 기술하고 있다.

기유년(1549) 9월에 공신들을 불러 연회를 베풀고, 영상 이기 등에게 전교를 내리기를,

"윤원형이 막대한 공이 있었으나 보답한 일이 없었으니, 그 첩 자녀를 다른 집 적자와 통혼할 수 있도록 하라."

하였다. 이에 이기 등이 아뢰기를,

"조종조에 큰 공이 있는 자는 첩 자녀를 다른 이의 적자와 통혼하는 전례가 있사오니, 상교가 지당하올 뿐 아니라, 큰 공이 있는데도 1품으로 되지 못함이 미안하오니, 승진시키기를 청합니다."

하고, 세 번 아뢰었으나 윤허하지 않았다.

율곡은 《석담일기》를 통해,

"사람됨이 음험하고 독하며 이익을 즐기어, 을사옥이 일어나자 그 화를 면한 관원들이 드물었다. 을사사화에 대한 바른 의논이 없어지지 않음이 두려워, 항간에서 조금이라도 다른 의논을 하는 이가 나오면 번번이 역당으로 지목하였으니, 길 가는 사람들이 눈을 흘겼다. 윤원형 세력이 날마다 크게 떨치니, 권력을 농하고 이익을 취하여 못할 것이 없었으며, 의복과 거처의 참람함은 대궐과 다름이 없었으며, 뇌물을 받고 남의 것을 빼앗음은 그 첩의 도움 또한 많았다.

죽이고 살리는 권한을 잡은 지 20년이 되도록 사림이 원한을 품고
　서도 감히 말을 하지 못하였다.”
라는 사실을 꼼꼼하게 기록하여 후세에 전했다.

　정난정이 두어 섬이나 되는 쌀로 밥을 지어 두모포(옥수동 강가 나루
터) 물고기에게 먹인 그 공덕으로 복을 얻으려고 해마다 두세 차례씩 하
였다. 이를 듣는 이가,
　“백성의 밥을 빼앗아 물고기에게 먹이니, 송장을 까마귀에게 빼앗아
　개미에게 준다는 옛말보다도 심하지 아니한가.”
하였다.

　을축년에 두모포 어부가 흰 물고기 한 마리를 얻었는데, 그 크기가
배[舟] 만하였는데, 조정에 바치니 모두가 변고라고 하였다. 어느 한 진사
가 희롱으로 말하기를,
　“큰 물건이 스스로 먹지 못하고 대감 먹이를 탐내다가 어부에게 잡
　히니 불쌍하다.”
하였고, 어느 사람은,
　“그 고기가 멀리 바다에서 강으로 와서 죽으니, 원형의 형(衡) 자는
　행(行) 자와 비슷하기에, 고기[魚]가 죽은 것은 원형이 죽을 징조다.”
라고 했던 사실을 《패관잡기》에서 전하고 있듯이, 당시 민심을 잘 읽을
수 있다.

　문정왕후가 승하하고 조정 논의가 흉흉한지라 윤원형이 늙은 종 두
세 명과 난정만을 데리고 황해도로 갔다가, 야밤에 도성으로 들어와 조
정에서 자기를 공격하는 사태를 몰래 듣고는, 자진할 계획으로 작은 병
에 독이 든 술을 항상 가지고 다니면서 난정에게,
　“만약 들리는 말이 있거든 이것을 나에게 마시게 하라.”
라고 당부했다.

평소 우연히 벽제 역졸 하나를 알았는데, 하루는 그를 찾아가서,

"만약 나를 잡으라는 명이 있거든 꼭 나에게 먼저 통지하라."

하였더니, 역졸이 의금부 도사가 황해도로 간다고 잘못 알고 급히 고하여,

"잡으라는 명이 내려서 도사가 온다는 소식이 왔다."

라고 하였더니, 이날 저녁에 원형이 독이 든 술을 마시고 자살하였다.

이 사실을 전한 《석담일기》와 《자해필담》에서,

"죄가 하늘에 통하면 스스로 천벌이 있는 법이니, 독이 든 술을 마시고 죽음은 신명이 그 마음을 꼬인 것이다. 난정은 천한 기생 신분으로 되돌아갔다."

라는 평을 덧 붙였다.

비록 야사에 불과하나, 그래서 세평이 무서운 법이다.

제14대
선조대왕

휘가 연(昖)인데, 처음 휘는 균(鈞)이다. 중종 후궁 창빈 안씨 손자이니, 덕흥대원군 셋째 아들이다. 명종 7년 임자(1552) 11월에 인달방 사제에서 태어나 하성군에 봉해졌고, 명종에게 아들이 없어 방계로 왕위에 올랐다가 별궁 경운궁에서 승하하였으니, 왕위에 있은 지 41년이요, 향년 57세였다. 명나라에서 소경(昭敬)이란 시호를 주었다. 능은 목릉(穆陵)이니, 양주 건원릉 둘째 언덕 임좌인데, 건원릉 서쪽 산등에 장사하였다가, 인조 8년(1630)에 이곳으로 이장하였다. 비 의인왕후 박씨의 본관은 나주이며, 증 영의정 박응순의 딸이다. 계비 인목왕후 연안 김씨는 증 영의정 김제남의 딸이다. 인목왕후가 영창대군을 낳았지만 어렸고, 공빈 김씨가 낳은 임해군과 광해군 등 아들 14명을 두었다.

방계 대통大統

조선 왕조 개창 이래 이런 일이 없었다.

왕비의 몸에서 태어난 대군이 아닌 방계 출신의 임금, 선조.

순회세자가 사망하면서 명종을 이을 후사가 없게 되자, 종친 가운데 하성군을 선택하여 지존의 자리를 잇게 하였으니, 그는 중종과 창빈 안씨 사이에 태어난 덕흥군의 셋째 아들에 불과했다.

율곡의《석담일기》에는,

"어려서부터 선조는 아름다운 바탕이 있었으며 용모가 맑고 준수하였다. 명종이 아들이 없으므로, 속으로 이미 선조에게 기대를 정하고서 매양 불러 볼 때마다 반드시 탄식하기를, 덕흥은 복이 있다."

라고 탄식했다는 사실을 기술하고 있다.

명종이 여러 왕손들을 불러 궁중에서 가르칠 때, 하루는 하원군·하릉군·하성군·풍산군에게 익선관을 써 보라 하면서 말하기를,

"너희들의 머리가 큰 것인지 작은 것인지 알려고 한다."

하였다. 다른 왕손들이 웃고 떠들면서 머리에 익선관을 썼지만, 나이가 제일 어렸던 하성군(선조)은 두 손으로 관을 받들어 어전에 도로 갖다 놓고 머리 숙여 사양하며,

"이것이 어찌 보통 사람이 쓸 수 있는 것이겠습니까."

하니, 명종이 이를 기특하게 여겨 왕위를 전해 줄 뜻을 정했다고《부계기문》은 전하고 있다.

을축(1565) 9월 명종 환후가 위독하자, 중전이 봉함 편지 한 통을 대신 처소에 내리시니, 그 안에 하성군 이름이 쓰여 있었다. 명종의 병이 쾌차하자, 세자 문제는 그쳤으나 선조에 대한 사랑은 여전하였다.

정묘(1567) 6월 27일에, 명종이 병이 중하여 정신을 차리지 못하더

니, 영상 이준경에게 침상 위로 올라오라 하면서 손을 들어 안쪽 병풍을 가리킬 뿐이었다. 내전에 물으라는 것임을 알고 중전에게 청하니, 병풍 안에서 중전이 말하기를,

"을축년 위독하실 때에 덕흥군 셋째 아들로 정하시었소."

하였다.

우상 심통원은 명종 비 인순왕후 숙부인데, 이준경은 혹시 심통원의 이의라도 있을까 염려하여, 가만히 그가 있는 방문을 잠그게 하고 국책을 결정하였다. 그때에 요행을 바라는 무리들이 모여들어, 임금이 되어 들어가는 행차를 따르면서 성명을 적어, 그때 한 일들을 기록하여 훈공을 책정하자 말하는 자가 있었으므로, 준경이 재빨리 기록을 불살라 버리게 하고 큰 소리로,

"일은 모두 안에서 결정될 것인데, 신하 된 자가 거기에 무슨 참예함
    이 있었다고 감히 공을 내세우려 하느냐."

하면서 가로 막았다.

심통원이 을축년 후사를 정할 때 아뢴 일을 자랑삼아, 공석에서 여러 번이나,

"오늘날 전하가 대통을 계승하신 것에 어찌 우리들 공로가 없다 할
    수 있는가."

라며, 드러내 놓고 공을 자처하는 기색이 있었으나, 이준경이 정색하고 대답하지 아니하니, 심통원이 다시는 말을 꺼내지 못했다고 《동각잡기》는 전한다.

율곡의 《석담유사》에서도,

"임금이 즉위를 앞두고 굳이 사양하며 상차에서 나오지 아니하니,
    대신이 간곡하게 청하고, 왕비도 굳이 청하여 나오기는 하였으나 용
    상에 오르지는 않다가, 한참만에야 올라앉아서 하례를 받고, 왕비를

높여 왕대비라 하며, 발을 드리워 같이 정사를 보기로 하였다."
라고 한 바가 있다.

대비가 능에 참배하는 예를 행하고자 하니, 영상 이준경이 아뢰기를,
"우리나라 전례를 상고해 보면, 왕비가 능에 참배하는 조문이 없으
니, 이는 예에 맞지 않는 행동입니다."
하니 대비가 답하기를,
"아뢰는 말씀 지당하여 그지없이 두렵소. 죽은 뒤에는 마땅히 능에
모시련만 지금의 참배는 국가와 종사를 생각하여 실행하지 않겠소."
라고 했던 일을 《동고집》에서 보여주고 있다.

대비가, 수렴정치를 얼마 동안 할까라고 물으니, 대사간 백인걸이 나
와서 아뢰기를,
"새 임금께서 그렇게 어리지 아니하시니, 여주(女主)가 국정을 간섭
할 필요가 없습니다."
하는지라, 대비가 기뻐하지 아니했지만 얼마 안 되어 발을 걷어 올렸다.

명나라 사신이 예관에게 말하기를,
"아직은 권지국사요, 임금이 되라는 명을 받지 못하였으니, 여러 신
하들과 의복을 같이하여야 한다."
하였으니, 사체가 보통 때와 달라서 의거할 전고가 없었다. 예조 판서 이
탁이 세자가 입는 칠장복으로 하기를 청하니, 두 사신이 허락하였다.

사신이 또 말하기를,
"조서를 맞아들일 때에, 의당 연[임금이 타는 수레]을 탈 수 없다."
하므로 온 조정이 민망하게 여겼으나, 이탁이 잘 구슬려 타기로 허락 받
았다.

임금이 권지국사로서 곤룡포와 면류관 칠장복을 입고, 명나라 황제
의 조서를 교외에서 맞을 제, 두 사신이 주목하기를 잠시도 그치지 않다

가 탄식하면서,

"저런 어린 나이로 행동이 예절에 합하니, 이런 어진 임금을 얻은 것
은 조선의 복이다."

라고 하였으니, 그때 왕의 춘추 16세였다.

선조가 왕위에 오른 지 반년이 더 지난 무진(1568) 2월. 푸르고 붉은
햇무리 흰 기운이 무지개처럼 해를 건너지르자, 왕대비가 임금에게 정
사를 돌려주고 발을 걷어, 시신(侍臣)들에게 이르기를,

"여주(女主)가 정사에 참여하여 비록 모든 일이 다 잘 된다 하여도 큰
근본이 바르지 아니하니, 다른 것을 볼 것도 없거늘 하물며 다 잘할
수도 없는 것에 있어서이겠는가. 해의 변괴가 진실로 미망인이 정사
를 들은 연유로 생긴 것이리라."

하였다.

동서 분당과 기축옥사

김시양의 시문집 《하담록》이나 이이의 《석담일기》에는 동서 분당 과
정을 잘 설명하고 있다.

명종 때에 심의겸이 공적인 일로 영의정 윤원형의 집을 찾았는데, 윤
원형의 사위 이조민과 아는 사이였으므로 서재로 따라 들어갔더니, 침
구가 많은지라 누구 것인지 물었는데, 그중의 하나가 김효원 이부자리
였다. 비록 김효원은 등과하기 전이었으나 문장으로 이름이 났었는데,
이를 본 심의겸은 마음속으로 권세가에 빌붙어 산다 하여 그를 비루하
게 여겼다.

김효원은 드디어 장원급제하여 명성이 더욱 높아졌고, 몸가짐 또한 청렴하여 조정 선비들이 다투어 추천하였는데, 그중에서도 오건이 힘써 천거하였다. 명종 처남이던 심의겸은 외척이라 할지라도 전일에 선비들을 보호한 일이 있으므로, 대부분의 선비들이 인정하고 있었다. 이 때문에 심의겸이 요직을 담당하여 세력을 가지고 있었는데, 오건이 김효원을 이조 전랑으로 삼으려 할 때마다 번번이 방해하여, 6~7년 만에야 전랑이 되었다.

이조 전랑으로 인사권을 쥐게 된 김효원은 청렴한 선비들을 진출시키고 일을 바른 대로 행할 뿐 왜곡하는 일이 없으므로, 후배 선비들에게 존중을 받고 있었는데, 심의겸을 두고는 외척인 수구세력에 지나지 않다는 이유로 중용해서는 안 된다는 생각을 하고 있었다.

그러던 차에 심의겸 아우 심충겸이 이조 전랑으로 천거되자, 김효원이 허락하지 않으면서,

"이조의 관직이 어째서 외척 집안의 물건인가. 심씨 문중에서 반드
시 차지해야 한단 말이냐."

하였다.

이때에 심의겸을 따르던 무리들 모두 김효원이 심의겸에게 원한을 품고 보복하려는 뜻이 있는 것으로 의심하여, 그를 소인이라 지목하는 자들이 있었다. 반면에 김효원을 지지하는 자들은 심의겸이 바른 사람(김효원)을 해치는 사람이라며 곱지 않은 시선을 보냈다.

이로 인해 사림의 선후배가 서로 화합하지 못하니, 당파로 쪼개길 징조가 보였다.

을해년(1575) 7월 김효원이 사간이었고 허엽은 대사간이었는데, 선배였던 허엽이 김효원을 추대하니, 젊은 선비들이 허엽을 높여 그들의 영수로 삼았다. 그런데 청렴하다는 명성과 두터운 기대를 받던 우의정

박순은 심의겸을 옳다고 한지라, 어떤 이들은 박순을 가리켜 심의겸 당파라 지목했다.

일이 이렇게 흐르자, 자연히 허엽과 박순이 두 당파의 영수가 되고 말았지만, 그들은 젊어서 한때 화담 서경덕 문하에서 동문수학했던 오랜 친구였다.

이때 재령에서 종놈이 주인을 살해한 옥사가 있었는데, 허엽이 이에 대한 처리가 바르지 못했다고 박순을 탄핵하자, 박순은 병을 핑계로 사직해 버렸다. 선비들은 김효원이 박순을 공격하여 심의겸 세력을 고립시키려 한다고 의심하였다. 이에 신응시·정철이 부제학 이이에게 말하기를,

"사간원이 대신을 추고하도록 청하여 크게 일의 체통을 잃었는데,
어째서 탄핵하여 체직시키지 않으시오."

하였으나, 이이가 듣지 않았다.

또 정종영이 이조 판서가 되었는데, 평소 인망이 없는데다가 김효원과 가깝게 지냈다는 비난이 있었으므로, 정철이 이이에게 정종영을 논핵하여 체직시키라 요구했으나, 또한 듣지 않았다. 대사헌 김계휘 등이 정종영을 탄핵하자 병을 빙자하고 스스로 사직하였다. 예전에 사림들이 간흉들에게 화를 입을 때, 심의겸이 선비를 보호했던 공이 있어 성혼·이이와 사귀었으며, 한수·남언경·기대승·윤두수·윤근수·김계휘 등과도 친구가 되었다.

이런 상황이 지속되는 가운데 김효원 집이 한양 동쪽인 건천동에 있었고, 심의겸 집은 서쪽인 정릉동에 있었기에, 사람들이 동인과 서인으로 부르기 시작했다.

동인의 젊은 선비들은 대개 총명 민첩하고 학행이 있어, 명예와 절개로 스스로를 다듬는 사람들이 많았는데, 서인은 어진 사대부도 있었지

만 이익을 탐내는 무리들도 섞여 있었다. 그런데 동인들 생각으로는, 예전 본보기로 삼을 만한 일들이 멀리 있지 않은 법이라, 결코 외척을 등용해서는 안 된다고 여겼다. 그런데 비해 서인들은, 심의겸의 공을 인정해야 하는 선비인데, 어찌 앞길을 막을 수 있는가 하여 버렸다.

이이는 양쪽 다 온전히 보전할 생각으로 조정해 보려 했지만, 동인은 구차한 짓이라고 공격하여 조금도 양보하지 않았다. 이로부터 붕당의 논쟁이 날로 심하여져서, 이미 소굴을 이루어 깨뜨릴 수 없을 만치 굳어졌다. 서인 자제 모두 우계 성혼이나 율곡 이이의 문하생이었고, 또 송익필·송한필 형제가 있어 문장으로 이름 높았다.

동서 당이 쪼개진 것을 본 이이가 우의정 노수신에게, 심·김 두 사람을 외직으로 내 보내도록 청했다. 승지 이헌국이 임금께 아뢰기를,

"전하께서 두 사람을 부르시어 가슴속에 응어리진 것을 모두 풀게
한다면, 서로 용납하여 함께 조정에 설 수 있을 것입니다."

하는지라, 특지로 김효원을 경흥 부사로, 심의겸을 개성 유수로 임명하니, 젊은 선비들이 더욱 심하게 두려워하고 의심하였다. 개성과 변방이란 차이 때문에 벌어진 일인데, 중간에서 무마하려던 이이도 오히려 낭패만 보고 말았다. 성묘를 하고 돌아 온 이이가 선조를 알현하여 그 일을 아뢰자, 효원을 삼척부사, 심의겸을 전주 부윤으로 고쳐 제수하였지만, 이 일로 이이의 조정 작업은 실패로 돌아갔고, 마침내 서인의 영수가 되었다.

선조 재위 22년 기축(1589) 10월 2일.

황해 감사 한준의 비밀장계가 올라오니, 이날 밤 삼정승·육승지·의금부 당상관들을 급히 들어오게 하고, 다시 숙직 들어온 총관·옥당 상하번을 서는 자까지 모두 입시하도록 명하였는데, 사관이던 검열 이진길

만 들어오지 못하게 하였다.

임금이 비밀 장계를 내려서 보이니, 안악 군수 이축·재령 군수 박충간·신천 군수 한응인 등이 역적 사건을 고변한 것이었다. 전주에 사는 전 수찬 정여립이 모반하여 괴수가 되었다고, 안악에 살던 조구가 밀고한 것이었다. 즉시 의금부 도사를 황해도와 전라도에 나누어 보내고, 이진길을 의금부에 가두게 하였으니, 진길은 정여립 생질이었다.

이를 흔히 정여립의 기축옥사라 부르는데,

당시 기록으로 남긴 동인과 서인들의 입장이 서로 다른 데다, 구체적인 실상의 전모가 확연히 드러난 게 없는지라, 오늘날까지도 그 학설들이 분분하다.

서얼 출신인 재야의 얼굴 없는 선비 송익필이 당시 서인들의 참모격으로 활약했는데, 자신과 그의 친족 70여 인을 다시 노비로 전락시키려는 동인의 이발이나 백유양 등에게 복수하기 위해 조작했다는 설이 있는가 하면,

당시 위관(委官 : 죄인 치죄를 위해 의정 대신 중에서 임명하던 재판장) 임무를 부여받은 정철에 의해 사건이 확대되고 조작되었다거나, 이이가 죽은 뒤 열세에 몰린 서인들이 세력 만회를 위해 날조한 사건이라는 설도 있다.

그런 반면에 약간의 조작된 바가 없지는 않으나 전제 군주정치 하에서 용인되기 어려운,

"만물은 공물(公物)이니, 어찌 주인이 있으리오."

등과 같은 다소 혁명적인 정여립의 주장들이 옥사를 유발했다는 설도 있다.

《부계기문》에 따르면,

"정여립의 아버지 희증은 대대로 전주 남문 밖에서 살았다. 여립을

잉태할 때에 꿈에 정중부가 나타났고, 태어날 적에도 같은 꿈을 꾸었다. 친구들이 축하하였으나 그는 기뻐하는 빛이 없었다. 여립은 금구에서 장가들어 그곳에서 살다 과거에 급제했고, 중용되지 못하자 벼슬을 버리고 돌아와서 글 읽기에 힘쓰니, 전라도 일대에 이름이 높이 나서, 죽도(竹島) 선생이라고 일컫기에 이르렀다.

정여립은 널리 배우고 많이 기억하여 경전을 통달하였으며, 의논이 과격하고 드높아 바람처럼 발하였다. 이이가 그 재간을 기특하게 여겨 연접하고 소개하여, 드디어 청현직에 올려 이름이 높아지더니, 이이가 죽은 뒤에 도리어 헐뜯으므로 임금이 미워하였다."

라는 사실을 전하고 있다.

이보다 수십 년 전에 천안 땅에 길삼봉이란 종이 있었는데, 용맹이 뛰어나 화적질을 하였다. 관군이 잡으려 할 때마다 번번이 탈주하여 그 이름이 나라 안에 퍼지게 되었는데, 정여립이 난을 도모하려고 하루 3백 리를 너끈하게 걷는 길삼봉을 끌어들였다는 주장까지 있게 되었다.

이때 이산해·정언신 등이 정승 자리에 있었고, 이발과 백유양 등이 정여립을 비호하는 편이 되어, 그를 고변한 것이 이이의 제자들이라고 생각했다. 정언신이 어전에서 하늘을 쳐다보고 웃으면서 말하기를,

"정여립이 어찌 역적이 될 수 있을까."

하였으며, 또 국청에 나아가서도 큰 소리로 말하기를,

"정여립이 어찌 역적이 될 수 있는가. 고변한 자를 반드시 잡아 죽여야 한다."

하였다.

《괘일록》에서는,

"당초 정여립은 우계와 율곡 문하에 출입하여 홍문관 수찬에 올랐다가, 서인들이 세력을 잃자 동인에게 돌아가니, 이발이 그를 받아들

였다. 이발은 남평 사람인데, 이때부터 서로 친하게 되었다. 큰 변고가 일어나자, 서인들이 기뻐 날뛰고 동인들은 기운을 잃었다. 앞서임금이 서인을 싫어하여 이조 판서 자리를 10년이나 이산해에게 맡긴 사이, 서인들이 중요 보직을 맡지 못해 기색이 쓸쓸하더니, 역변이 일어나자 서인들이 거리낌 없이 사사로운 원한을 보복하였다.”
라고 하였다.

《시정록》《일월록》《조야기문》《계갑일록》《혼정록》 등을 종합하여 재구성 해 보면,

임금이 편전에 나와 여러 신하에게 여립이 어떤 사람인가 물었더니, 영의정 류전과 좌의정 이산해는 그 위인을 잘 알 수 없다 하였고, 우의정 정언신 또한 그가 글 읽은 사람인 줄로만 알았고, 그 밖에 아는 것이 없다고 하였다.

이에 임금이 황해 감사의 장계를 던지면서,

“글 읽는 사람의 소행이 이 모양인가.”

하고는 승지로 하여금 장계를 읽게 하니, 여립의 흉악한 음모가 낭자하게 나온지라, 모두들 목을 움츠리고 등골에 땀이 흘렀다. 금부도사를 보내 정여립을 잡아들이려 했으나, 도망하여 쉽지가 않았다. 11일에 판돈녕 정철이 들어와 숙배한 후 비밀히 글을 올리니, 선조 임금은 그에게 처리를 맡길 생각을 하게 되었다.

정여립은 안악에 사는 변승복에게서 그의 제자였던 안악 교생 조구가 자복했다는 말을 전해 듣고, 아들 옥남과 함께 도망하여 진안에 숨어 있다가 자결하였다. 옥남은 사로 잡혀 문초를 받은 끝에 길삼봉이 주모자이며, 해서 사람 김세겸·박연령·이기·이광수·변승복 등이 공모했다고 자백했다. 그 결과 이들이 잡혀와서 일부는 조구와 같은 내용을 자백하고, 일부는 불복하다가 장살 당하였다.

정여립의 자결과 일부 연루자의 자백에 의해, 그가 역모를 꾀했다는 것을 사실로 단정 짓게 되었다.

이 사건으로 동인에 대한 박해가 더욱 심해지고, 서인 정철이 옥사를 엄하게 다스렸으니, 이발·이길·김우옹·백유양·정언신·홍종록·정언지·정창연 등 당시 동인 지도자급 인물들이 대거 연루되어 처형 또는 유배당했는데, 특히 이발은 정여립 집에서 자신이 보낸 편지가 발견되어 새로 잡혀가 고문받다 죽었으며, 그의 노모와 어린 자식까지 모두 처참한 죽임을 당하였다.

이어 호남 유생 정암수를 비롯한 50여 인의 상소가 올라오자, 정인홍·한효순·정개청·류종지·김우굉·윤의중·류몽정·조대중·우성전·남언경 등 기라성 같은 30여 명도 연루되어, 처형되거나 혹은 유배되었다. 대개가 조정에서 활약하던 동인 계열 고관들과 호남의 지역 선비들이 연좌되었다. 그리하여 전라도가 반역향으로 불리게 되면서, 선비들이나 후손들의 반목과 대립이 이어져 여러 가지 문제를 낳았다.

남명 조식의 문하생들 또한 대거 연루되었으며, 진주에 살았던 최영경이 길삼봉으로 지목되어 옥사하고 말았는데, 그의 연좌 또한 지극히 모호하여 후세에까지 말들이 많았다. 정여립이 죽고 난 수년 동안 그와 친교를 맺었거나, 아니면 동인이라는 이유만으로 처형된 자가 무려 1,000여 인에 이른다 했으니, 골 깊은 상처가 오래 갈 수밖에 없었다.

세월이 흘러 숙종 때 미수 허목이 수우당 최영경의 유사(遺事)를 지어, "《백사유고》에 〈기축록〉이 있는데, 수우 선생의 원통한 사적이 자세히 실려 있다. 뒤에 그 자손들이 집권자의 말을 듣고 감추니, 가짜 〈기축록〉이 세상에 떠돌았다. 생각건대, 이런 글은 보통 문자가 아닌데, 어찌 강릉 판에는 빠지고 진주에 와서 추간(追刊)하게 되었을까. 이 때문에 일부 사람의 의심을 면치 못한다. 그런데 계곡[장유의

회·지천[최명길 회]·연양[이시백 회] 같은 이들은 한낱 보잘 것 없는
  사람이 아닌데도, 한 사람 정철만을 위하여 그들 스승 이항복이 하
  지 아니한 글을 저술하여 스승을 저버렸던가."
라고 한 바가 있듯이, 이항복의 문집에 들어 있는 〈기축록〉을 믿을 수 없
는 것으로 판정하였으니, 미수 허목 또한 남인인지라 그렇게 파악했을
가능성도 있지만, 아예 무시할 일은 아닌 듯하다.

7년 조일 전쟁

일본 막부가 쇠퇴하면서 군웅할거의 전국시대가 펼쳐졌지만, 도요토
미 히데요시가 일본을 통일하게 되었다. 그는 조선 측 의도 파악을 위해
국서를 전달하고 사신 파견을 요청했다. 이를 거부하던 조선은 일본 사
정을 알아보기 위해 서인 황윤길을 정사, 동인 김성일을 부사로 삼아 일
본에 파견하였다.
　　그들이 일본에서 돌아오자, 황윤길은 병란이 있을 것으로 예견했고,
김성일은 그렇지 않다고 하였다. 이를 놓고 황윤길과 김성일의 당색이
다르기 때문이라 알려져 있지만, 훗날 김성일의 고백처럼 나라의 인심
을 자극하여 혼란에 빠뜨리지 않기 위함이었다.
　　갈피를 잡지 못하던 조선 땅 부산 앞바다에 대규모 침략군이 당도한
것은 선조 25년(1592) 4월 13일이었다. 왜적들이 침입하던 날, 궁궐 안
샘물에서 푸른 무지개가 일더니 임금 몸에 드리워졌는데, 임금이 피하
려 해도 따라오는지라, 문을 닫으니 비로소 사라졌다고 한다.
　　전라도 운봉 팔량치엔 혈암이란 피바위가 있다. 이성계가 용감무쌍

한 어린 왜구 적장 아지발도를 쏘아죽인 전설의 바위이니, 바위 위에 피가 아롱져 생겨난 이름이다. 임진년에 왜적들이 침입하자, 이 바위에서 다시 피가 흘렀다 했으니, 암울한 전쟁의 서막이었던 모양이다.

부산첨사 정발은 대규모 왜적들을 대적할 수가 없었다. 함락된 부산진성을 밟고 선 왜적들은 파죽지세로 서평진과 다대진을 함락한 후 동래성으로 향했다. 길을 열라는 왜적에게 동래부사 송상현은,

"죽기는 쉽고 길을 열기는 어렵다."

라며, 결전의 의지를 불태웠다.

동래성 앞에 진을 친 왜군은 붉은 옷에 푸른 수건을 씌운 허수아비를 만들어 성안으로 들여보내자 백성들은 혼비백산하였다. 이어 정예군들이 들어와 혈전이 벌어지자 동래성을 지키던 조선군은 도망갈 곳부터 찾았다. 부사 송상현은 갑옷 위에 조복을 입고 남문루에 올라, 왜군들에게 준엄하게 꾸짖은 후 순절하였다.

파죽지세로 왜군들이 진격하니, 17일 밀양이 함락되고 20일에 청도가 무너지더니, 팔조령을 넘어 대구까지 무인지경이었다. 선조는 좌의정 류성룡을 총사령관으로 하여, 신립을 도순찰사로 임명했다. 방어선 구축을 위해 순변사 이일을 상주로 파견하기 위해 군사를 모았지만, 군사 훈련 근처에도 가보지 못한 오합지졸이었다. 상주에서 전투다운 전투도 해보지 못한 이일은 충주의 신립에게 달려갔다. 도순변사 신립은 충주 탄금대를 배수진으로 하는 작전을 폈지만, 북상하는 왜군을 막을 수가 없었다.

선조는 파천을 결정하였다.

하지만 인심 동요가 걱정거리였으니, 4월 28일 광해군을 세자로 책봉한 후 파천 준비를 몰래 진행시켰다. 4월 30일 어둠을 뚫은 꼭두새벽에 궁을 빠져나온 선조는 벽제를 거쳐 임진강에 도착하니, 칠흑 같은 밤

이었다. 이곳 강가에 우뚝 솟은 화석정은 이율곡이 즐겨 오르던 곳인데, 평소 제자들과 함께 기둥과 서까래에 들기름을 반질반질하게 먹여 둔지라, 이항복이 정자에 불을 질러 강물을 건너는 선조 파천 길을 밝혔다고 전한다.

며칠 후 평양에 도착했지만, 한양 도성에는 노비 문서가 있던 장예원과 형조가 불태워지고, 내탕고와 창덕궁, 창경궁이 습격을 받았으며, 임해군과 홍여순 집이 불탔다. 한양에 진입한 왜군 대장 우키다 히다이에[平秀家]가 역대 임금 위패를 모신 종묘를 숙소로 삼았으니, 조선의 치욕은 끝자락이 보이질 않았다. 하지만 밤마다 이상한 일이 벌어지고, 수비하던 일본군이 갑자기 죽기도 하여, 종묘를 불태우고 거처를 옮겨 갔으니, 조선 왕의 혼령들이 왜군을 쫓은 것이라 하였다.

이어지는 패전으로 의주까지 파천한 선조는 중국으로 넘어갈 기세였다.

이때 각지에서 일어난 의병들이 왜군 잔존세력을 괴롭히고 있었다.

전쟁이 일어나자, 경상 우병사 김성일에게 책임을 물어 파직시켰지만, 류성룡의 적극적인 변호로 경상도 초유사에 임명된 그는 홍의장군 곽재우를 비롯한 경상도 의병들이 활약할 발판을 마련했다. 영남지역에서 그의 신망을 바탕으로 물자와 병력 지원을 원활하게 했을 뿐만 아니라, 관군과 의병 간의 대립이 생길 때마다 중재 역할로 명성을 높였으나, 끝내 전장에서 목숨을 거두었다.

바다에는 이순신이 버티고 있었다. 당초 도요토미 히데요시 전략은 부산 바다를 점령한 후 남해를 거쳐 서해로 돌아나가 육군과 합세하여 북진하려 했다. 그러나 전라좌수사 이순신이 버티고 있기에 심대한 차질을 빚게 되었다. 해전 상황을 보면, 거제도 동쪽 옥포 해전에서부터 승전보를 올렸으니, 이순신이 미리 건조해 뒀던 거북선의 힘이었다. 첫 해전에서 대승한 우리 수군은 사천·당포(통영 부근)·당항포(고성 부근)에서도 거북선 위력을 발휘하여 왜군의 사기를 꺾더니, 한산도 대첩이야말로 대승을 거둔 전투였다.

각지에서 일어난 의병들과 수군들의 활약으로 겨우 버텨낼 즈음, 명나라 군대 파병이 이루어졌다. 두 차례로 걸쳐 명나라 원군이 파견되었는데, 조승훈이 이끄는 1차 부대는 평양전투에서 패배하고 말았다. 이에 명나라에서는 유격장군 심유경을 일본군 진영에 보내 강화를 모색하고 있었다. 이여송 장군이 이끄는 2차 원정군이 도착하여 전열을 가다듬기는 했으니, 그 역시 시간을 벌기 위한 속셈을 노출하고 있었다.

우여곡절 끝에 조선과 명나라 연합군은 평양성을 공격하여 탈환에 성공했다. 이를 계기로 조명연합군은 남진하여 한양의 길목인 벽제에서 일본군과 마주쳤다. 평양에서 대패한 고니시 유키나가[小西行長]가 이끄는 일본군과 함경도에서 쫓겨 내려온 가토 기요마사[加藤淸正] 군대가 합류한 왜군의 위세가 매우 컸다. 자만에 가득 찬 이여송은 적의 기습으로 개성까지 후퇴했다.

이때 한양 근처에서 승전보를 올린 이가 권율 장군이었다.

선조 26년(1593) 2월, 행주산성에서 왜적을 맞아 대승을 거두었다. 전라도 순찰사였던 권율이 군사를 이끌고 수원 독산성에 웅거하고 있었는데, 명군과 합세하여 한양을 회복하려는 계획이었다. 그런데 이여송 부대가 벽제관 전투에서 패했다는 소식을 접한 후, 1만에 불과한 군사를 이끌고 한강을 건너 행주산성으로 이동했다.

벽제관 전투 대승으로 교만에 빠진 3만의 왜군들이 행주산성을 습격하자, 권율 휘하의 군사들은 가까이 오기를 기다려 화살과 돌을 날렸다. 부녀자들이 행주치마로 돌을 날라다 주었기에 행주대첩이란 말이 전해지고 있다.

개성으로 물러난 이여송은 한양으로 진격할 모양세를 갖췄다. 행주산성 승리로 왜군의 보급로를 끊었고, 이순신이 이끄는 수군들이 해상을 장악하자, 왜군들이 불리한 상황으로 반전되었기 때문이다. 용산에 쌓아둔 적의 군량 10만 석이 불태워진 데다, 전염병이 유행하자, 왜적들은 남쪽으로 퇴각하기 시작했다.

선조 26년(1593) 4월.

명나라 유격장군 심유경은 왜적 본진으로 찾아가 다시 화의를 제의했다. 형세가 불리함을 느낀 왜적들은 이에 응하여 남쪽으로 내려가는 시간을 벌려고 하였다. 왜군 철수 소식을 접한 이여송은 군사를 이끌고 다시 남하하여 왜군의 뒤를 쫓았다. 이미 멀리 남쪽으로 내려간 왜적들은 부산을 근거로 하여, 웅천(창원)과 서생포(울산) 사이에 18개의 왜성을 쌓으며 장기전에 대비했다.

명군을 이끌던 이여송 또한 문경까지 왔다가 돌아갔다. 명군의 다른 장수들이 영남지역에 나누어 주둔하였지만 왜적을 토벌할 생각이 없었다. 부산으로 간 심유겸이 유키나가와 화의 회담을 이어갔다. 그런 와중에 왜적들은 대군단을 꾸려 진주성을 공략했다.

그 해 10월 선조는 신하들을 이끌고 한양으로 돌아왔다. 왜군이나 명군들도 철수하는 분위기 속에서 지루한 화의 교섭이 진행되고 있었건만, 조정에서는 처음부터 반대한 것이었다. 명나라 주도로 교섭의 사절이 왕래하였는데, 왜군의 요구 조건은 말도 안 되는 것이었으니, 명의 황녀를 일본 왕비로 할 것, 조선 8도 중 4도를 넘겨줄 것, 조선 왕자와 대신 한두 사람을 볼모로 보낼 것 등이었다.

교섭을 맡은 심유경은 사실대로 명나라에 보고하지도 못한 채 술책을 부리려 했다. 강화 초부터 의논되던 도요토미를 일본 국왕으로 책봉하고, 일본에게 조공을 허락한다는 조건이었다. 명나라에서는 책봉만을 허락했다. 선조 29년(1596)에 명나라 조정에서 양방형과 심유경을 정·부사로 삼아 도요토미를 일본 국왕으로 봉한다는 책서와 금으로 된 인장을 가지고 일본으로 건너가게 했다. 조선도 어쩔 수 없이 황신과 박홍장을 정·부사 삼아 명나라 사신을 따르게 했다. 도요토미는 조선 측 태도를 트집 잡아, 다시 침략할 것을 결의했다.

이듬해인 선조 30년(1597)에 14만 대군으로 재차 조선을 침략해 왔으니, 이를 정유재란이라 부른다. 선봉에 섰던 고니시 유키나가 군사들이 거제도에 진을 쳤고, 가토 기요마사의 군대가 서생포로 들이닥쳤다. 거제도에 먼저 들어왔던 고니시 유키나가가 후발 부대와 짜고 이간책을 부려, 이순신을 통제사의 지위에서 끌어내려 하였다. 첩자 요시라를 경상좌병사 김응서에게 몰래 보내 농간을 부리려 했으나, 계략임을 예측한 조선 수군은 출병을 주저했다. 이 틈을 노린 기요마사 부대가 건너와, 이순신이 출병하였다면 가토를 잡을 수 있었을 것이란 소문을 퍼뜨렸다.

이순신을 의심한 선조는 남이신을 한산도로 파견하여 조사케 하였다. 이순신은 사형에 처해질 위기까지 몰렸다. 후임 통제사 원균의 실책으로 수군이 대패했다. 정탁 대감이 강력하게 변호하여 도원수 권율 휘하에 백의종군하게 되었다. 첩자 요시라가 다시 김응서 진으로 와서, 6~7월경 후속 부대가 건너올 것이니, 조선 수군은 놓치지 말라고 유혹했다. 이때 명나라의 원군 양원이 도원수 권율에게 조선 수군을 출동시켜 보급로를 차단시키라고 요청했다. 권율은 즉시 원균에게 출동을 명했지만, 원균은 쉽사리 움직이려 하지 않다가 마지못해 출격하여 대패하고 말았다.

보고를 받은 선조는 서둘러 이순신을 통제사로 삼았다. 일본군은 수륙 양면 대공세를 취해 남원성을 공략했다. 성은 함락되었고, 명나라 장수 양원은 포위망을 뚫고 간신히 달아났다. 기세를 올린 왜군들은 전주를 장악한 후 북상하는 동안 약탈과 살육을 일삼았다. 직산 홍경원까지 이르렀으나 명장 해생에게 패해, 고니시는 순천, 가토는 울산, 시마즈 요시히로는 사천에 웅거했다.

새로 통제사에 제수된 이순신은,

"신에게는 열두 척의 배가 남아 있습니다."

라는 소를 올렸다.

선조 30년(1597) 8월. 서해로 진출하려는 왜적을 맞아 명량해전에서 대파했다.

9월 하순, 조명 연합 육상군과 전선을 구축하여 순천 왜성을 공격했다.

선조 31년(1598) 11월 노량해전을 마지막 승리로 이끌면서 전쟁의 끝이 보이기 시작했지만, 이순신은 날아온 탄환에 맞았다. 옆에 섰던 조카 완이 급히 쓰러지는 이순신을 부축하자,

"나의 죽음을 적에게 알리지 마라."

라고 한 후에 손에 쥐었던 영기(令旗)를 조카에게 내맡기고, 장막 안으로 옮겨졌다. 54세의 일기로 전장을 누비던 이순신은 전장에서 조용히 눈을 감았다.

7년을 끌던 참혹한 전쟁도 저물어가는 순간이었다.

동서남북으로 갈라진 파당

선조 신묘(1591)에 대간이 정철[서인] 죄에 대해 논박했는데, 이산해 [동인]가 그 의논을 주동했다. 옥당에서도 차자를 올리려고 부제학 김수

가 사성 우성전의 집으로 가서 의논하니, 우성전은 김수를 만류하여 가지 못하게 하였다. 이에 대사간 홍여순이 우성전을 탄핵하자, 동인들의 논의가 크게 갈라졌는데, 과격파를 북이라 하고 온건파를 남이라고 지목하였다.

임진년(1592)에 이르러 이산해와 홍여순이 귀양가고 류성룡도 파직되니, 윤두수[서인]가 정승이 되어 정권을 잡았다가, 계사년(1593)에 환도(還都)한 뒤에 류성룡이 다시 영의정에 임명되었다.

심의겸·김효원 때에는 동서만 있었는데, 박순·이이가 죽게 되자 서인이 동인의 공격과 모욕을 받아오다, 기축년 정여립 역모에 동인들이 많이 죽었고, 임진란에는 서인들이 절의로 많이 죽었으니, 고경명·조헌·김천일·송상현 등이 드러난 사람이었다. 그럼에도 동인 세력이 더욱 성하여 서로 공격하다가 남북으로 갈라졌으니, 마침내 동인이라는 호칭이 끊어지고 말았다.

그 뒤에 북인이 점차 성하더니, 또 서로 나누어져 이이첨·정인홍·이경전·김대래·기자헌·허균·홍여순이 대북, 류영경·남이공·김신국·류희분·박승종이 소북이 되었다. 선조 말년에 조정 신하들이 권력을 탐하는 것을 미워하여, 각파의 사람들을 번갈아 썼다가 쫓다가 하여 싸움을 붙였는데, 류영경이 집권하고부터 전보다 심했다.

광해군 초에 이르러 류영경이 살육되고 정인홍과 이이첨이 정권을 잡았으나, 류희분이 외척(광해의 처남)으로 권력을 휘둘렀기 때문에 소북이 쇠퇴하지는 않았다. 그러나 대북이 워낙 강해 또 자기네끼리 당파를 세웠으니, 중북에다 청북·탁북·골북·육북 따위의 명칭이 있었다.

인목대비를 폐하고 광해군이 망하자 대북 사람들이 형벌로 죽거나 귀양 가서 남은 자들이 없었다. 중북 이하의 여러 당파는 소북에 붙기도 하고 서인으로 흡수되기도 하였기에, 세상에는 대북이란 칭호가 없어지고 말았다고 《일월록》은 기술하고 있다.

동서 당쟁을 그린 안방준의 《혼정록》에서도,

"일찍이 류성룡과 이발이 서로 틈이 있었는데, 김성일·이성중·이덕형 등이 류성룡 우익이 되었고, 정여립·최영경·정인홍 등이 이발의 우익이 되어 서로 배척했지만, 그래도 형적이 드러나지는 않았다. 5~6년 후 기축옥사가 일어나자, 정철을 위시한 서인을 대하는 입장에 따라 남북의 분열이 있게 되었다."

라는 사실을 적시하고 있다. 기축옥사에서 동인들을 얽어맨 정철의 처분을 놓고 강경한 입장을 보인 쪽이 북인이었고, 다소 온건론을 펼친 쪽인 남인이었다.

젊어서부터 우성전은 큰 명성이 있었는데, 부친이 함종 현령으로 있을 때 왕래하다가 평양 기생에게 정을 두었는데, 평안감사가 그 기생을 우성전의 집으로 실어 보냈다. 우성전이 친상을 당해 한때의 명사들이 다 모였는데, 평양 기생이 머리를 풀고 출입하는 것을 본 이발이 말하기를,

"제 아버지가 죽게 되어 벼슬을 버리고 돌아오는데, 무슨 마음으로 기생을 싣고 왔느냐."

라고 공격하니, 우성전의 본정을 아는 자들이 그렇지 않음을 밝혀 두둔하고 나섰다.

이때에 이발이 북악산 아래에 살고 있었고, 우성전이 남산 아래 살았기 때문에, 북인과 남인이라 불리게 되었다. 기축옥사 때 북인이 많이 죽은 것은 정여립이 북인계열이었기 때문이다.

《회산잡기》에서는,

"임진왜란 뒤에 류성룡이 정권을 잡은 7년 동안 남인들이 사헌부와 사간원에 포열하여, 이산해의 아들 이경전에게 야박하게 대했다. 이

에 경전을 비호하는 자들이 모두 북인이 되어, 류성룡을 탄핵 파직
시켰다. 얼마 안 되어 이조 판서 이기가 홍여순을 대사헌으로 삼으
려 하니, 정랑 남이공이 합당치 않다고 거절했다. 이에 홍여순의 무
리를 대북, 남이공의 무리를 소북이라 일렀다."
라고 하였듯이, 북인들은 이제 대북과 소북으로 쪼개지게 되었다.

북인들이 류성룡을 탄핵하여 끌어내릴 수 있었던 것은 무술년(1598)
변무사건이었다.

임진왜란 때 명나라 사람 정응태가 조선에 왔다가 터무니없는 사실
을 날조하여, 조선이 명나라를 치기 위해 일본과 내통하여 일본 군대를
끌어들였다고 했으니, 이를 변무할 사신 선발이 다급했다. 선조는 류성
룡이 적임자라 하였건만, 노모가 연로하다는 이유로 고사하였다. 북인들
은 전쟁 도중에 류성룡이 화의를 요청하여 전세를 뒤집지 못했다는, 이
른바 '주화오국(主和誤國)'에 대한 책임을 씌웠다. 상당수 의병장들이 북
인 출신들이었기 때문에 이 논리가 먹힐 수 있었다.

경자(1600) 봄에 영의정 이원익이 대북을 이끌던 이산해를 견제하려
다 체직되고, 이산해가 영의정이 되고 홍여순이 병조 판서가 되어 권력
을 다투었는데, 홍여순의 논의를 주장하는 자를 골북, 이이첨의 논의에
따르는 자를 육북이라 하였다. 이이첨 등이 홍여순을 탄핵하고 백관을
위협하여 조정의 논쟁이 그치지 않자, 선조가 양쪽 모두 내쫓아 서인들
이 조정에 가득했다.

임인(1602) 정월에 류영경이 이조 판서가 되었는데, 그는 소북의 영
수였다. 얼마 후에 우의정에 임명되어 조정 권력을 잡았지만, 이것이 자
신을 죽음으로 몰아넣고 말았다.

임진왜란이 발발하자 선조는 후궁 소생인 광해군을 세자로 책봉할
수밖에 없었다. 그런 와중에 선조 재위 39년(1606)에 계비로 들어앉은

인목대비가 영창대군을 낳았다. 정비의 몸에서 어린 적자가 출생한 것 자체가 비극의 서막이었다. 조정 신료들 간에 영창대군을 세자로 책봉하려는 움직임이 나타난 것이 당연지사. 이미 세자로 책봉된 광해군 지지파와 어린 영창대군 지지파로 나뉘었다. 대북으로 불리던 이이첨, 이경전, 정인홍 등이 광해군 지지파였고, 영창대군 지지의 대표 인물이 소북을 이끌던 류영경이었다.

후계 자리를 놓고 힘겨루기가 드세질 무렵 선조가 승하했다. 류영경의 계획들이 성사되지 못했고, 광해군을 지지한 대북세력들의 세상이 되었으니, 영창대군을 앞세워 소북을 이끌던 류영경도 죄인의 몸으로 사라져야만 했다.

나라를 두 번 구한 홍순언

을지로 롯데호텔 앞 대로변의 조그마한 석조물에 담은 굵은 글씨체 〈고운담골〉 제목 아래 이어지는 설명문은 다음과 같다.

임진왜란 때 역관 홍순언(洪純彦)이 명나라에 갔을 때 여인을 도와준 일로 보은단(報恩緞)이란 글씨를 수놓은 비단을 받았다 하여 보은단골이 고운담골로 변음되었다고 한다.

위의 마을 유래 설명에 대해 약간 부언하자면, 조선 선조 때 역관이었던 홍순언이 명나라 북경에 사신단 일행으로 가던 길에, 부모 장례비용 때문에 기생집에 팔려나온 딱한 처녀의 사정을 듣고 도와준 일이 있었다. 그 일을 잊어버린 채 연경에 재차 사신으로 갔더니, 명나라 병부상서 석성 부인이 된 그 처녀가 은혜를 갚고자, '보은단(報恩緞)'이라 수놓은 비단 수십 필을 홍순언 집으로 보냈기에, 이 마을을 보은단골 또는 보은담골이라 하였더란다. 보은단동이라 표기한 것이 보은단골로 전해오다가 음이 비슷한 고운담골이 되었고, 줄여서 곤담골, 곤당골이 되기도 했다. 고운담골이 다시 한자명으로 옮겨지면서, 미장동(美墻洞) 혹은 여장리(麗墻里)라고 했으니, 이를 줄여 미동(美洞) 혹은 여리(麗里)라고도 하였다. 달리 전해오는 이야기로는 홍순언이 자기 집 담에다 '효제충신(孝悌忠信)' 같은 글자를 수놓은 것이 매우 아름다워 고운담골이라 불렸다고도 전한다.

홍순언 이야기는 이익 선생의 《성호사설》에서도, 세간에 떠돌던 민담을 채록하여,

"홍순언이 앞서 명나라 사신으로 연경에 갔을 적에, 양한적(養漢的)에게 후한 뇌물을 주고 한 아름다운 창녀를 얻었었다. 양한적이란 창녀를 길러 값을 받는 칭호이다. 물어본즉 창녀는 본시 양갓집 여자로서 부모가 죽자 집안이 가난하여 장례 모실 길이 없으므로, 스스로 몸을 팔아 여기에 이르렀는데, 기실은 처녀로서 남자를 섬기지 않은 몸이라는 것이었다. 이를 듣고 측은히 여겨 마침내 돈을 내어 깨끗이 도와주고 관계를 맺지 아니하였다. 그 뒤 그녀는 상서 석성의 총희가 되었는데, 순언이 변무(辨誣)하러 갔을 적에 그녀의 도움으로 일을 성사시켰다. 또 임진왜란에 이르러 명나라에서 군사를 내어 우리나라를 다시 일으킨 것은 석성의 힘이었는데, 역시 그녀의 도움이었다고 한다. … 순언이 두 번째 연경에 갔을 때 석성의 총희가 금과 비단을 잔뜩 싣고 와서 은혜에 보답하기를 심히 후히 하자 순언은 말하기를 '만약 이렇게 한다면 이는 이익을 노린 것에 불과

하니, 나의 당초의 뜻이 아니다.' 하고 모두 받지 아니하였다. 그녀 손수 짠 채단이 1백 필이었는데 수의 무늬는 모두 '보은단(報恩緞)' 세 글자로 되었다. 이 채단을 받들고 와서 슬피 호소하므로 순언은 차마 이것조차 물리칠 수 없어서 마침내 가지고 돌아왔다. 지금 서울 서부에 '보은단골'이 있는데, 순언이 사는 곳이 바로 이름으로 된 것이라 한다."

라고 한 바가 있듯이, 오래전부터 구전되어 왔음을 알 수 있다.

성호 선생이 언급했던 홍순언의 활약상은 2가지였으니, 첫 번째가 종계변무, 두 번째가 임진왜란으로 명나라 군사를 청할 당시에 세운 공로였다. 종계변무란 이성계의 조상 계보를 잘못 기록한 중국 측 자료를 바로 잡기 위한 외교적 노력이었는데, 거의 2백년을 끌다가 이때에 해결되었으니, 조선 왕실 걱정거리를 한방에 날린 쾌거였다. 그리고 급작스런 왜군들의 침입으로 나라 존망이 위태로울 때, 명나라 원군으로 전세를 역전시킬 수 있었으니, 홍순언이야말로 나라를 두 번이나 구한 위인이었고, 이런 이유로 그의 미담이 전승되어 왔을 것이다.

《성호사설》에서 이익 선생은, 야담 차원으로 떠돌던 것을 단순하게 소개하려 한 것이 아니라, 좀 더 객관적으로 검증하고 논증하려는 자세를 취하고 있다는 점이다. 아마 그의 저서 성격이 논설을 기반으로 한다는 점이 고려되었을 것이다. 하지만, 성호보다 한 세대 뒤에 태어난 연암 박지원은 《열하일기》에서, 보다 풍부하고도 세련된 문체로 홍순언 미담을 채워 나갔으니,

"당릉군 홍순언은 만력 년간에 이름난 통역관으로서 명나라 서울에 들어가 어떤 기생집에 놀러 갔었다. 기생의 얼굴에 따라서 놀이채의 등급을 매겼는데, 천금이나 되는 비싼 돈을 요구하는 자가 있었다. 홍은 곧 천금으로써 하룻밤 놀기를 청하였으니, 그 여인은 바야흐로

16세요, 절색을 지녔다. 여인은 홍과 마주 앉아 울면서 하는 말이, '제가 애초 이다지 많은 돈을 요구한 것은, 이 세상에는 인색한 사나이들이 많으므로 천금을 버릴 자 없으리라 생각하고서 당분간의 모욕을 면하려는 의도였던 것입니다. 그리하여 하루 이틀을 지나면서 여각 주인을 속이는 한편, 이 세상에 어떤 의기를 지닌 남자가 있어서, 저의 잡힌 몸을 속(贖)하여 사랑해 주기를 희망하였던 것입니다. 그러나 제가 창관(娼館)에 들어온 지 닷새가 지났으나 감히 천금을 갖고 오는 이가 없었더니, 이제 다행히 이 세상의 의기 있는 남자를 만나게 되었습니다. 그러나 공께서는 외국 사람인만큼 법적으로 보아 저를 데리고 고국으로 돌아가시기에는 어렵사옵고, 이 몸을 한번 더럽힌다면 다시 씻기는 어려운 일이겠습니다.' 하였다. 홍은 그를 몹시 불쌍히 여겨 창관에 들어온 경위를 물었더니, 여인이 답하기를, '저는 남경 호부시랑 아무개의 딸이옵니다. 아버지께서 장물에 얽매였으므로 이를 갚기 위하여 스스로 기생집에 몸을 팔아 아버지의 죽음을 속하고자 하옵니다.' 하였다. 홍은 크게 놀라 말하기를, '나는 실로 이런 줄은 몰랐소이다. 이제 내가 당신의 몸을 속해 줄 테니 그 액수는 얼마나 되는지요.' 했다. 여인은 말하기를, '이천 냥이랍니다.' 하였다. 홍은 곧 그 액수대로 그에게 치르고는 작별하기로 하였다. 여인은 곧 홍을 은부(恩父)라 일컬으면서 수없이 절하고는 서로 헤어졌다. 그 뒤에 홍은 이에 대하여 괘념하지 않았다. 그 뒤에 또 중국을 들어갔는데, 길가에 사람들이 모두들 '홍순언이 들어오나요.' 하고 묻기에, 홍은 다만 괴이하게 여겼을 뿐이었더니, 연경에 이르자, 길 왼편에 장막을 성대하게 베풀고 홍을 맞이하면서, '병부 석노야(石老爺)께서 환영하옵니다.' 하고는, 곧 석씨 사저로 인도했다. 석상서가 맞이하여 절하며, '은장(恩丈)이시옵니까. 공의 따님이 아버지를 기다린 지 오래되었답니다.' 하고는, 곧 손을 이끌고 내실로 들었다. 그의 부인이 화려한 화장으로 마루 밑에서 절했다. 홍은 송구하여 어쩔 줄을 몰랐는데, 석상서가 웃으면서, '장인께서 벌써 따님을 잊으셨나요.' 했다. 홍은 그제야 비로소 그 부인이 곧 지난날 기생집에서 구출했던 여인인 줄을 깨달았다. 그는 창관에서 나오게 되자 곧 석성의 계실이 되어 전보다 귀하게 되었으나, 오히려 손수 비단을 짜면서 군데군데 보은 두 글자를 무늬로 수놓았다. 홍이 고국으로 돌아올 때에 그녀는 보은단 외에도 각종 비단과 금은 등을 이루 헤아리지 못할 만큼 행장 속에 넣어 주었다. 그 뒤 임진왜란이 일어나자 석성이 병부에 있으면서 출병을 힘써 주장하였으니, 이는 석성이 애초부터 조선 사람을 의롭게 여겼던 까닭이다."

라는, 길고도 긴 이야기를 깨알같이 서술하고 있다.

이는 《열하일기》〈옥갑야화(玉匣野話)〉편에 수록된 것인데, '옥갑야화'란 귀한 문갑 속에 감추어 둔 야화란 뜻이 아니겠는가? 따라서 홍순언 관련 민담, 즉, 입에서 입으로 전승되어 오던 방중한담을 소중하게 여겨 기록해 둔, 그러니까 야화 형식으로 담아낸 것이다.

연암과 동시대에 살았던 이긍익 선생 또한 《연려실기술》에서 홍순언 고사를 싣고 있는데, 여기에서는 이야기 갈래의 판을 더 키워, 위기에 처한 처녀를 구해 준 돈이 공금 횡령에 해당되어 홍순언이 하옥되었다가, 기사회생한 후 재차 중국으로 건너가 종계변무를 성사시켰다는 극적 요소들까지 추가하여,

"순언은 환국한 뒤 공금의 빚을 갚지 못한 것 때문에 체포되어 여러 해 동안 갇혀 있었다. 이때 우리나라에서는 종계변무(宗系辨誣) 때문에 전후 10여 명의 사신이 갔다 왔으나, 아무도 허락받지 못하고 돌아 왔다. 임금이 노하여 교지를 내리기를, '이것은 역관[象胥]의 죄로

다. 이번에 가서 또 청을 허락 받지 못하고 오면 마땅히 수석 통역관 한 사람을 목 베리라.' 하였다. 어떤 역관도 감히 가기를 지원하는 자가 없었다. 역관들은 서로 의논하여 말하기를, '홍순언은 살아서 옥문 밖으로 나올 희망이 없으니, 우리들이 마땅히 빚진 돈을 갚아주고 풀려 나오게 하여, 그를 보내기로 하자. 만일 그 일을 허락받고 돌아오면 그에게는 행복이 될 것이고, 만약 죽는다 하더라도 진실로 한이 될 일은 없을 것이다.'라고 입을 모은 후에 함께 가서 그 뜻을 알리니, 순언이 개연히 허락하였다."

라고 덧붙였으니, 가공된 전기적(傳奇的) 요소가 갈수록 보태졌음을 보여준다.

나라를 두 번씩이나 구한 홍순언.

이토록 아름다운 이야기가 또 있을까마는, 저자의 직업의식 발동으로 그 진위를 확인하지 않을 수 없어, 《조선왕조실록》 관련 자료부터 뒤지기 시작했다. 종계변무 외교성과를 놓고, 홍순언이 역관 신분으로는 다소 파격적인 2등 공신에 책봉되었으니, 그 활약이 자못 컸던 것은 사실이다. 그리고 당릉군으로 봉작되는 명예까지 누렸다. 그 후 임진왜란이 일어나자, 누란의 위기 속에서 명나라 원군을 얻어 내는데도 공을 세웠던 일목요연한 그의 행적들이 확인되었다.

이런 점들만 가지고도 민담으로서의 모티브 요건은 충분하다.

조선 왕실의 정통성 문제가 걸린, 실로 200년을 끌어 온 종계변무에 공을 세웠을 뿐만 아니라, 임진왜란을 당하여 파병 요청을 위한 통역관으로 활약했고, 전쟁 중에는 명나라 장수 이여송과 선조 사이의 통역을 맡기도 했다. 허균의 형이던 허봉이 명나라에 다녀오면서 남긴 사행일기 《조천기》의 갑술년(1574년) 기록에는 종계변무를 위해 노력하던 홍순언

활약상이 잘 나타난다. 중국 명나라 지인들을 만나 그쪽 사정을 탐문하는 대화체 내용이 그대로 기술되어 있는데, 여기에서도 유곽 처녀나 석성을 만났다는 사실은 확인되지 않는다. 따라서 석성과 홍순언 인연은 종계변무가 아니라 임진왜란이 계기가 되었던 것으로 봐야 할 것 같다.

여기에서 우리는 석성이란 인물에 주목해 볼 필요가 있다. 임진왜란 당시 명나라 병부시랑 석성이 파병을 이끌어 냈지만, 일본과의 협상과정에서 불거진 봉공 문제로 하옥되어 생을 마감했고, 그 과정에서 조선에서는 어떤 구명운동도 해 주질 못했다. 임란 극복 후 국가 재조지은이라는 대명제 아래에서는 명나라가 무척 크게 다가왔다. 그런 상황이니 대명의리론에 사로잡혀 있던 조선 지식인들 사이에서는 석성에 대한 부채의식을 가질 소지가 충분했고, 홍순언 민담이 그렇게 생겨난 것이라 추정된다. 만질수록 커진다는 말이 있듯이, 석성 계실부인을 등장시킨 것은 후대의 누군가에 의해 부풀려진 것임이 틀림없다.

다음의 《어우야담》에서 홍순언 민담 원형이 확인되기 때문이다.

홍순언 민담을 역사적 사실과 설화로 구분한다면, 그 기점은 유몽인의 《어우야담》이 될 것이라 보이는데, 류몽인이 소개한 홍순언 일화를 보면,

"홍순언은 나와 같은 마을 사람이다. 사람됨이 영준하고 용모가 훌륭했다. 그가 중국에 갔을 때 옛날부터 알고 지내던 이를 만났는데, 병환에 걸려 패가망신하고 처자까지 모두 팔아야 할 지경이었다. 홍순언이 즉시 백금 500냥을 써서 그의 처자와 전장을 돌려주니, 이로 말미암아 순언의 이름이 중국에 떨쳤고 중국 사람들도 반드시 그를 '홍노야(洪老爺)'라고 칭하였다."

라고 하였듯이, 홍순언이 500량으로 도와 준 이는 유곽의 창녀로 팔려온 처녀가 아니라, 처자식 딸린 남자였다. 이런 의로운 행동이 중국에서

도 크게 알려져, 홍순언을 두고 의기 있는 사람으로 불렀다고 했으니, 류몽인이 중국 사신으로 갔을 적에도 확인했던 것을 기록으로 남겼을 가능성이 크다. 류몽인은 홍순언과 한 마을에 살았고, 임진왜란 전에 질정관으로 명나라에 파견된 것을 비롯하여 세 차례나 조천사로 파견되어 갔던 사람이다. 그러하니 중국 땅에서 종계변무 외교전이 어떻게 진행되었으며, 그 과정에서 홍순언이 어떤 기여를 했는지 몰랐을 리가 없다.

1622년경에 완성된 것으로 알려진 《어우야담》은 백묘 서술 방식의 으뜸으로 칭송받는 책이다. 백묘란 동양화에서 농담(濃淡)없이 진한 선으로만 대상을 그려내는 소묘법의 하나인데, 문학에 있어서는 미문으로 수식하거나 윤색하지 않고 스케치하듯 골격만을 제시하는 필법을 말한다. 홍순언과 석성 계실과의 일화를 알고 있었다면, 당연히 이를 중심으로 백묘 서술했을 것이다. 그런 점에서 본다면, 류몽인 당대까지도 홍순언 일화는 어려움에 처한 중국 친구를 위해 거금을 쾌척했다는 정도의 스토리만 구전되던 상황이었음을 알 수가 있다.

이런 원형의 서사적 틀에서 벗어나기 시작한 것은 정태제의 《국당배어》인데, 여기에 소개된 줄거리 대강을 살펴보면, 북경 사신단 홍순언이 통주에 묵게 되었을 때 청루(靑樓)의 유곽 처녀를 만나는 장면이 나온다. 구체적인 대화체 서술로 된 그 내용을 보면, 사족의 딸로 부모를 잃고 상을 치를 수 없을 정도의 어려움에 처한 유곽 처녀에게 은 100량을 내어 기꺼이 도와준 일, 그리고 10여 년 후 종계변무 일로 황정욱을 수행하여 재차 입경하였을 적에, 잊고 있던 그녀가 갑자기 석시랑 부인이 되어 나타나, 은혜를 갚기 위해 기다리고 있었노라고 재회하는 장면, 명나라의 종계변무에 대한 무심한 태도에 그녀가 나서 기꺼이 도와주었음은 물론, 보은단이란 세 글자를 손수 수놓은 비단 100필을 보내주어, 그가 살던 한양 땅에 마침내 '보은단골'이 생겨났다는 사실들을 나열한 후, 임진왜란 때에는 병부상서 석성이 나서서 명나라 원군이 파병될 수 있도록 기꺼이 도와주었던 데에 이르기까지, 매우 구체적인 서사 구조를 완성시켜 나갔다.

그 이후 홍순언 민담은 《서포만필》《공사견문록》《겸재집》《통문관지》 등으로 이어졌고, 아울러 《연려실기술》《해동역사》《성호사설》《팔역지》《열하일기》《임하필기》 등을 거치는 동안 점차 세련된 내용으로 꾸며졌다. 특히 《서포만필》 이후 각종 야사류에서 홍순언 설화가 여러 갈래로 각색되고, 광해군 대의 정치를 부정하는 투로 묘사되기에 이르렀다. 다시 말한다면, 조선후기 교양인 범주에서 홍순언은 뇌물 외교를 배척하고, 중국에서 불우한 이를 도운 의로운 역관으로 간주되었던 것이다.

뿐만 아니라, 홍순언이 말년에 낙향했던 곳이 광주 언주면 청담골인지라, 헌종 13년(1847)에 편찬된 《중정남한지》라는 광주읍지에는 자기 고장 인물로까지 소개하고 있으니, 오늘날 강남 청담동이 바로 그곳이다. 이리하여 청담동 근린공원 한적한 곳에 세워진, 〈홍순언과 강남여(江南女)〉란 제목의 비석에는 다음과 같은 글이 새겨져 있다.

이곳 청담동 출신의 홍순언은 조선 선조대의 한어 역관이었다. 그는 사신을 따라 중국 연경에 갔다가 부친의 장례비용을 마련키 위해 청루에 나서게 된 중국 강남지방의 한 여인을 구해 준 일이 있었다. 그녀는 후에 명나라 병부상서를 역임한 석성의 부인이 되어, 비단 수백필을 손수 짜고 보은단이라 수놓아 홍순언에게 주어 은혜로 보답하였다. 홍순언의 의협심에 감명받은 그녀 남편 또한 고마운 마음을 갖게 되었고, 임진왜란 당시 조선에 원군을 파병하는데 적극적인 역할을 하였다고 전해온다.

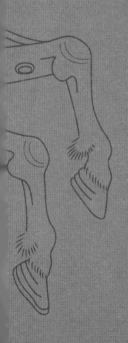

제15대
광해군

휘는 혼(琿)이며, 선조의 둘째 아들로, 공빈 김씨가 낳았다. 을해년
(1575)에 나서 광해군으로 책봉되었다가 기유(1609)에 왕위에 올라 계해
(1623)에 폐위되니, 왕위에 있은지 15년이었다. 강화에 유배되었다가 이
괄의 난리로 인하여 태안으로 옮겼고, 난이 평정된 다음 강화에 돌아왔
다. 병자년(1636)에 교동도에 옮겼다가, 정축년(1637) 2월에 제주로 옮겼
다. 신사년(1641, 인조 19년)에 죽었는데, 수는 67세였다. 양주 적성동 해
좌 언덕에 장사 지냈는데, 가까이에 공빈 무덤이 있다. 폐비 류씨는 판윤
류자신의 딸인데, 향년 48세로 적성동에 장사 지냈다. 광해의 무덤과 같
은 언덕이지만 약간의 거리가 있다. 폐세자 지(祬)는 무술년(1598)에 나
서 세자로 책봉되었다가 계해년에 폐위되었다. 강화 유배 중에 땅굴을
파고 몰래 빠져나왔으므로 사사하였는데, 나이는 26세였다. 양주 수락
산 옥류동에 장사 지냈다. 폐세자 빈 박씨는 계해년 5월에 스스로 목매
어 죽었다.

임금님의 형, 임해군

임해군과 광해군은 공빈 김씨가 낳은 두 아들이다. 형인 임해군은 나
라를 다스릴 위인이 아니다하여, 세자 자리가 일찍이 광해군 차지로 돌
아갔고, 우여곡절과 번다한 사연이 있기는 하나 선조의 대통을 광해군
이 잇게 되었다. 그런데, 이를 놓고 명나라에서도 까칠한 반응을 보여,
골치 아픈 외교 문제로까지 비화할 조짐이 일었다.

무신년(1608) 2월, 선조의 부음을 명나라에 알리기 위해 이호민·오억
령 등이 표(表)를 받들어 길을 떠났다. 5월에 명나라에 사신으로 간 이호
민 등이 북경에서 본국으로 중국 예부의 자문(咨文)을 전달했는데,

"신민들이 모두 추대하였다고 하나, 일이 그 나라(조선)에서 생겼으
니 멀리서 결론짓기 어렵다."

는 이유로 요동 진무관에게 추대한 진상을 조사한 뒤에 결정짓게 할 것
이라 하였다.

정언 최현이 아뢰기를,

"사신이 응대할 때에 실언하여 일을 그르침이 많았습니다. 맏이[임해
군]는 중풍으로 여막을 지키고 있다 하고, 또 왕위를 사양하였다고
했는데, 이 대답은 매우 잘못된 것입니다. 이런 말로 대답하였으니,
여막을 지키고 있다면 병중이 아닐 것이고, 다투지 아니하였으면 어
찌 사양이 있으리오 라는 말까지 나오게 했으니, 다시 아뢸 적에는
전날에 잘못 대답한 것을 명백하게 변명하지 않으면 안 될 것입니
다."

하였더니, 답하기를,

"대신에게 의논하고, 또 이덕형은 나이가 젊고 근력이 좋으며 재주
와 지혜가 있으니, 임시로 좌의정 직함을 주어 명나라에 들여보내

라.”

명하였다.

양사에서는 이호민 등이 잘못 대답한 죄를 국문해야 한다고 청하였
고, 명나라에서는 사신을 보내, 임해군이 병들었는지 아닌지를 조사해야
한다고 통보했다.

도착한 사신들은 광해군이 직접 와보지 않는다고 꾸짖어 말하기를,

“반드시 임해를 보아야겠다. 보지 않고 황제께 무슨 말로 아뢸 것인
가.”

하였다. 이원익 등이 말하기를,

“우리나라의 예가 중국과 달라 평민이라도 상복을 입은 사람은 손님
을 보려고 먼저 가지 아니하고, 임해는 외처에 나가 있는데 모역한
사람을 황제의 관원이 면대하는 것은 사리에 맞지 아니하다.”

하니, 사신이 말하기를,

“임해를 성 밖에 데리고 오면 내가 마땅히 짐작할 것이다. 광해군이
직접 와서 보지 아니하면 대사가 무엇으로 완결되겠소. 광해군이 상
복으로 오는 것도 무방하오.”

하는지라, 이항복 등이 다투었으나 어쩔 수 없어, 저녁에 광해가 직접 사
신을 찾아가서 만났다.

교동 배소에서 임해군을 배로 태워 서강에 도착하여, 병으로 미친 척
하는 모습을 보여 준 후 그날로 돌려보냈다. 왕대비 명으로 사신에게 글
을 올려, 임해가 능히 대통을 잇지 못한 사유를 진술했다.

그때 명나라 사신이 광해와 임해를 대면시켜서 힐문하려고 하였는
데, 정인홍이 차자를 올려 임해의 머리를 베어 그들에게 보일 것을 청하
므로, 이원익·이항복·이덕형 등이 겨우 제지시켰다.

이원익·이항복·이덕형 등이 말하기를,

"황제의 명은 하늘과 같은데 하늘을 거역하겠소. 하늘의 명을 순하
   게 받으면 다른 염려는 없을 것이요."
하니, 정인홍이 크게 노하여 이이첨 등과 더불어 논의를 주장하여, 임해
죽이기를 청하였다. 삼사에서도 궐문 앞에 엎드려 일제히 청하고, 대신
들에게 백관을 거느리고 정청하라 독촉했다. 이원익 등은 임해를 죽임
이 타당하지만, 법을 굽혀 살려주는 형제간의 은혜를 보여야 한다는 차
자를 올린 후, 병을 핑계로 면직하기를 청하였다.

그때 광해군은 수많은 은과 인삼으로 명나라 사신에게 뇌물을 먹여
무사하게 넘어갔다.

이를 두고 김시양은《하담록》에서,

"조선에서 종계변무 할 때와 임진·정유년 왜란에 두 번 청병할 때에
   도 뇌물을 쓰지 아니했는데, 이때에 처음으로 뇌물을 먹이는 길을
   틔웠다. 이후로 사소한 일이라도 우리나라 역관이 그 사이에 농간
   부려 뇌물 아니면 일이 되지 않았고, 중국 사신은 우리나라를 뇌물
   먹는 곳으로 알아 욕심껏 요구하여, 환관이 사신으로 오면 은으로
   10여만 냥까지 사용하였으니, 선조 때에 홍순언 예측이 들어 맞았
   다."
라고까지 하였다. 홍순언 예측이란, 태조가 이인임 아들이라 잘못 기록
된 중국측 자료를 바로잡으려는 종계변무를 다룰 적에, 역관 신분에 불
과한 홍순언이 뇌물 없이 해결한 사건을 말한다.

영부사 이덕형·호조판서 황신 등에게 대비의 주문(奏文)을 들려 보냈
으니, 광해군을 사자(嗣子)로 책봉하고 아내 류씨를 왕비로 삼아 주기를
청하였다. 조선에 와 있던 중국 사신들보다 먼저 북경에 가서 실상을 진
술하는 것이 낫다 하여, 밤낮으로 길을 달려 다섯 달을 머물다 돌아왔다.

광해 원년 기유(1609) 3월. 드디어 황제 칙서가 도착했다.

전왕(선조)의 둘째 아들 혼(琿)을 봉하여 조선 국왕으로 삼아 선업(先業)을 잇게 하고, 아내 류씨를 봉하여 국왕의 비로 삼겠다는 것이었다.

8월에 신흠을 중국에 보내 세자 책봉하기를 청하였더니, 경술년 봄에 인준하고 조칙을 보내 맏아들 지를 세자로 봉하였다. 경술(1610) 5월에 세자 책봉례를 인정전에서 거행하고, 특사령을 내렸다. 집사 류중룡·이유청이 교명(敎命)을 담은 함을 받들어 인정전에 나올 때, 함이 기울어지면서 땅에 떨어졌다. 광해군 시대를 여는 서막부터 불길의 징조가 보였다.

《응천일기》《고사촬요》《하담록》《일월록》《계곡집》 등에 보이는 임해군 상황을 재구성해 보면,

임진왜란 때 세자로 책봉 받은 광해군은 분조를 이끌어 전장을 누볐다. 그런데 다른 왕자들은 거쳐 가는 고을마다 접대가 소홀하다며 채찍을 휘둘렀다. 왜군을 피해 강원도를 빠져 나온 임해군은 순화군과 합류한 뒤 경성으로 갔다가 회령부 아전 출신 국경인 일당에게 사로잡혀, 왜적 손아귀에 넘겨지는 신세가 되었다. 명나라와 일본의 화의 교섭이 진행되는 와중에 풀려났지만, 그는 수시로 백성들을 구타하고 노비를 빼앗았으며, 여염집을 부수고 약탈하여 원성이 자자했다.

선조 아들 중에 임해군 나이가 가장 많았지만, 그가 세자가 되지 못한 것은 방종한 사생활 때문이었다. 선조가 승하한 후 명나라에서 광해군 책봉을 미루는 사이에, 임해군이 부랑배를 모으고 딴 뜻을 품는다고 광해가 의심하고 꺼려, 군사를 소집해서 궁궐을 에워싸고 지키라고 명하고, 달이 넘도록 낮에도 궁문을 열지 않았다.

간관이 이항복에게 가서 의논하니, 항복이 말하기를,

"왕자(임해)는 빈소에 있고 모반한 죄상이 나타나지 않았는데, 무엇에 의거하여 극형을 내릴 것인가."

하였다.

며칠 뒤에 삼사에서 비밀리에 임해가 반역을 도모한다고 아뢰었다. 광해가 왕위에 오른 지 열이틀 지난 2월 14일이었다.

장령 윤양·지평 민덕남 등이 아뢰기를,

"임해군 진이 오랫동안 다른 뜻을 품어 사사로이 군기(軍器)를 저장하고 남몰래 결사대를 기르더니, 대행대왕께서 편찮으실 때 명장과 결탁하고 무사를 소집하여 밤낮으로 남몰래 반역을 도모한 진상은 백성들이 모두 명백하게 아는 바이며, 선왕께서 승하하시던 날에는 상을 발표하기 전인데도 공공연하게 자기 집에 나갔다가 한참 뒤에 비로소 대궐로 달려왔는데, 가병을 지휘한 형적이 뚜렷이 있었습니다. ……"

하니, 답하기를,

"나의 형제에 어찌 이와 같은 일이 있는가. 가슴 아파서 눈물을 금하지 못한다. 대신에게 문의하여 처결하겠다."

하였다. 이어 전교를 내리기를,

"국가가 불행하여 이런 공론이 있으니 동기간에 어찌할 바를 모르겠다. 선왕의 유교(遺敎)가 쟁쟁하게 귓전에 남았는데, 나는 차마 그 말씀을 저버리지 못하겠다. 모든 대신은 서로 의논하고 잘 처결하여 임해를 살릴 계책을 힘써 하라."

라는 명을 내렸다.

대신 이산해·이원익·이덕형·이항복·심희수·허욱·한응인 등이 아뢰기를,

"임해를 절도에 귀양 보내서 끝까지 그 목숨을 보전하게 하는 것이 전하의 지극한 덕입니다."

하였다.

이에 광해군이 답하기를,

"절도에 귀양 보내는 것은 차마 할 수 없으니, 당상 무신이 군사를 거느리고 임해의 집을 지켜서 불의의 변고를 막아라."

하였다.

그때 임해군이 옷으로 머리를 싸매고 부인네같이 꾸며 남에게 업혀서 빠져나가자, 병조 낭청이 붙들어 궐문 밖에 두었더니, 부제학 송응순 등이 연달아 차자를 올리고, 양사에서도 두 번이나 귀양 보내기를 청하였다.

대신 등이 임해의 배소 정하는 것을 의논하였는데, 이산해는 진도로 귀양 보내라 했고, 이덕형·이항복은 교동 또한 절도이니 멀고 가까움은 관계가 없다 하였다. 그때 임해의 귀양지를 진도로 정해 호서까지 내려갔는데, 급히 선전관을 보내서 교동으로 이송시켰다.

이듬해 임해군이 교동도에서 살해될 때까지, 사형에 처해야 한다는 대북세력의 상소가 매일같이 올라왔다.

신익성의 시문집인 《낙전집》에 따르면,

"광해가 처음에 임해를 교동도에 가두었을 때, 이현영이 현감으로 있었다. 이이첨이 현영의 인척이었는데, 임해를 죽여서 화근을 없애라는 뜻을 암시하니, 현영은 노하여 낯빛이 변하면서 그 말을 따르지 않았다. 이에 이첨이 도당에게 지시하여, 죄인 지키는 일을 게을리했다는 죄로 현영을 탄핵하고 옥에 내려 일이 헤아릴 수 없게 되더니, 마침 대사령이 있어 석방되었다. 현영의 후임으로 이직을 보내 마침내 임해를 죽였다."

라고 하였는데,

《하담록》에서 김시양은,

"사람들이 모두 현감 이직이 죽인 것이 아닌가 의심은 하면서도 감히 말을 하지 못했다."

고 하였으며, 혹자는 별장 이응표가 임해를 죽였다고 했다. 중요한 것은 누가 죽였는가라는 점이 아니라, 대북세력의 강경파 짓이었던 것은 분명하다 할 것이다.

광해군의 난정亂政

김시양의 《하담록》에 따르면,

광해군이 왕위에 오르자 정권이 외척에게 돌아가 류씨 권세가 성하였다. 류희량·희발·효립 등이 1년 안에 연이어 등과하고, 정인홍 당도 총애받아 서로 견제한 데다, 새로 왕위에 오른 초기에 선비들을 많이 등용하였기에 조정이 크게 문란하지는 않았다.

김직재 옥사로 체포된 자가 궁중을 통하여 많은 뇌물로 벌을 면하게 되고, 계축년 옥사에 이르러 더욱 심하게 되니, 옥에 들어간 사람이 뇌물을 쓰지 않으면 벗어날 수 없었고, 심지어 벼슬까지도 모두 돈이 많고 적음에 따라 임명하였으니, 곤수(閫帥 : 兵使 水使)는 값이 천여 냥에 이르렀다.

조정·이충은 기이한 보화와 귀한 음식으로 궁중에 통하여 품계를 뛰어 정승·판서를 차지했고, 또 토목 공사를 일으켜 민가 수천 채를 철거한 자리에 인경궁과 경덕궁 두 궁궐을 지었는데, 웅장하고 화려하여 재정이 부족하였다. 이 때문에 백성들이 집터·돌·쇠·은 등을 바치면, 그 많고 적음에 따라 벼슬 등급을 주니, 감독하는 대소 관원들이 그것을 빙자하여 사욕을 채워 재목과 기와를 몰래 가져다가 자기 집을 사치스럽게 지었다.

재정이 부족한데도 지웅곤·왕명회·김순·권충남 등이 이[鯉]와 서캐처럼 달라붙어 조도사(調度使)라 일컫고, 외방으로 흩어져 나가 강제로 관작을 팔아 그 값으로 은을 샀는데, 반이 궁중으로 들어갔다.

김상궁[김개시] 어미의 후부(後夫) 류몽옥과 그 조카사위 정몽필이 더욱 탐욕하고 방자하게 권세를 휘두르니, 조정 신하 중에 이익을 탐하고 염치가 없는 자들이 많이 붙어, 높은 관직을 취하였다. 이조 참의 이정원이 정몽필을 양양 현감으로 추천하고자 하니, 인사행정을 돕는 아전 정애남이 나와서 말하기를,

"양양이 비록 현으로 강등되었으나, 실제는 부입니다. 몽필은 바로 내 동생 정남의 아들로 천한 몸인데, 어찌 여기에다 추천하여 국체를 손상시키려 하십니까."

하니, 이정원이 부끄러워 중지하자 선비들이 통쾌하게 여겼다.

정몽필이 조경의 노비를 빼앗으려고 그를 협박하고 집에 가두어 불의의 화를 입게 되었다. 윤지경이 그때 의정부 사인으로 있으면서 곧장 정몽필 집에 가서 만나기를 청하여,

"조경은 이름 있는 선비인데, 네가 감히 이 같은 일을 하니 사후에 너에게 반드시 좋지 못한 일이 있을 것이다. 내가 너를 아끼기 때문에 이 말을 전한다."

하니, 낯빛이 변한 몽필이 사죄하여 조경이 화를 면하게 되자, 사람들이 윤지경의 의기를 칭찬하였다. 인조 반정이 일어나자 몽옥·몽필 등은 주살 당했다.

어떤 이가 이르기를,

"김상궁은 광해군이 관계한 자다."

라고 했다는 말까지 《하담록》은 기술하고 있다.

《광해군일기》에서도 김상궁에 대해 언급하였으니,

"이름이 개시(介屎)로 나이가 차서도 용모가 피지 않았는데, 흉악하고 약았으며 계교가 많았다. 춘궁의 옛 시녀로서 왕비를 통해 나아가 잠자리를 모실 수 있었는데, 비방으로 갑자기 사랑을 얻었으므로 후궁들도 더불어 무리가 되는 이가 없었으며, 드디어 왕비와 틈이 생겼다."

고 기록하고 있다.

세자빈 박씨가 궁에 들어올 때 이이첨이 조국필과 은밀히 아뢰어 선발되었는데, 빈으로 들어오게 되자 친정 할애비와 아비 박승종·박자흥이 총애받아, 류희분과 더불어 세력을 끼고 이이첨을 견제하였으니, 한을 품은 이이첨이 김상궁 아비에게 끈을 연결시켜 상궁을 자기 세력으로 끌어들일 수 있었다. 김상궁 집에 이이첨을 비롯한 권세가 출입이 잦아 추잡한 말들이 생겨났는데, 상궁이 되어서도 작호를 올려 달라 하지 않은 것은 후궁이 되면 궁 밖으로 출입할 수 없었기 때문이다.

아무튼, 천민의 딸로 세자의 몸이던 광해군 궁녀로 들어갔던 개시는 선조 궁녀로 자리를 옮기게 되었는데, 이 때문에 광해군과 선조의 관계를 잘 중재할 수 있었다. 광해군이 즉위할 수 있도록 은밀히 도운 김개시인지라, 국정에까지 관여하여 이이첨과 쌍벽을 이룰 정도의 권력을 휘둘렀다.

김개시의 매관매직을 일삼는 비리가 날로 커지자, 윤선도와 이회 등이 여러 차례 상소했으나, 그들이 오히려 유배되고 말았다. 광해군 말기에 모반 징조에 대한 상소가 여러 차례 있었으나, 김상궁이 광해군의 눈과 귀를 가려 안심하도록 했다는 기록도 있다. 하지만 김상궁은 반정 세력들에게 참수되고 말았다.

변충길은 사복시에서 말을 기르던 자인데, 참판 유대정이 명나라로 갈 적에 군관으로 데리고 갔다. 천한 종으로서 명나라 사신 군관이 된 것은 전에 없는 일이었으니, 충길이 딸을 궁중에 바쳐 횡성 현감이 되었고, 유석증이 두 번 나주 목사가 된 것이나 유진증이 승지가 된 것 모두가 충길의 힘이었다. 인조반정으로 그 딸은 죽임을 당했고, 충길은 폐서인이 되었다고, 《사옹만록》은 전하고 있다.

《상촌집》에 따르면,

"광해가 왕이 된 무신년(1608) 이후부터 해마다 옥사가 일어났다. 집안을 일으키고 벼슬길에 오른 사람들은 모두 고변을 하였거나 내통하였다. 크게는 피를 나눠 마시고 맹세를 하여 정승이나 판서가 되고, 작게는 청색이나 자주색 끈을 찬 고위 관원이 되어 의기양양하게 다녔다. 이런 길을 택하지 않는 자는 모두 곤궁한 지경에 떨어지고 심하면 죄 받거나 형벌에 빠져, 비록 죽음을 면하더라도 모두 추방되었기에 이익을 좋아하고 염치가 없는 자는 임금과 가까운 간사한 무리에게 달라붙어 아첨함이 한이 없었다. 잡채 상서·김치 정승이란 말까지 세상에 나돌았으니, 잡채와 김치를 임금에게 바쳐서 총애를 얻었기 때문이었다."

라고 한 바가 있고, 《속잡록》에서도,

"이조 판서는 값이 비싸 의망되기 어려웠기에, 판서와 참판 자리가 모두 비었는데, 이조 참의 이정원이 흉한 무리에게 아부하고 궁중과 결탁하여, 문관 임명의 권한을 7~8년이나 독점하여 부유함이 왕공 (王公)에 가까웠다."

라고 비판했다.

이이첨이 저의 탐한 것을 힘써 덮고 가리어, 이조에 들어가지 않고 항상 예조 판서 겸 대제학 직으로만 돌았고, 그 앞잡이인 조정·이정원 같은 무리를 이조에 심어 종과 같이 부렸다. 이조 판서가 상주의 몸으로 나오지 못하자, 그 후임을 임명하지 않고 참의 이정원 혼자 3년간 맡게 하였다가, 상복을 벗은 뒤에 다시 그를 다시 판서로 임명하니, 위로 감사부터 아래로 찰방에 이르기까지 값에 따라 추천하고, 낙점하는 것 역시 납입 액수를 보고 결정하였다. 정사를 열 때마다 김상궁이 붓을 들어 결정하니, 임금도 마음대로 못하였다. 여섯 명의 숙의(종2품)와 열 명의 소원(정4품)들이 김상궁이 없는 틈을 타고 머리를 맞대어 임금에게 낙점 해주기를 애걸하다가, 김상궁이 오면 흩어졌다고 《일월록》은 전한다.

《공사견문》에 따르면, 늙은 궁인이 일찍이 말하기를,

"풍년이 광해의 원수였다."

하였는데, 광해가 즉위한 뒤로 자주 풍년이 들어 온갖 물자가 풍성하니, 궁중 사람들이 오로지 사치를 숭상하고 외척들이 날마다 노래와 춤으로 일을 삼아, 임금에게는 매양 태평시대라고 아뢰었다.

명종 때의 늙은 궁인이 대궐 안에 남아 있었는데 탄식하기를,

"풍년이 어진 임금 때에 들었어야 했는데 도리어 오늘날에 들었으니, 이에 우리 임금에게 사치한 마음을 더하게 하여 나라를 잃어버리게 할 것이 아닌가."

하였다.

당시 허위 옥사가 매우 많아, 고변하여 공로를 바라는 자가 끊어지질 않았다. 어떤 사람이 체포되어 왔는데 무지한 촌백성이었다.

"네가 무엇 때문에 불궤(不軌)한 일을 꾸몄는가?"

물으니, 그가 대답하기를,

"불궤가 무슨 말입니까?"

하였다. 옥관이 말하기를,

"역모를 말한다."

하니 묻기를,

"역모란 것이 무엇입니까?"

하는지라 대답하기를,

"임금이 되기를 도모하는 것이다."

하였다. 그 사람이 놀라 일어서서 말하기를,

"산골에 사는 천한 백성이 나무를 팔아 입에 풀칠하기도 넉넉지 못
한데, 어떻게 감히 임금이 되고 나라를 차지할 마음이 있겠습니까."

하고는, 하늘을 쳐다보며 맹세하기를,

"내가 이런 마음이 있었으면 개자식이고 고양이 자식입니다."

하였더니, 듣는 이가 슬퍼하였다.

류몽인이 지은 글에,

"밥숟가락이 남보다 조금 큰 것만 보면 반드시 고변하였다."

하였으니, 대개 당시의 실상을 기록한 것이다.

광해군은 항상 궁중 깊숙한 곳에 몸을 숨긴 후 사람에게 찾게 하여,
찾지 못하면 기뻐하고 찾으면 기뻐하지 않았는데, 아마도 변을 염려하여
몸 숨기는 것을 연습한 것이다. 은 수백 상자를 궁중에 쌓아 놓았는데,
왕위를 잃으면 중국에 뇌물을 써서 복위하기 위한 준비였다고도 한다.

광해군 시절을 놓고,

"서인들은 이를 갈았고, 남인들은 원망을 품었으며, 소북들은 좋아
하지 아니했다.'라는 비평들이 있었건만, 이런 상황을 알지 못하고
오로지 편히 앉아 부귀만 향락하려 들었으니, 아들에게 권하여 어머
니를 폐하는 일은 세상의 큰 변고이기에, 반드시 목숨을 걸고 간쟁
하여 사특한 의논을 꺾어서 인륜을 밝힌 뒤라야 천지간에 낯을 들
수 있을 것이며, 만일 그렇게 못하겠거든 벼슬을 버리고 과감히 물
러가야 한다."

라고, 재상 친구에게 애써 경계했다는 어느 선비의 말만 전해질 뿐이다.

회재 · 퇴계만 선생인가, 정인홍 생각

광해 재위 2년 경술(1610) 7월.

양사에서 아뢰었고, 이어 성균관 유생들은 물론 각도 유생들까지 일제히 소를 올리니, 임금이 특별히,

"5현을 문묘에 배향하라"

윤허하였다.

5현이란 동방 5현을 말함이니, 정몽주 이하 동방의 사림 계보를 이을 김굉필 · 정여창 · 조광조 · 이언적 · 이황 등 5명의 도학자를 말한다. 여러 차례 사화를 겪은 후 선조 대에 접어들면 사림파가 조정을 장악하게 되어, 자기들의 학문적 근간인 인물들을 조선 성리학 도통으로 세울 필요가 있었다.

문묘란 국립대학 격인 성균관 대성전에 공자를 비롯한 역대 현철들의 위패를 모셔 제사 지내던 곳인데, 우리나라 인물로는 모두 18명을 선정하여 배향하고 있다. 문묘에 종사(從祀)된다는 것이야말로 국가적으로 혹은 유교 사회에서 공식적으로 인정받는 것이니, 당대의 정치적 역학 관계까지 고려하면 매우 어려운 과정이기도 하다.

선조 재위 3년(1570)부터 성균관 유생들을 비롯하여, 이황이나 기대승 등이 4현의 문묘 종사 운동을 벌여 오다가, 이황의 죽음으로 그를 포함한 5현을 놓고 문묘종사를 끈질기게 요구했지만, 선조는 이언적의 출처가 불분명하다는 이유로 줄곧 거부해 왔다. 40년을 거부당하던 5현의 문묘 종사였지만, 광해군이 즉위하자 급작스레 임금 허락이 떨어진 것이다.

아마 정권 초기의 우군 확보 차원이었을 것이다.

그러자 이듬해 신해(1611)에 좌찬성 정인홍이 상소를 올려 큰 파문을

일으켰으니, 이는 조선 후기 수백 년 동안 편 가르기에 이용되었을 뿐 아니라, 오늘날까지도 퇴계학파와 남명학파의 서먹한 관계로 남기고 말았다.

태어날 때 합천 주변 식물들이 모두 말라 3년이나 지속 되었다 할 정도로 기백과 힘이 남달랐던 정인홍. 그는 어릴 때부터 남명 조식에게 배운 수제자였으니, 과거 시험도 멀리하고 선생을 지켰다. 조선 중기에 명망 있는 재야 학자들을 불러 관직을 제수하던 제도를 산림(山林)이라 하였는데, 선조가 39살의 정인홍을 불러들인 것이 그 시초라 할 만하다.

선조 중반 정국이 동인과 서인으로 갈라지자, 동인세력이던 정인홍이 정철과 윤두수를 탄핵하려다 해를 입어 낙향하였다. 선조 재위 13년(1580)에 사헌부 장령으로 돌아온 그는 부정과 비리를 적발하여 귀천을 막론하고 탄핵하니, 두려워하지 않는 신료들이 없었다. 임진왜란이 닥치자 의병을 일으켜 성주성 전투를 승리로 이끌었으며, 정유재란 때도 노구에 다시 의병을 모집했다.

선조가 재위 35년(1602)에 정인홍을 불러 대사헌으로 삼으니, 실권을 쥔 그는 왜군과 화의를 하려 했다는 혐의로 남인 거두 류성룡을 탄핵 실각시킨 후, 이산해·이이첨과 손을 잡아 대북을 이끌던 중심인물로 우뚝 섰다. 하지만 정인홍은 지나치게 당색을 드러내고 주관이 강해, 정적을 많이 만들어 말로가 비참할 수밖에 없었다.

정인홍이 올린 상소를 흔히 회퇴변척소(晦退辨斥疏)라 일컬었는데, 그의 스승 남명 조식이 문묘에 종사되지 못한 탓을 회재 이언적과 퇴계 이황에게 돌린 것이 화근이었다.

정인홍은 출처관이 분명했던 스승 조식을 위해 이황이 비판했던 것을 조목조목 해명하는 한편, 회재와 퇴계 과오까지 들먹였다. 고관으로 있으면서 을사사화를 막지 못했다고 비난했고, 작서의 변으로 죽은 복

성균에 대한 책임은 회재와 퇴계가 져야 한다고 힐난했다. 이황이 만년에 벼슬 사양한 것을 두고 오만하다거나 세상을 경멸한 행실이라 비판했고, 조식에게 노장의 풍이라 비판했던 퇴계에게는, 그가 오히려 노장을 본받았다고 주장했다.

광해군은 상소를 궐내에 두고 승정원에 내리지 않았다.

승지 김상헌과 응교 이준 등은 정인홍을 비판하였고, 지평 박여량 등은 정인홍을 옹호했다. 이목을 비롯한 성균관 유생 5백여 명이 벌떼같이 들고 일어나 이언적·이황을 변명하였고, 정인홍의 이름을 청금록(靑衿錄)에서 삭제했다. 청금록이란 유적(儒籍)을 말함이니, 흔히 호적에서 파낸다 하듯이, 선비 사회에서 아예 매장시키는 것을 보여 준 것이다.

광해군은 유생들의 지나침을 이유로 주모자를 처벌하려 하자, 그들은 성균관 밖으로 뛰쳐나가 권당(捲堂)에 들어갔다. 동맹휴학의 일종인 스크라이크 행위였다. 온 조정의 관료들과 지방 유생들까지 나누어져 시비와 논쟁으로 혼란에 빠지게 되자, 좌의정 이항복이 만류하고 타일러 광해군이 용서할 길을 터 주었다.

퇴계 이황과 남명 조식.

같은 해에 태어나 같은 해에 작고한 영남을 대표하던 학자였다. 생전에 교유한 바가 없으나, 서로 경외하면서도 비판의식 또한 없지가 않았다. 조식은 이황을 두고 격식에 매인 학자로 치부했고, 이황은 조식을 산림에 은거하여 벼슬하지 않는 오만으로 세상을 경멸하여 중용의 도를 잊고 노장 풍에 젖었다고 비판했다.

퇴계는 안동을 근거로 한 영남 좌도, 남명은 진주와 지리산 자락을 배경으로 한 영남 우도에 근거를 두었기에, 훗날 지역적 특성으로까지 발전하여 인(仁)과 의(義)로 상징되기도 했다. 인에 바탕을 둔 퇴계 학맥을 이은 후학들은 남인 계열에 속했고, 의에 바탕을 둔 남명 제자들이 의

병장으로 활약한 이들이 많아, 북인에 속하게 되었다.

정인홍을 비롯한 북인들이 광해군 정권을 탄생시켰지만, 인조반정으로 몰락의 길을 걸어 역사의 뒤안길로 사라져 버렸으니, 남명 조식의 문묘 종사 또한 영원히 묻히고 말았다.

한음 이덕형이 남긴 《죽창한화》에 이르기를,

"이황의 옛집이 서소문동에 있었는데, 뜰에 노송이 있어 높이가 수십 길이었다. 임란 뒤에 서울 안에 고목들이 모두 없어졌으나, 이 나무만이 남아서 푸른빛이 공중을 꿰뚫는 듯하였다. 신해년(1611) 봄에 나무가 홀연 꺾어지자 사람들이 모두 괴이하게 여기더니, 이 해 여름 정인홍이 여량·건갑 등을 사주하여, 이황을 꾸짖고 헐뜯기가 한이 없었으니, 노송이 꺾어진 변이 비로소 징험되었다."

라고 하였다.

일곱 서자들의 불장난과 영창대군 운명

선조 말엽부터 광해군을 지지하는 대북파와 영창대군을 지지하는 소북파 간의 암투가 심했다. 어린 영창대군을 두고 선조가 갑자기 승하하자 광해군이 즉위할 수 있었으니, 영창대군을 밀던 소북파 영수 영의정 류영경은 탄핵받아 결국 사사되기에 이르렀다.

그 후 광해 5년 계축(1613) 봄에 박응서(전 영의정 박순 서자)·서양갑(목사 서익 서자)·심우영(심전의 서자)·이경준(병사 이제신 서자)·박치인(평난공신 박충간 서자) 등이 조령에서 강도짓을 하다가 포도청에 잡혔다.

박응서가 곧바로 자백하려 하였더니, 포도대장 한희길과 정항이 고

의로 국문을 가볍게 하면서 응서를 꾀여,

"네가 이러이러하다고 말을 하면 죽음을 면할 뿐 아니라 큰 공을 세울 수 있으니, 모름지기 깊이 생각해서 다시 진술하라."

하였다.

이 말에 혹한 박응서가 다시 진술하기를,

"우리는 도둑이 아니라 장차 큰일을 도모할 생각으로 양식과 무기를 준비하려 했습니다. 국구(國舅) 김제남과 몰래 통하여 영창대군을 받들어 임금으로 삼으려 한 것입니다."

라는 어마어마한 역모 사실을 고한지라, 임금 광해가 친히 나서 국문했던 사실을 《일월록》과 《하담록》은 전하고 있다.

박응서가 역모를 고변한 것은 다름 아닌 이이첨의 꾀주머니에서 나온 것이었다. 처음에 응서 등이 무예를 즐기며 병서를 익혀, 허균·이재영·이사호 무리와 왕래하면서 사귀었다. 무신년에 서양갑·심우영·이경준·김평손 등이 연명으로 소를 올려 벼슬길에 통하려 했으나 실현되지 않자, 마음속에 불평을 품고 있었다. 이들은 여강에 토굴을 만들어 한 집에서 살 계획을 세우고, 춘천에 곡식을 쌓아 병란을 피할 준비를 하였다. 도원결의를 모방한 형적들이 괴이하고 비밀스러워 다른 사람들이 알 수 없는 것이 많았는데, 이때에 조령 고갯길에서 은 장수를 죽여 포도청에 잡혔다. 은 장수의 노복 춘상이 뒤를 밟아, 이들이 여주에 사는 곳을 알아내어 포도청에 고발한 것이다.

영창대군이 항상 대비의 곁에 있는 것을 미워하여, 이이첨이 온갖 계략으로 그를 죽이려 하였는데, 응서의 죄가 사형에 해당할 것이란 말을 듣고, 포도대장 한희길 집으로 찾아가 공손히 절하니, 희길이 사피하면서,

"영공(令公)께서 나에게 무슨 뜻으로 절을 하십니까."

하였다. 이에 이이첨은,

"공의 얼굴을 보니 복스럽게 생긴 상입니다. 머지않아 반드시 큰 공을 세울 것이므로 하례하는 것입니다."

라고 대답했다.

밤이 되어 이이첨이 친척뻘인 이의숭을 시켜 은밀히 박응서에게,

"너의 죄는 사형에 해당하니, 그렇게 죽는 것보다는 내 말에 따라 소를 올려, 반역을 고변하는 것이 좋겠다. 이같이 하면 죽음을 면할 뿐 아니라 정훈(正勳)에 기록될 것이다."

라고 하니, 응서가 기뻐하여 그 말에 따라, 이경준이 격문을 짓고 김경손·평손이 격문을 전했노라고 끌어다 넣었다.

그 격문에,

"참 용이 일어나기 전에 가짜 여우가 먼저 운다."

라는 말이 있었으니,

"참 용은 영창을 가리킨 말이고, 가짜 여우는 광해를 가리킨 말이다."

라고 했다.

서양갑·심우영·류인발·이경준·이경손은 잡혀 와 국문 받고, 허홍인은 도주하다가 잡혔고, 박치의는 끝내 잡히지 않았다. 홍인·인발·우영 등이 잇달아 사형당하였다.

서양갑은 그 어머니가 잡혀 와서 심하게 고문당하는 것을 보고 분연히 큰 소리로,

"전하께서 세 가지 큰 죄악이 있기에 우리들이 의병을 일으켜 토벌하려고 하는데, 어째서 반역했다고 합니까. 아버지(선조)를 죽이고 형(임해군)을 죽이고, 친족의 윗 항렬 부인과도 간음했다."

라는 말을 임금 앞에서 서슴없이 부르짖으니, 이 말을 사관들도 차마 받

아 적지 못했다.

박응서를 비롯한 이들 서자들은 막힌 벼슬길을 뚫어보고자 몸부림치다 생사를 같이하는 친구가 되어, 소양강가에 함께 살면서 집 이름을 무륜당(無倫堂)이라 하여, 시를 짓고 술 마시는 것을 낙으로 삼았으니, 강변칠우 혹은 죽림칠현이라고도 하였다.

단순 강도죄를 범하여 잡힌 이들을 치죄하는 과정에서 느닷없이,

"반역의 계획은 모두 김제남이 지휘했다."

고 하여, 기어이 인목대비 아버지 김제남을 끌어다 엮고 말았으니, 세상 사람들이 이 옥사를 두고 정항의 무리들이 만들어낸 것만은 아니라 하였다.

《일월록》에서 이르기를,

"서양갑 등은 실로 뛰어난 재주를 가졌으므로 항상 말하기를, 선조의 대군으로는 영창만이 사랑받았고, 광해는 정치가 문란하니, 마땅히 일을 도모하리라 하여, 이에 상인을 겁탈하여 재물을 모은 일이 있었다. 그러나 김제남은 실로 소식도 서로 통한 적이 없었음에도 함께 모의하고 대비도 참여했다는 내용으로 꾸며댔기에, 혹독한 화를 당하고 마침내 대비가 폐위되어 서궁으로 옮겨지는 변이 일었는데, 어두운 임금이 끝내 나라를 잃게 된 것은 서양갑의 꾀에 떨어지고 말았기 때문이다."

라고 한 바가 있다.

이이첨 사주를 받은 정협의 공술로 공경대부들이 줄줄이 잡혀 왔으니, 조정이 텅 빌 정도였다. 이이첨의 권세가 날로 높아져서 지위를 굳혔으니, 그가 숨을 내쉬고 들이쉴 적에 초목을 살리는 비나 이슬이 되기도 하고, 초목을 죽이는 서리가 되기도 하니, 권병(權柄)을 도적질하고 분수 밖의 것을 범하며 거리낌이 없었다.

옛적 정미(1607) 겨울에 선조가 편찮으니, 그때 무당이 죽은 의인왕후가 탈이 된다고 말하므로, 궁중에서 사람을 유릉에 보내 치방 하였다. 박동량이 그 말을 듣고 매양 김제남이 이를 금지시키지 않음을 몹시 탄식하였다. 이때에 억울함을 풀려던 박동량의 말이 여기에 미쳤으니, 서궁[인목대비]이 저주한 것이라 하여, 선조를 모셨던 행이·환이 등 4, 5명에게 사약을 내리고, 소경·무당들도 사형시켰다.

김응벽이 또 거짓으로 공술하기를,

"목릉(선조 능)에도 저주한 일이 있다."

하므로, 승지 윤중삼과 선공제조 송순에게 감독하게 하고 파내게 하였다. 관이 있는 곳까지 파 내려갔을 무렵에, 이 능(목릉)에 있지 않고 성릉(成陵 ; 광해 생모 공빈김씨 능)에 있다 하므로, 그를 메고 성릉으로 가던 중도에 죽어버렸다는 이야기를 《일사기문(逸史奇聞)》은 전하고 있다.

《명륜록》에 의하면,

"박치의는 임장의 서매부인데 이때에 도주했으므로, 임금이 임장 형제에게 뒤를 밟아 반드시 잡으라고 책임지웠다. 이에 임장은 변장을 하고 사방으로 찾았으나 끝내 찾지 못했다. 박치의를 잡지 못하자 사인(士人)에게는 호조 판서를, 천인에게는 베 2백동을 상으로 걸었으나 끝내 오리무중이었다. 치의 아들 득이 나이가 겨우 8세였는데, 그 아버지가 길 가운데 버리고 가 버렸으므로, 광주 사람 이경남이 거두어 길렀는데, 치의의 장모가 관가에 고하여 잡혀 왔다."

고 하였다.

고변 때문에 박응서는 사면되었고, 김장생의 서제(庶弟)가 고발당하여 고문받다가 죽었는데, 시체에 참형을 가하는 데 그치지 않고 장생의 온 집안이 연좌되니, 친척들이 근심하고 두려워하였다. 이에 김장생은,

"재화와 복록은 운명이니 사람의 힘으로 요행히 면할 수 없다."

하였다. 때마침 법관이 법률에 의거하면 연좌시킬 수 없다고 말하고, 대신들의 의논도 이와 같았으므로, 이 일은 드디어 중지되었다.

처음에 임금이 고변한 사람에게,

"김모(김장생)도 또한 이 일에 참여해 아느냐."

고 물으니,

"김모는 어진 사람이므로 아무개가 역모를 꾀할 때에 오히려 그가 알까 두려워했습니다."

하였다. 정협의 대답이 그러했으니, 이 까닭으로 장생은 죄를 면하게 되었다.

이때 영창대군 나이 겨우 8세였는데, 이이첨 등이 임금 뜻에 맞추어 반드시 죽여서 자기의 공으로 삼고자, 영창이 화의 근본이라 하였다. 사주를 받은 유생 이위경이 영창의 목 베기를 청하였다고 《계곡집》과 《하담록》은 전한다.

양사에서도 김제남과 영창의 일로 날마다 아뢰고, 빈청과 종친·외척들 또한 아뢰어 청하니, 사형을 감하여 안치하라 명했다. 장령 정조와 윤인 또한 폐모론을 주창하는 소를 올렸다. 이때 대사헌 최유원이 존경하던 이항복을 찾아와 의견을 구했으니, 즉시 모후를 폐하지 않은 것은 백사의 힘이었다.

대사간 이지완은 상소 두 장을 소매 속에 넣고 다녔으니, 한 장은 정조·윤인의 의견을 따른 것이고, 한 장은 최유원 의견과 같이 한 것이었는데, 유원의 뜻이 자못 강경하여 이지완도 마지못해 따라 왔다.

후일 인조 기사년에 김상용이 강석(講席)에서 말하기를,

"계축년 무렵에 최유원이 대사헌이 되었을 때, 정조·윤인의 무리들이 비로소 폐모론을 내었는데, 유원이 다른 의견을 매우 강력하게 내세웠다. 반정 초기에 추증(追贈)의 은혜가 있었으나, 유원이 무신

년 임해군 옥사에 참여한 일로 관작을 추탈 당하는 것에 들어있어
혜택을 입지 못했으니, 마땅히 처치가 있어야 될 것 같습니다."
하는지라, 임금이 직첩을 돌려주라 하였다.

이이첨 등이 삼사를 사주하여 번갈아 글을 올려, 영창 죽이기를 청하
면서,
"삼정승이 마땅히 백관을 거느리고 조정에서 청해야 하는데, 의정부
에서만 달가워하지 않는다."
하자, 뭇 소인들이 한없이 으르렁거려 화를 예측할 수 없었다.

두 재신이 밤에 이항복 집으로 가서, 반대하면 화를 당하고 찬성하면
복을 받을 것이라 하면서 달래기도 하고 위협도 했으나, 항복은 마음을
움직이지 않았다. 아들과 조카가 울면서,
"온 가족을 생각하소서."
하였으나, 항복은 완강한 태도로,
"내가 선왕의 후한 은혜를 입어 벼슬이 정승까지 이르렀는데, 지금
늙어서 죽게 된 처지에 차마 내 뜻을 움직여 임금을 저버리고 스스
로 명의(名義)를 떨어뜨릴 수 있으랴."
하였다.

처음에 김제남을 외딴 섬에 위리안치시키라 명했는데, 승정원에서
삼사가 지금 엄하게 국문하기를 요청한다고 하여, 섬으로 보내라는 전
교를 받들지 않았다. 새로이 삼사 아룀으로 인하여 서소문 밖에서 사약
을 내렸다.

며칠 후 영창대군을 폐하여 서인으로 삼았다.

김제남의 세 아들도 모두 화를 입었는데, 제남의 며느리 정씨 홀로
두 고아를 데리고 화를 면했으나 끝내 보전할 도리가 없는지라, 어느 날
아들 천석이 별안간 죽었다고 거짓으로 알리고, 곡소리를 내면서 입관

시켜 선산에 장사지냈다. 그런 후 천석에게 누추한 의복을 입혀 깊은 암자에 숨겨 이리저리 11년이나 굴러다니다가, 인조반정 후에 비로소 선비 옷을 입고 돌아가 정씨와 만났으니, 특명으로 관직을 내려주고 제남의 제사를 받들게 하였다.

옥사가 날로 급박하게 진행되었으니 떠도는 말에,

"장차 모후를 폐할 것이라."

하였으니, 윤인·정조 등이 이 의논을 먼저 꺼냈다.

영창대군 의를 정릉동 사가에 나가 있게 하고, 군사를 배치하여 지키게 하였다가, 이어 강화에 감금하여 위리안치시켰다고 《응천일기》는 기록하고 있다.

이때 잡혀 나가는 궁인이 머리를 풀어헤치고 대비에게 울며 하직하였는데, 궁문을 한 번 나가기만 하면 돌아오는 사람이 없었다. 날마다 이같이 하니 궁중이 끓는 솥처럼 되어, 조석 간에 목숨이 어찌 될지 알 수 없었다. 대비 옆을 지켜주는 이가 거의 없었는데, 어린 영창이 이를 알고 대비 곁을 떠나지 않으니, 억센 여자 열 사람을 시켜 대비 처소에 들어가 영창을 강제로 빼앗아 갔다. 대비가 맨발로 대청에서 내려와 뒤쫓아 갔으나, 이내 땅바닥에 넘어져서 기절하니, 사람들이 모두 문을 닫고 얼굴을 가리고 울었다. 영창이 태어나자 경사라고 일컫지 않은 사람이 없었으나, 김래(김제남 아들)의 아내 정씨만은 근심하고 탄식해 마지않았으니, 화의 징조가 될 것을 미리 짐작하고 있었던 사실을 《명륜록》이나 《서궁일기》와 《공사견문》에서도 전하고 있다.

영의정 이덕형이 소를 올려 극력 논하고자 하였으나, 늙은 아버지에게 화가 미칠까 두려워 조복으로 얼굴을 가리고 울었다. 아버지가 이를 알고,

"네가 벼슬이 영의정 자리에 있으니 죽고 살며 즐겁고 걱정됨을 마

땅히 나라와 같이 할 것인데, 어찌 입을 다물고 잠자코 있어, 평일에
임금께 충성을 다하고 나라를 사랑하던 뜻을 저버릴 수 있느냐."
하는지라, 울면서 절하고 소를 올렸다가 관작을 삭탈 당했다.

그는 용진 별장으로 물러가 집 천장만 쳐다보고 울면서 음식을 들지
않다가, 이내 병을 얻어 일어나지 못하였다.

덕형이 한양을 떠나갈 때 어떤 이가 말하기를,

"덕형이 탄 말 앞에 큰 범이 엎드려 있다가 집까지 인도해 주고 가버
렸다."
는 믿을 수 없는 사실을 《속잡록》에서 전하고 있다.

《선묘지(宣廟誌)》와 《일월록》에서는,

"갑인년 봄에 강화 부사 정항이 이이첨의 은밀한 지시를 받아 영창
을 죽였으니, 밀실에 가두어 두고 그 아궁이에 불을 뜨겁게 때어 답
답하게 해서 죽였다 한다. 동계 정온이 강화로 달려가 은밀히 학살
의 실제 상황을 탐지해 돌아와 소를 올렸으나, 이후 이를 거론하는
자는 역적으로 지목되었기에 감히 말하지 못했지만, 이원익과 정창
연이 차자를 올려 정온을 풀어달라 요구하였다. 하지만, 거창 진사
형효갑은 예전에 정온에게 글을 배운 자인데도 연거푸 소를 올려 정
온을 죽이라고 청하였다."
라는 사실을 전하고 있다.

대북 세력들에 의해 폐모론이 기승을 부렸다.

기자헌은 수의를 열어 가부를 결정하자 주장했다. 일종의 공개토론
회에 기대 보려는 속셈이었다. 하지만 조정을 장악한 이이첨 주장에 동
조하는 이들이 많아, 폐모 반대론자인 기자헌과 이항복이 오히려 유배
형을 당하고 말았다. 처음에는 정평과 용강으로 정배되었다가, 죄가 중
하다 하여 삭주와 창성으로 유배지가 바뀌더니, 다시 기자헌은 종성으

로, 이항복은 북청으로 옮겨졌다.

철령 고갯길을 넘던 이항복은 그의 복잡했던 심정을 시 한 수에 담았다.

철령 높은 재를 쉬어 넘는 저 구름아.
고신 원루를 비삼아 실어다가
임 계신 구중궁궐에 뿌려 준들 어떠리.

광해 재위 10년(1618)에 인목대비는 폐서인되어 경운궁에 유폐되었다. 좌의정 한효순, 공조판서 이상의, 예조판서 이이첨 등 17인이 〈폐비절목〉을 만들었다. 대비의 특권과 예우를 박탈한다는 내용이었다. 하지만 명나라가 폐서인에 대한 고명을 내리지 않았으니, 대비 신분은 유지될 수밖에 없었다. 서궁에 유폐된 인목대비를 시해하려는 이이첨 계획도 실패로 끝났다. 인조반정이 일어나던 날 밤에 반정 세력들이 인목대비에게로 먼저 달려갔으니, 인고의 세월이 끝맺는 순간이었다.

폐주 광해군의 말로

광해 재위 15년 3월 12일.
칼을 빼든 능양군[인조]이 서인 세력들 도움으로 군사를 일으켜, 광해군과 대북파를 내쫓는 반정을 성공시켰다.
《속잡록》과《정사록》에 따르면, 3월 19일 부원군들이 합계하기를,
"폐주·폐비·폐동궁·폐빈을 마땅히 대비의 하교대로 각 곳에 위리

안치해야 할 것이지만, 신들이 거듭 생각해 보건대 먼 지방 외딴 섬에는 뜻밖의 환이 없지 않을 듯하니, 가까운 교동 등지에 안치하고 엄하게 수직하여, 허수로운 폐단이 없도록 하는 것이 낫겠습니다."

하니, 아뢴대로 따르리라 하였다.

20일에 인목대비가 하교하기를,

"역괴 혼(琿 : 광해군 이름)이 아직 대궐에 있으니, 하늘과 땅 사이에 한 시각도 용납 못 할 대역죄인을 어찌 편히 앉혀놓고 있는가. 경들은 위로 종묘사직을 위하여 빨리 안치시키도록 하라. 그런 후에야 내가 대궐로 옮겨갈 것이니, 경들은 나를 위하여 소홀하게 처리하지 말 것이다. 내 경들에게 거듭 머리 숙여 청하노라."

하였다.

광해군과 폐비 류씨 및 폐세자 질(袬)과 폐빈 박씨 등을 강화에 안치하되, 각각 동문과 서문 안에 두도록 명한 이튿날, 판윤 이괄이 폐주와 폐세자를 압송하여 강화부로 나갔다.

광해를 강화로 옮기려 하자 김류가 아뢰기를,

"뱃길이 험악하니 청컨대 육로로 편히 가도록 하소서."

하니, 임금이 윤허하고 전교하기를,

"대비께서는 폐비를 다른 섬에 따로 있게 하라 했으나, 나는 차마 그렇게 하지 못하겠으니, 차라리 대비에게 책망을 받겠노라."

하였다.

광해가 옮겨간다는 말을 듣고는 정엽이 대신들에게 말하기를,

"폐주가 비록 자신의 죄로 하늘에 버림받았으나 군신이 일찍이 섬기던 분이니, 그가 나갈 때에 울면서 보내야 할 것이다."

하니, 여러 사람들 안색이 변하여 대답이 없었다. 정엽 혼자 그리하려 했으나, 벌써 나갔다는 말을 듣고 실행하지 못하였다. 폐모 조치가 내렸을

적에 관직을 버린 정엽이었지만, 옛 주군에 대한 충의를 다하고자 했던 참모습을 읽을 수가 있겠다.

《공사견문》에 의하면, 4월 10일에 임금이 이르기를,

"폐주의 죄악이 비록 중하나 선왕의 혈육이니, 그가 그곳에서 고생 하는 것을 생각할 때 눈물이 절로 흘러내린다. 이제 겨울옷을 입을 때가 되었으니 베와 솜을 넉넉히 보내라."

하였다.

대비가 광해를 꼭 죽이려 하였고, 공신들 또한 그것이 옳다 하였다. 이때 이원익 대감이 울면서 말하기를,

"광해가 스스로 하늘에 버림받았으니 폐출하는 것이 마땅하나, 죽이 는 것에 대해서라면 일찍이 그를 섬긴 노신으로서 차마 들을 말이 아니니, 마땅히 지금 떠나가겠습니다."

하였다. 이에 인조 임금이 이르기를,

"나도 이런 생각이 있었는데 경의 말을 듣고 보니, 어찌 목숨을 보전 해 주길 힘쓰지 않겠소."

라고 위로했다 전한다.

《강화지》에 따르면, 광해를 강화부에 옮긴 후에 이중로를 특별히 부 윤으로 임명하고 이르기를,

"경의 조상이 우리 태조 섬기던 일을 아는가? 경은 마땅히 그 일을 생각하여 폐인을 잘 대우하라."

하였으니, 중로가 개국공신 이지란 후손이기 때문이다.

중로가 하례한 후 강화에 부임하여 각별한 정성으로 대접하고 조금 도 결례함이 없었다. 광해가 처음에는 의심하여 끼니를 잘 들지 못하다 가, 나중에서야 다른 일이 없을 것으로 믿었다. 이성구와 김기종이 후임 이 되어 한결같이 모범이 되었는데, 사람들이 임금의 사람 알아보는 밝

음에 탄복하였다고 전한다.

광해가 일찍이 병이 들었는데, 정엽 홀로 중종이 연산군 대우하던 전례를 인용하여,

"신이 광해군을 섬긴 것이 10년이 넘습니다. 견마가 주인 생각하는
옛정이 어찌 없겠습니까."

라고 아뢰는 말끝에 눈물이 떨어졌다. 안색이 변한 임금이 의복과 쓰일 물건을 보내도록 명했다.

《정사록》에 의하면, 5월 22일 강화 부윤 이중로가 장계를 올려 아뢰기를,

"이달 21일 삼경에 폐세자가 담 안에서 흙을 파내어, 70척 정도의
구멍을 뚫어 도망쳐 나가는 것을 잡았습니다."

하였다.

양사에서 합계하기를,

"강화에서 땅을 파고 도망치려던 사건은 매우 놀라운 일입니다. 관
리된 자는 마땅히 자주 돌아다니고 상세하게 살펴서 뜻밖의 변을 막
아야 할 것인데, 땅을 그만큼 파려면 괭이와 가래를 쓴 것이 반드시
여러 날 걸렸을 것인데도, 전연 알지 못하고 있다가 탈출한 뒤에 발
자국 소리로 요행히 깨달았다고 하니, 청컨대 부윤 이중로를 잡아
국문하소서."

하였으나, 6월 25일에 중로를 다시 부윤으로 임명하였다.

폐세자는 도로 위리안치되었고, 폐빈 박씨는 목을 매어 자살했다.

《공사견문》과 《속잡록》에 의하면,

"처음에 폐빈 박씨와 같이 있는 나인이 인두로 땅에 구멍을 내고 폐
세자를 밀어 내보냈는데, 나온 뒤에 방향을 몰라 방황하는 사이에
지키던 군사에게 잡혔으니, 박씨가 나무에 올라 바라보다가 그 잡힌

것을 보고 땅에 떨어져, 3일간 음식을 전폐하다가 목을 매어 죽었으
니, 이때 나이가 26세였다."

라고 하였다.

사헌부에서 폐세자를 빨리 처단하여 종묘사직을 안정시켜야 한다는
소를 올렸는데, 은혜를 베풀어야 한다고 주장했던 이준은 철원 부사로,
윤황은 삭녕 군수로, 김상은 은계 찰방으로 멀리 쫓아 버렸다.

의금부에서 아뢰기를,

"폐인 질[세자 이름]에 대한 삼사의 계사를 보면, 결단하라는 말만 있
고 정한 형률이 없으니, 대신들과 의논하여 결정하소서."

하였다. 대신에게 의논하니 영의정 이원익과 원임 기자헌·정창연은 병
으로 의견을 아뢰지 못하였고, 우의정 윤방이 의논하기를,

"스스로 목숨을 끊도록 하되, 또한 이것도 임금의 명에서 나와야 할
것입니다."

하였다.

금부도사 이유형을 보내어 폐세자에게 죽음을 내리니, 25일에 스스
로 목을 매었다.

이때 대간이 법대로 처단하기를 청하였는데, 영의정 이원익이 말하
기를,

"이 일에 대해 비록 위에서 죄 준다 해도 신하들이 오히려 다투어야
할 것인데, 아래 사람들이 죽이기를 청하니 도리상 차마 하지 못할
일일 뿐만 아니라 또한 후세 자손에게 보여주는 도리도 아닙니다."

하였다. 임금이 하문하였을 때 이원익은 처음부터 끝까지 전은(全恩)을
주장하였다.

이때 인열왕후가 인조에게 아뢰기를,

"질[세자 이름]이 범한 죄에 대해 살려야 옳을지 죽여야 옳을지는 아

녀자가 알 바는 아닙니다. 그러나 나라가 흥하고 망하는 것은 덕을 닦았느냐 닦지 않았느냐에 달려 있고, 덕을 닦고 닦지 않음은 마음을 조심하고 방심하는 데에 달려 있으며, 마음을 조심하고 방심함은 잠깐 동안에 결정되는 것입니다. 이 때문에 예부터 아침에 천자가 되면 저녁에 일개 평민이 되고자 하여도 되지 못하는 수가 있는 것입니다. 전하께서 오늘처럼 조심하지 않으신다면, 전하보다 어진 이가 다시없을지 어찌 알겠습니까. 앞사람이 한 일을 뒷사람이 본받는 것이오니, 원하건대 질을 죽이지 마시어, 그것으로 뒷날 내 자손을 보전할 계책으로 삼으소서."

라고 했다는 이야기가 전해진다.

일찍이 광해 2년 경술(1610) 5월에 폐세자가 인정전에서 관례와 책봉을 받으면서 예를 행하고서 사면령을 반포할 때, 집사 류중룡·이유청이 교명을 받들고 나오다가 넘어져서 땅에 떨어졌다.

광해가 처음 즉위하여 여러 명의 후궁을 두어 많은 아들 두기를 원하였는데, 중년에 꿈속에서 비단 도포를 입은 대관이 하늘에서 내려와 이르기를,

"임금이 남의 아들을 많이 죽였으니 한 아들도 보전하지 못할 것인데, 어찌 많은 아들을 원하느냐."

라고 했다는 이야기가 전해진다.

이후 광해가 조선에 와 있는 중국 술자(術者)에게 단산(斷産)할 방법을 구하여 부적과 주문을 쓰기까지 하였다. 그때 늙은 궁인이 눈물을 흘리며 말하기를,

"우리가 그때 아들 낳기를 바라면서 그 부적과 주문을 미워하였는데, 지금 와서 생각하니 끝까지 자녀가 없었던 것은 하늘이 우리에게 복을 주신 것이다."

라고 했음을 《공사견문》에서 밝히고 있다.

인조 재위 1년 계해(1623)에 폐비 류씨가 죽으니, 나이 48세였다.

폐비 류씨가 일찍이 불도를 숭상하였는데, 대궐 안에 금부처를 모셔 두고 친히 기도하여 섬기며 복을 구하였다. 또 궁중에 나무로 새기고 흙으로 빚어 만든 불상이 매우 많았는데, 여러 군데 사찰에 내려주었다. 항상 하늘에 빌기를,

"후생에서는 다시 왕가의 며느리가 되지 않게 하소서."

하였다.

반정하던 날, 폐비 류씨가 수십 명의 궁녀와 함께 밤을 틈타 후원 어수당에 숨어 있었다. 이틀 동안 군사가 몇 겹으로 둘러싸고 있었는데, 류씨가 말하기를,

"내 어찌 숨어 살기를 꾀할 것인가."

하고, 궁인을 시켜 중전이 여기 있다고 외치라고 하니, 궁인이 모두 두려워 감히 나서지 못하였다. 한씨 성을 가진 보향이라는 궁녀가 자청하여 계단 위에 서서,

"중전이 여기 있다."

고 소리쳤다. 대장이 그때 교의에 걸터앉아 있다가 곧 일어나서 군사로 하여금 물러나게 하였다. 보향이 류씨의 뜻을 받아 묻기를,

"주상은 이미 나라를 잃었으니, 새로 선 분은 누구요?"

하였다. 대장이,

"선조대왕 손자인데 누구라고는 감히 말하지 못합니다."

하였다. 또 묻기를,

"오늘 이 일이 종묘사직을 위한 것이오? 부귀를 위한 것이오?"

하니, 대장이 말하기를,

"종묘사직이 거의 망하게 되었기 때문에 우리들이 새 임금을 받들어

반정하지 않을 수 없었으니, 어찌 부귀를 위한 것이겠소."

하였다. 이에 보향이,

"의거라고 칭하면서 어찌 전왕의 비를 굶겨 죽이려 하오."

하니, 이를 들은 대장이 즉시 인조에게 아뢰어 조석 음식을 후하게 보내
주었다.

구굉·신경원·신경인·홍진도 등이 연명으로 경기 수사 신경진에게
글을 보내,

"잘 처리하시오."

라고 하였으니, 이는 강화 교동 적소에 있던 광해주를 몰래 없애라는 뜻
이었다. 하지만 신경진은 모르는 채 따르질 않았다.

정축년(1637) 2월에 광해군 유배지를 교동에서 제주로 옮겼다. 그때
호송하는 별장이 되기를 요청하는 무사 한 사람이 있었는데, 공을 세울
계책이었으나 뜻대로 되지 못했으니, 이 또한 경진이 가로막은 것이었
다.

광해를 옮겨 안치시킬 때 따라간 궁비 중에 성질이 모질고 교활한 자
가 모시는 데 삼가지 않자 광해가 꾸짖었다. 이에 계집종이 소리를 지르
면서 말하기를,

"영감이 일찍이 지극히 높은 자리에 있을 때는 온갖 관청이 다달이
올려바쳤는데, 무엇이 부족하여 염치없는 더러운 자들에게 반찬을
요구하여 심지어 김치 판서[沈菜判書]·잡채 참판(雜菜參判)이란 말까
지 있게 하였소? 철에 따라 비단 용포와 털옷을 올렸는데, 무엇이 부
족하여 사사로 올리는 길을 크게 열어 심지어는 장사치·통역관으로
하여금 벼슬길에 통할 수 있게 하였소? 후궁의 의복과 음식은 또 각
각 그 맡은 관청에서 올려바쳤는데, 무엇이 부족하여 벼슬 구하고
송사하는 자들에게 뇌물을 요구하여 민심을 크게 무너지게 하였소?

영감께서 사직을 받들지 못하여 국가를 이 지경까지 이르게 해놓고,
이 섬에 들어와서는 도리어 나에게 모시지 않는다고 책망하니 속으
로 부끄럽지 않소? 영감께서 왕위를 잃은 것은 스스로 취한 것이지
마는, 우리는 무슨 죄로 이 가시덩굴 속에 갇혀 있단 말이오?"

라고 따지는 통에, 광해는 한마디 말도 못하고 탄식만 할 뿐이었다. 이를
본 사람들이 그 패악하고 교만한 말에 분개하지 않은 자가 없어,

"반드시 이 계집종에게 하늘의 재앙이 있을 것이라."

하였는데, 다른 일로 인해 좋지 않게 죽었노라 전해진다.

이형상의 《남환박물》에 따르면, 광해군이 탄 배가 정축(1637) 6월 16
일에 제주 어등포에 도착했다 한다. 배가 포구에 닿자 호송 책임자 이원
로가 그제사 제주라는 사실을 알려주자, 깜짝 놀란 폐주는 하염없는 눈
물만 흘렸을 뿐이었다.

광해의 귀양살이 끝물에 이시방이 제주 목사로 부임하여, 고을 사람
을 단속한 후 정갈한 밥상을 올렸더니, 대접이 전과 다른 것을 보고 기뻐
하여 말하기를,

"이는 반드시 지난날 나에게 은혜를 받은 자일 것이다."

하였다. 이에 늙은 궁인이,

"아닙니다."

하는지라 광해가 미심쩍다며,

"네가 어떻게 아느냐?"

라고 물으니, 궁인이 말하기를,

"전일에 신하들을 등용하고 내치는 데 한결같이 후궁의 비방과 칭찬
을 따랐습니다. 목사가 일찍이 부정한 길을 통하여 은혜를 받았던
자라면 반드시 옛 임금을 박대하여 지난날의 행적을 덮으려 할 것인
데, 어찌 감히 정성을 다하기를 이 같을 수 있겠습니까."

라고 하였다.

　목사가 이시방인 줄을 뒤늦게 알아차린 광해가 고개를 떨구었다. 인조 재위 19년이 지난 신사(1641) 7월 7일에 유배지 제주에서 죽으니, 광해 나이 67세였다.

제16대
인조대왕

휘는 종(倧), 자는 화백(和伯), 즉위 전의 호는 송창(松窓)이다. 어릴 때 이름은 천윤(天胤)이며, 정원군(원종으로 추존) 맏아들이다. 선조 28년 (1595) 해주에서 났다. 정미년(1607)에 능양도정(綾陽都正)으로 봉했다가 후에 군으로 승봉되었으며, 계해년(1623) 3월 경운궁에서 즉위하여, 기축(1649) 5월에 창덕궁에서 승하하였으니, 왕위에 있은 지 27년이며, 나이는 55세였다. 능은 파주 장릉인데, 파주 북쪽 운천리에 장사 지냈다가, 영조 7년 신해에 이곳으로 이장하였다. 왕비 인열왕후 청주 한씨는 영돈녕부사 문익공 준겸의 딸이다. 계해에 왕비로 책봉되었다가, 인조 13년 을해(1635)에 창경궁 여휘당에서 승하하였으니, 42세였다. 인조와 같이 묻혔다. 계비 장열왕후 양주 조씨는 영돈녕부사 창원의 딸이다. 무인년 (1638)에 왕비로 책봉되어, 무진년(1688)에 창경궁에서 승하하였으니, 나이 65세였다. 능은 휘릉이니, 건원릉 서쪽 언덕이다. 소현세자가 죽음으로 둘째 효종이 왕위를 이었다. 6남 1녀를 두었다.

계해정사癸亥靖社

계해정사.

계해년(1623)에 서인들이 광해군과 북인을 내쫓고 인조를 옹립한 것을 말한다. 흔히 불리던 인조반정을 달리 표현한 말이다. 이 사건을 기술한 야사로는 효종 사위 정재륜이 저술한《공사견문록》, 김시양의 야사집《하담록》, 이희겸의《청야만집》, 조경남의《속잡록》, 이성령의 편년제 야사《일월록》, 저자를 알 수 없는《조야첨재》등 다양하며,《남계집》《연평일기》《곤명집》등도 인조 반정에 관한 사실을 많이 담고 있다.

후궁 공빈 김씨 몸에서 태어난 광해군은 정통성이 미약한지라, 불안심리 때문에 동복형 임해군은 물론 적통으로 태어난 이복동생 영창대군까지 죽음으로 몰아넣었고, 새문안에 왕기가 서렸다는 풍수도참이 입에 오르내리자, 그곳에 살던 정원군의 아들 능창군을 사사시킨 후 집을 몰수하여 경덕궁(경희궁)을 지었다. 이로 인해 정원군 장남이던 능양군(인조)은 평소에 이를 갈았다.

그런데다 계모이자 영창대군을 낳은 인목대비 존호를 폐하여 서궁이라 깎아내려, 경운궁(현 덕수궁)에 유폐시켰던 것도 모자라 이이첨이 굿을 빙자하여 대비를 시해하려던 사건을 일으켰으니, 서인 세력들의 공분을 사고도 남았다.

이 같은 폐모살제(廢母殺弟) 사건이 유교 윤리에 어긋난다 하여 반정 구실을 주게 되었으니, 이귀·김자점·김류·이괄 등의 서인들이 무력으로 정변을 기도하게 되었다.

일찍이 병진년(1616) 사이에 김시양이 북쪽 변방에 귀양가 있었으니, 광해의 어지러운 정사가 날로 더 심하던 때였다. 시양이 하루는 정원군(인조 아버지)이 반정하는 꿈을 꾼지라, 이를 이상하게 여겨 일기에,

"옥부(玉孚)가 불을 들었으니, 범해[虎年]의 일이로다[玉孚擧火虎年事]."
라고 적었다.

정원군 이름이 옥(玉)과 부(孚)를 합친 부(琈)였고, 반정이 병인년에 일어났으므로 이런 은어를 쓴 것이다.

무오년(1618) 5월에 이항복이 북청에 귀양가 있었다. 하루는 선조가 꿈에 용상에 앉아 있고, 류성룡·김명원·이덕형이 함께 입시해 있었는데, 선조가 이르기를,

"혼(琿 : 광해 이름)이 무도하여 동기를 해치고 어머니를 가두니, 폐하지 않을 수 없다."

하니, 덕형이 아뢰기를,

"이항복이 아니면 이 의논을 결정하지 못하겠으니 속히 부르소서."

하는 소리에 깜짝 놀라 잠을 깨고 보니 꿈이었다.

이항복이 자제들을 불러 말하기를,

"내가 살아있을 날이 오래지 않을 것이다."

하더니, 이틀 뒤에 죽었다.

광해주 치세 동안에 조정은 문란하여 상하 마음이 이반되고, 대비를 감금하여 아침저녁으로 없앨 궁리를 하니, 귀향길에 오른 이항복이 김류에게 은밀히 말하기를,

"요사이 임금의 정사가 말할 수 없이 어지러우니, 우리들 가운데 종묘사직을 평안하게 할 수 있는 사람은 오직 그대뿐이다."

하고 손으로 얼굴을 가리어 흐느껴 우는지라, 김류가 그 뜻을 알아차렸다고 《속잡록》에서 전하고 있다.

이를 두고 춘파 이성령의 야사 《일월록》에서는,

"이 말이 확실한지 아닌지는 모르겠으나, 반정에 가담한 문신과 무신 모두 이항복 문하에 있던 사람이므로, 이러한 일이 있었으리라

추측하여 나온 말이 아니겠는가."

라고 해석하였다.

박세채가 남긴 《남계집》 또한,

"광해주 때 이항복은 체찰사로 서북도의 관리 임명을 오로지 주관하
였다. 김류를 종사관으로 삼아 무신 신경진을 비롯하여 구굉·구인
후·정충신 이하와 문사 선배 신흠을 비롯한 이정귀·김상헌과 후배
최명길·장유·조익·이시백 이하 그 문하에 출입하는 사람이 많았
다. 반정공신 여러 사람들 모두 항복이 평소 길러둔 사람들이었으
니, 옛날에도 이만큼 사람을 많이 얻은 이가 없었다."

고 한 바가 있다.

반정하던 날 김류·이귀 두 사람의 꿈에 이항복이 나타나,

"오늘 종묘사직을 위하여 이 거사가 있지만, 다음에는 이보다 더 큰
일이 있을 것인데, 내가 그것을 매우 걱정하노니, 여러분은 힘쓸지
어다."

라고 하였으니, 이는 남한산성 일을 가리킨 것이라 하였다.

이귀가 세상을 바로잡을 뜻을 은밀히 지니고 아들 시백을 시험해 보
니, 시백이 안 된다고 하였다가 드디어 함께 의논을 정하였다. 그때에 명
망 있던 훈련대장 이흥립을 설득하게 하였더니, 흥립이 말하기를,

"이귀도 함께 공모하였는가?"

라고 묻고는 드디어 허락하였다.

이귀가 일찍이 함흥 판관으로 갔을 때 북우후(北虞候)로 있던 신경진
과 결탁했고, 심기원·김자점 등과 약속한 후 최명길과도 모의를 함께 했
다. 최명길은 두려운 마음에 밤새도록 잠을 자지 못하고서 이귀 집을 찾
아감에, 이귀가 안석에 기대어 계집종을 시켜 머리를 빗으며 태연히 말
하고 웃는 것을 보고서야 비로소 안심하였다.

그런 후 이귀는 김류를 끌어들이고자 공을 들였다. 김여물 아들 김류가 명망은 있었으나, 한직에 불과한 동지중추부사로 있으면서 널리 쓰이지 못하였다. 신경진의 아버지 신립과 김류의 아버지 김여물이 임진왜란 때에 충주 탄금대에서 함께 전사한 인연으로 정의가 두터웠으므로, 경진을 통해 뜻을 전했더니, 김류가 선뜻 허락하였다.

김류는 천성이 비범하고 기국이 엄숙 단정하며, 문장을 잘하고 지략이 있었다. 일찍이 대궐 뜰에서 책문 시험을 볼 때에 병무(兵務)에 대해 매우 잘 논했으므로, 사람들이 장상의 재목이 된다고 여겼는데, 이 때문에 광해주 때에도 자주 원수의 물망에 올랐다. 계해정사에 모든 사람이 추대하여 영수로 삼은 것도, 이로 말미암은 것이었다. 인조가 반정하기 전에 그 집을 세 번이나 찾아가 일을 의논하였다.

이때 허균이 사류를 없애기 위해 옥사를 계획하여, 삼청동 결의패라 지목한 바가 있었는데, 삼청동은 곧 김류가 사는 곳이었다. 김류 등이 처분을 기다리던 중 마침 허균이 반역죄로 처형되었기 때문에 무사하게 되었다.

구굉의 생질인 유학 심명세는 그 아버지 심엄이 광해에게 미움받아 비명에 죽었고, 형 정세도 김제남 사위라는 이유로 매 맞아 죽었으므로, 몸을 떨쳐 일으켜 구굉과 함께 모의하였고, 신경진·구굉·심명세 모두 능양군(인조) 척당이었으므로, 곧 추대할 뜻을 정하였다.

이때 평산과 송경 사이에 범이 출몰하여 사람을 해치는 바람에 파발길이 끊어질 지경이었다. 이귀가 평산 부사로 조정을 떠나던 날, 광해가 힘을 다하여 범을 잡으라는 명을 내렸으므로, 연이어 큰 범을 잡아 대궐문 아래에 올리니, 광해가 매우 기뻐하였다.

이귀가 아뢰기를,

"범을 잡는 곳은 경기·황해 두 도의 경계인데, 범이 달아나면 법규

상 경계를 넘어 쫓아가지 못하니, 범을 쫓는데 경계에 구애받지 않
도록 하소서."

하니 광해가 허락하였다.

그해 겨울에 이귀가 자기 관할 군사를 풀어 범을 잡는다고 흥의동에
모아놓고, 장단 방어사 이서와 함께 군사를 일으키려 하다가, 류천기의
고변으로 예측하기 어려운 화를 당할 지경이었는데, 다행히 류희분과
박승종의 주선으로 파직에 그쳤다. 당시 직접 문초하자고 청하지 않은
것은, 이귀에게 서궁을 보호하려 했다는 죄목으로 벌을 주면, 화가 대비
에게 미칠 것을 두려워했기 때문이다. 이귀의 사람됨이 치밀하지 못하
여 모의가 누설되었으나, 류희분이 자기와 친한 대간을 시켜서 이귀가
다른 뜻이 있다는 것으로 탄핵하여 국문하도록 했으니, 더 큰 역적죄를
벗어날 수 있었다.

계해년 1월에 정언 한유상 등이 아뢰기를,

"이귀와 김자점이 오랫동안 음모를 꾸며 서궁을 보호하고 있으니,
멀지 않아 화가 일어날 것입니다. 청컨대, 미리 도모하소서."

하였다. 이때 광해는 김상궁과 후원에서 잔치를 베풀어 놀고 있었는데,
김상궁이 광해의 손을 잡고 크게 소리 지르며 말하기를,

"바깥 의논이 가소롭습니다. 성지(成之, 김자점의 자) 김생원이 어찌
이러한 뜻이 있겠습니까."

라고 하는지라, 광해가 천천히 처결하려 하였다.

이에 한유상이 또 아뢰기를,

"크게 간(奸)한 것은 신(信)과 비슷하여 충성된 말이 귀에 거슬립니
다. 훗날 후회할 일이 있어도 신들에게 말하지 않았다고 책망하지
마소서."

하니, 광해가 이르기를,

"증거 없는 말로 충성되고 어진 이를 억울하게 해치지 말라."
하고 나무랐다.

이귀의 딸이 김자점 동생 자겸의 아내였는데, 일찍이 과부가 된 후 정조를 잃고 절간으로 돌아다니며 아미타불을 섬기다가, 간음한 일이 발각되어 심문당하게 되자 궁중에 들어가기를 원하므로 광해가 허락하였더니, 드디어 김상궁과 사귀어 모녀간을 맺게 되었다.

이귀 딸이 항상 말하기를,

"아버지 이귀와 시숙 자점의 충성을 불행하게도 대북이 질시하여 항
   상 모해를 받는다."

라고 억울함을 호소하고, 또 자점을 후원하여 뇌물을 쓰는데, 부족하면 김상궁에게서 꾸어 다른 궁인에게 주고 또 다른 궁인에게 꾸어 상궁에게 바치니, 이렇게 돌린 것이 수천 냥이므로 모든 궁인들이 기뻐하여 그 누구도 김자점을 의심하지 않았다.

이렇게 되니, 반정을 예측한 한유상이 아뢴 말을 듣고도, 상궁과 개똥이[介屎]가 한 말만 굳게 믿어 미소지으며 고개를 끄덕일 뿐이었다.

이귀의 딸이 정조를 잃은 일로 사간원에서 탄핵하자, 관직을 삭탈당하고 도성 밖으로 쫓겨났다. 이귀가 안협에 있는 농막으로 돌아갔는데, 이시방과 심기원을 서울에 보내 밀사를 도모하였다. 그때에 양사에서 이귀를 잡아 문초할 것을 청한 까닭에, 약속한 날에 일을 일으키지 못하여 여러 사람들 뜻이 꺾였다. 신경진은 효성령 별장으로 나가 있었고, 구인후는 진도 군수로 나가 있었기 때문이다.

일이 이루어지지 않을 것을 걱정한 김류가 여러 사람을 불러 모아 타이르니, 따르지 않는 사람이 없었다. 능양군이 수 백금을 내어 심기원 무리들로 하여금 동지들을 모집하여 결탁하게 하였으나, 세력을 얻기가 어려웠다. 이흥립 편지를 장단 부사 이서와 이천 부사 이중로에게 전하

고 비로소 거사 날을 잡았다.

그때에 모의가 누설되어 일이 매우 다급해지자 군사 일으킬 시기를 당겼으니, 곧 계해 3월 13일이었다. 12일 저녁 홍제원에 모이기로 기약하였는데, 이에 장만의 빈집에 모여 모든 계획을 정하고 날짜를 여러 곳에 알렸다.

이귀가 김류에게 말하기를,

"이 일을 할 때의 대장은 나처럼 노쇠한 자는 안 될 것이오. 영감은 원래 장수의 물망이 있는 사람이니, 인심을 진정시킬 수 있을 것이오. 영감을 대장으로 삼는 것이 좋겠소."

하였다.

이괄이 북병사가 되어 이미 조정을 떠나 있었는데, 신경진의 아우 경유가 찾아가 함께 도모할 것을 요청하니, 문득 따르게 되었다.

모의 소식을 전해들은 박승종이 크게 놀라 이이분으로 하여금 고변케 하기를,

"김류·이귀 등이 군사를 홍제원에 모아 오늘 밤에 대궐을 침범할 것인데, 훈련대장 이흥립이 안에서 호응할 것입니다."

라고 한지라, 대신들과 금부 당상들이 대궐 앞에 모였다.

이날 김자점은 술과 안주를 푸짐하게 준비하여 김상궁에게 보냈더니, 광해가 궁인과 함께 놀고 즐기던 판에 고변하는 글이 올라왔으므로, 그냥 버려두고 보지도 않았다. 해가 저물어 대궐 문을 닫자, 박승종 등이 부득이 의금부 당상 및 낭관과 함께 궐문 밖 비변사로 물러나 기다릴 수밖에 없었다.

밤이 되자, 이괄이 군관 20여 명을 거느리고 약속한 곳에 먼저 갔는데, 고요하기만 하고 사람 형적이 없었다. 근심하고 낭패할 즈음에 홀연히 한 점의 불빛이 서북 산 아래 켜졌다 꺼졌다 하는 것을 보고 달려가

니, 이귀·김자점·송영중·한교 등이 모집한 군사 수백 명을 거느리고 있었다. 조금 뒤에 장유가 와서 전하기를,

"어떤 사람이 고변하여 벌써 국청을 개설하고 사방으로 나가 체포하는데, 도감 중군 이곽이 포수 수백 명을 거느리고 창의문을 나왔다."

라는 다급함을 전했다.

이때 미리 약속하였던 군사가 태반도 오지 않았으니, 수백명 오합지졸들이 이 소식을 듣고는 겁을 내어 무너지려 할 판이었다. 이귀가 이괄의 손을 잡고 귀에다 입을 대고 말하기를,

"대장 김류가 오지 않았는데 일이 이쯤 되었으니, 그대가 대장이 되어야만 여러 사람 마음을 진정시킬 수 있을 것이오. 나도 평소에 군사 일에 등한하지 않았으나, 창졸간에 힘을 얻기 어렵소."

하였다.

드디어 이괄을 대장으로 삼은 이귀가 소리치기를,

"나부터 규율을 어기면 목을 베시오."

하고는, 거느리고 있던 군사들로 하여금 줄지어 이괄에게 인계했다. 이어 군관들을 불러 써두었던 '의(義)'자 수백 조각을 꺼내어 군사들에게 나눠주니, 모두 옷 뒤에 달아 표적으로 삼았다.

이시백이 말하기를,

"군에 계통이 서지 않으면 활동하기가 어려울 것이니, 빨리 여러 장수들을 나누어 군사를 거느리고 진을 치는 것이 가하다."

하였다.

이괄이 그 말대로 엄하게 부서를 단속하니, 군사들의 마음이 비로소 안정되었다. 밤이 깊어 김류와 여러 사람들이 다른 곳에서 모여 전령으로 이괄을 부르니, 이괄이 크게 노하여 가지 않으려고 하였으나, 이귀가 극력 권하여 거기에 가서 모였다. 이에 이괄이 김류에게 대장을 사양하

였으니, 당초의 약속을 준수하기 위해서였다.

이날 고변한 사람이 있다는 말을 들은 김류는 앉아서 주저하다 나가지 못했는데, 심기원이 원두표와 함께 그 집에 달려와서 말하기를,

"모이기로 약속한 시간이 다 되었는데 어찌 움직이지 않소?"

하니, 김류가 말하기를,

"조정에서 날 잡으러 오기를 기다릴 뿐이오."

하였다. 심기원이 말하기를,

"그러면 장차 고스란히 잡혀간단 말이오? 이 마지막 지경에 이르러
서 잡으러 오는 것이 무슨 상관이오. 금부 도사가 어찌 두려울 것이
오."

라고 하자, 김류가 옳게 여겨 그 아들 경징을 불러 화살통과 군복을 갖추고 모화관에 이르니, 심기원 군사가 이미 와서 정렬하여 기다리고 있었다.

심기원이 거느린 가동과 무사가 2백여 명이 넘었고, 파주와 장단 군사들도 도착하였다.

김류가 군사를 점호하고 출발하려 하니, 기원과 시백 등이 모두 말하기를,

"날이 곧 새려 합니다. 청컨대, 군사 거느릴 장수들을 나누어 각각
군사를 인솔하여 나가게 하십시오."

하였다.

이리하여 김자점·심기원·최명길·송영망·신경유 등이 군사를 이끌고 선봉이 되어 창의문에 들이닥쳤다. 문단속을 살피는 선전관 목을 베고, 성중에 들어가서 북소리를 울리면서 앞으로 나아가 창덕궁 대궐 문 밖에 이르렀다. 대궐 안에서 이흥립이 군사를 거느리고 대궐문 어귀에서 진을 치며 영을 내려 말하기를,

"모든 군사는 내가 말머리 돌리는 것을 보거든 활을 쏘라."

하고는 끝까지 말머리를 돌리지 않았다. 설치된 국청을 먼저 치자고 청하는 사람이 있었으나, 먼저 대궐 안으로 들어가 빨리 반정을 성공시키는 일이 급한지라. 선봉대는 인정전으로 바로 들어갔다.

궁궐 안에서 내응한 이흥립이 의군 앞에서 능양군(인조)을 맞이하여 절하였다.

이때에 불빛을 본 광해가 내시에게 이르기를,

"역성(易姓)이라면 반드시 종묘에 먼저 불 지를 것이고, 폐립(廢立)이라면 종묘는 무사할 것이니, 높은 데 올라가 바라보아라."

하였다.

내시가 돌아와 말하기를,

"종묘에 불길이 있습니다."

하니 광해가 크게 탄식하기를,

"이씨의 종묘가 내게 이르러 망하였구나."

라고 내뱉은 후 드디어 내시와 함께 북문으로 도망갔다. 군사들이 함춘원에서 섶을 쌓아 불 지른 것을, 내시가 잘못 알고 종묘에 불이 났다고 한 것이었다.

여러 재상을 패초하여 각각 그 직책을 지키게 하고, 역적 괴수 이이첨 등을 나누어 잡아들이도록 하였다.

인조가 돈화문 안에 앉은 후, 군사를 나누어 서궁에 가서 문안을 드리었다. 대궐에 입직한 병조 판서 권진 이하 모두가 허둥지둥 절하여 축하드리고 엎드려 명을 듣는데, 유독 도승지 이덕형 혼자서 절하지 않았다. 군사들이 덕형을 에워싸니, 덕형이 땅에 버티고 소리쳐 말하기를,

"신하로서 어찌 된 영문도 모르고서 갑자기 절할 것이냐."

하였다. 이에 좌우에서 말하기를,

"능양군이 대비를 받들어 반정하셨다."

하니, 덕형이 사례하며 말하기를,

"원컨대 임금께서는 전(前) 임금을 보전하여 주소서."

하며 눈물을 흘렸다. 여러 장수 가운데 칼을 빼려는 자가 있었으나 인조가 중지시켰다.

이덕형이 스스로 청하기를,

"전 임금을 바르게 인도하지 못한 죄를 지닌 채 그 전 벼슬에 그대로 있는 것은 맑은 조정에 큰 누가 됩니다."

하니, 인조가 이르기를,

"경의 마음은 반정하던 날에 내가 이미 알았으니 사양하지 말라."

하였다.

보덕 윤지경이 분주히 내전으로 들어가 광해를 찾았으나 보지 못하고, 불빛 속에서 중전 류씨가 있는 곳으로 달려가 엎드려 청하기를,

"원컨대 세자를 따라 빠져나가서 일을 도모하소서."

하였으나, 창졸간에 무사에게 끌려가게 되었는데, 무사가 칼을 들어 치려 하자 이귀가 급히 말렸다. 이끌고 인조를 뵙게 하였더니, 꼿꼿이 서서 절하지도 않고,

"밤중에 군사를 일으킨 사람이 누구이기에 내가 가벼이 무릎을 꿇겠소."

하였다. 김류가 말하기를,

"능양군이 부득이 종묘사직을 위하여 이 일을 일으킨 것이오."

하니,

"그러면 어찌하여 궁실을 태웠소?"

라고 책망했다. 이에 김류가 말하기를,

"군사가 실화하여 탄 것이지, 일부러 불 놓은 것은 아니오."

하였다. 또 묻기를,

"전 임금은 어떻게 처우할 것이오?"

하니, 죽이지 않는 것으로 대우할 것이라 대답했다. 당찬 중전의 모습을 잃지 않았다.

궁궐을 숙청한 후 여러 사람이 대궐 안에 흩어져 쉬고 있었다.

이때 이해가 어느 곳에 혼자 앉아 있는데 심기성이 달려와서,

"위에서 원훈(元勳)을 시켜 궁중 물건을 여러 공신에게 나누어주라고 하교하였으니, 우리도 함께 가서 받지 않겠는가?"

하였다. 이해가 사양하자 기성이 굳이 소매를 끌어 일으키려 하매,

"어찌하여 그대는 궁궐 안의 재산을 민간의 집에 나누려 하는가? 가려거든 그대나 갈 것이지, 왜 나를 끌고 가려고 하는가?"

하니 기성이 부끄러워 돌아갔다. 이를 들은 사람들이 크게 웃었다.

이귀가 명을 받들어 도승지 이덕형과 함께 의물(儀物)을 갖추어 인목대비를 모시고 가려 하였으나, 대비가 허락하지 않았다. 이귀가 그 아들 시백을 시켜 아뢰어 인조가 곧 서궁으로 가서 문안드리니, 드디어 대비가 임금으로 책립한다는 명을 내렸다.

처음에 승전내시를 불러 반정한 사실을 아뢰니, 대비가 하교하기를,

"10년 동안 깊이 갇혀 있어도 찾아와 묻는 사람이 없었는데, 너는 어떤 사람이기에 밤중에 승지와 사관도 없이 이렇게 직접 아뢰느냐? 공주는 이미 죽어서 담 밑에 묻혀 있다."

라고 꾸짖었으니, 대비가 영창대군 일처럼 또 공주를 뺏으러 온 것인가 의심하여 이렇게 말한 것이다.

이에 김자점 등이 승지 민확을 불러 아뢰게 하였으나 끝내 답을 내리지 않으므로, 곧 이러한 사실을 인조에게 아뢰니, 인조가 다시 이귀에게 명하여 가게 하였다.

서궁으로 달려간 이귀가 궐문에서 통곡한 뒤에 승전내시를 불러서 사정을 아뢰고 모시어 갈 것을 청하였더니, 대비가 크게 노하여 이르기를,

"누가 이 일을 일으켰기에 나를 데려가겠다고 하느냐?"

하였다. 그때 승지 홍서봉이 문안드리러 왔다고 아뢰니, 대비가 더욱 노하여,

"승지는 누구의 명으로 내게 왔느냐? 그러면 이미 스스로 임금이 되었는데 나를 부르는 것은 무슨 이유이냐?"

하였다. 이귀가 임기응변으로 답하기를,

"대장이라 일컬었습니다. 어찌 스스로 즉위하였겠습니까. 소위 승지는 전(前) 승지이옵니다."

하였더니, 대비가 또 이르기를,

"죄인(광해) 부자와 이이첨 부자, 그리고 여러 흉당들의 목을 잘라 모두 달아맨 후에야 궁에서 나가겠다."

하였다. 궁지에 몰린 이귀가 답하기를,

"죄인의 부자는 임금으로 있었으니 쉽사리 처치할 수 없사옵고, 이첨의 무리는 방금 군사를 풀어 찾고 있사오니, 잡아오면 마땅히 여쭈어 명을 받자와 처단하겠나이다."

라고, 여러 번 아뢰어도 대비가 노여움을 풀지 않고 자꾸 언짢은 말만 하므로, 이귀가 부득이 아들 시백을 보내어 인조에게 친히 와서 뵙도록 아뢰었다.

이에 여러 신하가 모든 일이 겨를이 없다고 여러 번 청하고, 인조 또한 겸손함이 매우 간절하니, 대비가 천천히 옥새를 주면서,

"잘하시오."

하였다.

계해년(1623) 3월 13일 대비의 명을 받들은 인조가 창덕궁에서 즉위하였다.

이날 광해가 북문으로 담을 넘어 도망쳤으나, 갈 곳을 알지 못하여 곧 자수궁 승방으로 가다가 정몽필을 만났는데, 몽필이 말을 주었으므로 총희 변씨와 함께 총애하던 안국신 집으로 도망갔다. 안국신이 상중에 입던 흰 개가죽 남바위를 쓰고 짚신 차림으로 다른 곳에 옮기려 하다가, 정남수 밀고로 군사들에게 에워싸여 잡혔다.

무신년 이후 억울하게 옥에 간힌 이와 연좌되어 귀양 간 사람을 모두 풀어주었으나, 오직 허균 등은 죄를 용서받지 못하였다. 대비가 언문으로 폐주의 36가지 죄를 헤아렸는데, 그중에 대역부도로서 군부를 시해하고 형을 죽이고 어미를 폐한 죄가 가장 크다 하였다.

대비의 어머니 부부인(府夫人) 노씨가 제주로 귀양 가 있을 때, 목사 양확이 적신(북인을 지칭)의 뜻을 받들어 관속보다 10배나 더 혹독한 일을 시키니 견뎌내기가 어려웠다. 부부인이 술을 팔아 목숨을 연명하였는데, 양확이 술 취하면 종들에게,

"대비 어미 술을 가져오너라."

라고 하였으니, 그 수모가 이 같았다.

당시 이원익은 시골로 추방되어 여주에 살고 있었다. 서울에 변란 소식을 듣고는 종도 없이 단신으로 배를 타고 내려가다 올라오는 사람을 만났다. 그에게 물어보니 반정한 일을 알리므로, 눈물을 뚝뚝 흘리며 즉시 배를 돌렸다. 얼마 뒤에 부르는 명이 있어 다시 영의정에 임명되었으니, 이때 나이 77세였다.

반정 초기에 훈신들이 지난날의 것을 모조리 개혁하고자 하여, 폐지해서는 안 될 것도 광해조 일이라면 반드시 고치고 바꾸고자 하였다. 김상용이 임금에게 아뢰기를,

"사람이 머리에 빗질을 부지런히 하여 하루 백 번 또는 천 번을 하여도, 오히려 때와 비듬을 다 없애지 못합니다. 대저 하루 부지런히 천 번을 빗질하여 머리의 때를 다 벗기지 못하는데, 어찌 한 사람의 힘으로 한 나라의 일을 하루아침에 다 바꿀 수 있겠습니까. 따라서 나라를 다스리는 데는 그 심한 것만을 고치는 것이 옳습니다. 일의 옳고 그름을 살피지 않고 한결같이 지난날의 것이라 하여 고치려 한다면, 백성이 그 시끄러움을 견디지 못할 것입니다."

하니, 임금이 기꺼이 받아들였다.

윤10월 김류 등 54명에게 정사공신을 책봉했다.

병조의 늙은 관리 김준이 말하기를,

"폐주가 강화로 귀양 갈 때의 형색이 처참하여 비록 무지한 천민이라도 그것을 보고는 마음이 아파 눈물이 나지 않을 수 없었는데, 훈신 중에는 마음 아파하는 사람이 적고 통쾌하게 여기는 자가 많았다. 마음 아파하던 사람은 후에 모두 어진 사대부가 되고, 좋아하던 사람은 모두 좋게 죽지 못하였다."

라고 회고했다.

정태화가 일찍이 말하기를,

"반정 훈신 중에 인망 있는 이가 많았으나 그 후의 처신과 마음가짐을 보면, 당초에 털끝만큼도 부귀에 마음을 두지 않고 순전히 종묘 사직을 위하는 마음으로 거사를 한 사람 또한 몇에 불과하니, 지천 최명길·계곡 장유·함릉 이해 등 몇 사람이 그러한 이들이다."

라고 하였듯이 사심없이 살아가기는 참으로 어렵다 할 것이다.

이해는 공신들에게 으레 주는 저택과 전답과 종들을 하나도 받지 않았다. 또 중요한 벼슬자리를 피하고 한산한 자리에 이럭저럭 있다가, 마침내 벼슬에서 물러나 죽었다.

어느 훈신이 임금에게 아뢰기를,

"중종께서 반정한 후에 연산 때의 궁인을 공신들에게 나누어 주었으니, 이 제도를 본받아서 시행하심이 옳겠습니다."

하였다.

이에 오윤겸이 나아가 말하기를,

"광해 때의 궁인은 거의 다 광해와 동침한 자이며, 오늘의 훈신은 모두 그때 신하로 있던 사람입니다. 위로부터 나누어 주라는 명이 있다 하여도 죽음으로 사양하는 것이 마땅하거늘, 어찌 아래에서 스스로 먼저 청할 수 있겠습니까. 윤리가 끊어지고 기강이 허물어진 것이 이보다 더한 것이 없습니다."

하니, 임금이 기뻐하며 그대의 말이 옳다 하였다.

이괄의 변變

이괄은 참판 이육 후손으로 무과에 합격하였으며, 글을 잘하고 글씨를 잘 써서 명성이 있었다. 계해년(1623)에 북병사로 임명되어 부임하기 전에 김류·이귀 등이 그에게 반정 계획을 말하였더니, 이괄이 강개하여 따랐다. 반정하던 날, 부서 나누는 등 모든 계획을 이괄이 도맡아 했으나, 공훈의 등급을 논할 적에 반정에 늦게 참여하였다 하여 2등으로 낮추었으므로, 불평이 컸고 공론 또한,

"박원종 등이 중종반정 할 때에 류자광은 처음 계획에 참여하지 않은 자였으나, 반정하던 날에 그의 계책을 썼으므로 일등 공신이 되었다. 오늘날 이괄의 한 일이 자광과 같은데, 공을 책정하는 데는 그

보다 오히려 낮았다."

하여 자못 억울하게 여겼다.

이해 여름에 평안도에 오랑캐 침입이 우려되어 그를 평안 병사 겸 부원수로 삼았더니, 이괄이 크게 노하여 마침내 속으로 딴 마음을 품었다.

반정 이튿날 어전에서 일을 의논할 때에 이귀가 아뢰기를,

"어제의 공적은 이괄의 힘이 많았으니 마땅히 그를 병조 판서로 삼아야 합니다."

하였으나, 이괄이 자리를 피하면서,

"신에게 무슨 공적이 있으리오. 다만 일에 임하여 회피하지 않았을 뿐입니다. 어제 대장인 김류가 약속된 시간에 오지 않아 이귀가 신에게 그를 대신케 하였는데, 김류가 늦게 왔으므로 그를 베고자 하였으나, 이귀가 극력 말려서 시행하지 못하였습니다."

라고 아뢴지라, 자리에 앉았던 모든 사람이 실색하였다. 이에 김류가 말하기를,

"시간을 이경으로 정했으니, 병법으로 따진다면 미리 온 자가 마땅히 참형을 당하여야 한다."

하였다. 이에 한교가 나서서,

"병법에는 그런 말이 없다."

하자, 김류가,

"《오자》에 그런 내용이 있다."

하였다. 그러자 이귀가,

"《오자》에는 병졸이 장수의 명령을 기다리지 않고 먼저 돌진하여 명령을 어기면 참한다는 말은 있으나, 미리 도착한 자를 참한다는 말은 듣지 못하였다."

하였다.

그때 임금이 쇠고기와 술을 많이 준비하여, 반정에 참여하였던 장수와 병졸을 모화관에서 대접하였는데, 좌석 서열을 정하는 데 있어 이귀는 호위대장으로 북쪽에 앉았고, 김류는 거의대장(擧義大將)으로 이귀 위쪽에 앉았으며, 이괄 이하 장수들은 동서로 나누어 앉게 되었다. 이괄은 자기 자리가 김류 아래인 것에 분노하여 물러나 흘겨보았다. 이에 이귀가 좋은 말로 화해시켰더니, 이괄이 분노를 참고 자기 자리에 가 앉았다.

　그 후 이괄은 일마다 김류와 맞섰으니, 이괄 아들이 반정에 참여하였는데도 등용되지 않았고, 문과에 합격한 아우 이수가 벼슬자리 하나 얻지 못하였을 뿐만 아니라 공훈록 또한 김류의 아들 경징 아래였다고《하담록》은 적고 있다.

　이수일은 내응한 공적이 많다 하여 공조 판서에 임명되었고, 이괄은 늦게 반정에 참여하였다 하여 수일보다 낮은 판윤에 임명되니, 공론이 억울하게 여겼다.

　5월에 장만을 도원수로, 이괄을 평안 병사 겸 부원수로 삼아, 임금이 친히 모화관에서 전송하면서 어도(御刀)를 내리고 수레바퀴를 밀어 보냈다. 이때 이괄의 화난 기색이 역력하므로 신경진이 손을 잡아 송별하면서,

　"영감이 이번에 가게 된 길은 우리도 한 번씩은 거쳐야 할 것이니,
　영감이 체직되어 오면 내가 대신 가겠소."
하자, 이괄이 벌컥 성을 내며,

　"나를 내쫓아 보내는 것이오. 영감은 속이지 마시오."
라고 하였음을《일월록》은 증언하고 있다.

　그때 원수는 평양에서, 부원수는 영변에서 각각 군사를 이끌었는데, 이괄은 군사를 잘 다룬다고 평소에 일컬어졌고, 정병 수만 명과 항왜들이 모두 그에게 예속되어 있었다.

갑자년(1624) 1월 문회·이우·김광숙 등이 기자헌·현집·이괄과 아들 전·한명련 등이 반란을 음모한다고 고발하였다. 그때 훈신들은 특별한 공훈을 처음 세워 사람들이 마음속으로 복종하지 않을까 염려하여, 기찰하고 밀고할 수 있는 길을 크게 넓혔다.

이때에 문회 등이 고변하자, 김류는 이괄이 반역하지 않을 것이라 하고, 이귀와 최명길 등은 반역이라 하여 어전에서 다투었는데, 이귀가 노하여,

"김류는 틀림없이 이괄과 공모하였기에 이괄이 원통하다고 아뢰는 것입니다."

하니, 인조 임금은 다만 이괄의 아들 이전과 기자헌 만을 체포하도록 하였다.

이귀가 또 말하기를,

"만약 이괄이 반역 음모가 없으면 그만이지만 그렇지 않다면, 아버지가 군사를 거느리고 있는데 그 아들만을 체포하면, 그가 어찌 기꺼이 공손하게 명을 듣겠는가. 부자를 함께 체포하느니만 못하다. 만약 그 일이 억울한 것이라면 그를 도로 부임지에 돌아가게 한들 무엇이 불가하겠는가."

하였으나, 여러 사람들이 찬성하지 않았다고 《하담록》은 적고 있다.

《일월록》에서도,

"기자헌·이시언·한여길 등 40여 명을 하옥하고, 선전관 김지수 등을 보내어 이전과 한명련 등을 잡아 오게 하였다. 이괄과 친했던 김원량이 공신들에게 해명하고자 하였으나, 이귀 마음을 끝내 돌리지 못하였다."

라고 하였다.

인조 명을 받은 금오랑과 선전관이 이괄 병영에 갔더니, 이괄의 직속

군사 정예병 1만 2천여 명과 항왜(降倭) 1백 3십 명이 삼동임에도 군사 훈련에 임하고 있었다. 금부도사가 다다르자 이괄은 고의로 늦게 문을 열어주고, 그의 부하들을 데리고 꾀하기를,

"나에게는 오직 아들 한 명밖에 없는데, 그 애가 잡혀가서 장차 죽음을 당할 것이니 어찌 아비가 온전할 수가 있겠는가. 일이 이미 급해졌으니 남아가 죽지 않는다면 몰라도 잡혀 죽으나 반역하다 죽으나 죽기는 일반이니, 어찌 능히 머리를 숙이고 죽음을 받겠는가."

하였다. 이에 부하들이 이구동성으로,

"거사하려면 명을 받고 내려온 사자(使者)를 죽여서, 다른 의논이 없도록 하시오."

하였다. 이에 이괄이 여러 장수를 불러 계책을 말하고 칼자루를 어루만지면서 눈을 부릅뜨고 쳐다보며,

"감히 어기는 자 있으면 죽이리라."

하니, 좌우가 두려워하며 모두 따랐다.

이괄이 반란할 때 직속 부하 중의 날쌘 자를 나눠 보내어 여러 장수를 부르면서,

"서울에 변이 생겼으니 군사를 이끌고 들어가 구원하여야겠다."

하였는데, 정주 목사 정호서는 그 말의 사실 여부를 의심하여 이괄의 사자를 베어 죽이고, 군사를 이끌어 장만에게로 나아갔다.

평양에 개부(開府)한 도원수 장만은 병으로 누워 있으면서 여러 장수들에게 말하기를,

"역적이 부원수 칭호를 가지고 1만 명의 군사를 거느리고 올라오니, 그 예봉을 경솔히 범할 수 없다. 내 비록 원수이나 거느린 군사는 수천 명도 되지 않으니, 힘으로는 싸우기가 어렵다."

하고, 여러 고을에 전령하여 평양에 들어와 고수할 계획을 전하였다.

이괄은 정충신이 원수 장만을 따르고 있다는 말을 듣고 꺼리는 기색이 있었다. 장만이 충신에게 묻기를,

"지금 역적의 계획이 어떠할까?"

하니, 정충신이,

"상·중·하의 세 가지 계책이 있을 수 있습니다. 적들이 처음 일어나던 기세로 곧장 한강을 건너 임금 행차에 가까이 오면 성패를 미리 알 수 없을 것이니 이는 상책이요, 평안도와 황해도에 걸쳐 모문룡과 세력을 연결하면 조정에서 쉽사리 제압할 수 없을 것이니 이는 중책이요, 사잇길로 재빨리 서울로 달려가 빈 성만 지키고 앉아 있으면 소용이 없을 터이니 이는 하책입니다."

하였다. 다시 묻기를,

"그대의 생각으로는 이괄이 어떤 계책을 쓸 것 같은가?"

하니, 정충신이,

"괄은 날래기는 하나 꾀가 없으니 반드시 하책을 쓸 것입니다."

라고 단정했다.

장만의 장계가 들어오니 도성 안이 흉흉하고 두려워하였다. 이수일을 평안 병사 겸 부원수로 삼았다. 이원익을 도체찰사로, 이시발을 부도체찰사로 삼아 이중로를 거느리고 평안도로 내려가게 하는 동시에, 경기 감사 이서를 개성부에 주둔시켜 적이 내려오는 길을 막게 하였다. 그런 후 변흡을 황해 병사로, 이경직을 전라 병사로 삼았으니, 그때 이미 인조는 남으로 파천할 것을 생각하고 있었다.

그때 장만이 남이흥에게 묻기를,

"적은 숫자가 많고 우리는 적은데 어떻게 하면 이기겠는가?"

하니, 남이흥이 대답하길,

"류순무·이신·이윤서는 비록 적중에 있으나, 적과 마음이 일치하는

자들은 아니니 편지를 보내 유혹할 수 있습니다."

라고 하였던 사실을 《염헌집》은 보여주고 있다.

이에 장만은 이윤서의 종 효생을 불러 배불리 먹이고 재물까지 후히 주어, 편지를 전하게 했다. 장만의 편지를 받아 본 윤서가 귀순을 결심하자, 이날 밤 적 진영에서 탈출한 자가 3천이나 되었다.

저탄에서 패한 장만과 이시발이 여러 장수를 불러 일을 의논할 때 모두 걱정된다 하였는데, 김시양 홀로 말하기를,

"이괄의 턱 아래 군살이 달려 있는데, 이는 곧 낭(狼)이 제 턱살을 밟게 되는 형상이니 마침내 반드시 낭패하여 죽게 될 것이다."

하니, 장만이 심히 기뻐하며 말하기를,

"사람들이 이괄의 턱에 달린 살은 제비 턱과 호랑이 머리로 봉후(封侯)의 형상이라 하더니, 공의 말을 들으니, 과연 낭(狼)의 턱살이구나."

하고는, 여러 장수들을 격려하여 보내니 모두 기뻐했다고 《하담록》은 회고했다.

이괄의 반란군 기세가 누그러지지 않자, 김류가 심히 두려워하여 체포된 기자헌·김원량·윤수겸·이시언·현집 등을 빨리 죽임으로써 역적과 내통할 염려를 없앨 것을 청하니, 임금이 이를 좇았다. 이에 이귀가 극력 다투기를,

"체포된 사람 중에는 높은 재신(宰臣)이 많으니, 모두 이괄과 함께 반역할 리가 없을 것이오. 한 사람이라도 죄 없이 죽이는 것은 왕도에서 삼가는 일인데, 심문하지도 않고 죽인다면 뒷날 후회가 될까 염려됩니다. 기자헌의 경우는 폐모론을 당하여 절의를 세웠다가 귀양 간 자이니, 어찌 분별하여 밝히지 않고 모두 죽이리오."

하였으나, 결국 목을 베어 죽였다.

그때 일이 창황하여 매질로 심문할 겨를이 없어, 옥석(玉石)을 가리지 않고 모두 죽였으니 천고에 없는 변이였다. 이에 재신 권첩이 물러나와 사람들에게 말하기를,

"관옥(冠玉, 김류의 자)은 자손이 끊어질 것이고, 옥녀(玉女, 이귀의 자)
는 자손이 반드시 번창할 것이다."

하더니, 과연 그 말이 들어 맞았다.

이서는 수천 명의 군사를 이끌고 나가 청석동에 주둔하였고, 이흥립은 수원 군사 3천 명을 거느리고 임진강 상류를 지켰다. 호남·호서 군사가 한강을 건너와 남대문 숭례문 밖에 진을 쳤다. 적의 군사가 날로 가까이 오게 되자, 조정에서는 남으로 파천할 것을 결정하는 날, 전라 감사 이명에게 교지를 내렸다.

이서가 청석동을 지킨다는 말을 들은 이괄은 항왜 수십 명을 시켜 밤에 이서의 군대를 교란하다가, 그 길을 거치지 않고 산예땅을 가로지르는 소로로 개성을 거쳐 곧장 임진강으로 향했다. 적이 큰길을 따라오지 않고 여울 따라 건너오자, 지키던 군사들이 달아났다. 장만의 군사가 급히 쫓아 나룻가에 이르렀을 때 적은 이미 강을 건넜었다.

임진강을 건넌 적병들이 벽제에 이르자, 인조가 창졸히 파천하기 위해 남대문을 지나 한강에 당도하니 날이 조금 어두워졌다. 나룻 사람이 모두 달아나 버렸으므로 백관은 발을 동동 굴렀다. 배는 모두 강 가운데 떠 있어 불러도 대답하지 않으니, 선전관 우상중이 헤엄 쳐 강 가운데 뱃사람을 쳐서 넘어뜨리고 작은 배를 구하여 밤새도록 건넜다. 임금 행차가 사평원에 머물렀는데 해가 저물 때까지 먹을 것을 얻지 못하였다. 남원 부사 신준(申埈)이 율무죽과 곶감을 올린 후 수원에 도달하였음을 《일월록》은 적고 있다.

임금이 서울을 떠날 적에 이정귀에게 명하여, 대비·왕비·세자를 호

위하고 강화로 가게 하니, 정귀가 아뢰기를,

"신이 비록 재주와 꾀는 없사오나 대가를 따라 호위하기를 원합니다."

하였다. 대사헌 정엽이 아뢰기를,

"신은 늙은 어머니가 있으니, 원컨대 대비와 중전을 따라 먼저 강화로 가고, 이정귀는 재주와 역량이 있으니 대가 곁을 떠나게 할 수 없습니다."

하였더니, 임금이 이르기를,

"대비의 행차에 대신·중신이 없을 수 없고, 원자를 보좌함도 역시 중한 것이니, 예조 판서 이정귀는 마땅히 강화로 가야 하오."

하였다.

처음 의논에 대비는 따로 강화로 가기로 하였는데, 행차가 떠난 뒤에 다시 임금과 같이 가기로 정하여, 양화 나루터에 이르러 모시고 돌아왔다고 《월사집》은 전한다.

임금 행차가 수원에 도달하였을 때, 여러 사람이 의논하기를,

"부산에 거류하는 왜인을 청하여 적을 치자."

하였다. 임금이, 전 병사 이경직은 예전에 일본에 사신으로 간 경험이 있다 하여, 부산에 갈 것을 특명으로 내렸다. 이에 이경직은,

"왜인들이 틀림없이 자기 나라에 알려 출병할 것이니 사세가 오래 걸릴 것이라."

하여, 난처한 대여섯 가지 이유를 조목조목 아뢰니 대신 이원익도 수긍하였다. 임금도 그 아뢴 바를 듣고는 중지시켰다.

임금 행차가 공주에 이르러 머물렀다. 광정참에 도착했을 때 충청도 노인들이 음식을 가지고 나와 곡하면서 맞이하였다. 그때 전라 감사 이명이 길 왼쪽에서 맞았는데, 군대의 질서가 정연한지라, 임금 특명으로

그를 가선대부로 올렸다.

반란군의 군사 30여 기병이 먼저 한양에 입성하여 외치기를,

"도성 안의 사람들은 놀라 동요하지 말라. 새 임금이 즉위하였다."

라고 하였다.

이괄이 한명련과 함께 말을 나란히 하여 도성에 들어올 때, 이괄 아우 수는 이충길 등을 데리고 모집한 군사 수천여 명을 거느리고, 무악 북쪽에서 영접하여 길을 인도하였다. 또 각 관청의 서리와 하인들이 의관을 갖추고 나와서 맞이하였으며, 백성들은 길을 닦고 황토를 깔고 맞이하였다. 이괄이 한양에 들어와 경복궁 옛터에 주둔하였다.

흥안군 이제(李瑅)가 임금을 따라 한강을 건너다가 중도에서 도망쳐 이괄에게 오니, 속으로 그 사람됨이 시원치 않다고 여기었으나 당분간 임금으로 삼았다. 경기 방어사 이흥립이 항복하니, 이괄이 대장으로 삼아 이제를 호위하게 하였다. 이제가 술과 고기로 군사들을 먹였다. 도성 백성들이 말하기를,

"이괄이 추대한 것이 이제이고 보면 사세가 오래 못 가겠구나."

하였다. 흥안군 이제는 선조 열 번째 아들로 온빈 한씨 소생인데, 엉뚱한 짓을 잘하여 신망을 잃은 자였다.

이괄의 뒤를 쫓은 장만과 정충신·남이흥 등이 관군을 이끌고 안현(길마재)에 도착해 진을 쳤다. 이괄은 두 곳으로 부대를 나눠 포위 공격했으나, 지형상 불리하여 크게 패했다. 야음을 타고 이괄은 부상당한 한명련과 패잔병 수백을 이끌고 수구문(광희문)을 통해 빠져나갔다.

그때 정충신이 이시백에게 추격하여 잡을 것을 청하니, 시백이 말하기를,

"역적이 오래지 않아 사로잡힐 것인데, 우리가 어찌 감히 남의 공을 빼앗을 것인가."

하였다. 이에 충신이 탄복하여,

"다른 사람이 미치지 못할 바이다."

하였다.

밤 이경에 수구문을 몰래 빠져나온 이괄은 삼전도를 거쳐 광주 목사 임회를 죽이고 이북(利北) 고개를 넘자, 정충신이 류효걸 등을 거느리고 추격하여 경안역에 다다르니, 기병 27명을 거느렸을 뿐이었다. 이날 밤 이괄이 이천 묵방리에 이르자, 부하 익헌과 수백 등이 이괄·이수·이전·한명련 등 9명의 목을 베어 달려와 수급을 바쳤다.

흥안군 이제가 인경궁에서 곡성에 올라가 싸움하는 것을 바라보니, 군사가 패하여 좌우가 모두 흩어지므로, 광주 소천으로 달아나 원수의 군관이라 사칭하였다. 이를 안사함·한교 등이 잡아서 원수부에 바치니, 장만이 가두어 놓고 조정의 명령을 기다렸다. 그러는 사이 한남도원수 심기원과 도감대장 신경진 등이,

"이제가 이미 호(號)를 참칭하였으니 누구든지 잡아 죽일 수 있다."

하고는 돈화문 앞에서 목을 매달아 죽였다. 이 일이 조정에 알려지자 기원과 경진을 의금부에 하옥시켰다가 며칠 후에 풀어주었음을 《일월록》과 《하담록》은 전하고 있다.

이괄을 비롯한 적의 머리가 도착하니, 임금이 친히 종묘와 사직에 고한 후 여러 도의 군사를 해산시켰다. 윤방을 먼저 한양에 보내 진정시키고 무마하게 하였더니, 적과 내통한 백성들의 문서를 거두어 모두 불살랐다. 더 이상 확대하지 않고, 화합과 통합을 먼저 생각한 것이다.

이괄의 변은 우리 역사상 최초이자 마지막으로 지방 반란군이 서울을 점령한 사건이었다. 변을 평정한 장만·정충신 등 32명에게 진무공신으로 녹훈했다. 하지만 한명련의 아들 한윤이 후금으로 도망하여 인조 정권의 부당성과 친명 외교를 일러바치면서 조선 침략을 종용했다. 이

일로 조선 땅이 큰 전란에 휩싸이게 되었으니, 정묘호란과 병자호란이었다.

정묘호란과 병자호란

임진왜란으로 막대한 피해를 입은 조선은 물론 이를 지원했던 명나라 국력까지 피폐해졌다. 이 틈을 탄 여진족들이 후금을 세워 남만주 비옥한 토지를 탐내기 시작했다. 명나라에서는 양호를 요동 경략으로 삼아 후금을 토벌하면서 조선에게도 출병 요청을 하였다. 임진왜란의 빚을 갚아야 할 차례이지만, 광해군은 선뜻 받아들일 수가 없었다. 쇠퇴기에 접어든 명나라에 비해 후금은 신흥 강국으로 떠올랐기 때문이다.

광해군은 강홍립에게 1만 3000명의 병력을 주면서 형세를 잘 판단하여 움직일 것을 지시했다. 명군이 수세에 몰리게 되자, 강홍립은 후금과 휴전을 제의하여 출병이 불가피했음을 해명했다. 이렇듯 광해군의 중립 외교가 성공하는 듯했지만, 그 신중함이 오히려 발목을 잡았으니, 서인들에게 반정 빌미를 제공하고 말았다.

인조반정으로 집권하게 된 서인 정권은 후금과의 관계를 끊고 명나라 모문룡을 지원했다. 조선의 친명배금 정책은 후금을 자극하고도 남았다. 그런데다 반정 논공행상에 불만을 품은 이괄이 난을 일으켰는데, 그 잔당들이 후금으로 도망하여 군사를 일으키도록 종용하기까지 했다.

《일월록》에 따르면,

"기익헌이 이괄과 한명련 목을 베었다. 이때 명련의 아들 한윤이 탈출하여 귀성에 숨었는데, 한 해가 지난 후 이를 들은 부사 조시준이 잡으려고 하니, 기미를 알아채고 후금으로 망명해 들어가 강홍립 등에게, 본국에서 변란이 일어나 당신들 처자식을 모두 죽였으니, 나와 함께 만주 군사를 빌려 복수하자고 종용했다. 이에 홍립과 난영이 그 말을 믿고 계획을 세웠다. 홍립이 한윤과 여러 차례 오랑캐 추장에게 조선에 쳐들어갈 것을 청하였으나, 제 나라 배반한 것을 미워한 누르하치가 꾸짖어 물리쳤다. 누르하치가 죽고 홍타시(弘他時)가 왕위에 오르자, 드디어 이런 화가 이루어졌다."

라고 하였다.

인조 재위 5년 정묘(1627) 1월.

후금 기병 3만여 명이 압록강을 건넜다. 의주를 점령한 후금군은 용천·선천을 거쳐 안주성 쪽으로 남하하고, 일부는 가도에 머문 모문룡 부대를 공격했다. 곽산의 요새 능한산성을 지키려는 조선군은 패주했고, 모문룡 또한 후금군에게 밀렸다.

다급했던 인조는 장만을 도체찰사로 삼았다. 그리고는 각지에 신하들을 파견하여 근왕병을 모집했다. 그러는 사이 후금군은 안주성을 점령한 후 평양을 거쳐 황주까지 내려왔다. 평산에 진을 쳤던 장만은 불리한 상황이라 개성으로 밀려났다. 김상용을 유도대장(留都大將)으로 삼아 수도 한양을 지키게 하였지만, 안심이 되지 않은 상황이라 소현세자를 전주로 피신시키고, 인조는 강화도로 들어갔다.

후금군들이 지난 곳마다 일어난 의병들이 적의 배후를 공격했다. 평산까지 진출한 후금군은 멈칫할 수밖에 없었다. 후방의 위협을 염려하였기 때문이다. 그런데 조선으로서는 전쟁을 지속할 수 있는 여력조차 없었다.

다행히 평산에서 더 내려오지 않은 후금군에게 형제의 나라로 칭한다는 수모를 감수하고 화의를 맺었다. 명나라를 적대하지 않는다는 조건이 그나마 체면 유지를 했을 뿐이다. 후금은 막대한 물자를 요구하기 시작했다. 배금 친명 사상이 더해 갈수록, 후금의 세력은 강성해지고 있었으니, 또 다른 침략 전쟁은 예고된 것이나 다를 바 없었다.

인조 재위 14년 병자년(1636)이 열리자, 암울한 기운이 감돌기 시작했다.

병자년 2월경 후금은 조선에 군신의 의를 강요했다. 조정 신하들은 척화를 극간했고, 인조 또한 사신 접견을 거절했다. 사신으로 온 용골대 등은 조선의 동정이 심상치 않음을 눈치채고 도주했다. 4월에 금나라 홍타시(弘他時)가 나라 이름을 청으로 고치고, 연호를 숭덕(崇德)이라 하여 스스로 황제에 올랐다. 그는 조선 사신을 향해, 왕자를 보내 사죄하지 않으면 대군으로 조선을 치겠다고 협박했다. 조정 신하들 모두 현실론을 망각한 척화론만 부르짖을 뿐이었으니,

이를 두고 《병자록》에서는,

"영의정 김류가 바야흐로 척화론을 주장하니, 나이 젊고 준열한 논의를 하는 자들이 모두 좇았다. 벼슬아치 가운데 간혹, '금나라 스스로 황제 노릇을 하는 것이고, 우리는 다만 정묘년 형제의 맹약만을 지킬 뿐이니, 저들이 황제로 참칭하는 것이 우리와 무슨 관계가 있다 하는가. 그런데도 우리 병력을 헤아리지도 않고 먼저 우호 맹약을 저버려 원망을 돋구고 화를 부르기에 이르는 것인가.'라고 생각하는 이들도 있었다. 비록 소견이 이와 같다 하더라도 감히 입을 열지는 못하였다."

라고 한탄한 바가 있다.

11월이 되자, 왕자와 척화론을 주창하는 자를 모두 청으로 압송하라는 최후통첩이 날아왔다. 척화론이 대세였던 조선에서 그 요구를 받아

들일 리가 없었다.

병자호란은 이렇게 시작되었다.

병자년 12월 8일, 청 태종이 직접 12만 대군을 이끌고 조선을 침입했다. 선봉에 섰던 마부태는 백마산성을 지키던 임경업 장군을 피해 열흘만에 한양에 이를 정도였으니, 의주부윤 임경업과 도원수 김자점의 장계(狀啓)가 적의 형세보다 빠르지 못할 지경이었다. 청나라 군사가 평양을 거쳐 개성을 지나갔다는 것을 알게 되자, 원임대신 윤방과 김상용에게 종묘사직 신주를 받들게 하고, 세자빈 강씨와 원손, 그리고 봉림대군과 인평대군을 강화도로 피하도록 했다.

그날 밤 인조는 숭례문으로 빠져나와 강화도로 향했으나, 적정을 탐색하던 군졸이 달려와, 청국군이 벌써 영서역(은평구 대조동과 불광동 사이)을 통과했으며, 마부태가 기병 수백을 거느리고 홍제원에 도착하여 양천강을 차단했으니, 강화도 가는 길이 끊겼다고 보고했다.

성안으로 돌아온 인조가 숭례문 누각에 앉아 사후 대책을 물으니, 전 철산 부사 지여해가 정병 500명을 거느리고 사현(沙峴)으로 나가, 청나라군의 선봉을 무찌르겠다고 나섰다. 다급했던 상황이라 이조 판서 최명길이 홍제원의 청군 진영으로 나아갔다. 술과 고기를 먹으며 시간을 끄는 동안, 세자와 백관을 대동한 인조는 남한산성으로 향했다.

지리적 여건이 강화도가 적절하다는 김류의 주장에 따라 야음을 틈타 출발했지만, 눈이 많이 내린 뒤라 포기하고 산성으로 돌아왔다. 효종 사위였던 동평위가 기술한 《인계록》을 통해 당시 상황을 보면,

"임금이 말을 타고 성을 나가 강화도로 향하는데, 임금이 탄 말이 갑자기 벌벌 떨면서 땀을 흘리고 선 채로 앞으로 나가지 않으니, 말을 부리던 자가 채찍질을 해도 소용이 없었다. 임금이 매우 이상한 일이라 여겨, 억지로 가서는 안 된다 하여 말고삐를 돌리니, 말이 정상

적으로 돌아와 나는듯이 달렸다. 남한산성으로 돌아와 들으니, 오랑
캐 장수가 임금이 반드시 강화도로 옮겨 갈 것이라 짐작하고 매복하
여 기다렸다 하니, 말이 가지 아니한 것도 하늘의 뜻이었다."
라고 기록하고 있다.

청군 선봉대가 12월 16일에 남한산성에 이르러 포위하였다.

마부태가 왕자와 대신을 보내라고 협박하니 따르지 않을 수 없었다.
종실 능봉수(綾峯守)의 품계를 군으로 올려 왕의 아우라 칭하는 한편, 형
조 판서 심즙에게 임시로 대신 직함을 주어 오랑캐 진영으로 보냈더니,
심즙이 말하기를,

"내가 본래 평소에 말을 성실하고 미덥게 하였으니, 되놈이라도 속
일 수는 없다."
하고는, 마부태에게 말하기를,

"나는 대신이 아니라 임시 직함이요, 능봉도 종실이지 왕자가 아니
다."
하는지라, 능봉이 이를 가로막고 나서서,

"심즙의 말은 틀리다. 이 사람은 진짜 대신이고, 나는 진짜 왕자이
다."
라고 했다. 중종의 증손이긴 하지만, 대수가 멀어져 종4품에 불과한 능
봉수를 능봉군으로 둔갑시킨 것이다.

이보다 앞서 박로와 박난영이 심양에 갔다가 마부태에게 사로잡혀
진중에 와 있었으므로, 마부태가 난영에게 묻기를,

"이 말이 사실인가 어떤가?"
하니, 답하기를,

"능봉의 말이 옳다."
하였다.

뒤에 마부태가 속은 것을 알고 난영과 능봉을 베었다.

좌의정 홍서봉과 호조 판서 김신국을 오랑캐 진중으로 보내 알리기를,

"장차 봉림과 인평 두 대군 가운데 한 사람을 보낼 터인데, 지금은 강화도에 있으므로 미처 보내지 못한다."

하자, 마부태가 말하기를,

"동궁이 만일 오지 않으면 화친은 할 수 없다."

하였다.

의정부에서 청나라 군진에 사신을 보내려고 하니, 나만갑이 말하기를,

"일찍이 오랑캐가 재차 사람을 보내어 화친을 청하였는데도 응하지 않다가, 지금 까닭 없이 사신을 보낸다면, 비 온 뒤에 사졸들이 얼고 굶주려서 사세가 궁하여 사신을 보낸 것이라 생각할 것이니, 약한 모습을 보여서는 안 됩니다."

하였다. 임금이 김신국과 이경직에게 명하여, 소와 술 그리고 상자에 담은 과실을 가지고 가도록 하니, 오랑캐가 말하기를,

"우리 군중에서는 날마다 소를 잡고 술을 먹으며 보배가 산처럼 쌓여 있으니, 이런 것을 무엇에 쓰겠는가. 너희 나라의 군신이 돌구멍에 들어가 있어 굶주린 지 오래일 것이니, 그대들이나 먹어라."

하면서 받지 않았다.

정축년(1637) 새해가 되어 광주 목사 허휘가 쌀떡 한 그릇을 바치니, 백관에게 나누어 보냈다. 해가 바뀌는 동안 이렇다 할 전투 없이 40여 일이 지났다. 추위와 굶주림에 지친 성안의 참상은 이루 말할 수가 없었다. 성안에 군사가 1만 3000명에 불과해 근왕병을 모으도록 하였지만, 각 도에서 남한산성으로 향했던 관군들이나 의병들은 도착하기도 전에

무너졌다.

임금이 나만갑에게 성안에 양식이 얼마나 되는지 물었다. 양곡 1만 4300석, 장 220 항아리가 있어, 겨우 5~60여 일을 버틸 수 있다고 아뢰었다.

남한산성 행궁 근처에 까치가 집을 지으니, 사람들이 이를 바라보고 길조라 점쳤으니, 성중에서 믿는 바는 단지 이것뿐이었다. 의지할 곳 없는 분위기에서 차츰 강화론이 힘을 받기 시작했다. 전쟁 전부터 끝없이 이어지던 주화파와 척화파 논쟁이 이제는 한쪽으로 기울어져 가고 있었다. 예조 판서 김상헌과 이조 참판 정온 등의 끈질긴 반대가 허공을 맴돌 뿐이었다.

정축년 정월 초2일. 홍서봉·김신국·이경직이 가서 화친을 청하니, 오랑캐가 맹약을 어긴 것을 책하고 이어 말하기를,

"너희 나라의 문서를 보니, 모두 우리를 노적(奴賊)이라 칭하였는데,
우리가 누구의 종인가."

라고 따졌다.

이튿날 최명길·이식·장유로 하여금 회답하는 국서를 초하도록 했는데, 최명길의 글이 공손하다 하여 그것을 채택하여 보냈다. 청 태종은 조선 국왕이 친히 성안에서 나와 항복하고, 척화 주모자를 결박 지어 보내라 요구했다. 이때 강화도가 함락되었다는 소식이 성안으로 날아들었지만, 모두가 적들의 교란작전이라 여겼다.

강화도 수비를 맡은 김경징은 마음대로 일을 처리하여 섬 안에서 신임을 얻지 못했다. 부성이 함락되자 숙의와 빈궁, 봉림·인평 두 대군과 부인들이 사로잡혔고, 원임대신 김상용 등은 순절하고 말았다.

주화론이 힘을 받는 가운데 인조 출성이 목전에 다가오고 있었다.

정월 18일. 적이 남문 밖에서 소리 지르기를,

"화친을 하고자 하거든 속히 나오고, 하고자 하지 않는다면 19일과
21일에 마땅히 결전하자."
고 재촉하더니, 북문에서 또 소리를 질렀다.

더는 버틸 수 없었던 인조는 항복하는 답서를 홍서봉과 최명길을 보
내 전하려 하였으니, 글의 대략에,

"삼가 밝은 명령을 받드니, 부지런히 간절히 깨우쳐 주셨습니다. 준
절히 꾸짖은 것은 바로 가르치기를 지극히 한 것입니다. 가을 서릿
발처럼 엄한 가운데 봄처럼 살려주는 뜻을 띠고 있으니, 이제 원하
는 바는 다만 마음을 고치고 생각을 바꾸어서 한번 구습(舊習)을 씻
고서 온 나라가 명을 받들어 다른 여러 번국에 견주는 데 있을 뿐입
니다. 진실로 위급한 것을 곡진히 안전하게 해주어 스스로 새롭게
될 것을 허락해 주신 만큼, 문서와 예절은 스스로 마땅히 행해야 할
의식이 있으니 강구하여 행할 것입니다. 그러나 오늘 성을 나오라는
명에 이르러서는 실로 어짊으로 만물을 덮어주는 뜻에서 나온 것이
지만, 옛날 사람도 성 위에 있으면서 천자에게 절을 한 일이 있었으
니, 예는 폐할 수 없으나 군사의 위엄도 두려운 바입니다."
라 하였다.

이 글을 본 김상헌이 찢어 버리고 대성통곡하니, 그 소리가 임금 거
처까지 들렸다. 곁에서 지켜보던 최명길을 꾸짖기를,

"그대의 돌아가신 아버지는 자못 명성이 선비들 간에 자자하였는데,
어찌 이런 일을 하는가."
라고 하니, 영의정 김류는 말이 없었다.

주화파를 이끌던 최명길이 대답하기를,

"어찌 대감을 옳다 여기지 않겠습니까마는, 이는 사세가 부득이한
데서 나온 것입니다."

하였다. 옆에 있던 이성구가 몹시 노하여,

"김 대감이 화친을 배척하여 나라 일을 이 지경으로 만들어 놓고, 비록 후세에 이름이 중하게 될지라도 우리 임금과 종묘사직은 어찌하겠는가. 어찌하여 대감은 나가서 적과 더불어 의(義)로 겨루지 않는가."

라고 나무라자, 김상헌이 말하기를,

"나는 한 번 죽음이 있을 뿐이니 자결하지는 않겠다. 만일 오랑캐 진영으로 보낸다면 죽을 곳을 얻을 것이다. 대감은 어찌하여 나를 묶어 내주지 않는가."

하였다. 이에 최명길이 빙그레 웃으면서 말하기를,

"찢는 대감도 있어야 하고, 그것을 맞춰야 하는 이도 있어야 한다."

하고는, 오랑캐에게 보낼 찢어진 답서를 주워 모아 붙였다.

이성구가 문을 나가니, 신익성이 칼을 어루만지면서,

"화친 의논을 내는 자를 내가 이 칼로 베고자 한다."

라는 장면도 연출되었다.

이틀이 흐른 정월 21일, 이홍주와 최명길이 국서를 가지고 오랑캐 진영으로 갔으니, 그 글의 앞머리에,

"조선 국왕 신 아무개는 삼가 황제 폐하에게 글을 올립니다."

로 시작하였기에 하늘도 울고 땅도 울었다.

이를 두고 후세 사람들 또한 말들이 많았으니, 《병자록》에서는,

"임금이 최명길과 대제학 이식에게 오랑캐 글에 답 글을 쓰게 명하였으니, 비록 명길의 글을 채택하여 보냈지만 아첨하고 굴복하여 항복을 청하는 이식의 글도 명길의 글과 조금도 다를 바 없었다. 그런데 이식은 자기 글이 채용되지 않은 까닭으로 매양 명길을 공격하여 스스로 높은 체하니, 사람들이 모두 비난하였다."

라고 평했다.

  예조 판서 김상헌은 국서를 찢은 후 6일 동안 음식을 물리쳐 목숨이 경각에 달렸는데, 화친을 배척한 사람을 먼저 오랑캐 진중에 보낸다는 말을 듣고 일어나 음식을 먹으면서,

  "내가 만일 먼저 죽으면 사람들이 반드시 오랑캐 진중에 가는 것을 피하려고 했다 할 것이다."

하였다.

  김상헌이 노끈으로 목을 매어 목숨이 끊어지게 되었을 때 나만갑이 달려가 구했고, 이어 바지를 묶는 가죽으로 자결하려 하자 또 구하였다. 여러 사람들이 수직하였는데, 다음날 오랑캐 진영으로 보내려는 의논이 있었기에 마침내 죽지 않았다.

  이조 참의 정온 또한 스스로 죽을 것을 작정하였다. 고향 사람이 일찍이 명문(銘文)을 청한 자가 있었으므로, 지은 글을 서자에게 전해 주도록 하였으니, 그 시에,

    살아 있는 이 세상은 어찌 이다지도 위태롭고 험한가 / 生世何足險
    삼순 달무리 속일세 / 三旬月暈中
    내 한 몸 무엇이 아까울까마는 / 一身無足惜
    천승의 임금도 곤궁하다고 하네 / 千乘亦云窮
    밖으로는 근왕의 장사가 끊기고 / 外絶勤王士
    조정에는 매국노만 들끓네 / 朝多賣國凶
    노신이 할 일은 무엇인가 / 老臣何所事
    허리 아래 찬 칼날이 서릿발처럼 반짝이네 / 腰下佩霜鋒

라 하였다.

정온이 차고 있던 칼로 스스로 배를 찔러 흐르는 피가 의복과 이불에 가득했으나 죽지 않았으니, 웃으면서 사람들에게 말하기를,

"옛글을 읽고 그 뜻을 알지 못하였더니, 오늘 내가 죽지 않은 것은 거짓 죽으려 한 것이라 말하여도 괜찮다. 옛말에 이르기를, 칼에 엎드려 죽는다 하더니, 칼에 엎어지면 칼이 오장을 찌를 것인데, 나의 칼이 오장을 찌르지 않았으니, 오늘에서야 비로소 칼에 엎어진다는 뜻을 알겠다."

하면서, 조금도 슬퍼하는 기색이 없었다.

정월 30일 인조는 세자와 함께 서문으로 출성해 한강 동쪽 삼전도에 꿇어앉았다. 청나라 황제에게 세 번 절하고 머리를 아홉 번 조아리는 항복 의식을 치르느라, 언 땅에 머리를 박은 인조 이마엔 피가 흘렀다. 이를 지켜보던 세자와 봉림은 치욕을 가슴에 새겼다. 청은 세자와 빈궁 그리고 봉림대군을 볼모로 삼아, 척화론 주모자 오달제·윤집·홍익한을 묶어 심양으로 돌아갔다.

소현세자와 강빈

인조가 반정의 칼을 잡아 성공으로 이끌자, 그의 장남 이왕도 12살에 입궁한 후 인조 3년(1625)에 세자로 책봉되었다. 2년 후 정묘호란 발발로 신하들이 도성을 버리지 말자 했으나, 인조는 끝내 강화도로 향하고, 어린 세자에게 분조를 이끌라 명한 후 전주로 내려 보냈다. 전란이 수습되어 강석기 딸과 가례를 올려 세자빈을 맞았으니, 민 회빈(愍懷嬪)이다.

그 후 인조 14년(1636)에 병자호란의 치욕적인 패배로, 아우 봉림대

군과 볼모로 심양에 갈 때 300여 명이 동행했지만 포로 아닌 포로였다.

하지만 청나라 고관들과 접촉을 늘려 획득한 정보들을 고국에 전해 주었고, 포로로 잡혀 노예가 된 조선인들을 구해내어 자신들이 일군 농장에서 살게 했다. 이렇듯 심양관 운영 일에 전력을 다하면서, 시시각각 벌어지는 외교적 현안들 처리로 분주한 나날을 보냈으니, 세자 거처가 마치 시장판과도 같았다.

속국이 된 조선을 향해 무리한 물자를 요구할 때면 몸소 막아 냈고, 인조가 병이 깊어 담판할 수 없다는 이유로 청나라에선 세자 재량권을 강요했다. 이러한 일로 급기야 한 나라에 두 임금이 있는 형국이라, 위태 위태한 상황이 연출되지 않을 수 없었다.

청나라 황실 입장에서야 그들의 권위를 높이고 인조를 찍어 누를 욕심으로 소현세자 일행을 요구한 것이지만, 정작 주눅 들어야 할 소현세자가 당당하게 손님 대하듯 하라고 대차게 나갔으니, 이를 역이용한 청나라의 잦은 이간질로 인조는 아들 소현세자를 정적으로까지 여기게 되었다.

조선으로 영구 귀국하기 1년 전인 1644년 9월, 소현세자가 북경으로 들어가 근 70여 일을 머물며 사귄 사람이 독일인 신부 아담 샬(Schall, J. A.)이었다. 두 사람의 친교가 남달랐던 것은 남천주당 신부 황비묵의 〈정교봉포〉에,

> "순치 원년에 조선 세자가 북경에 볼모로 와 아담 샬 신부 명성을 듣고, 때때로 남천주당을 찾아와 천문학 등에 두루 살펴 물었다. 아담 샬 신부도 자주 세자 관사를 찾아가 오래 이야기를 나누고 서로 깊이 사귀었다. 아담 샬 신부는 거듭 천주교가 정도임을 말하고, 세자도 자못 듣기를 좋아하여 자세히 물었다. 세자가 귀국하자 아담 샬 신부는 그가 지은 천문, 산학, 성교정도의 서적과 지구의, 천주상을

보냈다."

라고 한 바가 있다.

이렇듯 소현세자가 서양식 역법으로 운영되는 천문대를 찾아가 새로운 학문에 눈을 뜨고, 수학은 물론 천주교 서적과 여지구(輿地球)·천주상(天主像) 같은 신문물에 경이로운 눈으로 매혹되어, 이것이야말로 조선이란 나라를 개명 국가로 변화시킬 진정한 도구로구나 생각했다.

청나라 선진문물에 혹했던 소현세자는 조선 땅 집권세력들이 세운 정책 방향을 고려할 여유가 없었다. 반청 의식을 고조시켜 가던 조선에서는 소현세자가 마뜩치 않았음이 분명하다. 특히, 대규모 인원을 거느리고 심양관을 차지하고 있으면서도 청의 요구를 막기는 커녕 오히려 영합한다 생각하니, 못 믿을 일들만 쌓여 갔다. 경비만 축낸다거나, 사무역으로 벌어들인 자금을 함부로 쓴다는 지적을 받기도 했으니, 친청 인물로 변해가던 세자가 곱게 보일 리가 없었다.

인조가 총애하던 조 소용의 베갯머리 송사는 날이 갈수록 익어, 심양관에서 벌어지는 세자의 과도한 영리 추구가 잠도역위(潛圖易位 : 자리를 바꾸려고 몰래 도모하는 공작)라고 속삭여 모함하니, 인조 자신에게 입조하란 청나라 요구가 덜컥 떨어질까 두려웠다.

그런 가운데 심기원의 모반 사건이 터졌다.

회은군 이덕인을 추대하려 했다는 심기원의 국문 과정에서 당초 소현세자를 옹립하려 했음이 드러나자, 세자에 대한 경계심이 더욱 커졌다. 인조가 경계심을 늦추지 않던 상황 속에서, 9년간의 인질 생활을 청산하고 돌아온 세자에게 보낸 인조의 첫인사는 영접이 아닌 냉대였으니, 세자의 진심어린 군신 간의 진하(進賀)도 끝내 받지 않았다.

북경에서 세자가 가져온 진기한 서양 서적과 물건들을 보는 순간 인조 노여움은 극에 달했다. 청나라에서 선물로 받아 온 벼루를 자랑하던 소현세자를 보는 순간, 참지 못한 인조가 던진 벼루 조각 상처로 죽었다는 이야기가 전하는 것도 그런 이유 때문이었다.

예기치 못한 부왕과의 갈등으로 몸져누운 소현세자는 4일 만에 급서했다. 침을 담당한 어의 이형익에 대한 책임 문제가 불거져 조정이 둘로 나누어졌다. 조 소용의 외가에 연결된 이형익이 궁궐 어의로 특채된 것이 불과 3개월 전이었으니, 의심의 눈초리를 보내는 이들이 많아진 것도 당연했다.

원래 골골했던 세자는 평소에도 약과 침을 달고 살았을 정도의 허약한 체질이고 보면, 이런저런 의혹들이 증폭될 소지가 있었던 것은 분명하다. 그런데다 큰 이유도 없이 서둘러 입관하고 장례 절차를 마쳐버린 것이 화를 더 키우고 말았으니, 《인조실록》에 따르면,

> "시체는 온몸이 새까맣고 뱃속에서는 피가 쏟아졌다. 검은 천으로 얼굴의 반을 덮어서 옆에서 모시던 사람도 알아보지 못했다. 낯빛은 중독된 사람과 같았는데 외부인은 아무도 몰랐다. 임금도 이를 알지 못했다. 다만 그때 종실인 진원군 이세원의 아내가 인열왕후의 동생인 관계로 내척(內戚)으로 염습에 참여하여 그 광경을 보고 나와서 남들에게 말한 것이다"

라고 표현하고 있을 정도이다. 이것이 당대의 인식이었고, 이를 두고 후세 사람들도 독살설 가능성을 설파하고 있으나, 세자를 죽인 자가 있다면 이는 당사자만 알 뿐이다.

정재륜이 기술한 야사 《공사견문》에 따르면,

> "일찍이 임금이 세자를 위하여 빈을 고르는데, 한 처녀가 용모가 탐스러워 한 번 보았는데 가히 덕이 있는 사람임을 알 수 있었다. 그러나 앉고 서는 예의가 없고 웃음이 절도가 없으며, 음식은 모두 손가락으로 집어 먹으므로, 궁인들이 미친 사람으로 지목하였다. 임금도

역시 그를 풍증에 걸렸다고 의심하여 살피지 않았다. 그러나 그 뒤
에 다른 데로 시집가서 부덕이 높았으니, 임금이 듣고 탄식하기를,
내가 그 사람 꾀에 넘어갔다고 하였다."

라고 하였으니, 소현세자의 요절할 운명을 미리 알고 있었다는 듯이 그
려내고 있다. 하지만, 이 기록을 남긴 정재륜으로 말하자면, 영의정 정태
화의 아들에다 효종의 사위였으니, 당대 왕실의 주류파 입장에서 바라
본 시각을 남겼을 가능성도 크다.

아무튼, 소현세자 죽음으로 다음의 왕위 계승권자는 10살 난 원손이
었다. 그러나 인조는 처음부터 둘째 아들 봉림대군 세우는 일에 급급했
으니, 후일 두고두고 논란거리가 된 종법 질서를 챙겨 볼 여유조차 없었
다.

성호 이익 선생이 남긴 《성호사설》 인사문에서,

"소현세자가 조졸하니, 조정에서 원손 세우기를 청하였다. 임금[인
조]은 미리 작정한 데가 있어서 이르기를, 원손은 어리석고 용렬하여
국사를 감당하지 못할 것이다. 모든 신하들이 만일 내 말을 따르지
않으려거든 관직을 내놓고 물러가라 라고까지 하였다. 택당 이식이
퇴궐하여 사람들에게, 우리들이 망령되이 국사를 의논하다가는 다
른 날에 죽을 곳을 알지 못하겠다고 하였다. 봉림대군이 장차 소를
올려 세자 되는 것을 사양하려고, 이택당의 집에 사람을 보내 소(疏)
의 초안을 구하자, 뭇사람들의 마음이 놓였다."

라고 한 것에서도 나타나듯이, 신하들의 반대에도 불구하고 인조가 일
방적으로 밀어붙인 것인데, 봉림대군 입장에서야 거절하는 것이 당연한
수순이었을 것이다. 의례상 몇 차례 사양하는 소를 올렸던 내용을 잠시
살펴보면,

"모기가 산을 등에 지는 것은 등에 지기를 기다리지 않아도 어렵다

는 것을 능히 알 수 있습니다. 국가가 지극히 어려운 때를 당해서 막중한 왕위를 불초한 신에게 맡기신다면 어찌 모기가 등에 산을 지는 것으로 그치겠습니까. 무릇 사람이 작은 벼슬이나 말단의 직책이라도 오히려 혹 자기의 재주와 힘을 헤아려서 받지 않는 경우가 있는 것은 그 일을 패하고 허물을 입을까 두렵기 때문입니다. 신이 비록 어리석고 똑똑하지 못하나 어찌 재주가 없고 덕이 없는 몸으로써 갑자기 큰 책임을 당하여 낭패나게 될 근심이 반드시 그 뒤에 있을 것을 알지 못하겠습니까."

라고 아뢰니, 이에 임금이 비답하기를,

"내 뜻이 먼저 정해지고 신하들의 의견도 모두 같은 것은 네가 어진 때문이니 굳이 사양하지 말라."

하였다.

청나라에서 다소 늦게 귀환한 봉림대군이 이렇게 세자를 승습했으니, 형식적인 절차는 마무리가 되었다.

의관 이형익의 처벌 문제를 놓고 대사헌 김광현의 주도로 치죄를 거론하자, 인조는 강빈 집안의 사주를 받은 것이라 여겼다. 강빈 오라비 강문명이 김광현의 사위였기 때문이다. 그런데다 강빈의 동생 강문성이 지관 최남을 찾아가 불길한 장사 날짜를 잡았다는 이유로 항의했고, 이를 전해 들은 인조가 발끈하여 그 형제들을 유배시켰으니, 강빈옥사 서막이나 다름 없었다.

소현세자의 죽음도 불가사의 한 것들이 많지만,《일기》나《병술록》과《조야기문》등에 따르면, 강빈의 옥사도 마찬가지이다. 소현세자가 죽고 몇 개월이 흐른 인조 23년 을유(1645) 8월 26일에 전교하기를,

　"강문성 등은 사람됨이 무식하고 일 처리 하는 것이 외람되니, 여러 해를 기한으로 삼아 먼 고을로 귀양 보내 안팎이 보전되도록 만들

라.”

하였다. 다음 날에 또 전교하기를,

　“강문성·문명은 절도로 귀양 보내고, 문두·문벽은 강원도의 궁벽한
　고을로 귀양 보내라.”

하였으니, 4형제 모두가 죄를 받았다.

　이에 대사간 윤강, 헌납 조복양, 정언 김중일과 이석 등이 나서서, 현저한 죄명이 없으므로 명을 거두어 달라 아뢰기를 수 없이 하였으나, 인조는 들은 체를 하지 않았다.

　이듬해 병술 1월에 대사간 조경 등이 나서서,

　“신 등이 어제 비로소 궐내로부터 나인을 내수사의 옥에 가두었다는
　말을 들었는데, 아까 또 음식에 독약을 섞었다는 말이 민가에 서로
　전하여 몹시 자자하다는 말을 들었습니다. 과연 이러하다면 역적의
　음모가 주방 속에 비밀히 감추어져 있는 것은 고금에 드문 변고입니
　다. 그런데 전하께서 어찌하여 마치 사소한 일처럼 숨겨 나인을 사
　옥(私獄)에 가두어 사사로이 다스리게 하십니까. 청컨대 급히 왕옥(王
　獄)으로 보내어 그 죄를 밝게 바로 잡으소서.”

라고 아뢰었다. 이에 임금이 비답하기를,

　“일이 밝히기 어려운 것이 있으므로 왕옥에 부치지 않았노라.”

하였다.

　잡아들인 죄인들은 입을 열지도 않고 죽어 나갔으니 세자빈 강씨 처소의 나인들이었다. 소현세자가 죽은 후 소용 조씨를 저주하는 사건이 일어난 데다, 병술 정월에 임금 수라상 전복에 독이 발견되었다 하여, 신하들에게 알리지도 않고 내시들만 동원하여 비밀리에 조사를 벌인 것이다. 인조 총애를 한 몸에 받던 조씨가 소현세자와 강빈을 저주하고 모함했던 것은 비교적 잘 알려져 있다.

당시 상황을 좀 더 명확하게 그려보기 위해 《인조실록》 내용을 그대로 옮겨보면,

　궁인(宮人) 정렬·계일·애향·난옥·향이·천이·일녀·해미 등을 내사옥(內司獄)에 하옥하고 내관으로 하여금 국문하게 하였는데, 자복하지 않았다. 처음에 임금이 세자빈 강씨를 미워해 오다가, 강씨 형제들을 귀양 보내니 안팎이 의심하였다. 이에 이르러 임금이 전복구이를 드시다가 독이 있자, 강빈을 의심하여 그 궁인과 어주(御廚) 나인을 하옥시켜 심문한 것이다.

　정렬 등 다섯 사람은 빈궁 나인이고, 천이 등 세 사람은 어주 나인이다. 드디어 후원 별당에다 빈궁을 가둬 놓고, 그 문구멍을 뚫어 음식과 물을 넣어 주게 하고, 시녀는 한 사람도 따라가지 못하게 하니, 세자가 간하기를,

　"강씨가 비록 불측한 죄를 지었다 하더라도 간호하는 사람이 있어야
　할 것입니다. 더구나 지금 죄 지은 흔적이 분명하지도 않은데, 성급
　하게 이런 조치를 내리고 또 한 사람도 따라가지 못하게 한단 말입
　니까."

하니, 임금이 시녀 한 명만 따라가도록 허락하였다. 대개 이때에 강빈이 죄를 얻은 지 이미 오래 되었으므로, 소용 조씨가 더욱 참소를 자행하였다. 임금이 궁중 사람들에게,

　"감히 강씨와 말하는 자는 죄를 주겠다."

라고 경계하기 때문에, 양 궁의 왕래가 끊겼으므로 임금 수라에 독을 넣는 것은 형세상 할 수 없는 일이다. 그런데도 임금이 이같이 생각하므로, 사람들이 다 조씨가 모함한 데에서 연유한 것으로 의심하였다.

　이렇듯 당시 《인조실록》 자료 검토를 통해서도, 인조와 후궁 조씨를 제외한 모든 이들은 강빈이 부당하게 핍박받고 있다는 사실을 공감하고

있었다. 강빈에게 죄를 씌울 수 없다는 신하들의 요청들이 이어지자, 겨우 뜻을 꺾은 인조가 의금부에서 조사하도록 하였다. 그러나 쉬이 풀릴 매듭이 아니었다. 실체가 없는 사건이었기 때문이다.

달을 넘긴 2월 3일에 인조가 비망기를 내려 신하들을 압박하다가, 이제는 후원에 감금시킨 강빈을 향해 정조준 하였다. 심양에 있을 적에 홍금적의(용포)를 만들고 내전(內殿) 호칭을 함부로 썼으며, 지난 가을부터 성내는 일이 잦아 문안도 거른다는 것이었다. 이런 행위가 바로 일전에 일어났던 저주 사건이나 독살 시도와 연결되는 것이니, 사형에 처해야 한다는 주장이었다.

인조의 녹을 먹던 이시백은 물론 김류나 이경석도 임금 주장에 선뜻 동의할 수가 없었다. 하지만 신하들의 간청이 많아지고 커질수록 인조의 강씨에 대한 분노도 커져만 갔다. 신하들은 마지막이란 심정으로 천륜이란 동아줄을 부여잡아,

"강빈은 전하 자식이 아니지만, 전하 자식인 소현과 배필이었으니
전하의 자식이 맞지 않습니까. 만일 전하 자식이 아니라면 신들이
어찌 감히 전하를 위하여 선처의 방도를 다투어 말씀드렸겠습니까."

라는 말까지 올려 극렬히 반대했지만, 그럴수록 인조의 분노가 커져만 갔다. 인조가 승정원에 하교를 내려 군상을 모욕한다 엄히 질책하니, 우승지 정치화가 온당치 않음을 극구 변명했다. 화가 머리끝까지 치오른 인조가,

"개새끼 같은 놈을 억지로 임금 자식이라고 칭하니, 이것이 모욕이
아니고 무엇인가."

라는 말로 공포 분위기를 조성했다.

야밤에 불러들인 김자점을 비롯한 몇 명의 신하들과의 은밀한 만남이 이토록 무서운 사태로 몰고 가고 있었으니, 소현세자 장례를 치를 적

에 강빈이 하루 두 차례 녹두 미음 한 종지만 먹고, 그나마 저녁에는 아무것도 먹지 않았다고 했는데, 알고 보니 남몰래 아랫것들 밥을 가져다 모두 먹어 치웠다는 말도 여기에서 비롯된 것이었다.

강빈의 오라비 강문성과 강문명은 곧장 맞아 죽었다. 그리고 강빈은 조씨 저주를 일삼고, 시아버지 독살 음모를 저질렀을 뿐 아니라, 대전으로 와서 큰소리로 따진 불경을 저질렀다는 하여 친정으로 쫓겨났다. 옥교를 탄 강씨가 선인문을 나서자, 남녀노소 백성들이 몰려들어 울음이 그치질 않았다.

끝내 본집에서 강씨가 사사되고, 장남 석철을 비롯한 세 아들 모두 제주로 귀양갔다. 병조 참의 정언황이 소를 올려, 어린 목숨을 보전하게 함이 옳다고 아뢰자, 사람들이 모두 그를 위태롭게 여겼다. 김자점이 죄주기를 청하려 하는 데, 이경석이 옳지 않다 주장하여 겨우 수습되었다.

효종이 즉위한 후에 민정중이 소를 올려 강빈의 원통함을 호소하니, 편전으로 그를 불렀다. 그리고는 침착하게 그때 일의 시말을 말하면서 이르기를,

"강씨의 간사한 꾀는 가히 의심할 것이 없으니, 뒤에 다시 이 일을 감히 말하는 자는 마땅히 무도한 죄로 논죄할 것이다."

라고 하여, 드디어 금령을 내렸다.

갑오년(1654) 여름에 가뭄이 심하게 들자, 황해 감사 김홍욱이 강빈의 억울함 때문이란 소를 올렸으니, 그를 잡아다 국문하고 매를 때려 죽였다. 그때 조정 신하들이 임금 위엄에 눌려 목을 움츠리고 감히 말 한마디도 내지 못하는데, 영의정 김육만이 아뢰기를,

"홍욱이 진실로 죄가 있지만 죽게까지 하면 전하의 덕을 크게 상하게 됩니다."

라고 간했다. 다음날 임금 특명으로 구인후를 파면하자, 김육이 다시 소

를 올려,

　　"홍욱을 관대히 다스리자는 말은 실로 신이 먼저 발설하였으니, 어
　　찌 감히 신만이 죄를 면하겠습니까."

하고, 마침내 사직을 청하여 체직되었다.

　　《강상문답》에 따르면, 송시열이 독대하여 조용히 강빈 일을 아뢰니,
효종이 답하기를,

　　"이는 우리 집안일이므로 내가 상세히 알고 있으니, 경은 모름지기
　　내 말을 믿으오."

라고 잘라 버렸다. 감히 다시 아뢰질 못하고,

　　"김홍욱의 자손은 금고하지 마소서."

라고 청하니, 효종이 이를 좇을 것이라 답했다.

　　인조가 강빈을 죄줄 때 죄명을 정하지 못했는데, 마침 강빈을 구하려
던 조경이 소를 올린 문장 중에,

　　"신하는 장심(將心 : 임금에 대해서 어떻게 하려는 마음)을 가질 수가 없
　　으며, 장심을 가지면 베는 법입니다. 비록 그러하오나 애매한 것입
　　니다."

라는 구절이 있어, 인조가 비록 조경을 축출하기는 하였으나, 그 상소의
문장에서 '유장(有將 장심을 가짐)'이란 두 글자를 따와 강빈 죄명으로 삼
았기에, 이런 일로 송시열은 조경을 배척했다 전한다.

　　숙종 무술년(1718)에 민 회빈(愍懷嬪)이란 위호가 회복되었다. 하지만
제주도로 귀양 갔던 아들 삼형제 중에서 막내 석견만 살아 남았는데, 훗
날 이인좌가 석견의 손자 밀풍군을 추대한다고 표방하여, 난의 평정되
고 난 후에 영조로부터 자결을 명받았다.

　　그런데 난데없는 소현세자 혈육 사건이 일어났으니,

　　이익의 《성호사설》에 따르면, 숙종 2년 병진에 중노릇 하던 처경이란

자가 소현세자 유복자라 칭하면서, 모친 강빈이 손수 생년월일을 써 준 것을 감추고 숨어 살았다고 떠들었다. 이에 그 필적을 살펴본 즉 곧 언문으로,

"소현세자 유복자 을유 사월 모일생"

이라 적혀 있고, 그 좌편에는,

"강빈"

두 글자가 씌어 있었다.

의심이 난 조정에서 재상이 모여 그 일을 논의했는데, 마침내 허위임이 밝혀졌다. 처경은 원주에 사는 촌놈으로 아무개 집 여종과 간통하였는데, 그 종년이,

"당신은 선풍도골이라 범인의 아들이 아니고 반드시 왕가의 후손일 것이다."

라고 떠드는 소리에 혹해, 분수 밖의 야망을 품었던 것이다.

조선 후기 실학자이자 역사가로 이름 높은 순암 안정복 또한 그의 문집에서, 숙종 세자 시절에 있었던 고사를 하나 소개하고 있으니,

소현세자 아들이 곤궁하다 말을 듣고 측은한 생각이 든 세자(숙종)가,

"내가 사재(私財)는 없으니, 내 수라상에 오르는 반찬 며칠 치를 모으면 그를 도와줄 수 있겠는가?"

하였다. 이에 5일 치를 모으면 된다고 하자, 즉시 그렇게 하도록 명하여 모은 물건을 실어 보내려는데, 싣고 갈 말이 없기에 태복시의 말을 이용하도록 하였다. 그리고는 즉시 내전에 들어가 임금께 죄를 청하기를,

"신이 태복시의 말을 임의로 이용하였다."

고 하자, 주상이 뜰에 내려와 손을 잡아주고 등을 어루만지면서 용안에 기쁜 빛이 가득했다고 전하고 있다.

제17대
효종대왕

휘는 호(淏), 자는 정연(靜淵)이다. 잠저에 있을 때 호는 죽오(竹梧)이며, 인조 둘째 아들이다. 인열왕후가 광해 11년 기미(1619) 5월에 경행방(慶幸坊) 잠저에서 낳았다. 인조 4년 병인(1626)에 봉림대군으로 봉하고, 인조 23년 을유(1645)에 세자로 책봉하였다. 기축년(1649) 5월에 즉위하고, 기해(1659) 5월 창덕궁에서 승하하였다. 왕위에 있은 지 10년에 나이는 41세였다. 능은 영릉(寧陵)이니, 여주 영릉(英陵) 동쪽 홍제동에 있으며 자좌이다. 처음 양주 건원릉 서쪽 언덕에 장사하였다가, 현종 14년 계축(1673)에 이곳으로 이장했다. 비 인선왕후 덕수 장씨는 증 영의정 문충공 장유의 딸이다. 무오년(1618)에 안산 시골집에서 태어났고, 숭정 신미(1631)에 이현 별궁에서 가례를 행하였다. 처음에 풍안부부인으로 봉하였다가 을유년에 세자빈으로, 기축년에 왕비로 봉하였다. 갑인(1674)에 경덕궁 회상전에서 승하하였는데, 나이 57세였다. 능은 효종 능과 같은 언덕이다. 슬하에 아들 하나와 딸 여섯을 두었다.

효종의 예덕睿德

영조의 명으로 이태좌 등이 엮은《조감(祖鑑)》에 의하면,
"봉림대군(효종)이 심양에서 어느 날 피곤하여 누웠는데, 갑자기 오
색 기운이 침실에 가득히 어리더니, 벽 사이에서 거북의 머리가 나
왔는데 그 몸이 대단히 컸다. 임금이 꿈인가 의심하여 정신을 차려
자세히 보았으나 꿈은 아니었다."
라고 하여, 효종의 왕위 승계를 놓고 합리화시키려는 모습을 보이고 있
다. 소현세자가 죽은 후 어린 조카를 두고 봉림대군이던 그가 세자 자리
를 승계했기 때문일 것이다.

효종 사위였던 동평위 정재륜의 야사집《공사견문》에서도,
"인조 승하로 효종이 즉위할 때, 전 참의 김집, 전 지평 송준길·송시
열, 전 참의 권시·이유태, 전 현감 최온 등이 맨 먼저 부름을 받고 달
려왔는데, 그들의 객지 생활 어려움을 염려하여 쌀과 고기를 주었으
며, 송시열과 이유태 어머니가 늙고 병이 있음을 듣고 쌀과 반찬과
약을 내려주고, 그들을 불러올릴 적에 가마를 타고 오게 하였다. 장
령 조극선이 병 들었을 적에는 털옷을 주어 덮게 하였고, 그가 죽자
호조 낭관에게 명하여 그 상을 보살피게 하여 날마다 내시를 보내
상을 감독하였다. 이름 있는 선비는 찾아서 등용하지 아니함이 없었
으니, 정성을 다해 높임이 시종 한결같았다.
늙은 내시 김언겸의 나이가 90에 가까워 한낱 식지 않은 시체에 불
과했으나, 항상 내부(內府)에 두고 날마다 어선(御膳)을 내렸으니, 언
겸이 일찍이 심양에서 소현세자를 모시고 있을 적에 잘못이 있으면
울면서 간하여 종일 먹지 않고 이튿날 또 간한지라, 봉림대군(효종)
이 이를 겪어보았으므로, 대접을 두터이 한 것이다."

라고 한 바가 있다.

저자를 알 수 없는《조야첨재》에 따르면, 임진년(1652) 겨울 주강에서 임금이 이르기를,

"나라가 망하는 데는 한 가지 길이 아니란 옛사람의 말은 참으로 이치가 있다. 명나라가 망한 것을 보노라면, 숭정 황제가 밖으로는 사냥하고 놀러 다닌 오락이 없었고, 안으로도 정원·화초·동물 등의 즐김도 없었으니, 모든 나라가 망하게 될 일이 없었는데도 마침내 망하게 된 것은 대개 '명찰(明察)' 두 글자의 도를 극진히 하지 못했기 때문이다. 이것이야말로 참으로 두려운 일이다. 다른 나라의 흥망은 논할 것이 없거니와, 오늘날에 와서 나랏일이 이 같아서 끝내 어찌 될지를 알지 못하니, 내 마음이 타는 것 같다."

라고 하였다.

임금이 경연에서 탄식하며 이르기를,

"사람들이 우리나라 사람을 대체로 겁이 많다고 말한다. 정축년[삼전도 굴욕]의 일을 볼 것 같으면, 패인이 군사가 정(精)하지 않은 것이 아니라 훌륭한 장수가 없었기 때문이다. 일찍이 듣건대 옛날 이광은 군중에서 조두(시간 알리는 꽹과리)를 치지 않고 척후병을 멀리 보내 적세를 정탐하였다 하는데, 병자년의 난리에 장수 된 자가 이것을 전혀 알지 못하여 신경원은 싸우지도 못하고 달아나지도 못하였으니, 우리나라 장수로서 이웃 나라 사람에게 대단히 부끄러운 일이다. 문관은 문(文)을 숭상해야 하고, 무관은 무(武)를 숭상해야 국가가 취하는 바에 어긋나지 않는 것인데, 오늘날은 그렇지 못하여 문관이 무관처럼 생긴 사람을 으레 경멸하고, 무관은 서생처럼 되어야만 세상의 쓰임을 받게 되었다. 무관으로 말달리기를 좋아하면 사람들은 반드시 광망하고 패악하다고 지목하니, 이와 같은 습관은 참으로 부

끄럽다. 옛날 양호와 두예 같은 사람처럼 가벼운 갖옷과 느슨한 띠를 다시 볼 수 없고, 지금의 무관은 선비와 같으니 어찌 싸움터에서 힘을 얻을 수 있겠는가."

하였다.

갑오년(1654) 봄에 《대학연의》를 석강할 때, 노기가 안진경을 죽이고 이규를 내쫓는 대목에 이르자, 임금이 이르기를,

"소인은 대단히 간교하여 반드시 임금의 마음을 헤아려서 그 술책을 쓰는데, 노기가 덕종을 어린아이 같이 놀렸으나 덕종이 깨닫지 못했으니, 그 아둔함을 알 만하다. 역사를 읽는 자는 장차 이것을 보고 경계하여야 할 것이다. 오늘날 우리들이 힘써 뒷사람들로 하여금 지금의 우리 보기를 오늘날에 우리가 덕종을 보는 것처럼 하지 말도록 하라."

하였다.

을미년(1655) 봄에 주강에서 명나라 일에 미치니, 임금이 이르기를,

"숭정 황제가 망할 적에 조정의 신하 중에 하나도 죽음으로 절개를 지킨 자가 없었고, 따라 죽은 자는 단지 내관 하나뿐이었으니, 진실로 부끄럽도다. 내가 명나라 제도를 보건대, 사람들에게 병기를 가지고 모시게 하고, 신하들이 아뢸 때 임금 뜻에 맞지 아니하면 쳐 죽였고, 또 동서창(東西廠)을 설치하고 환관들에게 다스리게 하여, 천하의 일이 모두 여기에서 나왔으니, 그 한 짓을 본다면 나라가 망한 것이 너무 늦었다."

라고 하였다.

효종 재위 6년 을미(1655) 여름에 인조 계비 자의대비(장렬왕후 조씨) 거처가 좁다 하여, 임금이 몸소 터를 보아 별전을 지어 만수전·춘휘전이라 하였다.

병신년(1656)에 임금이 조대비를 위하여 만수전을 지을 때, 도제조 정태화와 제조 원두표·정유성·허적 등이 전(殿)의 터를 살펴보러 들어갈 적에 후원을 경유하였다. 임금이 지나는 길옆 별당에서 기다렸는데, 사관과 같이 오지 아니하였다 하여 공들이 사양하였으나, 임금이 재촉하여 들어가 뵈니, 손수 술잔을 들어 권하며 국가 대사를 의논하였다. 임금 스스로 수명이 촉박한 것을 알고 슬픈 말씀이 많은지라, 공들은 자신도 모르게 눈물을 흘렸다.

임금이 이르기를,

"내가 지금 군비(軍備)에 조치하는 일이 많으나, 군사를 훈련하고 병기를 제작하는 것은 나이 든 임금이 있을 때 할 일이고, 어린 임금을 받든 이들은 할 일이 못 된다."

고 하였다. 갑인년 이후로 신하들 가운데 병사로 화를 당한 이가 대단히 많았으니, 임금의 말씀이 과연 맞았다.

이날 임금의 말씀이 신하들의 술을 끊지 못하는 폐단에 미치자,

"내가 잠저에 있을 때 술을 즐겨 취하지 않은 날이 없었는데, 세자 자리에 오른 뒤에는 마시지 않았다. 금년 봄에 대비께서 염소 고기와 술 한 잔을 주시기에 마시지 않을 수 없었으나, 그 맛이 몹시 쓴 약과 다름이 없더라."

라고 하였다.

효종이 일찍이 잠저에 있을 때, 사부 윤선도에게 처신하는 방도를 묻자 아뢰기를,

"지체 높은 집 자손과 왕손은 꽃다운 나무 밑이요, 맑은 노래 아름다운 춤은 지는 꽃 앞이로다[公子王孫芳樹下 淸歌妙舞落花前] 라고 했으니, 이 어찌 천고의 명문장이 아니겠습니까."

라고 하였던 것은 재주와 덕을 감추고 어리석은 듯이 처세하라는 귀띔

이었으니, 임금이 늘 부마들을 앉혀놓고 이르기를,

"그때 윤선도가 나를 아껴서 한 말인데, 깨우치는 데 도움이 많았
다."

고 하였다.

효종이 일찍이 세자(현종)에게 이르기를,

"내가 형님인 소현세자와 함께 심양에 볼모로 잡혀 있을 때, 신민들
이 나에게 덕이 있다고 잘못 알고 마음으로 따랐다. 내가 보건대, 여
러 신하 가운데 마음속으로 혐의롭게 생각하여 소원하게 하는 자도
있었고, 혹은 나에게 간곡히 하여 뒷날의 복을 기대하는 자도 있었
다. 내가 그때는 비록 아부하는 것을 물리치지 못하였으나, 임금 자
리에 오른 뒤로는 늘 그때 아부하지 않고 바르게 몸을 가지던 자들
이 관직에 추천되어 오면, 가상히 여겨 낙점을 찍었다. 만일 오늘날
종실 중에 인망 얻기를 나같이 하고자 하는 자가 있다면, 지난날 나
에게 아첨하던 자가 또 지난날 나에게 남몰래 후하게 하던 행동을
그 사람에게 할 것이니, 그것을 어떻게 믿을 수 있겠는가. 지난날 몸
가짐을 바르게 하던 자는 아무개 아무개이고, 아첨으로 나의 환심을
사려던 자는 아무개 아무개이니, 너는 모름지기 내가 사람을 쓰고
버리는 뜻을 알아 두어라."

라고 했다.

효종이 잠저에 있을 적에 동궁으로 책봉하라는 명이 있음을 듣고, 평
소 잘 알던 문관 아무개에게 전하기를,

"이제부터 서로 조용히 만나 볼 기회가 없을 터이니, 한번 보고 싶
다."

고 하였더니, 그 문관이 미복으로 어둠을 타고 가서 뵈었다. 효종이 만년
에 세자에게 이르기를,

"내가 그를 청한 것은 미처 깊이 생각지 못한 것이었으니, 신하 된 자가 어찌 감히 세자를 남몰래 찾아올 수 있단 말인가. 뒷날에 스스로 깨닫고 그를 의심하여 하는 짓을 보니, 훗날 결코 바른 도리로 너를 인도할 자가 못 되는 것 같구나. 모름지기 너는 알아 두라."

라고 경계하였다.

후궁 이씨의 본관이 경주인데 숙녕옹주를 낳았으나, 임금 생전에 이씨 직위가 숙원(종4품)에 그쳤고, 생활비 공급 또한 호조에서 나오는 것 외에는 조금도 더 준 것이 없었다. 현종이 동궁에 있을 때, 궁중에서 남은 물자로 이씨 생활에 보태려고 여러 번 청했으나, 이르기를,

"네가 다른 날에 은혜를 베풀도록 남겨두는 것이다."

라고 했으니, 이는 아마 임금이 당대의 위엄을 두려워하게 하고 후사에게는 은혜를 받도록 하려는 것이었으니, 앞의 일을 염려하고 뒷일을 생각함이 이렇듯 깊었다고 《공사견문》은 전하고 있다. 숙종 때에 이씨를 안빈(安嬪)으로 봉하였다.

사위였던 동평위 정재륜이 일찍이 임금을 모시고 점심을 먹을 적에, 밥을 물에 말았으나 다 먹지 못하자 꾸짖기를,

"먹을 수 있는 양을 먼저 헤아려 보고 말아서 남김이 없도록 하는 것이 옳다. 물에 말아 남긴 밥을 혹 새나 짐승에게 먹이면 아주 버리는 것은 아니지만, 무지한 천인들이 곡식을 귀중히 여기는 도리를 전혀 모르게 되고, 흔히 땅에 버리면 하늘이 주신 물건을 함부로 버리는 것이 됨을 면치 못한다. 이렇게 되는 것은 모두 밥을 먹는 사람의 잘못이니 복을 아끼는 도리가 아니다."

라고 꾸중하였다.

숙휘 공주가 일찍이 수놓은 치마 한 벌을 해달라고 청하니, 임금이 이르기를,

"내가 한 나라 임금으로, 검소함을 솔선하고자 하는데 어찌 너에게 수놓은 치마를 입게 하리오. 내가 죽은 후 너의 모친이 대비가 된 뒤에 그것을 입더라도 사람들이 심히 허물하지 않을 것이니, 참고 그때를 기다리는 것이 옳다."

하고는 끝내 허락하지 않았다.

형조에서 삼복(三覆)을 거쳐 확정된 죄인들을 처단하려고 할 때, 임금이 여러 신하에게 이르기를,

"겨울인데 따뜻한 일기가 봄날 같고 장맛비가 그치지 않으며, 짙은 안개가 사방을 막았으니, 내 마음이 두렵고 놀랍도다. 10여 명의 사형수를 모두 오늘 형을 집행하려고 하는데, 삼복을 거쳤으나 아직도 미진할까 염려되니, 다시 경들에게 묻는다."

라고 한 후에 다시 판결하여 특별히 2명의 사형수를 감형하였다.

정유년(1657)에 임금이 이르기를,

"옛날 심양으로 가는 길에 농사일을 자세히 보니, 관개 일은 수차만 한 것이 없었는데, 우리나라에서는 이 제도를 전혀 알지 못하니, 빨리 조정에 이것을 의논하게 하여 그것이 편리한지 아닌지를 살펴서 지방에 전파하여 농사를 권하는 데 도움이 되게 하라."

하였다. 이는 중국 제도인데, 그때 공주 목사 신속이 《농서》를 편찬 인쇄하여 올리니, 임금이 가상히 여겨 칭찬하고 예조에 명하여 널리 반포하여 민폐를 덜게 하였다고 《조야첨재》는 전하고 있다.

임금이 일찍이 사대부들이 술을 좋아하고 노는 것을 염려하였는데, 이후원이 아뢰기를,

"조광조가 나라를 담당할 때에는 사람들이 몸을 닦고 행실을 고치지 않는 자가 없었고, 이이와 성혼 때에도 그러하였으니, 임금이 유학을 숭상하는 효과가 이와 같았습니다. 이제 만약 덕망 있는 높은 선

비를 조정에 부르면, 어찌 길에서 술에 취하여 붙들고 다니며 희롱하는 말이나 하고 일을 폐하는 폐습이 있겠습니까."
라고 했던 사실이 《우암집》에 적혀 있다.

《공사견문》에 따르면,

무술년(1658)에 제주에서 바친 말 가운데, 몸이 희고 갈기는 검으며 몸집 크고 걷기를 잘하는 놈이 있었으니, 보는 사람들이 용종(龍種)이라 하였다. 이때 여러 부마 가운데 익평위가 가장 어른이고, 동평위는 새로 부마가 되어 특별한 사랑을 받았다. 사람들이 말하기를,

"이 말이 익평위에게 돌아가지 않으면 반드시 동평위에게 갈 것이라."

하였는데, 임금이 본 뒤에 특별히 숭선군(귀인 조씨 아들)에게 내렸다.

정태화가 이를 듣고,

"사랑하는 사위에게 주지 아니하고 서제에게 주었으니, 참으로 지극히 거룩한 일이다."

라고 하였음을 전해주고 있다.

기해년(1659) 4월에 세자가 학질에 걸려 열흘이 되도록 효력이 없었는데, 어떤 사람이, 놀라게 하면 학질을 뗄 수 있다 하므로, 임금이 명하여 세자를 징광루 아래에 앉혀놓고, 궁녀를 시켜 누각 위로 올라가 질기와를 내던져 깨뜨리게 하고는, 일제히 소리를 질러,

"궁녀 아무개가 누각에서 떨어져 죽었다."

라고 소리치니, 온 궁중이 진동하였다.

이에 늙은 궁녀 김씨가 걱정하여 말하기를,

"내가 조정 4대를 받들었는데, 궁중에 일이 있더라도 마땅히 조용히 진정시킬 것인바, 일부러 큰일이 일어난 것처럼 법석을 떨었으니, 이는 상서롭지 못한 징조다."

라고 한 바가 있었는데, 다음 달에 임금이 별안간 승하하니, 놀라 발을 구르는 것이 마치 그날 하던 모양새와 같았다.

임금이 무술년에 낙상한 후 건강이 회복되지 않았는데, 기해년 4월 2일에 작은 가마를 타고 비원에 행차하여, 잔치를 베풀어 담화하였다. 금창부위 박태정에게 시를 지어 바치게 한 후, 그 시에 운을 맞춘 시를 내려 준 후에 이르기를,

"마땅히 9월 늦가을 단풍을 기다려 다시 부르겠다."

라고 하였다가, 다시 이르기를,

"후에 만날 것을 어찌 기필할 수 있으리오."

하고는, 문득 슬픈 기색으로 즐거워하지 아니하더니 5월 4일에 승하하였다고 《한거만록》에서 적고 있다.

우암 송시열의 문집이나 연보 등에서 효종이 승하할 당시 상황을 전하는 것들이 많은데, 〈정양에게 주는 편지글〉에 따르면, 임금 귀밑에 난 종기가 위중하여 어의 신가귀가 침을 놓아 처음에는 고름을 조금 짜내었는데, 계속 피가 흘러 몇 말이나 솟아 나왔다. 아침에 침을 맞았는데, 사시에 승하하였다.

이조 판서 송시열이 영의정 정태화와 함께 부름을 받고 달려갔는데, 임금이 이미 승하한 뒤였다. 왕비는 사람을 피하여, 어탑 서북 편에 병풍 치고 들어가 가슴을 두드리며 발을 굴렀고, 신하들도 마침내 어탑을 둘러서서 곡하였다. 세자는 아직 서쪽 행랑에 있었고, 왕비가 있는 곳이 너무 가까웠으므로 조금 있다가 모두 물러 나왔다. 소렴할 때 대신 이하가 청하여 들어가 염하 참례에서 말하기를,

"예로는 소렴할 때 끈을 매되 조르지 않고 그 얼굴을 덮지 않는 것이니, 이는 효자가 다시 살아나기를 기다릴 뿐만 아니라, 수시로 그 얼굴을 보고자 하는 것입니다. 이는 신하와 자식들이 어길 수 없는 것

이니, 청컨대 대렴을 기다려 졸라매소서."

하였다.

　세자가 대신과 유신(儒臣)들에게 잘 강구토록 하였더니, 영의정 정태
화가 송준길과 상의하여 한두 마디만 매지 말고 졸라매어, 예의 뜻을 표
시하자고 하였다. 송시열이 나와서 관을 살펴보았더니, 관의 폭이 염한
것과 크게 차이가 났으므로, 즉시 내시를 불러오게 하여 말하기를,

　　"이 관에는 옥체가 들어가지 않을 듯하니, 가는 대나무를 가지고 가
　　서 시신을 재어 오도록 하라."

하였다. 내시가 그 말대로 재어 왔는데, 그 넓이가 과연 관의 턱 밖을 걸
치고도 남았다. 송시열이 즉시 영의정에게 말하니, 신하들이 서로 돌아
다보며 놀라는 표정이었다. 모두 들어가 살펴보았는데, 어떤 사람이 그
염한 옷이 두꺼운가 의심하여 손으로 만져 보았으나 입힌 것은 얇았으
니, 옥체에 부기가 있어 마련되어 있던 관을 쓸 수 없었다.

친청파 김자점의 몰락

　사육신 모의를 밀고했던 김질의 5대손 김자점. 그는 조선조 최악의
역신으로 꼽히는 인물이다. 문음으로 관직에 진출하여, 인조반정 1등 공
신에 올라 권부 핵심으로 자리 잡았으며, 정묘호란과 병자호란을 거친
후 정적이던 심기원 모반사건을 일으켜 권력의 정점에 올라섰다.

　공훈이 변변찮았던 김자점이 1등 공신에 오르게 된 것은 다름 아닌
광해군 총기를 흐려 놓은 대가였다는 말이 있기도 하다. 자기편으로 끌
어들인 김개시가 광해군을 쥐락펴락 했기 때문이다. 반정을 주도한 이

귀 딸이 자점의 동생과 혼인했지만, 남편이 요절하자 입궐하여 김개시 시중을 들고 있었기에 손쉽게 선이 닿았던 것이다.

이괄이 난을 일으키자 김자점은 인조를 공주까지 모셨고, 정묘호란 때에 인조를 강화도로 호종한 공으로 승승장구했다. 하지만 병자호란이 일어나자, 도원수 김자점은 청나라 군사의 빠른 이동을 예측하지 못해 인조에게 낭패를 안겼고, 토산 전투 패장이라는 멍에를 안아야 했다.

삼전도 굴욕으로 호란이 마무리 되고나서, 삼사 탄핵을 받은 김자점은 충남 서산의 절도로 유배되었다. 인조 치하의 신하들은 반정에 공을 세운 김류나 이귀 등과 같은 공서파가 주류였지만, 서인 안에서도 최명길이나 김집·안방준 같은 명망 있는 선비들 주축의 청서파 또한 독자적인 목소리를 내고 있어 정쟁을 일삼았다. 이렇게 돌아가는 정국에 염증을 느낀 인조가 김자점을 불러들여 강화유수와 호위대장으로 임명했다.

이에 정국은 공신 출신인 원두표 세력과 김자점을 축으로 하는 두 세력으로 갈라졌으니, 세상에서는 원당(原黨)과 낙당(洛黨)이라 불렀다. 각기 봉작 호를 딴 호칭이었다.

〈조송곡(趙松谷) 행장〉에 따르면,

　　"조정 신하 간에 원당과 낙당의 명목이 있었는데, 낙당은 바로 낙흥
　　부원군 김자점이요, 원당은 바로 원성부원군 원두표이다. 두 사람이
　　각각 당을 만들어 서로 헐뜯으니, 선비 중에는 그 당에 물들지 않은
　　사람도 함께 지목을 받은 이가 있었다."

라고 한 바가 있다.

낙당의 영수가 된 김자점이 원당을 가혹하게 탄압하자, 수세에 몰린 원당은 산림과 손을 잡게 되었다. 병조 판서를 거쳐 정승 반열에 오른 김자점은 청나라를 등에 업기 위해 친청파를 자처했다. 청이 중원을 장악한 현실을 받아들여야 한다는 논리였다.

그 무렵 소현세자와 세자빈이 심양에서 잠시 돌아왔다. 세자빈 부친 상을 당했기 때문인데, 인조가 문상을 가로막은 시기에 회은군을 추대 하려는 반역 사건이 터졌다. 반정공신에다 좌의정 겸 남한산성 수어사 심기원이 모반 주인공으로 몰려 능지처참 되었고, 이 사건으로 청나라 에 볼모로 있던 임경업도 소환되어 목숨을 잃었다.

김자점이 전면에 나서지는 않았지만, 그가 역모를 조작했다는 풍문 이 돌았다. 최명길이 물러난 좌의정 자리에 오른 김자점은 청나라 역관 정명수·이형장과 결탁하여, 청나라 후원으로 권력을 다져갔다. 강홍립 장군을 따라 청에 들어간 정명수는 통역관으로 변신하여 조선 이권에 개입하던 자였다. 이에 만족하지 않은 김자점은 손자 김세룡을 효명옹 주(소용 조씨 소생)와 혼인시켜 왕실 인척이 되었다.

일인지하 만인지상의 자리인 영의정에 오른 김자점 권세는 오래 가 지 않았다. 인조가 재위 27년(1649)에 승하하고, 효종이 즉위하면서 그 의 위기가 시작되었다. 공신들의 행태를 보아왔던 효종은 산림에 묻혀 지낸 김집과 그 이하 송시열·송준길·권시·김상헌·이유태 등을 조정으 로 불러들였다. 다급했던 김자점은 역관 이형장을 청으로 보냈다. 조선 의 북벌정책을 밀고하기 위함이었다.

이 상황에 대해 〈백헌 연보〉에서 그려 낸 것을 보면,

이언표라는 자가 김자점 심복이 되어, 연달아 오랑캐와 결탁하여 큰 화를 만들어 내려 하고, 자점 또한 역관 이형장과 결탁하여 오랑캐에게 참소하며 말하기를,

"새 임금이 옛 신하를 쫓아내고 산림의 인사를 등용해서 군사를 일 으켜 오랑캐를 치려고 한다."

고 하였다. 이에 청나라가 칙사 6명을 파견하여 이를 조사한다고 하니, 임금이 놀라고 근심하여 밤새도록 자지 못한 채 여러 신하를 불러 의논

했다. 영의정 이경석이 먼저 대답하기를,

"사문(査問)한다 하는 것은 공갈인 듯하나, 청나라 여러 대관(大官)이 함께 오는 것은 반드시 중대한 일이 있을 것이니, 사문하는 일이 없으리라고 보장할 수도 없으며, 문자와 접대에도 반드시 의심과 성냄이 많을 것인데, 이것 역시 신의 죄입니다. 수상 자리에 있으면서 신하로서 사사로이 외국의 사신과 교제할 수 없다는 의리를 생각하고, 뇌물로 그들의 마음을 즐겁게 하지 못했기에 일마다 성을 내는 것입니다."

라고 하니, 좌우에서 아뢰기를,

"이 일은 말로 다투기도 어렵고, 뇌물로 해결하기도 어렵습니다."

하였다. 이에 이경석이 아뢰기를,

"지금 비록 그들이 바라는 바가 무엇인지 알지 못하나, 신이 나라의 두터운 은혜를 받았으니, 감히 직접 그것을 담당하지 아니할 수 없습니다."

하니, 임금이 이르기를,

"만약 경이 담당해서 무사할 수 있으면 다행이겠지만, 만약 점점 말하기 어려운 경우가 생기면 어떻게 하겠는가."

하므로, 경석이 아뢰기를,

"일의 기미를 예측할 수는 없으나 스스로 담당하여 그 끝을 보아서 국가가 이로 인하여 무사하게 되면, 미천한 한 몸이 무엇이 아깝겠습니까."

하고, 이어서,

"접대할 사람을 택하기 어렵습니다마는, 원두표는 저희들과 일찍이 서로 틀린 일이 없었으니, 기용하여 원접사로 삼는 것이 마땅합니다."

하니, 임금이 따랐다.

　이때 새로 즉위한 효종 임금은 분발하는 마음을 다잡아 은밀한 계책이 있었는데, 혹 그 일이 누설되어 그들이 의심하고 노할까 염려하여 나라 사람들이 근심하였는데, 사신이 온다는 소문이 있자 또 무슨 일로 사문할 것인지 몰라 인심이 놀라고 두려워하였다. 혹 말하기를,

　"장차 대군이 들이닥쳐 오면, 머리를 깎는 욕을 면치 못할 것이다."
하기도 하고, 혹은,

　"청음(김상헌 호) 등은 장차 불측한 화를 입을 것이다."
라고 하는 소리들이 있어, 온 나라가 흉흉하였다.

　이튿날 이경석이 입대하여 자기가 용만으로 달려가서 일의 기미를 살피겠노라 청하니, 임금이 이르기를,

　"밤낮으로 부지런하여 몸에 병이 있는데, 어떻게 먼 길을 갈 수 있는
　가. 경이 멀리 나가면 여기서는 누가 대응하겠는가."
하였다. 이에 경석이 아뢰기를,

　"좌의정 조익이 청한 대로 이경여와 함께 의논하는 것이 좋을 것이
　니 빨리 부르시고, 정태화 또한 계책이 있으니, 비록 상중에 있으나
　비변사로 하여금 가서 묻게 하소서."
하는지라, 임금이 옳다고 하였다.

　곧 물러가서 차자를 올리어, 빨리 정승을 임명하여 자리를 비우지 말기를 청하였다. 임금이 그의 병을 염려하니, 경석이 의주로 가겠다고 극력 청하여 아뢰기를,

　"평생에 힘쓰기를 편안할 때나 위급할 때를 막론하고 한결같이 나라
　를 위하려는 것입니다."
라고 하였음을 《언행록》은 전하고 있다.

　권력 잃은 김자점이 조선의 반청 정책을 청나라에 밀고하자, 파견된

조사관들이 국왕과 백관을 협박했던 상황이나, 백헌 이경석이 목숨 걸고 책임을 전담하려 애쓰는 모습들이 역력하다.

김자점이 사람을 보내 청나라에 북벌 계획을 밀고하면서 《장릉지문》을 함께 보내었는데, 그것은 지문에 청국 연호를 쓰지 않았기 때문이다. 청인들이 크게 의심하여 군사로써 국경을 위압하고, 사신 두어 패가 와서 그 일의 허실을 물으려고 하였다.

임금이 즉위한 처음에 양사에서 자점의 죄를 다스리기를 청했었는데, 오랑캐 사신이 온 것을 듣고는 대소 관원들이 놀라고 두려워하여, 앞다투어 김자점을 위안하며 화를 늦추기를 바라고자 하였다.

그러나 효종 부름을 받은 산당 세력들이 원당과 낙당을 함께 몰아붙였으니, 효종이 즉위한 기축(1649) 8월에 양사에서 아뢴 대략을 보면,

"김자점이 나라를 어지럽게 하고 조정을 그릇되게 하여, 방금 멀리 귀양 보낼 것을 의논하였는데, 거기에 붙고 좇은 무리도 약간의 징계를 가하여, 조정을 맑게 하지 않을 수 없습니다. 전라 감사 이시만, 서산 군수 이이존, 부제학 신면, 호군 이지항·이해창, 전 집의 엄정구, 광주 부윤 황호 등은 혹은 아부하여 비밀리 결탁하여 사람들의 갖은 비난을 꺼리지도 않으며, 김자점 농락을 받아 세력을 조성하니, 청의(淸議)에 버림받고 사대부들에게 욕을 끼쳤습니다. 함께 벼슬을 깎아 버리기를 명하옵소서."

하였다. 이어서 또 아뢰기를,

"사대부는 몸가짐을 삼가지 않아서는 안 되며, 공신 재상과 명성이 높은 무리들은 길이 서로 다른 것인데, 예조 참의 이행진과 승지 이시해 등은 원두표 문하에 출입하며 압객(狎客 : 예의도 차리지 않는 친밀한 손님)이라는 칭호가 있어도 부끄러움을 모르니, 식자들이 침을 뱉고 더럽게 여겨 청의에 버림받았으니, 함께 파직하옵소서."

라고 하였던 사실이 《동춘집》에 실려 있다.

이전에 김자점이 궁중과 결탁하여 국권을 농락하고 조정을 어지럽힐 때, 몇몇 이름난 벼슬아치들이 가까이 세력을 조성하니, 온 나라에서 분하다 여겨 미워하지 않는 이가 없었는데, 이에 이르러 대관들이 바야흐로 자점을 논핵함에 있어 형을 너무 가볍게 논하니, 대사간 김여경·집의 송준길·장령 이상일 등이 자점을 멀리 귀양 보내고, 그 당류 7~8명은 영영 벼슬에서 삭제할 것을 청하였다.

이에 효종 임금이,

"자점은 선왕의 훈구대신이므로 비록 죄가 있어도 귀양 보낼 수 없다."

고 비답을 내렸으나, 온당치 않으므로 여러 대간들이 피혐하여 아뢰기를,

"간신(諫臣)의 말을 꺾는 것은 나라 흥망에 관련됩니다."

하니, 임금이 곧 뉘우치는 뜻을 보였다.

자점이 이로 인해 정승에서 파면되니, 그의 도당들이 원망하였다. 그러자 자점이 불측한 음모를 꾸며 몰래 청국 사람에게 모함하며 말하기를,

"김상헌과 김집이 청국을 배척하는 괴수이다."

라고 하였다.

경인년(1650) 2월에 대사헌 이후원과 대사간 조석윤 등이 김자점의 죄를 논박하니, 임금이 부처(付處)하기를 명하였다.

이후원이 또 죄를 더할 것을 청하였는데, 그 대략에,

"자점의 죄는 벌써 꿰미(貫)가 찼는데 부처에 그치는 것은 불가합니다. 그의 전후에 범한 죄를 밝혀서 논의하고자 하지 않는 것은 그 뜻(청국에 거슬릴까 두려워하는 것)이 없지 않습니다."

하니, 3월에 비로소 광양으로 귀양 보낼 것을 명하였다.

효종 2년 신묘(1651) 12월에 해원 영(笭)과 진사 신호 등이 김자점 반역 음모를 고변했다. 임금이 인정문에 나와서 친히 국문하니 김익(자점의 아들)이 자복했다.

김자점이 귀양 갈 적에 사류들을 제거할 계책을 내어, 김익이 부제학 신면에게 모의하니, 신면이 말하기를,

"성공 여부는 오직 한 가지에 달렸으니, 친밀한 역관을 청나라 정명
　수에게 보내 산당(김집 송시열 등)을 제거하면, 안심할 수 있을 것이
　다."

하니, 김익이 그 말을 좇아 역관 이형장을 청국에 보내 참소하여, 청나라 사신이 조사를 나왔던 것인데, 이에 이르러 흉악한 계책이 더욱 낭자하였다. 신면은 매 맞아 죽고, 북경에서 돌아오던 이형장은 용만에서 금부도사가 잡아 수레에 찢어 죽였다.

이전에, 임금이 김자점 유배지에 내시를 보내 수색하니, 조정 신하와 지방 장수 및 수령들의 편지가 많았고, 또 원망하는 말과 흉한 형적이 드러난 것이 있었는데, 모두 안에다 두고 조정에 내리지 않았다. 뒤에 경연에서 이 말을 하니 임금이 볼 것이 없어서 불태웠다고 답했는데, 이는 옥사가 너무 커질 것이 두려웠기 때문이다.

대역을 다스린 뒤에는 의례 하의(賀儀)가 있는데, 임금이 이르기를,

"원훈으로서 반역한 것은 부끄러운 것이니, 하례할 것이 없다."

하여, 마침내 하례를 받지 않았다고 《조야첨재》는 전한다.

임금이 동궁에 있을 적에 궁중 사람 중에 자점에게 은혜를 입은 자가 있어, 자점에게 와서 은근히 말하기를,

"대궐 안의 사람들이 은밀히 대감은 신하로서 동궁 섬길 뜻이 없다
　고 전하니, 이때 상공이 권세를 떠나면 만에 하나 구제받을 수 있겠

지만, 그렇지 않으면 그 위태함이 금방 닥쳐올 것이오."

라고 했더니, 이 말을 들은 김자점과 그 맏아들 김연 이외에는 놀라고 두려워하는 이가 없었는데, 신묘년 옥사에 이르러 임금이 전교를 내리기를,

"김자점이 신하로서 나를 섬기지 아니하고자 한 것을 알고 있은 지가 벌써 오래되었다."

하였으니, 이에 이르러 비로소 궁중 사람들 소문이 헛말이 아닌 것을 알았다.

《공사견문》에 따르면,

"김자점이 부귀가 융성하여도 오히려 부족하게 여겨 시골 선비로서 글 잘하는 사람에게 후한 뇌물을 주고, 그 아들 김익의 글을 대신 짓게 하여 과거에 뽑히게 했다. 또 손자 세룡을 옹주에게 장가들이려고 점쟁이를 협박하여, 거짓으로 사주가 좋다고 임금을 속여 왕가와 혼인을 맺으니, 그 기세 앞에는 억누르면 꺾어지지 않는 것이 없었다. 임금이 동궁에 있을 때에도 그에게 거슬림을 당할까 두려워하였으나, 김자점은 이를 깨닫지 못하고 마침내 죽임을 당하고 종족이 남지 않게 되었다."

라고 지탄 받았다.

역관 이형장은 정명수를 빙자하여 세력을 심히 떨쳤는데, 자점을 처형하면서 이형장도 연루자로 처형시켰으니, 마땅히 청국에 알려야 하므로 사신으로 갈 사람을 물색했다. 수상 정태화가 아뢰기를,

"조동립이 아니면 갈 사람이 없습니다."

하여, 조동립을 보냈는데 연경에 이르자 정명수가 말하기를,

"이형장의 죽음은 반드시 나 때문일 것이다."

하니, 동립이 말하기를,

"이형장의 다른 죄는 고사하고, 그대가 조선에 올 때 조정에서 은화를 이형장에게 주어서 그대에게 전하게 한 것이 다 밝은 표시가 있는데, 이번에 처형되고 재산을 몰수하면서 보니 그 은화가 많이 있었다. 그가 그대를 저버림이 이와 같았는데, 다른 것이야 말해 뭐하겠는가."

하니, 정명수가 다시는 해독을 부리지 못했다고 《통문관지》는 전하고 있다.

인조반정으로 함께 공신에 올랐던 심기원이 김자점과 권력을 다투어 서로 원수가 되었는데, 심기원이 역적으로 몰려 주벌될 때 김자점이 수상으로 있었다.

이때 김자점이 심기원을 산 채로 능지처참하는 법을 만들 계획으로,

"이 역적은 상률(常律)로 단죄해서는 안 되니, 먼저 팔과 다리를 자른 뒤에 죽여 반역자들을 징계하소서."

라고 아뢰어 윤허를 받아냈다.

심기원이 형을 받을 적에 집행하는 자가 먼저 그 다리를 자르려 하자, 형틀에 엎드려 있다가 놀라 말하기를,

"이것이 무슨 형벌이냐?"

라고 물으니, 집행하는 자가,

"김 상공(金相公 : 김자점)이 명한 것입니다."

라고 대답했다. 이에 심기원은 탄식하며,

"나를 대신해 김자점에게 전해 주시오. 당신도 반드시 이런 형벌을 당할 것이라."

라고 소리친 바가 있었는데, 김자점이 주벌당할 때에 과연 산 채로 능지처참하는 형벌을 받았고, 그 후 이 법이 폐지되었다. 성대중은 《청성잡기》에 이 고사를 실으면서, 자기가 만든 법으로 자기가 당했다고 적었다.

김자점이 63세 나이로 능지처참 당한 이후, 조선 땅에서의 친청파는 자취를 감추고 말았다. 효종이 군사력을 키우면서 북벌 의지를 다져갔고, 시간이 흐를수록 노론의 대명의리론이 확대되었기 때문이다.

경기도 이천 백족산에 있던 김자점의 아버지 김함 묘도 파헤쳐 부관참시 당했다. 김함 묘를 열자, 시체가 용의 모습으로 화하여 인근의 자점보를 향해 뚫고 나아갈 형세였는데, 형리들이 겨우 용의 목을 잘랐다고 전한다. 백족산 기슭 비룡상천 명당자리의 용은 결국 승천하지 못했고, 그 일가들은 뿔뿔이 흩어졌다. 해주로 흘러 들어간 일파가 오랜 기간 숨죽여 살아갔는데, 김구 선생이 태어나 그 후손들이 새로운 빛을 보게 되었다.

제18대
현종대왕

휘는 연(棩), 자는 경직(景直)이다. 효종의 맏아들로 인선왕후가 인조 19년 신사(1641) 2월에 심양에서 낳았다. 그 후 귀국하여 기축년(1649)에 왕세손으로 책봉되고, 효종 2년 신묘(1651)에 세자로 책봉되었다. 기해(1659) 5월에 창덕궁에서 즉위하고, 갑인(1674) 8월 18일에 창덕궁 양심각에서 승하하니, 왕위에 있은 지 15년이고, 나이는 34세였다. 능은 숭릉(崇陵)인데, 양주의 건원릉 서남쪽 다른 산등의 유좌이다.

왕비 명성왕후(明聖王后) 김씨의 본관은 청풍이니, 증 영의정 김우명의 딸이다. 신묘에 세자빈으로 책봉되어, 어의동 본궁에서 가례를 행하였으며, 기해년에 왕비로 책봉되었다. 숙종 9년 계해(1683) 12월 5일에 창경궁 저승전에서 승하하니, 나이 42세였고, 능은 대왕과 같은 산등의 숭릉이다. 1남 3녀를 두었는데, 아들이 숙종이다.

현종의 덕망

현종의 〈행장〉이나 〈지문(誌文)〉에 따르면,

갑신년(1644, 인조 22)에 심양에서 효종이 대군 신분으로 연경으로 들어가면서 현종을 귀국하게 하였는데, 해가 떠오를 때마다 현종이 축원하기를,

"부모님이 빨리 돌아오셔서 내가 뵈올 수 있게 하여 주소서."

하였으니, 이때 현종 나이 겨우 네 살이었다.

원손이 되었을 때 항상 여염집에 나가 있었는데, 이웃에서 큰 소리로 떠드는 자가 있어 시종하는 자가 쉬쉬하면서 금지시키면, 현종이 말리며 말하기를,

"사람이 제 집에 있으면서 어찌 소리를 안 낼 수 있느냐. 마음대로 하게 하여 괴롭히지 말라."

하였다.

한 번은 표범 가죽을 바친 사람이 있었는데, 품질이 좋지 못하여 인조가 물리치려 하였다. 이때 세손이었던 현종이 곁에 있다가,

"표범을 잡느라고 많은 사람이 상하였을 것입니다."

하니, 인조가 그 마음을 가상히 여기면서 물리치지 말라고 하였다.

어렸을때에 대궐 밖에 나갔다가, 한 군졸의 모양이 여위고 검은 것을 보고, 그 이유를 물으니 내시가 아뢰기를,

"병들고 춥고 주린 사람입니다."

하는지라, 이를 가엾게 여겨 옷을 주고 밥도 주게 하였다.

효종조에 새끼 곰을 바친 사람이 있었다. 기른 지 1년이 지나자 점점 사람에게 제어 받는 것이 처음 같지 않아, 내시가 아뢰기를,

"오래되면 반드시 우환이 되겠습니다."

하고, 죽이기를 청하니 허락하려 하였다. 이때 세자였던 현종이 나아가 아뢰기를,

"곰이 사람을 해치는 동물이라 하지만, 아직은 그 해를 받은 이가 없는데, 지금 만일 앞날의 일을 염려하여 미리 죽인다면, 어진 마음이 아닐 줄 아옵니다. 마땅히 깊은 산에 놓아 주어야 할 것입니다."

하였다. 이를 들은 효종이 크게 기뻐하여,

"네가 임금이 되어서는 시기와 의심 때문에 죽음을 당할 사람은 없겠다. 너의 신하가 되는 사람은 복 많은 사람들일 것이다."

하였다.

《공사견문》에서도,

"현종이 세자로 있을 때에, 어떤 내시가 새와 짐승 잡는 틀을 만들어 드리는 등 온갖 짓으로 잘 보여, 다른 관속들은 감히 따르지를 못하였다. 그러나 즉위함에 미쳐서는 그는 간사하고 아첨함으로 배척당해 끝내 용상을 가까이하지 못하였다."

라고 한 바가 있다.

조씨 성을 가진 상궁은 광해군 후궁 허씨의 시비였다. 계해년에 인조가 불러다 궁중에 두었는데, 현종이 탄생하자 보모 소임을 맡겼다. 현종이 5~6세 때에, 불을 가지고 장난을 치자 그가 홀로 곁에 있다가,

"저의 조부가 불로써 나라를 얻었으니 저도 배우려 하는 것인가."

하였다. 인조가 궁중에 불을 질러 반정한 것을 가리킨 것이다. 현종이 아무 말도 없이 기억해 둔 채, 그런 낌새를 말이나 안색으로 내 보이지 않다가, 왕위에 오른 다음 조 상궁을 뜰아래 엎드리게 하고,

"네가 아무 해의 일을 기억하느냐. 그때 내가 위에 사뢸 줄을 모른 것이 아니지만, 네가 나를 보호 양육한 공이 있기에 차마 중한 형벌을 받게 할 수 없어, 참고 오늘에 이른 것이다."

하고는, 마침내 고신을 빼앗고 사가에 내쫓았는데, 임금은 그래도 그의 공로를 생각하여, 죽을 때까지 먹을 것을 내려주었다.

임금이 일찍이 청나라 사신을 서교에서 전송하면서 섬돌 위에 나섰는데, 청인들이 떠난 뒤에 말을 전갈하는 군졸이 빨리 걷다가, 미처 살피지 못하고 임금 몸에 부딪쳐 거의 넘어질 뻔하였다. 이에 좌우가 질겁하여 법관에 넘겨 처벌하기를 청하였으나, 임금은 웃으며 이르기를,

"모르고 한 일인데, 어찌 다스릴 것이 있겠는가."

하고, 소속된 병영을 시켜 곤장 대여섯 대를 치고 놓아 보내게 하였다.

《공사견문》에서,

"현종 재위 1년이던 경자(1660)에 눈병으로 잘 보지 못하여, 신하들이 일을 아뢰려면 문서를 사용하지 않고, 중요한 일만을 면대하여 품의하게 되니, 조정과 외간에서 걱정하였는데 1년이 못 가 평상시대로 회복하였다.

경자년 가을에 황해도 사람으로 고변을 한 자가 있었는데, 임금이 한 번 물어 보고서 그것이 무고임을 알고 고변한 자를 베고, 무고당하여 잡혀 온 사람 70여 명을 그날로 양곡과 노자를 주어 돌려보내면서, 관리나 군졸들에게 빼앗겼던 그들의 집안 재물을 모두 찾아서 돌려주었다."

라는 고사를 인용하고 있다.

아울러 《조야첨재》에서도, 겨울에 사형수를 복심해야 하는데, 전염병이 한창 유행하는 시기에 외방 신하들을 불러서 접견하는 것이 좋지 아니하다 하여 대신들이 정지하기를 청하였다. 임금이 글로 적어 보내어 이르기를,

"아아, 타고난 본성은 사람마다 가진 것이지마는, 본성을 회복하지 못하고 악한 일을 하게까지 된 것이다. 지금 곧 처벌하지 못하고 또

엄하게 가두었으니, 죄는 죽여 마땅하지마는 그 정상은 측은한 것이다. 이렇게 생각하면 슬픈 마음이 저절로 난다. 금년에 이 때문에 중지하고, 명년에도 그대로 둔다면 죄를 범한 사람이 모두 옥중 귀신이 될 것이니, 이것은 나라를 다스리는 도리가 아니다."

하면서 허락하지 않았다고 전한다.

현종 재위 8년 정미(1667) 봄에 조정에서 청나라에 벌금을 바친 욕된 일이 있었는데, 이때 의주로 도망해 온 청나라 사람을 숨긴 일이 있어, 벌금으로 은 5천 냥을 바쳤다. 대신들이 그 죄를 임금에게 미루었다고 사헌부에서 합계(合啓)하여 대신들을 견책하기를 청하니, 임금이 노하여 사헌부의 이숙·조성보·이후 등 8명을 모두 멀리 귀양 보냈다.

일전에 청나라의 포로가 되었던 안추원이란 자가 도망 나왔다가 수년 만에 다시 그곳으로 들어가니, 청인들이 두 나라 사이의 약조를 어긴 일이라고 하면서 칙사를 보내 조사하게 하였다. 임금이 그 책임을 자기가 지려고 하면서,

"벌금을 바치는 데에 지나지 않을 것이다."

하였더니, 좌의정 홍명하가 아뢰기를,

"임금이 욕되면 신하는 의리상 죽어야 하는 것인데, 어찌 감히 이 일을 전하의 몸에 미루겠습니까."

하였다.

영의정 정태화가 동료 정승들과 함께 책임지고, 청나라 사신에게 말하기를,

"잘못하여 죄인을 받아 두고 바로 묶어 보내지 못하였으니, 죄가 우리들에게 있소."

하였다. 청나라 사신이,

"그러면 국왕은 모르는가?"

라고 하기에, 명하가 답하기를,

"신하로서 임금을 증언하는 것은 아들이 아버지를 증언하는 것이나
같은 것인데, 금수도 하지 않는 일이오."

하니, 청나라 사신은 기가 한풀 꺾였으면서도 극형을 받을 죄라고 목소
리를 높이니, 여러 사람들이 떨고 무서워하였으나, 명하는 조금도 두려
워하는 기색이 없었다. 청나라 사신이 서로 돌아보고 혀를 내두르면서
어려운 일이라 하였다. 이렇게 저렇게 얽어 맞추어 임금이 무사하게 되
었는데, 정미년에 청나라에서 마침내 벌금으로 결정하여 보내니, 임금이
스스로 책임지어 이렇게 된 것이다.

이때 청나라 사신이 와서 서북 지방 백성들이 만주땅에 들어가 산삼
을 캔 책임을 의주 부윤에게 돌리니, 사태가 장차 어떻게 될지 모르게 되
었다. 또 대신들을 책하여 청국 사관(使館)에 와서 대죄하라고 하니, 우정
승 허적이 홀로 임금 뵙기를 청하여 비밀히 임금 자신이 담당할 것을 권
고했다. 이에 임금이 사관으로 가서 북쪽을 향하여 머리를 조아리고 사
죄하여 마침내 벌금을 바치기로 되니, 듣는 사람들이 놀라고 분개하지
않는 이가 없었다.

이에 이르러 사헌부·사간원에서는 의견을 모아 탄핵하였는데, 임금
을 권고한 허적만을 논하는 것이 당파 싸움으로 지목받을 혐의가 있다
하여 3정승을 함께 탄핵하였는데, 임금이 간관들을 귀양 보낸 것이다.

이경억이 말하기를,

"대신으로서 임금을 시켜 이렇듯 부끄럽고 욕됨을 당하게 하였으니,
영의정이나 좌의정도 그 책임을 지지 않을 수 없다. 그렇지만 그 두
정승은 지금 사관문 밖에서 대죄하는 중이어서 임금께 들어가 뵈올
겨를이 없었으며, 또 남몰래 가만히 권한 사실을 모르니, 우의정만
을 탄핵해야 할 것이다. 그런데 지금 3정승을 같이 들어 말하여 당

쟁 지목의 혐의를 가리려 하니, 이것이 어찌 대간으로서 일을 논하
는 정당한 체모라고 할 것인가."

하였다. 이때에 이경억이 대사헌으로서 연달아 아뢰었는데, 영의정·좌
의정은 빼놓고 다만 허적만을 논하고, 곧 여러 간신(諫臣)들의 상소에 대
하여 귀양 보내라는 명을 회수하기를 청하였다.

영부사 이경석이 다시 차자를 올려서 여러 간관들을 귀양 보내라는
명을 회수하기를 청하였는데, 대략에,

"전하의 벼락같은 위엄이, 처음에는 이숙에게 내리고, 두 번째는 이
후에게 내렸는데, 이는 사사로운 분함에서 온 것이 아니요, 3정승 때
문에 나온 것이었습니다. 그 사람들이 한 장의 종이로 3정승을 공격
한 것이 너무 격렬하였으니 역시 지나치셨습니다마는, 나이 젊은 대
관들이 자기의 직책이 언론을 하는 지위에 있다 하여 감히 거리낌
없이 말하고, 강개함이 극도에 달하여 눈앞의 나라 일을 생각지 못
하였으나, 그들의 마음에 다른 뜻은 없습니다. 그럼에도 귀양 보내
어 추방하는 것은 평일에 신민(臣民)들이 전하께 기대하던 바가 아닙
니다. 그 밖의 승정원 신하들도 갑자기 당한 일에 당황하여 잘 대답
하지 못하였다 하더라도, 그것이 처음부터 속이려는 것에서 시작한
것은 아니오니, 잡아다 국문하고 파직 추고하라는 명을 내리심은,
작은 허물은 용서하라는 공자의 뜻이 아닐까 합니다."

라고 하였던 사실을 《백헌집》은 전하고 있다.

대관들의 논란이 더욱 격렬하고 3정승이 대죄하므로, 임금이 이경석
에 명하여 비변사 일을 대신 살피게 하였더니, 경석이 차자를 올려 사양
하기를,

"지금 의정부가 비어 있으니, 전하께서 마땅히 그들의 마음을 안정
시키고 불러들여야 할 것인데, 그 방법은 다른 것이 아니라 다만 8

명의 귀양 간 사람들을 특명으로 돌아오게 하여, 대간의 시끄러운 것을 그치게 하는 일입니다. 늙어서 노망한 신이 갑자기 대신 일을 본다는 것이 불가능한 일인 줄로 아옵니다."

하였고, 또 뵙기를 청하여 귀양 간 사람들의 일에 대해서 여러 번 말하였다. 윤4월에는 한재로 인하여 차자를 올려서 특별히 죄인들을 구제하여 주기를 청하면서 아뢰기를,

"옛날에 한 외로운 신하가 통곡하여도 5월에 서릿발이 날렸다고 합니다. 지금 간신(諫臣)으로서 귀양 가 있는 사람이 몇 명입니까. 그들은 피눈물로 과실을 회개하면서 감히 하늘[임금]을 원망하지는 못하겠지만, 만일 집에 늙은 부모가 있다면, 그 근심스럽고 답답한 심정이 어찌하겠습니까."

라고 하였으니, 이경석이야말로 현종 치세를 떠받치는 기둥이었음이 분명하다.

기해년 예송 논쟁

국상을 당하면 빈전도감·국장도감·산릉도감 같은 관청들이 임시로 설치되고, 상복을 입고 국왕의 죽음을 애도하게 된다. 효종이 죽자 왕실 큰 어른인 인조 계비 자의대비(장렬왕후)가 살아 있었으니, 효종을 낳은 친모는 아닐지라도 어머니가 자식 상을 당하여 입어야 하는 상복의 기간이 문제가 되었다.

유교 사회에서의 예법으로는 상복 의미가 매우 중요하다. 상례 예법의 기본 원리가 바로 망자와의 관계 설정에 따라 적용을 달리하기 때문

이다. 통상 망자의 친소 관계에 따라 3년부터 1년과 9개월 그리고 3개월 등으로 구분되는 것이니, 이렇듯 상복 입는 기간을 차등 있게 정한 것이 바로 그것이다.

둘째 아들 봉림대군이 왕위에 올랐으니, 효종으로 말한다면 적장자 계승이 아니었다. 하지만, 왕통을 잇는 자에게는 적장자로 간주하여 승계한 것으로 보는 경향이 강했다. 효종이 승하했을 때 낳아 준 것은 아니지만 어머니가 살아 있었으니, 효종을 맏아들로 간주하느냐 아닌가의 문제로 치열한 논쟁이 벌어진 것이다.

효종을 적장자로 볼 것인가 아닌가 하는 문제는 학술적이고 사상적인 논쟁에 불과했다. 하지만, 여기에 그치지 않고 정치 논쟁으로 변질되어 버렸기 때문에, 사람들이 기해예송을 놓고 주목해 왔다. 혹자는 상복입는 기간을 놓고 다툰 명분만을 앞세우는 부질없는 선비들의 병폐라고 치부하기도 하지만, 이는 단순한 상복 문제가 아니라 왕권의 정통성과 연결되어 있다는 점에서 불가피한 논쟁이었음을 유념해야 한다.

박동량의 야사 《기재잡기》와 저자를 알 수 없는 《조야첨재》에 의하면, 기해년 5월 초 효종이 창덕궁 대조전에서 승하하자, 주무 부서였던 예조에서 아뢰었다.

"자의대비께서 상복을 입으셔야 하겠는데, 《오례의》에는 자세한 내용이 실려 있지 않습니다. 어떤 이는 3년 복을 입어야 한다 하고, 어떤 이는 기년복(1년)을 입어야 한다고 하는데, 의거할 만한 예문이 없으니, 대신과 유신(儒臣)들에게 의논함이 어떠하겠습니까."
하니, 답하기를,
"아뢴대로 하되, 두 찬선(贊善)에게 함께 문의하라."
하였다. 두 찬선이란 송시열과 송준길을 말한다.

영의정 정태화, 좌의정 심지원, 영돈녕 이경석, 연양부원군 이시백,

완남부원군 이후원, 영중추 원두표 등이 논의하여 아뢰기를,

　　"신 등이 옛 예법에 능통하지는 못하나, 시왕(時王)의 제도로 상고하
　　면 대왕대비께서 마땅히 기년(1년)의 복제를 입으셔야 할 것 같습니
　　다."

하였고,

　　이조 판서 송시열과 우찬찬 송준길 등이 의논하여 아뢰기를,

　　"고금의 예법이 이미 같고 다른 것이 있으며, 제왕의 제도는 더욱 경
　　솔히 의논하기 어려운데, 여러 대신이 이미 시왕(時王)의 제도로 하
　　기로 의논하였으니, 신 등은 감히 다른 말을 할 수 없습니다."

하니, 명하여 그대로 시행하게 하였다.

　　시왕의 제도란 이전까지 준행해 왔던 《경국대전》과 《대명률》을 말한
다.

　　이때 송시열과 송준길은, 비록 승중(承重)한 아들이라도 그 아들의 죽
음에 3년 복을 입을 수 없다는 《의례》〈상복소(喪服疏)〉에 따라, 효종이
왕통을 이었으나 둘째 아들이니 이번 국상에 대왕대비께서 입으실 복제
는 기년을 넘을 수 없다고 하였다.

　　이 의논을 듣고서 남인의 윤휴가 뛰어 들었다.

　　《의례》〈참최장〉 가씨소(賈氏疏)에,

　　"첫째 아들이 죽으면 적처 소생 둘째 아들을 대신 세워, 역시 장자로
　　갈음한다."

는 글을 인용한 윤휴는 대왕대비가 3년 복을 입어야 한다고 주장했다.

　　이 문제는 당시 복잡하게 얽혔던 정치 상황을 어떤 시각으로 보는가
라는 예민한 문제와 연결되어 있다. 소현세자의 갑작스런 병사와 그의
부인이던 강빈과 아들들이 옥사에 연루되어 죽었던 것이 깔끔하게 해명
되지 않은 상태에서 봉림대군이 왕위에 올랐기 때문이다.

다시 말한다면, 왕통을 이은 사람에게는 적장자 신분으로 인정해야 한다는 측과, 그렇지 않고 왕가도 사가와 다를 바 없다는 견해 차이인데, 효종이 적장자가 아니어서 3년 복을 입지 못한다는 것은, 자칫 왕위 계승의 정통성을 부정하는 의미까지 포함된 문제이기도 하다. 이에 깜짝 놀란 영의정 정태화가 송시열에게 더 이상 거론하지 못하게 막아놓고 《경국대전》 규정에 따른 1년 복을 현종에게 건의하여, 논의에 대한 종지부를 찍었다.

국상이 그렇게 진행되다가 해가 바뀐 소상 직전에 남인의 거목이던 허목이 장문의 상소를 올렸다. 핵심은 이전에 송시열이 《의례》〈상복소(喪服疏)〉를 근거로 말한 서자(庶子) 문제였다. 즉, 적장자 이외의 모든 아들을 서자 개념으로 말했던 송시열의 의견을 정면으로 반박하여, 이때 서자라 한 것은 첩의 자식으로 봐야 한다는 것이었다.

이렇듯 허목의 주장은,

"적자와 적자가 서로 계승하는 것을 바른 혈통이라 하는 것이니, 이에는 3년 복을 입을 수 있는 것이며, 적실의 여러 아들[衆子]로서 장자가 죽은 뒤에 대신 조상의 계통을 계승하는 경우도 같은 것입니다. 서자를 세워서 후사로 삼으면 혈통은 한가지나 바르지 못하다[體而不正]고 하여, 부모가 그 아들에 대하여 3년 복을 입을 수 없는데, 이것은 첩자(妾子)이기 때문입니다."

라고 하는 것에 집약되어 있으니, 효종은 첩의 아들이 아니라 소현세자가 죽은 뒤에 인조의 장자가 되었으므로, 자의대비가 3년 복을 입어야 한다는 주장이었다.

국상을 이끌던 서인 측에서 반발이 심하게 일었다. 허목의 표적이 된 송시열이 가만히 있을 리가 없었다. 자의대비가 소현세자를 위해 이미 3년 복을 입었기 때문에, 또 다시 효종을 위해 3년 복을 입는 것은 말이 안 된다는 입장에 서서, 첩자(妾子)에 대한 허목의 해석은 그가 멋대로 붙인 것이라 일축했다. 당대의 거목이던 두 학자의 논쟁에 뛰어든 신료들 또한 많았으나, 당초 결정이 번복되지는 않았다.

이때 윤선도가 허목의 논리를 지지하는 상소를 올렸다.

종통을 계승하였으면 둘째 아들일지라도 적통을 이은 것이며, 효종이 세자가 되었을 때는 이미 장자이고 존자(尊者)이므로 3년 복을 입는 것이 옳다 하여, 송시열의 견해를 하나하나 논박하는 장문의 상소를 올렸으니,

"시열이, 〈소설(疏說)〉의 차장자를 세우고도 역시 3년을 입는다는 구절을 인용하면서 그 아래에 또 이르기를, '지금 반드시 차장자는 서자가 아니라는 분명한 기록을 찾아내야지만 허목의 설을 비로소 따를 수 있다.' 하였는데, 그 말은 참으로 말도 안 되는 소리입니다. 지금 우리 효종대왕은 인조대왕의 차장자입니다. 〈소설〉에 이미 차장자를 세워도 역시 3년을 입는다 하는 분명한 기록이 있으면, 대왕대비의 복이 자최 3년일 것은 털끝만큼도 의심스러울 것이 없고, 그대로 딱 잘라 행하면 그뿐이지. 왜 다시 차장자는 서자가 아니라는 분명한 기록을 찾아야 한다는 책임을 허목에게 지우는 것입니까? …… 시열의 논의에, 장자가 성인이 되어 죽은 것을 두 번 세 번 말했는데, 그가 요점을 두고 단정한 말은, '장자가 비록 성인이 되어 죽었더라도 그 다음들을 모두 장자로 명명하고 참최를 입는다면, 적통이 존엄하지 못하다.'라고 한 것입니다. 그의 말이 꼭 성인이 되어 죽은 것에 비중을 두는 뜻은, 성인이 되어 죽으면 적통이 거기에 있어 차장자가 비록 동모제(同母弟)이고, 비록 이미 할아버지와 체가 되었고, 비록 이미 왕위에 올라 종묘를 이어받았더라도 끝까지 적통이 될 수

는 없다는 것이니, 그 말이 사리에 어긋나지 않습니까. '적(嫡)'이라는 것은 형제 중에서 적우(嫡耦)할 사람이 없다는 칭호이고, '통(統)'이라는 것은 물려받은 업을 잘 꾸려가고, 사물의 으뜸이 되며, 위에서 이어받아 후대로 전한다는 말인데, 차장자를 세워 후사를 삼았으면 적통이 다른 데 있을 수 있다는 것입니까? 차장자가 아버지 가르침을 받고 하늘의 명령을 받아 할아버지의 체로서 살림을 맡은 뒤에도 적통이 되지 못하고 적통이 오히려 타인에게 있다고 한다면, 그게 가짜 세자란 말입니까? 섭황제란 말입니까?

아울러 차장자로서 왕위에 오른 사람은 이미 죽은 장자 자손에 대하여 감히 임금으로 군림할 수도 없고, 이미 죽은 장자의 자손 역시 차장자로 왕위에 오른 이에게는 신하 노릇을 않는다는 것입니까?"

라는 예민한 문제들을 열거하였을 뿐만 아니라, 상소문 말미에 덧붙이기를,

"이 상소는 임금과 종사를 위해 올린 것이니, 상소가 들어가고 안 들어가고, 시행되고 안 되는 것은 임금의 권세가 든든한가 안 든든한가에 관련되어 있으며, 국운이 이어지고 이어지지 않는 것과 관계있다."

라고 했을 정도니, 효종의 정통성을 끄집어내어 양송(송시열·송준길)에 대한 인신공격까지 서슴지 않아, 이제는 서로가 물러설 수 없는 정쟁이 되고 말았다.

윤선도의 상소가 알려지자 송준길은 즉시 성 밖으로 나갔으며, 서인 측에서는 윤선도를 치죄하라며 현종을 몰아세웠다. 윤선도는 효종의 세자시절 가르친 사부였다. 삼사의 탄핵이 이어지자 상소는 불태워졌고, 며칠 후 윤선도는 삼수로 유배되었다. 종통이나 적통 같은 예론 아닌 문

제로 서인 영수들을 무자비하게 공격했으니, 현종의 보호로 윤선도는 죽음을 면했지만, 서인들의 분노는 사그라지지 않았다.

송시열과 인척 관계였던 우윤 권시는 서인이었지만, 윤선도를 할 말을 다 한 선비로 칭송하고 낙향했다. 서인들의 집요한 공격을 받은 그도 결국 처벌을 받았다. 서인들의 여론에 밀린 현종이었지만, 부왕을 적통으로 인정받지 못한 서운한 앙금을 떨쳐낼 수 없는지라, 조대비 상복 문제를 재논의에 붙였다. 하지만 서인들의 주장을 뒤엎을 수 있을 정도의 세를 확보하지는 못했던 것은 임금이나 남인이나 마찬가지였다.

갑인년 예송 논쟁

현종 재위 15년 갑인(1674) 2월에 효종 비 인선왕후가 죽자, 성복하기 하루 전날 예조(판서 조형, 참판 김익경, 참의 홍주국)에서 아뢰기를,

"신 등이 어제 복제의 절목 중에서 인선왕대비의 시모인 대왕대비전께서 입으실 복을 기년으로 마련해서 아뢰었습니다. 그런데 가례복도(家禮服圖) 및 명나라 제도에 자부(子婦)의 복에 큰며느리 기년(1년)과 작은며느리 대공(9개월)의 차별이 있는데, 기해년 효종대왕 국상때 대왕대비전께서 이미 작은아들 의복인 기년복을 입으셨습니다. 이것으로 견주어 보면 지금의 이 복제는 대공이라는 것이 의심이 없거늘, 급한 사이에 자세히 살피지 못하고 경솔하게 기년으로 정하는 그릇된 실수가 있었으니, 황공함을 이기지 못하옵니다."

라고 한 후, 절목 중에 대공으로 고쳐서 표지를 붙여 올렸다.

이에 전교하기를,

"임시로 고쳐서 마련하였으나 성복 때에도 이같이 미치지 못할 염려

가 있으니, 담당했던 예조 정랑을 잡아다가 문초해서 죄를 정하라."

하였다.

　이런 해프닝이 있었지만, 조대비 상복이 9개월 복인 대공으로 결정되어, 상례 절차들이 하나하나 진행되고 있었다. 그로부터 약 5개월 정도 흘렀을 무렵, 대구에서 한 장의 상소가 날아들어 조정을 뒤집어 놓고 말았다.

　그 해 7월 6일 대구 유생 도신징이 올린 소를 보면,

　"대왕대비께서 인선대비를 위하여 입으실 복을 기년으로써 정했다가 나중에 다시 대공으로 고쳤으니, 이는 어떤 전례에 의거한 것입니까. 장자와 장부(長婦)의 복이 모두 기년이라는 제도는 《경제육전》에 실려 있습니다. 기해년 국상 때 대왕대비께서 효종대왕을 위하여 입으신 기년복 제도를 이미 '장자 기년(長子朞年)'이라는 국가 제도로 거행하였는데, 이제 국가의 제도가 아닌 대공이라는 복제가 갑자기 나왔으니, 기해년에는 효종을 장자 복으로 기년을 입고, 이번의 효종 비에 대해서는 작은며느리 복을 대공으로 입으니 어찌 그 전후가 각각 다른 것입니까. …… 만일 전하께서 대왕대비의 작은며느리가 낳은 손자라면 곧 작은손자가 되는 것인데, 대왕대비의 수(壽)에도 한이 있을 것이니, 훗날에 전하께서는 대비를 위하여 승중상(아버지를 먼저 여윈 후 맞는 조부모 상)을 입는 적장손으로 자처할 것이 아닙니까. 예로부터 지금까지 과연 왕통을 이어 종묘사직 주인이 되고서도 장적자가 되지 않은 자가 어디 있습니까. 장래에 전하께서 적장손으로 자처하시고도 대왕대비에게 승중상을 입으신다면, 복을 입는 의리의 전후가 서로 틀릴 것이니, 어찌 예에 어긋나지 않겠습니까."

라고 준열히 따진 것이었으니, 현종 입장에서는 당연히 적장손에다 적장자 지위를 부여받고 싶었을 것이다. 그러하니 지난번 기해 예송에서 찜찜했던 구석을 풀어야 한다는 소명의식까지 발동하지 않을 수 없었다.

상소가 닿자 바로 올리지 못하고 전전긍긍하던 신하들도 어쩔 수가 없었다. 열사흘 만에 임금이 대신과 비변사 신하들을 불러,

"기해년의 복제는 대개 시왕(時王)의 제도를 쓴 것인데, 이번 9월의 복제가 기해년과 닮고 같은 여부를 아울러 밝혀내게 하되, 원임 대신과 육경 판윤·정부 동서벽·삼사 장관을 즉각 불러서 회의하여 아뢰도록 하라."

라는 지엄한 영을 내렸다.

영의정 김수흥·판중추부사 김수항·이조 판서 홍처량·병조 판서 김만기·호조 판서 민유중·형조 판서 이은상·판윤 김우형·예조 판서 조형·대사헌 강백년·예조 참판 이준구·참의 이규령·부응교 최후상·헌납 홍만종 등이 빈청에 대령하였다.

이처럼 인선왕후 국상에서 논란이 된 것은 기해년 예송과 판박이였으니, 인선왕후를 인조의 장자부(長子婦 : 맏며느리)로 볼 것인가, 중자부(衆子婦)로 볼 것인가 하는 문제였다. 기해 예송에서 효종을 두고 장자와 차자를 구분하지 않는 정태화의 '국가제도 기년복'을 채택한 것인데, 《경국대전》에는 장자와 차자의 상복 구분은 하지 않았으나, 장자부와 중자부에 대해 기년복과 대공복으로 구분해 놓고 있었다. 기해예송에서 기년복이 채택되었는데, 인선왕후를 중자부로 간주하고 단순하게 대공복을 입은 것이 문제였다.

이를 놓치지 않은 영남 유생 도신징이 소를 올려, 기해예송에서 효종을 중자로 간주한 적이 없다는 것을 지적하면서 서인들의 대공설을 비판하자, 적장손으로 대우받고 싶었던 현종은 이때를 놓치지 않으려는

마음을 굳혀가고 있었다. 그리하여 갑인년에 벌어진 예송이 도신징을 계기로 시작되었지만, 정작 복제에 대한 논란은 서인 고관들에 대적한 현종 임금의 힘겨루기 양상으로 진행되고 말았다.

영의정 김수흥 등을 불러들인 현종은 예조가 대왕대비 상복을 기년복으로 의논해 정해 들였다가 새로 대공복으로 고친 이유를 따졌다. 이에 김수흥은 효종의 국상 때인 기해년에 기년복으로 정했기 때문이라 대답했다.

현종은 지난날의 어린 임금이 아니었다. 좀 더 탄탄한 이론으로 무장한 현종이 더욱 세밀하게 따져 나가기 시작했다.

"그때 일을 다 기억하지 못하지만, 송시열이 기년복으로 정해놓고 나서 풍파가 일자, 내게 와서, '기년복으로 의논을 수렴할 때에 영의정 정태화가 지금 국가 제도에 따라 사용한다 할지라도 뒷날 반드시 말하는 자가 있을 것이라 하였는데, 지금 그러한 것으로 정태화가 과연 식견이 있다라고 했으니, 그때에는 옛날의 예를 사용하지 않고 국조의 예를 사용하였다는 것을 알 수 있다. 만약 그렇다면 오늘날 대공복의 제도 역시 국가의 제도인가?"

라고 따지듯 물었다. 이에 김수흥은 다소 궁색한 답변으로,

"《대전》 오복조를 보면, 아들 밑에 기년복이라는 말만 있고, 큰아들 인지 차자인지에 대해서는 언급한 게 없습니다."

라고 했다. 현종은 오늘의 상복을 고례에 따르면 어찌되는가 물으니, 김수흥은 대공복(9개월)이 타당하다고 대답했다. 멀지도 않은 시기의 국가 의례에서 한번은 시왕의 제도로, 한번은 고례로 준용한다는 모순을 놓치지 않은 현종이 다시 물었다.

"기해년에는 시왕의 제도를 사용하고 이번에는 옛날의 예를 썼는데, 왜 앞뒤가 다른가?"

이 같은 임금의 하문은 기해년 결정을 주도했던 서인 인사만 아니라 이번 논의에 참여했던 신료들까지 싸잡아 공격한 것이었다.

이 자리에 참석하였던 민유중이,

"국가 제도가 우연히 이와 같았기에 대신들이 논의한 결정 또한 이와 같았습니다. 그러나 그때 행한 것들은 고래의 예에 따른 것입니다."

라고 하여, 고례에 근거하였음을 주장하였다. 기해년의 논의 과정에서 고례를 거론한 이가 송시열이긴 했지만, 형식적으로는 국제에 따른 결정이었다. 이를 두고 서인 측에서는 고례에 따른 것이라 주장할 수밖에 없었다. 그러자 현종은 도신징의 상소를 꺼내 보이며,

"기해년에 차장자(次長子)로 의논하여 정하였는가?"

라고 물었다.

그러자 임금 곁을 지키던 승지 김석주가 아뢰었다.

"송시열의 주장은 효종대왕을 인조대왕 서자로 보아 무방하다고 했고, 그렇기에 허목이 소를 올려 다투어 논하였던 것입니다."

왕의 정통성 문제를 건드린 김석주는 대동법으로 잘 알려진 김육의 손자이자 왕비의 사촌 오라비였으니, 척신이면서도 서인이었다. 하지만, 이 대목에서 그가 취한 행동은 정적인 남인 측을 도운 결과가 되었다. 송시열을 비롯한 산당 세력을 누르고 싶은 욕망 때문이었다.

서인들이 한때 산림으로 부름을 받은 산당과 한강 근처에 살았던 김육 중심의 한당으로 나뉘어져 대립한 적이 있는데, 김육이 죽어 그 묘를 조성하는 과정에서 큰 사단이 벌어졌다. 법에 어긋난 수도(隧道 : 묘까지 통하는 길)를 만들었다 하여, 석주의 아버지 김좌명이 송시열계 인사들로부터 탄핵받았기 때문이다. 2차 예송에서 김석주가 현종을 지지한 것은 그런 이유가 컸다.

당초 상복의 문제가 효종의 정통성 문제로 변질되어 버린 상황에서 김석주의 이 한마디에 현종은 그의 결정에 가속도를 붙일 수 있었다. 현종은 즉각 예조 판서를 질책했다. 그리고 복제문제를 재논의토록 명했다. 그런데도 서인 측에서는 대공복 고집을 버리지 않았다.

현종은 김석주에게 《의례주소》를 해설하여 올리도록 명했고, 그에 화답하듯 김석주는 '서자'의 의미를 첩의 아들로 해석해 올렸다. 부왕 효종이 장자가 될 수 없다고 판단한 송시열 일당을 당장 쳐내고 싶지만, 분분한 의견들이 팽팽하여 쉽게 결말이 나질 않았다. 군왕의 권위를 빌려야 해결될 수 있음을 알아차린 현종은 조대비 복제를 기년복으로 하라는 하교를 내렸다.

송시열은 일관된 논리로 인선왕후가 맏며느리가 아니기에 9개월이라 주장했고, 서인들 또한 고례인 《주례》에 근거한 맏며느리 9개월 설에 동조했다. 지난번에는 시왕(時王)의 법을 따랐다가, 이번에는 고례를 따르는 일관성 없는 서인들의 처사에 대한 현종의 불만이 컸다. 하지만, 남인들의 주장을 받아들인다 해도 아들에게 1년 상복을 입은 마당에 며느리에게도 1년 상복이란 모순을 안고 있는 셈이니, 예법 붕괴는 피할 수가 없는 상황이었다.

고민을 안고 있는 현종의 뒷배가 되어 준 것은 김석주였다. 그리고 1차 예송 때 직을 걸었던 허목·윤휴·윤선도 등이 지원할 수 없었지만, 군왕의 힘을 빌릴 수 있었기 때문에 가능했다. 기해년 예송이 벌어졌을 때는 겨우 10대 후반에 불과한 현종이었으니, 송시열 권위에 눌리지 않을 수 없었다. 하지만 2차 예송이 벌어진 갑인년에는 15년 정도의 국정 경험을 쌓은 원숙한 30대였다.

도신징이 소를 올린 지 한 달이 채 지나지 않아 복제 개정이 마무리되자, 비망기를 내려 송시열을 질책했고, 김수흥을 춘천에 유배시켰다.

남인 허적을 영의정에 제수하는 한편 이하진·권대운·민암 등 남인 대신들을 불러들였다. 그러나 균형감각을 잃지 않으려던 현종은 김수흥의 동생 김수항을 좌의정으로 앉혀 국정 안정을 꾀하려 했다.

그런 후 2달이 채 가기 전에 모후 빈소에서 현종도 승하하고 말았으니, 밀린 숙제를 어린 아들 숙종에게 맡긴 꼴이 되고 말았다.

이경석을 비꼰 송시열

재야의 젊은 선비 송시열의 출사를 이끈 이가 백헌 이경석이었으나, 두 사람이 결정적으로 틀어진 것은 현종 임금이 온양 온천 행차 때였다.

현종 재위 10년 기유(1669) 3월에 임금이 온천에 갈 적에 영부사 이경석을 유도대신(留都大臣)으로 임명하여 조정 일을 맡겼다. 이때 판부사 송시열은 병을 핑계로 고향 충청도에 내려가 있었는데, 행재소로 나아가 배알하지 않고 임금 행차를 기다렸다.

나라 일을 맡은 이경석이 행재소에 차자를 올려 아뢰기를,

"때는 바야흐로 늦은 봄 화창한 계절이요, 여름철이 다가왔지만, 찬 기운이 쌀쌀할 뿐만 아니라 된서리가 날마다 지붕을 덮어 하늘이 재변을 나타내 보임이 한둘이 아닙니다. 남쪽 방에서는 지진으로 땅이 갈라지고 병선이 침몰되어 죽은 사람 수효가 백 명에 가깝습니다. 또 들으니 질병이 없는 곳이 없어서 행차하시는 데에 따라 간 군사들 중에서도 간혹 누워 앓는 사람이 있으니, 예방하고 피함을 주밀하게 하지 않을 수 없습니다.

신이 또 깊이 염려한 것은 평소 조정에서 걸핏하면 신을 들메고(納

覆] 가는 것이 서로 연달았고, 오늘의 행재소로 달려가 문안하는 이가 있다는 기별은 들을 수 없는 일입니다. 대체로 그런 사실이 있었는데도 신이 듣지 못한 것인지요. 전하께서 병환으로 멀리 임시 처소에 가 계시니, 사고가 있다든가 늙고 병들어 멀리 떨어져 있는 자가 아니면, 신하된 직분이나 의리로 보아서 이럴 수는 없습니다. 이것은 나라의 기강과 의리에 관계되는 일이니 신이 매우 걱정하옵니다. 그렇지 않다면 옛말에, 자기 잘난 체하는 기색이 사람을 천리 밖에서 거절한다 하였는데, 지금 그와 근사한 것인지요. 이 점이 전하께서 조심하고 염려해야 할 부분입니다."

라고 하였다.

낙향하여 머물던 판부사 송시열은 마침 혐의되는 일이 있어, 감히 행재소에 나아가 임금을 뵙지 못하고, 다만 전의(현 세종시)에 나아가 머물러 있다가, 이경석이 차자를 올렸다는 소문을 들은 후 곧 차자를 올려 대죄했다.

그리고는 이경석 차자에서 핵심이 되는, 행재소로 달려가 문후하는 신하가 없었다는 내용을 두고, 자신을 겨냥한 말이라 여긴 송시열은 상소 끝자락에다,

"삼가 생각하건대, 옛날 손종신(孫從臣) 같이 오래도록 편안하여 크게 한 세상의 존중을 받기는 하였지만, 의리를 알고 기강을 진작시켰다는 일컬음을 받지 못했으므로, 그를 불쌍하게 여기는 사람도 있었습니다. 그 당시 너무도 용렬하고 어리석은 자가 처신하는 것이 보잘 것 없어, 도리어 손종신 같은 사람에게 비난 받았다면, 여러 사람들이 얼마나 낮춰 보고 비웃었겠습니까. 지금 신이 당한 경우가 불행하게도 그런 경우와 같습니다."

라고 덧붙였다.

오래도록 편안하게 존중받고 살았지만, 그 처신을 두고 비난받던 손종신 같은 부류에게 오히려 비난받았으니, 억울하다는 송시열의 항변이었다. 이경석을 손종신 같은 무리라고 얕잡아 말한 송시열의 태도에 대한 설명은 일단 뒤로 미룬다.

아무튼, 일이 이렇게 벌어지자, 이경석은 거듭 차자를 올려 전일 상소 올린 일로 대죄하였다.

"신이 망령되이 올린 차자를 가지고 시열이 자기를 논란하고 배척한 것으로 오인한 듯합니다. 다만 한스러운 것은 송시열과는 전부터 보통 사이가 아니라고 알려져 왔는데, 뜻밖에도 신이 믿음을 받지 못하였고, 차자의 사연이 명백하지 못하여 이렇게 되었습니다. 신이 차자에서 말한 '사고가 있거나, 늙고 병들고 멀리 떨어져 있는 자가 아니면 신의 직분과 의리로서 이렇게 할 수 없다.'는 말이 정말 송 판부사를 지목 배척한 말이겠습니까. 신이 일찍이 그가 슬픔을 당하고 또 병환이 있다는 말을 들었으니, 혹시 곧 달려가 뵈지 못할 것으로 짐작하였고, 또 어떻게 그가 끝내 오지 않을 것으로 단정하고, 먼저 가서 배척하였겠습니까. 설혹 배척할 만한 일이 있다 하더라도 군자의 교제는 서로 의로써 권면하는 것인데, 어떻게 차마 전일에 서로 좋아하던 정의를 배반하고서 심하게 배척할 수가 있겠습니까. 신의 마음이 원래 그런 것이 아니었는데, 이야말로 불행이 심한 것입니다."

라고 변명하였다.

이상이 《백헌집》과 《우암집》에서 전하는 상황들이다.

이를 두고 이희겸의 야사로 알려진 《청야만집》에서,

"옛적에, 송시열 명망이 세상에 알려지자 이경석이 인조 때부터 여러 번 천거하여 언제든지 불러들이기를 청하였다. 송시열과 송준길이 이경석을 주인으로 삼아, 도성에 들어오면 베옷과 짚신의 초라한 차림으로 경석의 집을 찾았는데, 경석은 반드시 자신과 동등한 지위로 대접하여 선비에게 자신을 낮추는 예를 다하였다. 그리고 효종이 새로 들어선 때에도 경석이 먼저 시열을 불러다 나라 일을 함께 할 것을 권하였으며, 또 그가 사퇴한다는 말을 들으면 곧 임금께 글을 올려서 만류하기를 청하고, 반드시 사사로운 편지를 보내 머물기를 권고하였다. 그러하니 명망과 지위가 높아진 다음에도 시열이 경석을 공경하고 존중하는 뜻은 은연중에 뱉은 말이나 서신에서도 잘 나타났다. 그런데 이때에 와서 갑작스럽게 한 장의 글을 올려, 손적(孫覿)의 일을 인용하여 극도로 욕하고 훼방하니 대체로 경석의 차자 중에 '신을 들멘다[納履]'는 등의 말이 자기를 지목한 것으로 오인하였기 때문이었다. 이때 시열은 유림의 영수로 당세에 추앙을 받고 있어, 선비들이 그를 두고 옳다 그르다 하는 것을 입 밖으로 감히 내지 못할 때였다. 그렇지만 경석을 비난하는 송시열의 상소가 한번 나온 뒤로, 온 세상이 떠들썩하여 비록 그 문하에 출입하고 높여 사모하거나 친밀하던 사람들도 의심하지 않는 이가 없었다. 송준길 역시 경석을 두둔하여 놀랍고 한탄스러운 일이라고 말하였다."

라는 사실들을 전해주고 있다.

두 사람의 일들이 조야에 알려졌고, 사태가 불리하게 흐르는 것을 간파한 송시열은 심기가 뒤틀린 마음을 판서 송규렴에게 편지로 전했으니,

"오늘 나의 상소를 보고 그(경석)를 존경하여 높이고 기뻐하며 따르던 사람들이 화내어 나를 꾸짖고 분하게 여겨 배척하는 것은 본래 괴이할 것이 없거니와 온 세상이 모두 떠들어대며 사사 원수 보듯 한다. 동춘(송준길 호)까지도 '놀랍고 한탄스럽다.'고 하니, 다른 사람들이야 말해 무엇하겠는가? 대체로 그 사람(경석)은 향원(적폐를 일삼

는 토호)의 마음가짐으로 청나라 세력을 끼고서 일생을 행세하는 방법으로 삼았다. 만일 경인년의 일이 아니라면, 개도 그 똥을 먹지 않을 것이다. 그리고 그때에 죽지 않고 살아오게 된 것은 어찌 대종성(大宗城) 노획부(虜獲婦)의 선물이 아니겠는가."

라고 하여, 이경석에 대한 비난 수위를 한층 더 끌어올렸다.

당시 백헌 이경석을 두둔하고 우암 송시열 비난 여론에 앞장섰던 이단상이, 박세채에게 편지를 보내 우암 처사를 욕했으나, 곧 병으로 세상을 떠나버려 소용없는 일이 되고 말았다.

우암이 백헌을 지칭하여, 청나라에 빌붙어 일생을 행세하고 살았다거나, 경인년 일이 아니라면 그의 똥을 개도 쳐다보지 않을 것이란 극언까지 서슴지 않았지만, 이를 듣고도 백헌 이경석은 의연하게 대처했다.

이 대목에서 우리는 백헌 이경석에 대해 좀 더 알고 가야 할 것 같다. 송시열이 그를 두고 일생을 청나라에 의지해 살았다거나, 경인년 일이라고 욕한 것이 무엇을 의미하는지 알아야 하기 때문이다.

이경석.

그는 정종 아들 덕천군 후손이다. 덕천군파는 전주이씨 중에서도 가장 큰 문중의 하나이며, 이름난 학자나 관료들을 수도 없이 배출한 가문으로 잘 알려져 있다. 그는 김장생에게 글을 배워 광해군 때 문과에 급제한 바 있으나, 인목대비 폐비론을 반대하다 합격이 취소되었고, 인조가 반정을 성공시킨 후에 새로 급제하여 핵심 관직을 두루 거쳤다. 병자호란 끝에 도승지 겸 예문관제학을 겸하고 있을 적에, 갑자기 청나라에서 대청황제공덕비(삼전도비)를 세우라는 요구를 비켜 갈 수 없었다.

예조 판서나 대제학 같은 이들이 글을 지어야 마땅하나, 이 핑계 저 핑계로 모두 발을 뺐다. 이경전은 병을 핑계로 아예 칩거로 들어갔고, 조희일은 마지못해 작성하긴 했으나 거친 문장으로 탈락을 자청했다. 결국 장유와 이경석 글만 남게 되었는데, 이를 검토한 청나라에서 장유 글은 인용이 온당치 않다 하였고, 이경석 글이 너무 소략하니 이를 수정하라 요구했다. 청나라 사람이 고쳐 짓기를 독촉하는 감시와 불호령이 심했다. 그때 장유는 이미 죽었으므로, 임금이 경석을 불러서 타이르기를,

"저들이 이 글로 우리가 복종하는가 배반하는가를 시험하려고 하는 것이니, 이는 바로 국가의 존망이 판가름 나는 일이다. 월나라 임금 구천이 회계에서 오나라의 신첩 노릇을 하였으나 마침내 오나라를 멸망시키는 공적을 이루었으니, 훗날 나라가 강대하게 되는 것은 오직 나에게 달려 있다. 오늘의 일은 다만 문자에 있어서 되도록 그 뜻에 맞게 할 뿐, 사태를 너무 악화시키지 않게만 해 달라."

라고 경석의 손을 맞잡아 요청하니, 어명을 차마 거역할 수 없었다.

청나라 협박에 안절부절 하던 인조를 보고서,

"군주의 욕됨이 이렇게까지 되다니요. 이 한 몸을 돌보지 않고, 참고 또 참으면서 명을 받들겠나이다."

라고 승낙할 수밖에 없었다.

비문 작성이란 심적 고통을 이기지 못한 이경석은 그의 형 경직에게, 글을 배운 것이 천추의 한이란 편지를 남겼고, 차라리 어계강에 몸을 던지고 싶다는 심정을 시로 승화시켜 한탄하기도 했다.

청나라 인질로 잡힌 소현세자를 심양에서 보필할 적에, 명나라 배가 평안도에 왕래한 사실로 청나라 황제 명령을 어겼다 하여, 이를 빌미로 이경석에게 등용 금지 조치까지 내렸다. 그러나 타고난 천품으로 영의정까지 올랐는데, 효종이 즉위한 후 수세에 몰린 김자점이 반청 정책을 일러바쳐, 청나라에서 조사관을 파견하였다. 이때 이경석이 나서서 목숨을 걸고 책임을 자청하였다. 국왕의 간청으로 간신히 처형을 면한 이경석은 의주 백마산성에 구금되었다가 이듬해 풀려난 적이 있는데, 송시

열이 욕한 경인년이란 이를 두고 한 말이었다.

　모두 나의 과실이고 우리 임금님과 다른 신하들은 알지 못한다고 끝까지 버틴 이경석을 두고, 청나라 사신들은,

　"동국(조선)에는 오직 이 정승 한 사람이 있을 뿐"

이라며 감탄했다고도 할 정도로, 조야에서 신망을 받던 인물이 이경석이었다.

　그런데 정계 입문을 이끌어 준 이경석을 잘 따르던 송시열 심사가 느닷없이 뒤틀린 것이 언제부터였는지 알 수는 없지만, 우암 쪽에서 제의한 혼사를 백헌 쪽에서 거절한 것이 계기였다고도 하고, 윤선도 처벌을 놓고 의견이 엇갈린 탓이라 하기도 한다.

　아무튼, 잘 지내던 두 사람 사이가 노골적으로 금이 간 것은 '수이강(壽而康)' 사건이다. 현종 임금의 온천행으로 사건이 벌어지기 1년 전인 현종 재위 9년 무신(1668)에 백헌 이경석은 궤장을 하사받았다. 궤장이란 나라에 공이 많은 70세 이상의 늙은 대신에게 하사하던 궤(几 : 의자)와 지팡이를 말하는데, 국왕의 특별한 존경과 신임을 표하는 것인지라, 그 명예롭기가 예사와는 달랐다.

　임금이 궤장을 내려 줄 적에 1등 풍악과 술을 함께 내리니, 경석이 임금 은혜에 감격하여 그 뜻을 시로 적어 읊고, 좌중의 여러 사람에게 부탁하여 화답하게 하였는데, 병을 핑계하여 잔치에 불참했던 송시열도 마지못해 글을 보내 축하하였으니,

　"공이 조정에 있어서의 시종(始終)은 임금께서 내리신 교서에 이미 갖추어 있다. 그러나 경인년 2월의 일은 나타내지 않으셨다. 대체로 그때에는 종묘사직의 존망이 당장 결정되는 판인데, 비록 미봉할 길이 있기는 하였으나 이해에 영리한 자들은 모두 팔짱을 끼고 물러서서, 월나라 사람이 진나라 사람의 수척한 것을 보듯 하였다. 이때에

오직 공만이 한 몸을 내어 죽고 사는 것을 가리지 않고, 두려워하지도 않고 동요하지도 않아서 나라가 결국 무사하게 되었다. 이로부터 임금의 알아주심이 더욱 융숭하고 선비들의 마음도 더욱 따랐다. 하늘의 보우를 받아 오래 살고 강녕하여[壽而康] 마침내 우리 임금의 은혜로운 사급과 예우를 받았으니, 어찌 우연한 일이리오."

라는 내용이었으니, 축하의 뜻을 담아 글을 마무리한 것 같이 보였다.

그런데 여기에서 언급한, '오래 살고 강령하여'라는 뜻을 지닌 수이강(壽而康)은 칭찬 글이 아니라, 비판의 칼날을 숨긴 무서운 뜻을 지녔으니 글을 받을 적엔 당연히 그런 줄을 몰랐었다.

송나라가 힘이 달려 허덕일 때 금나라로 끌려가 살아남은 손적이란 자가 금나라 황제에게 항복 문서를 지어 바칠 적에, 온갖 미사여구로 금을 찬양하고 송을 깎아내린 적이 있었다. 손적의 이런 행태를 두고 '수이강'이란 글자로 평가한 고사가 있었으니, 권력에 아부한 자가 오래도록 잘 먹고 잘 살았다는 뜻을 숨긴 다분히 의도된 용어 선택이었다.

《강상문답》에서 이르기를,

"옛날 백헌 정승이 〈삼전도 비문〉을 지었는데, 그 비문에 말한 것은 실로 사람들의 마음에 부끄럽게 여길 만한 점이 있었다. 그러나 그가 벼슬에 있으면서 청렴결백하고 또 경인년에 한 일의 한 가지가 칭찬할 만하기에 당시에 청음 김상헌 등 여러 어진 이들이 모두 그와 더불어 벗하고 잘 지냈다. 그런데 송 우암의 상소 끝에, '손종신……'이라고 한 것이 있었는데, 백헌 정승은 처음에는 무슨 의미인지를 몰랐다가, 허적이 나중에 〈삼전도 비문〉을 지은 것을 손적에 비유한 것이라 일러 주니, 백헌 정승이 노하여 우암의 소를 동춘 송준길에게 보이니, 동춘이 놀랍고 한탄스러운 일이라고 말하였다."

라고 하였다. 《강상문답》이란 조선 후기 학자 한홍조가 그의 스승 권상하와 제자들이 당론에 대해 문답한 것을 기록한 일종의 문답서이니, 노론색이 짙다 할 것이다.

아무튼, 온천 행재소에 알현하지 못한 송시열이 소를 올려 이경석을 비난할 때,

"옛날 손종신(孫從臣)같이 오래도록 편안하여 크게 한 세상 존중을 받기는 하였지만, 의리를 알고 기강을 진작시켰다는 일컬음을 받지 못했으므로, 그를 불쌍하게 여기는 사람도 있었습니다."

라고 했던 부분을 앞에서 살펴보았는데, 바로 이를 지적한 것이었다.

이 사건은 단발성 해프닝으로 끝났다. 자신에게 비난을 감춘 송시열 글을 이경석이 그의 문집 《백헌집》에 그대로 싣게 했을 정도로 의연하게 대처했기 때문이다. 이경석은 여전히 원로로 대접받다가 2년 후에 죽었다. 그 후 송시열까지 저 세상 사람이 되어 잊혀가고 있던 숙종 재위 29년(1703)에 이경석 손자 이하성이 할아버지 신도비를 세우면서 새로운 사건으로 번지고 말았다.

비문을 지은 서계 박세당이 송시열을 비난했기 때문이다.

퇴계나 율곡 문인들이 살았을 당시만 해도 주자학에 대한 순수성이 유지되었으나, 17세기 이후의 학문은 이념으로 치달아 정적을 효과적으로 단죄하는 수단으로 변질되고 있었다. 주자 해석이 곧 이념의 칼날이었고, 송시열은 주자의 화신으로 변해갔다. 주자학을 문란하게 하는 도적이란 뜻의 사문난적으로 매도되기라도 하면, 학문적 이단으로 낙인찍힌 것은 말할 것도 없고, 정치적으로나 인간적으로도 매장되고 말았다. 유교 경전을 주자와 다르게 해석한 윤휴가 제1의 사문난적이었다면, 박세당은 제2의 사문난적이었다.

현종 때 수찬 김만균이 청나라 사신을 맞이하는 임무를 받자, 호란 당시 그의 할머니가 강화도에서 순절했다는 이유로 사직을 요청했다.

서필원은 사직을 받아들여서는 안 된다고 주장했으니, 사적인 정보다 공의(公義)가 우선되어야 한다는 논리였다.

김만균의 파직이라는 결론이 난 이듬해 송시열이 사의(私義)를 강조하는 상소를 올렸다. 본격적인 공의·사의 논쟁으로 치닫자 박세당이 송시열 주장에 반기를 들었다. 이런 반골 기질로 인해 관로가 봉쇄되어 수락산 서계에 은둔하면서 야인의 길을 걷기 시작했다.

세월이 흐른 후 이경석 손자 이하성이 서계 박세당을 찾았다. 할아버지 신도비를 세우려 했으나, 노론 천하에서 마땅히 나서주는 인물이 없었기 때문이다. 사문난적으로 찍혀 윤휴가 걸었던 길을 서계는 마다하지 않았다. 그리고 그가 초한 비문의 시작부터 심상치가 않았다.

"노성인(老成人 : 이경석)의 귀중함이 이와 같도다. 그럼에도 노성인을
모욕하는 이가 있다면, 천하의 불상(不祥)함이 막대하구나. 불상한
짓을 감히 하려 한다면, 그 또한 불상한 응보가 따를 것이로다. 이것
은 하늘의 도이니, 어찌 두려운 일이 아니겠는가?"

라고 적어 내려 간 비문 끝자락 마무리 단계에 덧붙인 명(銘)에다, 내용을 교묘히 비틀은 박세당이 송시열과 그 추종자들에게 한 방 더 먹였으니,

올빼미는 봉황과 성질이 판이한지라(梟鳳殊性)

성내기도 하고 꾸짖기도 하였네 (載怒載嗔)

착하지 않은 자는 미워할 뿐 (不善者惡)

군자가 어찌 이를 상관하랴(君子何病)

나의 명문을 빗돌에 새기노니 (我銘載石)

사람들이여 와서 공경할지어다(人其來敬)

라고 하였듯이, 이경석을 봉황으로, 송시열을 올빼미로 묘사하여 지난

일을 앙갚음하고자 했다. 봉황은 착한 군자를 상징하는 것이오, 그런 군자를 꾸짖고 괴롭히는 것을 올빼미라 하였으니, 《시경》에서 올빼미를 일러 어미 잡아먹는 나쁜 새라 인식해 왔던 것이 유학자들 사이에서 불문율이었다.

졸지에 노성인(이경석)을 모욕한 불상(不祥)한 이로 전락해 버린 스승을 두고, 붓끝으로 만신창이로 만든 박세당을 두고, 우암 제자들은 그냥 넘길 수가 없었다. 김창협과 김창흡, 김진규 등 노론 지휘부가 선동하니 노론 계열 유생 홍계적 등 180여 명이 연명으로 소를 올렸다.

"전 판서 박세당이 지은 고 상신 이경석의 비문을 보니, 송시열을 여지없이 꾸짖고 욕하였는데, … 또 그 비명(碑銘)에는, '거짓말이면서도 구변을 잘하며, 괴벽한 행실이면서도 고집하며 그른 것을 옳은 것처럼 매끈하게 꾸미는 것은 이미 세상에 문인(聞人)이 있다. 즉 올빼미와 봉황새는 성질이 달라서 성내고 꾸짖는데, 불선한 사람이 군자를 미워하는 것이 군자에게 무슨 관계이리오.'라고 하였습니다. … 세당이 시열을 무함하는 것이 어찌 결국 위로 효종을 무함하는 것이 되지 않겠습니까."

라는 항의 시위에, 이미 저세상 사람인 효종까지 끌어들였다.

발끈한 노론들은 한 걸음 나아가,

"이경석은 청나라 오랑캐에게 뜻을 다해 찬양했지만, 송시열은 춘추 대의에 따라 효종의 북벌론에 몸을 바쳤다."

라고 하여, 이경석에 대한 비난까지 퍼부었다.

그리고 문자를 거두어 물과 불 속에 던져 버리고, 박세당을 사문난적으로 단죄하라는 노론들의 거센 요구가 빗발쳤다. 송시열을 모욕했을 뿐 아니라, 주자를 능멸했다는 것이었으니, 그 빌미가 된 것이 박세당의 《사변록》이었다. 사서(논어, 맹자, 대학, 중용)를 주자와 다르게 해석한 책이었으니, 그를 사문난적으로 옭아매야 할 노론들에게는 절호의 기회였다.

선인들의 학문에 매몰되지 않으려 했던 《사변록》은 미간행 초고에 불과했고, 당시 사상계를 오염시킬 만한 혐의가 있는 것도 아니었다. 송시열에 대한 모독이 주자의 모독이 되고, 주자의 모독이 사문난적으로 된 것이다. 이경석의 신도비 문제가 불거지지 않았다면, 그는 사문난적으로 몰리지도 않았을 것이다.

노론의 여론을 이끌던 김창흡 등의 입장은 단호했다. 박세당의 처벌은 물론 그의 글을 흉서로 지목하는 노론계 상소가 줄을 이었다. 예조 판서 김진구 건의를 받아들인 숙종은 신도비문과 《사변록》을 불구덩이에 던지라고 명했다. 74세의 병든 몸으로 동문 밖에서 대죄하던 박세당을 위해 그의 문인들이 구명하는 변무소를 올렸다. 송시열과의 사감에 따른 것이지, 미간행 원고에 불과한 글이 결코 주자를 모욕한 것이 아니란 항변이었다.

하지만,

"이경석신도비문의 내용들은 박세당의 굽힐 수 없는 소신입니다."

라는 사실만은 당당했다.

박세당에게 유배형이 내려졌지만, 한성판윤 이인엽의 건의로 삭탈관작 수모만 감당하게 되었다.

그로부터 60년의 세월이 더 흘렀다.

이경석 무덤에 비석이 세워졌으니, 영조 재위 30년(1765) 되던 해였다. 완도 옆의 조그만 섬 신지도로 유배가 있던 이광사가 쓴 글자로 세웠으니, 동국진체 완성자로 이름을 알린 그는 이경석 가형 경직의 현손이었다. 백헌의 신도비가 세워지자, 노론들은 더 거칠게 나왔다. 무력행사를 동원하여 비석을 쓰러뜨린 후 비면을 깎아버렸으니, 글자 한 자조차 남기지 않았다. 그리고는 그 비석을 땅속에다 파묻어 버렸다.

백헌 이경석이 만년에 은거했던 경기도 광주 낙생(현 판교).

이경석 묘로 들어서는 계곡 입구엔 현재 두 개의 신도비가 나란히 서 있는 낯선 풍경이 연출된다. 노론들이 파묻었다가 200년 만에 발굴된 비의 상처 흔적이 뚜렷하다. 글자를 연마석으로 갈아 버리고, 정으로 쪼았기 때문이다. 최근에 세운 다른 하나의 비석이 이경석의 것임을 알려 주고 있다.

이토록 무서웠던 사회가 조선이었다.

존주대의, 중화주의, 대명의리로 치닫는 극한적 이데올로기 사회, 그리고 주자와 다르게 해석하는 자를 거침없이 사문난적으로 몰아 매장하는 사회가 바로 조선이었다. 그리고 그런 조선을 움직여 간 세력들이 바로 노론이었다. 해묵은 일들을 끄집어내 정쟁으로 삼은 것이 정권 유지에 도움이 된다면, 무엇이든 상관없었다.

이경석이 지은 글로 세워진 삼전도비 역시 치욕의 상징이라 하여 잇따른 수난을 당했다. 청일전쟁이 종결되자 더 이상 청나라 눈치를 볼 필요가 없어진 고종 32년(1895)에 비가 땅속에 묻혔다가, 일제강점기인 1917년 다시 세워졌고, 1956년 문교부 주도로 다시 땅속에 묻었던 비가 홍수로 모습을 드러내자 또 세워졌다. 2007년 송파 석촌동에 세워진 비석 전후 면에 '철거'라는 붉은 스프레이로 훼손된 장면이 신문을 장식하기도 했다. 원래 있던 자리로 가야 한다는 목소리가 높긴 했으나, 위치 고증도 쉽지가 않았다. 결국엔 현재의 잠실동 47번지 석촌호수공원 서호 언덕으로 이전되어, 드문드문 찾는 이들의 발길만 있을 뿐이다.

치욕의 상징물을 없앤다고 역사까지 까뭉갤 수는 없으니, 그대로 보존하여 이를 되새기는 것 또한 역사 교육의 참 의미가 아니겠는가? 글을 지은 이경석의 심정이나 글씨를 쓴 오준이나 다 같은 심정이었을 것이다. 오죽했으면, 비문 글씨를 쓴 오준이 자신의 손을 돌로 찧었겠는가?

과거의 역사에서 배우는 것은 교훈이다. 그리고 이것을 가르치는 것이 우리에게 주어진 과제가 아닌가 싶다.

제19대
숙종대왕

휘는 순(焞), 자는 명보(明普). 현종의 외아들이며, 어머니는 청풍부원군 김우명의 딸 명성왕후이다. 현종 2년 신축(1661) 8월 15일 경덕궁 회상전에서 태어나, 정미년(1667) 정월에 왕세자에 책봉되고, 갑인년(1674) 8월에 즉위하여, 재위 46년 되던 해에 경덕궁 융복전에서 승하하니, 60세 나이였다. 비는 영돈녕부사 김만기 딸인 인경왕후이고, 계비는 영돈녕부사 민유중 딸 인현왕후, 제2계비는 경은부원군 김주신 딸 인원왕후이다. 14세의 어린 나이에 즉위하였지만, 수렴청정을 거치지 않고 바로 친정을 시작했다. 희빈 장씨 사이에 아들을 낳아 세자로 책봉하였으니, 그가 경종이고, 숙빈 최씨에게 낳은 연잉군이 후일 즉위하니 영조이다.

삼복三福의 변

갑인예송이 마무리되자마자 달포를 넘기지 못하고 현종이 승하했다. 14살에 불과한 숙종이 왕위에 올랐지만, 녹록치 않은 성격인데다 화를 삼키지 못하는 불같은 성정이어서, 그 누구도 제어하지 못했다. 부왕을 이어 내리 2대에 걸쳐 정비 몸에서 태어난 숙종인지라 완벽한 정통성을 가진 임금이었건만, 출생 당시 유독 송시열에게는 축하를 받지 못했다. 현종 2년에 태어났기에 할아버지 효종 상중에 잉태되었다 하여, 송시열이 의도적으로 멀리했기 때문이다. 송시열의 태도를 익히 알고 있던 명성왕후 또한 아들 숙종에게 그 사실을 전해주었다고 전한다.

즉위한 숙종은 부왕 현종의 묘지문을 송시열에게 위촉했다. 진주 유생 곽세건이 예론을 잘못 적용한 그에게 맡겨서는 안 된다는 상소를 올리자, 즉각 수원으로 내려가 버렸다. 숙종은 묘지문을 김석주에게 맡겼고, 행장을 지을 대제학 이단하에게 송시열이 예를 잘못 정했던 사실을 넣어라 명했다. 스승의 잘못을 기록할 수 없었던 이단하가 피하려 했으나, 숙종의 고집을 꺾을 수가 없었다. 현종의 장례 절차가 마무리되자, 송시열은 관직을 삭탈당하고, 이듬해 덕원으로 유배되었다.

허적·허목·윤휴·권대운·민암 등의 남인대신들과 서인 비주류였던 김석주 등 외척들이 득세했다. 허적과 권대운 등은 탁월한 행정력과 원만한 처신으로 서인 정권하에서도 자리를 지킨 인물이었다. 한편 허목과 윤휴는 사림의 청망을 한 몸에 받고 있던 거목인지라, 임금님 부름으로 징소되어 상경했지만, 정치판에서 신예에 불과했다. 따라서 정치적 성향이나 현실 의식이 다를 수밖에 없었으니, 청남과 탁남으로 분열되고 말았다.

청남으로 지칭되던 허목과 윤휴를 따르는 무리 중에는 인평대군 세

아들의 외숙이 되는 오정창 세력이 자못 컸다. 하지만, 척신 김석주가 송시열을 견제할 목적으로 일시적으로 탁남과 손을 잡았다. 할아버지 김육이 경륜을 펼칠 때부터 송시열과 잦은 마찰이 있었기 때문이다. 이렇듯 어수선한 정국 속에서 왕위에 오른 숙종 재위 초반이라, 사건에 사건들이 꼬리를 물었다.

홍수(紅袖)의 변.

궁녀들의 저고리 깃이 붉다 하여, 이들을 가리켜 홍수(紅袖)라고들 불렀다.

2대 독자 숙종이 즉위할 즈음에 주위에 가까운 종친들이 별로 없었으니, 소현세자 아들 삼형제는 귀양 갔다 일찍 죽었고, 봉림대군 또한 유일한 아들이 그를 승계한 현종이었다. 그러하니 인조 막내아들 인평대군이 낳은 자식들만 궁중에 드나드는 피붙이였을 뿐이다.

인평의 장남 복녕군이 일찍 죽어, 그 아래 복창군과 복선군·복평군 삼형제를 흔히 삼복(三福)이라 일컬었는데, 효종에게는 조카가 되고, 현종에게는 종형제, 숙종에게는 5촌 당숙이 되니, 왕실로 치자면 골육지친인 셈이다.

삼복의 외가 동복 오씨 가문을 보면 외숙이 되는 오정위를 비롯한 5형제들이 건재했을 뿐 아니라, 이들은 갑인예송으로 서인을 몰아낸 남인세력의 주축이었다. 갑인년에 복제 문제가 터졌을 때 외척 김석주가 서인이었음에도 남인들과 뜻과 같이 할 수 있었던 것은, 오로지 송시열을 비롯한 산당 세력을 견제하기 위함이다.

현종이 급서하고 숙종이 즉위하자, 외척 청풍 김씨들은 새로운 고민에 빠졌다. 현종 재위 12년 신해(1671)에 조선 땅에서 대기근이 발생했을 때 청 황제에게서 조선의 자존심을 지키면서 대규모 구휼 물품을 싣고 온 복선군이 버티고 있는지라, 이를 쳐다보는 순간 위기감을 느꼈을 것이다. 그런데다 새로운 세력으로 급부상한 남인들 또한 적절한 통제를 가하지 않으면 안 되었다. 특히 14살에 불과한 어린 숙종이 권좌에 올라 수렴청정 없이 단독으로 정사를 처리하게 되었으니, 이를 미덥지 못하게 여겼던 명성왕후의 까칠한 성격 또한 무슨 일이든 덮어두질 못했다.

숙종 원년 을묘(1675) 3월에 청풍부원군 김우명이 차자를 올려 아뢰기를,

"복평군 연의 형제들은, 효종께서 친아들같이 생각하셨고, 선왕(현종)에게 친형제같이 사랑하시는 은혜를 입어 궁궐 안에 드나들더니, 추문이 궁궐 밖에까지 들리게 되었습니다. 이 때문에 선왕께서 놀라고 근심하셨으며, 대비께서도 난처하게 여기었던 바입니다. 전하께서도 선왕에게서 들으셨을 것이기에, 소신이 일찍이 선처하시도록 어전에서 주청한 것입니다. 가정에서 일어난 일이 조정에 미치는 관계는 지극히 중대합니다. 이제 전내(殿內)에 임신을 한 궁녀들이 있게까지 되었는데도 금지하지 못하오니……"

라고 하였다.

소를 올린 청풍부원군 김우명은 명성왕후 아버지였으니, 유일하게 살아남은 인평대군 손자들을 모조리 엮어 제거해 버려야 안심이 될 정도로, 외척 청풍 김씨들의 불안이 컸던 모양이다.

숙종 임금은 소를 안에 두고 내려보내지 않았다.

숙종 외조부인 김우명은,

"이것은 관숙(管叔)·채숙(蔡叔)처럼 장차 반역할 징조이다."

라고까지 소에 썼으니, 주 무왕이 죽어 동생 주공이 섭정을 하게 되었을 때 다른 형제들인 관숙과 채숙 등이 합세하여 일으킨 반란까지 들먹이며, 삼복을 역모로 몰아갈 태세였다.

복창군 정과 복평군 연 그리고 궁중 나인 상업과 귀례가 옥에 갇혀, 고문을 이기지 못하고 공초에 사실을 밝혔다. 그러나 숙종은,

"남의 말을 곧이듣고 골육지친으로 하여금 불측지변에 빠지게 하였으니, 슬퍼서 울음을 참지 못하겠다. 모두 석방하라."

하였다.

오로지 임금의 여인으로 살아야 하는 궁녀와 관련된 사건인지라 조정 신료들은 관여하기를 꺼려했고, 복창군과 복평군이 궁녀와 간통을 저지른 증거나 흔적 또한 찾을 수 없었으며, 잡혀 온 모두가 억울함을 호소할 뿐이었다.

당초 차자를 올린 것은 김우명이었으나, 그 역시,

"일찍이 현종이 복창군과 김상업의 간통 사실을 알고 내치려 했으나, 어머니 인선왕후가 상업을 신임하기에 덮어두고 있었다."

라는 명성왕후 주장 외에는 아무런 물증이나 증언들을 찾을 수 없었으니, 하루 만에 이들 모두를 방면시켜 버렸다.

숙종의 이런 신속한 조치야말로 입김 센 어머니와 외척 청풍 김씨에 대한 반작용이었을지 모르지만, 아무튼 이를 견제해야 하는 남인 입장에서는 그냥 넘길 사안이 아니었다. 윤휴와 허목이 즉각 차자를 올려, 청풍부원군 김우명을 무고죄와 반좌율로서 다스릴 것을 주장했으니, 명성왕후는 낭패를 맛봤고 서인들은 수세에 몰렸다.

이 상황에 대해 양송(송시열과 송준길) 문하에 드나들었던 권상하의 《강상문답》을 빌어보면,

김우명이 듣고 갑자기 생각하기를, '임금은 어리고 허약하여 병이 많은데 형제나 친아들도 없고, 원로대신으로서 보호해 줄 만한 이도 없다. 그런데 저 복창의 여러 형제와 여러 남인들은 날로 결탁하는구나.' 하고, 마침내 감동되어 깨닫는 즉시 궐내에 들어가 정(복창)과 남(복선)이 궁녀

와 간통한 일을 아뢰었다. 이 때문에 정과 남을 가두고 궁녀를 매로 치니 드디어 궁녀가 자백하였다. 그때 남인들이,

"김우명이 무고로 궁녀 자복를 받아 왕손을 죽이고자 한다. ……"

고 말하면서 도리어 우명에게 죄 주자는 논의가 있어, 영의정 허적이 궐 내에 들어가 복창군 형제들의 원통함과 김우명의 무고임을 아뢰었다.

그때 명성왕후가 휘장 뒤에 있다가 큰 소리로 통곡하면서 허적을 꾸 짖어 말하기를,

"그대는 여러 임금을 섬겨온 오랜 신하로 은혜를 입었으면서 어찌 은혜를 갚기 위하여 힘쓸 것은 생각하지 않고 감히 내 눈으로 본 일 을 애매하다고 하는가?"

라고 목소리를 높였다. 허적이 황공하여 어찌할 바를 모르다가 마침내 복창군 형제들에게 죄줄 것을 주청하고 나왔다. 이튿날 윤휴와 홍우원 이 임금께 아뢰기를,

"대비를 관속(管束)하여 정치에 간여하지 못하게 하소서."

하였는데, 그 '관속'이라는 말이 극히 흉하고 참혹한 까닭에 세상에 내놓은 문서에는, '대비의 동정을 조관(照管 보살피는 것)하라.'라는 것으로 고 쳤다. 이 어찌 이이첨이 폐모하던 심술과 다름이 있겠는가?

그리고 적신(賊臣) 조사기는 명성왕후의 일을 두고 문정왕후 윤씨와 꼭 같다고 말하기까지 하였다. 만약 이 무리들로 하여금 그냥 두었다면 모후(명성왕후)를 유폐하는 일이 없으리라 어떻게 보장할 수 있겠는가. 라고 하였듯이, 남인들의 처사를 비난하는 서인 입장이 잘 나타나 있다.

명성왕후를 두고 문정왕후를 닮았다고 한 방 날린 조사기의 본관은 한양이다. 인조 때 식년 문과에 급제하여 벼슬이 승지에 올랐던 그는 숙 종 재위 6년에 송시열 무함 죄로 유배된 인물이니, 서인 쪽에 단단히 미 운털이 박힌 자였다. 숙종 재위 15년에 남인이 집권했던 기사환국으로

신원되자, 자신의 억울함과 송시열 잘못을 열거하여 소를 올렸다. 명성왕후 하는 짓이 문정왕후와 꼭 닮았다 했으니, 벌떼 같은 서인들 공격을 받다가 결국 형장의 이슬로 사라진 인물이었다.

이전 상황으로 돌아가면,

삼복을 제거하려는 청풍부원군 김우명이었지만, 즉각 반격에 나선 윤휴와 허목이 그를 무고죄와 반좌율로 다스려야 한다고 주장했다. 임금의 의지를 읽은 김우명은 대궐로 들어오라는 명을 받자 의금부에 대기하여 처벌을 기다렸다.

이튿날 야대(夜對)에 참석코자 비변사 당상들과 허적·권대운·장선징·류혁연·신여철·김휘·윤심 등이 입시(入侍)하니, 임금이 촛불을 밝히고 동쪽을 향하여 앉았는데, 문 안에서 울음소리가 들렸으니, 이것은 필시 대비께서 나오신 것이리라 여긴 허적이,

"지금 자리에 입시하기 어려우니 신들이 마땅히 물러갔다가, 전하께서 전내에 들어가셔서 간곡히 말씀드려 대비의 울음을 그치게 한 뒤에, 다시 입시하겠습니다."

라고 청하였다. 임금이 문 안으로 들어가니 울음소리가 그쳤다. 여러 신하들이 다시 들어가니 대비가 이르기를,

"선왕께서 복창 형제를 지극히 애호하심이 친형제와 다름이 없었다. 하루는 공주들과 같이 인선대비께서 사사로이 가지셨던 유물을 처리할 때, 복창이 궁녀 상업과 수상한 눈짓이 있는 것을 보고 화근이 될까 염려하시어 처분을 내리려고 하던 중에 갑자기 승하하셨다. 내가 안에서 상업에게 캐물었더니, 인선대비 초상 때 복창이 염습 집사 일로 옷 보따리를 펼칠 때 몰래 손을 잡았으며, 또 발인하던 날 상여를 설치할 때 쪽지를 상업 앞에 떨어뜨려 그리워하는 심정을 말하더니, 마침내 강간하더라고 하였다. 귀례는 물심부름하는 궁녀인

데, 복평이 번번이 차를 대령하라 하고는 손을 잡아 희롱하였는데, 그 후 융복전으로 빈전을 옮길 때 회상전 행랑에서 달려들므로 하는 대로 좇았다고 하였다. 이런 일들은 선왕과 내가 친히 보고 들은 것이다. 그러나 임금이 나이가 어려서 알지 못하므로, 내가 궁중의 풍기가 어지러워지는 것이 두려워 결단내려, 친정 아비에게 말하여 차자를 올리게 된 것이다. 그런데 임금은 어릴 때부터 복창과 정이 깊어서 내 말을 옳게 여기지 않고, 남의 말만을 곧이듣고서 골육지친을 불측지변에 빠트린다고 말하니, 이것이 내가 마음 아파하는 바이다."

하였다. 허적이 아뢰기를,

"대비 말씀이 명백하오니 다시 여쭐 것도 없습니다. 마땅히 문초를 받아서 법에 의하여 처단하겠습니다."

하였더니, 임금이 전교를 내리기를,

"정·남 형제와 나인 상업·귀례 등이 비록 정직하게 자백하지 않았으나, 전후 범행이 이미 모두 드러났으니 의금부를 시켜 법에 의하여 처단하게 하라."

하였다. 대비가 분부하기를,

"뒷날의 폐단을 방지하기 위한 것이다. 나인 등은 이미 내가 친히 물어서 정상을 알았으니 어찌 처음부터 죽이고자 한 것이겠는가? 먼 곳에 정배하는 것이 가하다."

라고 하니, 영의정과 우의정이,

"국법은 가볍게도 중하게도 할 수 없는 것입니다."

하고 간하였다. 임금이 곧장 결안(結案)을 바치라고 명하고, 김우명에게 사관을 보내 대죄하지 말라는 뜻을 전하였다.

복창군 정과 복평군 연, 상업·귀례 등이 다시 구금되니, 판의금부사

장선징이 아뢰기를,

"왕족을 사형으로 처단하는 것은 매우 중대한 옥사입니다. 이미 처음에 죄상을 자백하였지만 석방하였다가 도로 가둔 다음에 다시 공술을 받아 처리하는 것이 법의 상례일 듯합니다. 그런데 지금 어전의 결재로 앞당겨 결안부터 먼저하고 공초를 받는 것은 다만 절차에 어긋날 뿐 아니라 뒷날 폐단에도 관계되는 것이니, 옥사를 다스리는 체통에 있어서 다시 심문하여 자복을 받게 해야 할 것입니다."

하였다. 이에 임금이 이르기를,

"복창군 정 등은 모두 골육지친으로서 비록 범죄가 있다 하지만 나는 차마 법대로 처단하지는 못하겠다. 어머니 말씀도 차마 법대로 처단하지 못하겠다 하시니, 모두 사형을 감하여 정배하고 또한 상업 등에게도 사형을 감하여 정배하라."

라고 명하였다.

명성왕후 농간으로 사건이 뒤집어지자, 남인들은 그 월권행위를 묵과할 수가 없었다. 명성왕후 강압에 못 이겨 그 의견을 좇아간 허적은 남인 안에서 공공의 적이 되었다. 위기 모면용 꾀병으로 치료를 거부하던 명성왕후의 압박 작전들이 상황을 꼬이게 만들었다. 수치심과 분노를 견디지 못한 김우명은 낙향했다. 술로 여생을 보던 그는 결국 그해 여름에 사망했는데, 황병이라고도 하고, 자살이라고도 했다.

청풍 김씨 중에서도 김우명의 형이던 김좌명은 과단성 있고 사(私)가 없어, 먹줄처럼 분명한 사람인지라 조정에서도 믿고 중히 여겼다. 그런데 이초로 홀로 말하기를,

"이 사람 재능은 요순시대에 났더라도 헛되게 늙지 않았을 것이다. 그러나 후세에 외척 처지에 있는 자들이 모두 김공으로 구실 삼아, 그처럼 국정에 참여하려고 한다면, 오늘날 김공의 국가에 대한 노고

가 다른 날에는 반드시 국가 체면을 손상하는 장본이 될 것이다."
라고 했다는 사실을 되새겨야 한다고 《공사견문》은 기술하고 있다.

여름 가고 가을이 다가오자 삼복 형제가 방면되어 한양으로 돌아왔다. 하지만, 남인들도 반겨줄 처지가 되지 못했다.

서인과 남인의 첨예한 대립 속에서 청남 영수 윤휴가 임금에게 대놓고 왕대비를 조관(照管)하라는 직언을 올렸고, 허목은 내종의 부녀가 바깥 정치에 나서는 것이 부당하다며, 사사로운 정을 버려야 한다고 임금께 주청했다. 부제학 홍우원과 이제학 등도 왕대비의 월권행위를 신랄하게 비판했으며, 승지 조사기는 문정왕후를 다시 보는 것 같다고 비난했다.

이런 과격한 발언들이 결국 그들의 발목을 잡았다. 이어지는 경신대출척과 후일의 갑술환국에서 남인들이 처형될 때, 이 발언들이 죄안(罪案)으로 올랐기 때문이다.

아버지 청풍부원군 죽음과 친정의 몰락 위기, 자신을 향한 비난을 감당하기 힘들었던 명성왕후는 모든 탓을 삼복형제와 남인에게 돌렸다. 한당을 이끌던 조부 김육 시절부터 청풍 김씨 가문과 척을 졌던 산당(송시열 일파)과 손을 잡지 않을 수 없었다. 그런 후 기어이 삼복 형제들을 역모로 처단하고 말았으니, 이를 일러 사람들은 삼복의 변이라 부른다.

그리고 여세를 몰아 남인들을 대거 숙청해 버린 경신대출척이 일어났으니, 피를 불렀던 환국 정치의 시작이었다. 겨우 목숨을 부지했던 3복 형제들과 동복오씨 집안도 이때 목숨을 잃거나 철저하게 탄압 받았다. 왕권을 위협하는 존재와 그 외척들에게 주어진 숙명이었다.

아울러 어린 숙종 임금에게,

"대비를 조관(照管)하라."
라고 했던 윤휴의 발언이 패륜으로 지목되어 그는 사사되고 말았다. 광해군 때 북인들이 인목대비를 유폐시킨 것이나 다름없다고 목소리를 높인 것이 명을 단축한 것이었다.

시간이 흘러 윤휴 아들 하제가 임금님 행차에 꽹과리를 쳐서 억울함을 호소했다. 김수항이 윤휴를 모해하려는 계책으로 '조관'이란 두 글자를 따내어, 임금을 협박하는 뜻이라 몰아붙였다는 것이었다.

실학자 이익은 그의 《성호사설》에서,

"왕손인 복평군 정은 바로 인평대군 아들이다. 그 부인의 성품이 질투가 많아 득옥이란 계집종에게 혹독한 형을 가해 죽게 했는데, 득옥이 죽은 뒤에 요귀로 화하여 야차(夜叉 사나운 귀신)와 함께 한낮에 그 집에 들어와 용마루를 타고 다니므로, 이것을 보고서 달아나 숨지 않는 이가 없었고, 이로부터 온갖 요사와 변괴를 일으켜 결국 그 일족을 다 멸하고야 말았다. 인평대군은 나라에 공로가 있는 이로서 병자년 당시에 세 번이나 연경에 다녀왔고, 아홉 번이나 요동성에 다녀왔으매, 또 효종은 우애가 지극하여 이른바 장침 대피(長枕大被)도 비교가 안 될 정도였지만, 자손들이 다 반역죄로 옥사했고 다만 손자 한 사람이 벙어리에다 귀먹은 천형(天刑)으로 죽음을 면하고 제사를 받들어 대가 끊이지 않았으니, 역시 기이한 일이다."

라는 평을 남긴 바 있다.

왕실 측근으로 살아가는 것도 어렵고, 지조 있는 선비로 살아가는 것도 참으로 어려운 것이 당시 삶이었다.

경천동지 할 경신년 이 해에 숙종은 인경왕후를 잃었다. 천연두를 앓은 지 8일만이었다. 그러자 명성왕후는 궁녀 장씨를 쫓아내고 인현왕후 민씨를 간택하였으니, 인경왕후 인산을 마친지 불과 한 달 만이었다. 인현왕후 민씨는 송시열 혈친이자 정치적 동반자 송준길 외손녀였다.

숙종의 환국정치는 신하들에게만 적용되는 것이 아니었으니, 궁녀 장씨와 인현왕후 민씨, 이 두 여인이야말로 훗날 기사환국을 비롯한 갑술환국과 무고의 옥, 그리고 신임사화 비극의 주인공이자 불씨였다.

그러하니, 여인네로 살아가는 것도 어려웠던 것이 당시의 삶이었다.

경신환국과 복선군·허견 옥사

숙종 임금 재위 6년 경신(1680) 3월 28일 밤에 갑자기,

"총융사 김만기·훈련대장 류혁연·포도대장 신여철을 패초(牌招)하라."

라는 명을 내렸다. 급한 일이 있을 때에 신하를 불러들이던 것을 패초라 일컫는데, 병권을 장악한 이들이 급히 달려오자, 곧바로 훈련대장 류혁연을 해임하여 그 자리에 김만기를 앉히고, 신여철에게는 총융사를 맡겼다.

이것이 경신환국의 시작이었다.

현종 말년 갑인예송에 승리한 남인들이 여세를 몰아 숙종 즉위 후에도 여당으로 정국을 운영했지만, 청남과 탁남으로 갈리어 정국을 혼란케 하는지라, 숙종에게 한 차례 경고를 받았을 정도로 신임을 잃어가고 있었다. 산림으로 징소된 윤휴나 허목의 대쪽 같은 성격들이 타협을 거부하며 강경하게 나갔던 것에 비해, 오랜 기간 정치권을 맴돌았던 허적을 비롯한 탁남 정객들은 특유의 행정력을 발휘하면서 유연하고 온건한 노선을 취할 수밖에 없어, 양자의 공존을 기대하기란 참으로 어려운 일이었다.

하여튼 정국 주도권을 움켜쥐려는 숙종의 의도가 경신환국으로 나타

났고, 그 결과 탁남을 이끌던 허적이나 청남을 대표하던 윤휴가 사사되었던 것은 물론, 남인들이 대거 숙청당해 서인들에게 정권을 내주고 말았다. 공조판서 겸 훈련대장을 겸했던 류혁연은 뒤이은 복선군·허견 옥사에 연루되어 유배되었다가 처형되고 말았다. 그는 무신 가문에서 태어난 타고난 무인인지라, 효종이 북벌을 준비하면서부터 중용되었지만, 외손 심좌한이 복녕군 딸과 혼인한 사이에다 골수 남인이었기에 죽음을 피할 수가 없었다.

《숙종실록》에는 언급조차 없지만, 이날은 영의정 허적의 조부 허잠에게 시호가 내려진 것을 축하하는 연시연(延諡宴)이 열린 날이라, 많은 조정 대신들이 초대되었다. 그때 사람들이 수군거리기를,

"잔치에 오는 병조 판서 김석주·광성부원군 김만기를 비롯하여 자기 당패에 붙지 않은 상대편 사람들을 독살하고, 허견(허적의 서자)은 장막 뒤에 따로 무사를 모아놓고 들이치려고 한다."

라는 말까지 돌았다.

김석주와 김만기. 그들은 남인 정권 하에서도 권력을 놓지 않았던 외척들이었으니, 김석주는 숙종 어머니 명성왕후의 4촌이었던 청풍 김씨였고, 김만기는 숙종 비 인경왕후 아버지였던 광산 김씨로, 이 시절의 서인을 대표하던 세력들이었다.

그럼에도 시국이 시국인지라 김석주는,

"우리 두 사람 모두 잔치에 가지 않으면 저들이 반드시 의심할 것이오."

라고 하여, 김만기에게 참석을 권했다.

허적은 이들을 초청하기 위해 허견을 다섯 번이나 보냈지만 석주는 병을 핑계로 끝내 모습을 나타내지 않았다. 늦게 도착한 만기는 자리에 앉자마자 남의 잔을 빼앗아 마시거나 나물만 먹다가, 돌림 잔이 와도 사

양하고 받지를 않았으니, 혹시 독이 들었을까 의심한 때문이었노라고, 저자 미상의 《조야회통》은 전하고 있다.

잔치가 열렸던 그날 마침 비가 내렸다.

이 때문에 잔치에 지장이 있지 않을까 염려한 숙종이 특별히 내시에게 궐내에서 쓰는 장막과 차일을 찾아주라 하였더니, 내시가 대답하기를,

"허적이 그 물건을 찾아서 장막과 궁중잔치에 배설하는 판자 새끼 [板索] 등을 모두 가져갔습니다."

라고 하는지라, 임금이 노하여 이르기를,

"궐내에서 쓰는 장막을 마음대로 가져가는 것은 한명회도 못하던 짓 이거늘."

이라 하고는, 궁중 하인에게 거지꼴 해진 옷으로 가서 정탐하게 하였더니, 잔치에 참석한 서인이라고는 오두인과 이단서 등 몇 사람뿐이었다. 허적의 당파가 많아 기세가 당당하더라는 말을 전해 들은 숙종은 궐문을 닫지 말라고 명한 후, 류혁연·신여철·김만기를 불러들이고자 패초한 것이었다.

류혁연이 잔치 자리에서 패초를 받아 일어나니, 김만기도 따라 일어났다. 허적이 만기의 손을 잡으면서 말하기를,

"도대체 무슨 일인지 공은 알 것 아니오."

라고 물었으나, 만기 또한 알지 못한지라 옷을 떨치고 나오니, 좌중이 모두 놀라 안색이 변하지 않은 사람이 없었다. 류명천이 일어나 허적에게 말하기를,

"지금 여러 장수들을 부르시니 화가 박두하였음을 알 수 있습니다. 만약 세 정승이 함께 들어가서 청대하면 일을 수습할 수 있을 것입 니다."

하니, 허적이 말하기를,

"10월 중순부터 성상께서 나를 싫어하고 박대하는 기색이 있었으
니, 지금 들어가 면대한다 해도 소용이 없을 것이라."
하였다.

류명천의 강요에 못이긴 허적이 좌의정 민희와 함께 초헌을 재촉하
여 궐문 앞에 나아가니, 이미 비망기가 내려졌음은 물론 여러 장수들이
모두 병부(兵符)를 바꾼 뒤였다. 허적은 황망하게 물러왔다가 새벽녘에
강가에 나가서 대죄하였다.

그로부터 닷새가 지났을 무렵에 변란을 고한 자가 있어, 불안한 정국
을 더 크게 뒤집어 버렸다. 역모를 고한 이는 정원로였지만, 그 뒤에는
김석주가 버티고 있었다. 정원로는 원래 허견과 김석주 사이에서 외줄
타기 하던 자였으나, 그 이중첩자 행위가 김석주에게 발각되어 그의 심
복으로 돌아설 수밖에 없었다.

노론 측 기록인《강상문답》에 의하면,

"인평대군의 아들 여러 복(福)이 본래 교만하고 억세었는데, 임금이
초년에 자주 병을 앓았으므로 그들이 몰래 못된 생각을 품고 바라서
는 안 될 자리를 넘겨보았다. 이때는 서인이 힘을 쓰던 때라 자신들
계획을 실행키 어려울 것을 염려하여, 마침내 남인에 붙어서 윤휴와
허목을 스승으로 삼아 서인을 배척하려고 하였으나, 기회를 엿볼 만
한 틈이 없었다. 서로 은밀히 모의하기를, '송시열이 서인의 영수이
니 그를 배척하면 모든 서인이 다 일어나 두둔하려 할 것이다. 두둔
하는 차례대로 제거하면 서인을 모두 쫓을 수 있을 것이나, 다만 무
슨 일로 시열을 쫓아버릴 죄안을 만들 것인가. 기해년에 예를 논의
한 것이 종시 인심에 어긋나고 불만이 있었으니, 이것으로 죄안을
삼으면 시열을 쫓아 버리는 것은 손바닥을 뒤집듯이 쉬울 것이다.'

라고 하고는, 마침내 안팎으로 이간하여 갑인년의 화를 선동하였다. 그때에 허적이 영의정으로 있었는데, 그들이 몰래 허적의 서자 허견을 보고 말하기를, 임금에게 만약 불행한 일이 생기면 너는 나를 후사로 삼으라. 나는 너에게 병조 판서를 시킬 것이라고 했다. 허견이 매우 기뻐하여 하늘에 제를 올리며 맹서하였다. 이때 김석주가 병조를 맡고 있었는데, 남몰래 그 기미를 알고 마침내 정찰하여 경신년 옥사를 일으켰다. 대저 남인들은, 이 옥사는 여러 복(福)과 허견이 바라서는 안 될 자리(왕위)를 넘겨다 본 죄일 뿐이요 역모와는 다르니, 그들만 처벌하는 것으로 충분하다 하였고, 윤휴의 무리가 죽은 데에 대하여는 사화를 입었다고 하면서, 석주를 남곤과 심정처럼 여겼는데, 이것은 남인이 경신년 옥사를 억울하다고 여기는 까닭이다."
라고 한 바가 있듯이, 복선군 이정이 뼈에 사무치게 서인들을 원망하니, 허견이 그와 함께 흉악한 꾀를 부려 화를 키웠다고 하였다. 그리고 이에 연루되어 죽은 윤휴를 놓고 남인들이 마치 기묘사화 때 남곤이나 심정이 조광조를 모함하여 죽였던 것처럼 포장한다고 성토하던 분위기를 잘 나타내고 있다.

저자를 알 수 없는 《조야회통》에 따르면, 그 무렵 김석주가 병풍을 만들기 위해 속에 바를 종이를 병풍장에게 주었다가 도로 찾아 왔는데, 병풍장이 허견의 집 병풍 종이와 같이 묶었다가, 이를 구분하지 못하여 석주에게 주어버렸다. 허견의 종이 뭉치 속에서 발견한 한 통의 편지를 본 석주가 예측할 수 없는 변고를 예상하고 은밀히 임금에게 아뢰어 수시로 정찰하였다. 허적·류혁연·복선군의 동정을 살피고자, 이입신·박빈·남두북 세 사람이 석주에게 받은 백금 4백 냥으로 밤낮없이 그 집을 출입하고 계집종들과 어울렸으니, 알지 못하는 것이 없었다. 하루는 복선군 집 계집종이 손가락 끝이 아프다고 하여 그 까닭을 물었더니 대답하

기를,

　　"요즘 우리 궁(宮)에서 군복을 많이 지었는데, 열흘 동안 바느질을 하
　　였더니 손가락 끝이 헐어서 아픔을 참지 못하겠다."

라고 했다. 이에 몇 벌이나 지었으며 어떤 곳에 쓸 것인가 물었더니,

　　"석새 베[三升布] 한 동을 사 와서 군복을 만들었으니, 아마 백 벌은
　　넘을 것이고 쓸 곳은 모르겠다."

하는지라, 김석주와 김만기가 은밀히 비상사태를 대비하고 있었다.

　　숙종은 철원부에 귀양가 있던 김수항을 방면시켜 정계 복귀를 명했
고, 이조 판서 이원정의 관작을 삭탈하여 문외출송 시켜 버렸다. 그리고
는 이조 판서에 정재숭를 비롯하여, 장령에 심유, 지평에 조지겸, 대사간
에 류상운, 정언에 이언강, 판의금에 이상진을 제수하고, 도승지에 이익
상을 낙점하였다. 온 조정이 서인들로 채워지자, 영의정 허적은 강가에
나갔고, 좌의정 민희·우의정 오시수는 연명으로 소를 올려 사직했다.

　　사간원에서는 역모에 연루된 삼복의 처리를 줄기차게 요구했다.

　　"복창군 이정과 복선군 이남은 저들이 먼저 조심하고 근신하여 혐의
　　를 멀리함으로써 국가의 특별한 은혜에 보답할 것은 생각하지 아니
　　하고, 감히 은총을 빙자하여 법제를 파괴하고 외인과 결탁하여 드나
　　들면서 …… 복창군 정·복선군 남·복평군 연을 모두 외딴 섬에 안
　　치하기를 청하오며, 헌납 윤의제는 죄인(윤휴)의 아들로서 간관의 반
　　열에 그대로 유임됨은 옳지 못하니, 윤의제 체직을 청합니다."

하니, 아뢴대로 하라 일렀다.

　　복창군 정은 거제에, 복선군 남은 진도에, 북평군 연은 교동도에 각각
안치시켰고, 허적을 내친 영의정 자리에 김수항을, 그리고 좌의정에 정
지화를 앉혔다.

　　허적은 초사(招辭 : 죄인이 진술한 범죄 사실)에 관련되었다 하여 잡혀

왔다. 하지만 현종에게 고명을 받은 대신이란 이유로 관직 삭탈에 폐서인 되었고, 삼복의 외숙 오정창은 옥에 갇혔다가 유배되었다.

복선군 이남의 결안(結案 : 사형집행 죄수의 범죄 사실을 최종 정리한 문서)을 보면,

"왕실과 가까운 사람으로서 조심하기를 생각지 아니하고, 천얼과 교분을 맺어 감히 바라서는 안 될 생각을 품었다. 허견과 더불어 정원로의 집에 모여서 이야기를 할 때에 허견이 말하는 '임금께서 춘추가 한창이신데 옥체가 편하지 않으시고, 또 세자가 없으니 만약 불행한 일이 있으면 대감을 두고 왕위가 어느 곳에 돌아가겠습니까. 지금 국사에 고질적인 폐단이 있으니 후일에 부디 잘하시오. 또 당론을 타파함이 마땅합니다. ……'는 말을 그대로 듣고 있었다. 이제 정원로의 초사에 그 간의 사실이 남김없이 모두 나타났으니, 모역한 것이 확실하다."

라고 하였고, 허견의 결안에도,

"천한 서얼로 왕실과 가까운 종친과 교분을 맺어 비밀스럽게 행동한 적이 여러 해 되었는데, 지난해 정월에 복선군과 함께 원로의 집에 모여서 술을 마시며 이야기하는 중에 남에게 말하기를, '전하께서 춘추가 한창이시니 우선은 염려할 만한 일이 없으나, 만일 불행한 일이 있으면 지금 종중의 흥망이 대감에게 달려 있으니, 대감을 두고서 그 누가 있습니까.'라고 수작한 뒤에, 직접 맹서하는 말을 쓰기를, '세 사람의 입에서 말이 나와 세 사람의 귀에 들어갔으니, 만일 이 말을 누설하면 하늘이 반드시 죽일 것이다.' 하고, 그 말을 적은 종이를 두 조각으로 끊어 원로와 각기 한 조각씩 가졌으며, 닭을 죽여 피를 짜서 술에 타서 함께 마시고, 세 사람이 의형제를 맺었다. 이태서로 하여금 윤휴·이원정을 격동시켜 체찰부를 다시 설치하게 도

모했고, 날쌔고 포악한 무사를 많이 모아서 심복을 만들었으니, 모역한 것이 확실하다."

라고 하였으니, 살아남을 수가 없었다.

군기시 앞길에서 허견의 형이 집행되었고, 당고개에서 복선군을 교살형에 처했다.

복선군의 형 복창군에 대해서도 전교를 내려,

"죄인 정(楨 : 복창군)이 역적 허견의 집에 왕래하면서, 만약 상소할 일이 있으면 반드시 허견의 손을 빌렸고, 어두운 밤에 오가면서 예문(禮文)의 시비와 서얼의 통청에 대해서 서로 의논하였다. 허견이 정원로·강만철과 주고받은 말 가운데 '임금께서 오래도록 세자가 없는데, 만약 불행한 일이 생기면 저 사람들이 반드시 임금이 될 것이다.' 하였고, 저 사람이라고 한 것은 그 형제를 지목한 것이라 하였다. 만송 초사에도 그 이름이 추대하는 데에 들어 있고, 그의 초사에도 '정원로는 술사이고 허견은 요인(妖人)인데, 남(柟 : 복선군)이 서로 사귀므로, 제가 연(㮒 : 복평군)과 함께 항상 걱정하고 염려하였다.' 하니, 역모에 함께 참여한 형적이 소상하게 나타나 덮어두기 어렵다. 추대한다는 말이 역적의 초사에 낭자하다. 만약 한결같이 형벌로 추문하다가 형장 아래에 지레 죽게 되는 것은 차마 하지 못할 바이니, 참작하여 처치하는 도리가 있어야 하겠다. 사사하라."

라는 명을 내리자, 다섯 차례 형벌을 써서 국문한 끝에 사사하였다.

연루된 자들을 모두 연좌시키고 가산을 적몰하면서도,

"복선군의 숙부는 역모에 원래 간여하였을 리 없고, 또 다른 종친과도 자별하니, 연좌시키는 한 조목은 거행하지 말라."

라고 했다. 복선군의 숙부란 숭선군·낙선군을 말함이니, 인조와 귀인 조씨 사이에 태어난 아들이었고, 마지막 남은 종친들이었다.

복선군 형제의 후원자를 자처했던 윤휴도 삼수로 유배되었다가, 두 달 만에 사사되고 말았다. 홍수의 변으로 삼복 형제들이 위기에 처했을 때, 윤휴가 대비를 조관(照管)하라 했던 극언이 빌미가 되었고, 도체찰사 재설치를 요구했다거나, 부체찰사에 자신이 임명되지 않자 왕 앞에서 불쾌한 기색을 드러냈다는 이유로 죽었지만, 송시열과 대척점에 선 청남의 영수였다는 사실이 그의 목숨을 단축했던 것에 의문을 표할 사람은 없을 것 같다.

류혁연 처벌을 놓고 승지 윤해가 아뢰기를,

"류혁연의 죄는 진실로 용서하기 어려우나, 역모에 참여하였다는 사실은 아직 나타나지 않았습니다. 혁연은 세 조정을 섬긴 오래된 장수로서 나이 칠순에 가까운데, 엄한 형벌을 받고 오랫동안 옥에 갇혔으니, 만약 또 형벌을 가하면 죽을까 염려됩니다. 대신에게 하문하시어 처리하는 것이 옳을까 합니다."

하니, 숙종은 사형을 감해 멀리 변방으로 정배하라 명했다.

정원로 고변으로 관련자들을 잡아다 추국하는 과정에서, 김석주와 이익상 등은 류혁연이 제멋대로 이천의 둔군을 확장했다며 치죄할 것을 요청했다. 그가 훈련대장 시절 대흥 산성 재정과 군병을 충당할 방편으로 각지의 둔전과 둔군을 이속시켰는데, 이천의 둔전과 둔군도 이에 포함되었기 때문이다. 추국 과정에서 자신의 혐의에 대해 해명했지만 받아들여지지 않았다. 경상도 영해로 유배를 보냈으나, 다시 제주도 대정현으로 정배하여 위리안치까지 시켰다. 여러 혐의를 씌워 재조사에 나섰지만, 더 이상 밝혀진 것이라곤 없었다. 그럼에도 류혁연을 죽여야 한다는 줄기찬 요청에 따라 결국 사사되고 말았다.

갑자년에 한양의 어느 백성이 꾸었던 꿈에 군복을 입고 칼을 빼든 류혁연이 뛰면서,

"이제야 김석주에게 보복하였다."

하는 통에 놀라 꿈을 깨었는데, 거리에서 사람들이 청성(淸城 : 김석주)이 죽었다고 했다는 사실을 《몽예집》이 전하는 것으로 미루어, 그의 억울한 죽음이 민간 야사로 나타났음을 알 수 있다.

아무튼, 사전에 올라온 고변서로 흉도들이 잡혔고, 심문하기도 전에 실정을 자백했기에 논공행상의 이유가 없었지만, 신하들의 반대를 무릅쓰고 기어이 보사공신이란 이름으로 보상했으니, 1등 공신 김석주 아래 그 하수인이자 정탐 역할을 맡은 이신립·박빈·남두북은 물론, 역모를 고변한 정원로까지 공신록에 이름을 올렸다.

이렇듯 복선군·허견 옥사는 사전에 역모 사실을 눈치 챈 김석주가 짜놓은 각본에 따라 움직인 측면이 강하다. 숙종의 의지가 반영된 경신 환국에다 남인들을 엮을 역모로 연결시켜 고발한 사건이니, 갑인년 예송에서 송시열 제거를 위해 남인과 손잡았던 김석주가 이번에는 숙종과 손잡고 남인들을 제거한 정치공작에 불과한 사건이었다고 지적받는 것도 그런 이유 때문이다.

옥사가 마무리에 접어든 5월 18일에 5명의 공신 책록이 있었지만, 이후 공신을 추록해야 한다는 주장들로 시끄러운 가운데 8월이 되자, 정원로가 오정창과 역모를 꾀했다는 또 다른 고변이 등장했다. 복선군과 허견의 옥사를 다룰 적에 잡혀 온 오정창을 정원로가 서로 알지 못하는 것처럼 위장하여 위기를 넘겼다는 것이었다. 국청이 새로 열려, 정원로는 공신록에서 삭제됨과 동시에 당고개에서 처형되었고, 이를 고변한 이원성이 공신록에 이름을 올렸다.

이원성의 고변으로 이미 귀양 갔던 오정창도 복주(伏誅) 되고 말았는데, 그는 청남을 이끌던 윤휴나 허목과 허물없이 지냈을 뿐 아니라, 삼복의 외숙이란 점에서 이 정국을 헤쳐 나오긴 어려웠다. 명문의 반열에 있던 동복 오씨 가문에서 복선군을 왕위로 앉히려 한다는 혐의를 받았으니, 그 일족들이 줄줄이 죄를 입을 수밖에 없었다.

이렇듯 서인들의 집요한 공격은 이듬해 5월까지 이어져, 100여 명이 넘는 남인들이 갖가지 죄목으로 처벌되었다. 이를 두고 경신대출척이라 부르는 것도 그런 이유 때문이다.

일찍이 허적이 사당에 고유제를 올릴 적에, 갑자기 제상에 암탉이 날아들어 제기를 엎어 버리더니, 잔치를 시작하여 찬을 나눌 적에 또다시 뛰어든 닭이 이리저리 발길질을 해 대어 쟁반과 그릇들을 엉망으로 만들어 버렸다.

이를 본 허적이 닭을 잡으라고 소리치며,

"이것은 유인(酉人 : 서인)이 스스로 망할 징조이다."

라고 했다는데, 훗날 사람들이 이를 두고,

"오히려 허적의 당파가 유인에게 패할 징조이다."

라고 했다는 말이 전해 오고 있다.

허적의 입에서 뱉은 유인(酉人)이란 말은, 서인을 지칭하는 '닭대가리' 정도로 쓰인 은어가 아닐까 싶다. 유(酉)는 12간지의 열 번째인 닭을 의미하는 동시에, 방위 개념으로는 서쪽에 해당하기 때문이다. 남인들을 오인(午人)이라 지칭한 것도 마찬가지였다.

잔치상을 뒤엎은 닭을 두고 해석을 제대로 하지 못한 허적이야말로, 앞날을 내다보지 못하여 생명을 단축하고 말았으니, 당초 숙종은 허적에게 아들의 역모와 연관되지 않았다 하여 삭탈관작만 명했지만, 그전에 있었던 아들의 망나니짓이 그를 죽음으로까지 몰아넣고 말았다,

정실부인에게서 아들을 보지 못한 허적은 서자 허견을 애지중지할 수 밖에 없었다. 숙종 재위 5년(1679)에 서자 허견이 남의 부인이 된 여자를 납치하여 강음한 사건이 궁중에까지 알려졌는데, 이때는 영의정이

란 권세로 임금의 권위를 빌어 넘길 수 있었다.

하지만 권력에서 멀어지자 벌떼같이 일어난 서인들이 이를 집요하게 제기하여, 남인을 이끌던 허적을 사사시켰으니, 싹 갈아 엎어버리는 숙종의 환국정치는 그의 의도대로 왕권이야 강화되었겠지만, 당쟁을 더 격화시키는 결과를 가져왔다.

장 여인의 등장과 송시열

경신년에 남인들을 몰아내어 자신들을 구해 준 송시열이나 김수항 입장에서는 김석주가 은인이었다. 외척이란 힘에다가 공작정치의 달인이었던 김석주의 눈치를 보지 않을 수 없었지만, 정권 제조기 역할을 하던 김석주가 죽자, 노론 소론의 갈등은 더욱 골이 깊어갔다. 오로지 왕권 아래 일원화된 정국 운영을 바라던 숙종이 경고장을 날리기도 했다.

숙종의 첫 번째 비였던 인경왕후는 두 딸만 낳은 채 천연두로 일찍 죽었으니, 친정 광산 김씨에게 외척으로서의 기반만 남겨 준 셈이 되었다. 이어 계비로 들어 온 인현왕후 민씨 또한 궁에 들어온 지 5년이 지났건만 자녀를 생산하지 못한지라, 여흥 민씨 가문도 내일을 보장받지 못한 처지가 되고 말았다.

그런 가운데 숙종은 궁녀 출신 장씨에게 마음을 빼앗기고 있었으니, 이를 눈치 챈 대비 명성왕후의 드센 기질이 둘 사이를 기어이 갈라놓고 말았다. 하지만 명성왕후가 죽자 쫓겨났던 장씨는 궁으로 되돌아 왔다. 후사 걱정을 앞세워 인현왕후 스스로 요청한 일이었지만, 임금의 장씨에 대한 총애가 짙어질수록 그녀의 수심도 늘어만 갔다. 날로 더해 간 숙종의 총애로 인해 장씨의 방자한 마음도 늘어갔으니, 임금을 섬기는 신하들은 불안하기 이를 데 없었다.

정권을 손아귀에 넣은 서인들은 이것이 정국 운영에 걸림돌이 될까 노심초사 했고, 이 무렵에 큰 홍수 피해로 민심까지 흉흉한 상황에서, 장씨를 위한 별당을 짓기 위해 밤 몰래 재목을 나른다는 소문이 나돌았다. 그러자 숙종 재위 12년 병인(1686)에 부교리 이징명이 소를 올려,

"장씨는 역관 장현의 질녀인데, 장현은 복창군 복선군에 빌붙어 귀양가 있는 자입니다. 예로부터 국가 화란이 여총(女寵)으로 시작되고, 여총의 화근은 대개 이런 사람에게 나왔습니다."

라고 아뢰었건만, 이에 발끈한 숙종은 그를 파직하고, 보란 듯이 장씨를 종4품 숙원에 봉했다.

정언 한성우가 장씨의 봉작이 부당하다며 또 상소를 올리니, 답하기를,

"지금 장씨에게 봉작하는 것은 실상 전례에 의한 것이다. … 이번 한성우의 소 가운데, 미색을 좋아하고 총애 때문이라는 설에 이르러서는 억측이라 할 수 있다. 이것은 필시 궁인들 중에 음흉한 것들이 사부와 짜고서, 터무니없는 말을 꾸며 임금을 모함하는 것이니, 한성우의 직을 체직하라."

하였다. 그리고는 비망기를 내려,

"궁인으로 궁가(宮家)와 짜고 비방하는 말을 만드는 자는 바로 목을 베어 달 것이다."

라는 엄명을 내린 후, 장씨 거처 숙의궁에다 노비 1백 구를 내려 주었다.

숙종 재위 13년 정묘(1687)에 정승을 뽑는데, 다섯 번이나 후보 추천을 하게 하여 조사석을 우상으로 삼았다. 이를 두고 주강에서 김만중이 아뢰기를,

"조사석의 가복(加卜 : 왕의 명으로 정승 후보를 추가로 추천하는 것)에 대해 항간에서, 귀인 장씨 외가댁과 은밀한 관계이기에 청탁으로 정승이 되었을 것이라 의심합니다."

하였더니, 임금이 크게 노하여,

"내가 한 나라의 임금으로 있으면서 한갓 여자에게 미혹되어 뇌물을 받고 정승을 시켰다는 말까지 받게 되었으니, 무슨 면목이 있겠느냐."

라고 한 후에 전교를 내려,

"그 말의 출처를 캐어 오늘 안으로 자수하게 하라."

하였다. 이에 영상 남구만이 사직을 청하면서, 자수하게 하라는 〈비망기〉 환수를 청하였다.

《명곡집》과 《조야첨재》 《간재만록》 등에 따르면, 숙의 장씨는 원래 자의대비라 불리던 인조 계비 장렬왕후 조씨 처소의 궁녀로 입궁했다가, 숙종의 눈에 띄어 승은을 입은 여인이었다. 항간에는 자의대비 사촌이던 조사석이 장씨 어미 윤씨와 은밀한 관계라 하여 말들이 많았는데, 외척이자 노론을 이끌던 김만중이 이를 발설하여 벌집을 쑤셔 놓은 것이 되고 말았다.

김만중을 잡아다 세 차례나 문초하였으나, 그 말의 출처를 대지 않으므로 선천으로 귀양 보냈다. 지평 이정익과 대간 류헌이 환수하기를 청하였으나, 허락하지 않았다.

집권하고 있던 서인 입장에서 장씨가 부상하면, 경신환국 때 환란을 맞은 장씨 친정과 남인들의 재등장이 불을 보듯 하는지라, 그 싹을 자르려다 오히려 화를 키워가고 있었다. 영의정 김수항, 영중추부사 김수흥, 예조 판서 여성제를 비롯하여 승지와 대간들이 합세한 간언과 간쟁이 이어지자, 숙종은 군약신강이란 말이 떠돈다는 이유를 들어 신하들을 압박했다.

숙종 14년 무진(1688) 7월에 이조 판서 박세채가 명을 받들고 조정에 들어와, 기어이 소매 속에서 차자를 꺼내 올렸으니,

"궁중의 명문은 마땅히 엄하게 하여야 한다."

라고 시작한 내용에 이어,

"가까운 종친인 동평군 항에 대한 대우가 지나치다."

라고 끝을 맺었으니, 그때 장 귀인의 총애가 후궁에서 제일이요, 동평군 항이 총애를 믿고 궁중에 등을 대고서 대궐 출입이 잦았기 때문이다.

인조의 다섯째 숭선군 아들이 동평인데, 그 어머니 신씨가 궁중에서 쫓겨난 장씨를 돌봐주고 있었기에, 서인들 입장에서는 눈에 가시였다. 차자를 올린 박세채를 두고, 숙종은 괴물이라 지목하여 엄한 전교로 배척했고, 그를 옹호하던 영의정 남구만을 경흥에, 우의정 여성제를 경원에 각각 위리안치 시켰다.

그러던 9월 28일에 소의(정2품) 장씨가 왕자를 낳았다. 왕실의 경사를 핑계로 장씨 어머니가 뚜껑 있는 가마를 타고 대궐 안에 드나들었는데, 이를 본 지평 이익수가 가마를 때려 부수고 불태웠고, 그 종까지 엄하게 다스리니, 임금이 이르기를,

"출입하라는 명령이 있었는데, 아뢰지도 않고 제멋대로 형벌을 가하느냐."

하여, 내수사에 명하여 이들을 죄주라고 일렀다.

시간은 흘러 인사를 담당한 최석정이 이익수를 연속하여 삼사의 직에 수천(首薦) 하였더니, 임금이 괘씸하다 여겨, 이때부터 남인만 뽑아 쓰고, 최석정을 안동 부사로 내쫓았다.

장소의가 왕자를 낳은 지 4개월째로 접어든 기사년(1689) 1월 10일에, 대신·육경·삼사 장관을 인견한 자리에서 임금이 이르기를,

"국본[세자]을 정하지 못하여 나라 형세가 고단하고 약하며, 시사에 어려운 것이 많아 민심이 의지할 데가 없는데, 현재의 큰 계책은 다른 데 있는 것이 아니라, 당장 내가 의논하려는 왕자의 명호를 정하는 일이다. 만일 머뭇거리고 관망하거나 감히 다른 의도가 있는 사람이 있다면, 벼슬을 내놓고 물러가는 것이 옳을 것이다."

라고 하니, 이조 판서 남용익이 아뢰기를,

"나라의 형세가 외롭고 위태하여 조야가 몹시 바라던 때에 왕자가 탄생하셨으니, 신민의 경사스럽고 다행한 일이야 어찌 다 아뢸 수 있겠습니까. 다만 오늘 내리신 말씀은 의외이며, 왕자의 명호를 정하는 일 또한 너무 빠른 감이 있습니다. 지금 중전께서는 춘추가 한창이시니, 지금의 이런 조치를 어찌 너무 급하다고 아니하겠습니까. 전하께서 자리를 내놓고 물러가라는 말씀이 계셨사오니, 물러가기는 하겠으나 생각한 바는 이와 같습니다."

라는 불만을 나타냈다.

이어 호조 판서 류상운, 공조 판서 심재, 대사간 최규서 등이 합세하여 부당함을 아뢰자, 임금이 이르기를,

"내 나이 30이 되도록 아들이 없다가 작년에야 비로소 생겼는데, 어찌하여 지금 내가 정하고자 하는 것이 빠르다고 하느냐. 작년 5월 꿈속에서 어떤 사람을 만나, 내가 언제 아들을 낳겠냐고 물었더니, 벌써 임신을 하였다고 하기에, 어떻게 사내인 줄 어떻게 알겠는가라고 했더니, 틀림없는 아들이라고 하였다. 그리하여 왕자가 난 뒤에 나의 마음은 더욱 믿는 곳이 있는 것이다."

라는 자신감을 뽐어냈다. 이에 영상 김수흥이,

"왕자가 많을 때에는 혹 나이 많은 이를 세우기도 하고, 혹 어진 이를 세우기도 하지만, 지금은 왕자가 한 분만 있으니, 덕기(德器)가 성

취한 뒤에 나라의 근본이 어디로 가겠습니까. 오늘 여러 신하들의
의사는 다른 곳에 있는 것이 아니고, 다만 왕자가 아직 포대기 속에
있기 때문에 이렇게 아뢰는 것이니, 오직 전하께서는 잘 생각하시어
처리하소서."
하였지만, 숙종은 더 참지를 못하고 나흘만에 전교를 내려,
　"원자로 명호를 정하라."
라고 명을 내리고 말았다.

　원자로 명호를 정하는 일이란 세자 책봉으로 이어지는 전 단계였으
니, 숙종 특유의 조급함에 질린 신하들은 입을 다물지 못했다. 심하게 반
대하던 남용익을 처벌하면서까지 왕권을 과시했던 상황이라, 서인 몰락
이 어느 정도 예견된 사건이었다.

　왕자를 원자로 봉하던 날에 윤지완이 물러나와 대신들에게 말하기
를,
　"이번 일은 다만 여기에서 그치지 않을 것이니, 대감은 들어가 아뢰
　어 원자로 봉하는 교문(敎文)에 명백하게 '중전[인현왕후]이 데려다 아
　들로 삼는다.'는 뜻을 써두면, 혹 조금이라도 안심할 것 같습니다."
하니, 대신들도 옳게 여겼으나, 끝내 감히 아뢰지를 못하였다.
숙종이 소의 장씨의 품계를 높여 희빈으로 책봉했으니, 이 날이 정월 14
일이었다.

　자신이 나서면 상황이 악화된다는 것을 알면서도 봉조하 송시열은
상소를 올리지 않을 수 없었다. 중국 고사를 인용하여 원자 명호에 반대
의견을 피력한 송시열을 괘씸하게 여긴 숙종이 전교하기를,
　"슬픈 일이다. 저사(儲嗣)를 이미 세워서 임금과 신하의 분의가 크게
　정해진 뒤에 유림의 영수 송시열이 지금 와서 감히 나라의 근본을
　일찍 정하였다고 불만스러워하는 의사를 뚜렷이 나타내고, 인용하

여 늘어놓은 말이 지극히 방자하다."

라고 한 후에, 이어,

"지금부터 송시열을 위하여 상소하며 시끄러운 폐단이 생기게 되면,
사설(邪說)이 함부로 행하여져 결국 끝없는 근심거리가 될 것이니,
비록 대신이라도 결코 용서하지 않을 것이다. 이런 따위의 상소는
승정원에서 받지도 말라."

라고 하였다.

영의정 김수흥을 불러도 나오지 않으므로 파직시키고, 승정원과 삼
사의 여러 신하들을 모두 한쪽 사람으로 제수하니, 목내선과 김덕원을
좌의정과 우의정으로 삼고, 권유와 목창명을 승지로 제수했다. 사헌부에
서 김만중을 극변에 위리안치 하기를 청하니 윤허하고, 이선을 멀리 귀
양 보냈다.

소위 말하는 기사환국이 이렇게 시작되었으니, 숙종 15년(1689년)의
일이었다.

2월 8일 송시열을 제주도에 위리안치 하라는 명이 떨어졌다. 풍랑이
심한 배에서 모두들 혼비백산 했으나, 송시열은 단정하게 앉아 주자의
시구를 읊었다. 대사헌 민종도가 아뢰어, 김익훈·이광한·김중하·김환·
이운·한수만·이주한을 잡아 엄히 국문하여 처단하고, 이어 허목과 윤휴
의 벼슬을 회복시켜 치제(致祭)하였고, 윤선도 부자에게 시호와 벼슬을
돌려주었다.

3월이 되자 원주 유생 안전 등이 소를 올려, 문성공 이이와 문간공 성
혼을 문묘 배향에서 내쫓을 것을 청했다. 그리고 종통을 어긋나게 하고
국본을 동요시킨 죄로 송시열을 법대로 처단하라 요구했다. 관학 유생
이현령 등도 잇달아 이이와 성혼을 출향하라는 소를 올리자, 숙종은 이
를 윤허하여 문묘에 고유하고 양현의 위판을 땅에다 묻었다.

새로 권력을 차지한 남인 대신들은 서인 영수들의 치죄를 집요하게 물고 늘어졌다. 태조 영정을 전주에 모셔놓고 돌아오는 길에 환국을 맞은 김수항은 장령 김방걸 등의 탄핵으로 위리안치 되었다가, 민암을 비롯한 남인 대신 수십 인의 공격으로 사사되었다. 경신년 옥사에서 남인을 때려잡던 위관이었고, 소론의 반대에도 남인 재상 오시수를 처형했기에 당한 보복이었다. 절의의 상징 김상헌의 손자로 송시열이 가장 아끼던 후배였으니, 심하게 배척 받은 것이었다.

진도에서 김수항이 사약을 받고 죽었을 때, 근처에서 벼슬하던 병마절도사 남두병이 예전에 그의 비장으로 있었던 인연으로 염을 해 주었다 하여 처벌하자는 사람들이 있었으나, 이의징이 만류하기를,

"장수와 막료는 부자의 의리가 있으니, 염을 한 것은 죄가 아니다.
또 세상일은 알 수 없으니, 이 사람을 처벌한다면 우리가 패망했을
때에 어느 누가 염을 해주겠는가."

라고 하니, 그제야 조용해졌다는 사실을 성대중의 《청성잡기》에서 전하고 있다.

김수항을 사사하라는 명을 내렸을 적에도 송시열에 대한 요구는 듣질 않다가, 6월이 들어서자 숙종은 단안을 내렸다. 승정원에서 의금부의 말로 아뢰기를,

"제주에 위리안치 한 죄인 송시열을 잡아다가 엄히 국문하라는 명을
내리셨으니, 규례대로 도사를 보내어 잡아오는 것이 어떻겠습니까."

하니 윤허하였다.

죽음을 예견한 송시열은 목욕재계 한 후 제자 권상하에게 편지를 썼으니, 주자의 전통을 계승하고, 명나라 신종과 의종의 제사를 위한 만동묘 건립을 부탁한 것이었다.

죄인의 한양 당도를 기다려 줄 여유조차 없었던 숙종은,

"시열을 사사하라."

라고 명한 후 이어서,

"금부도사가 사약을 가지고 가다가 만나는 대로 집행하라."

라는 명을 또 내렸다.

한양 압송 길에 오른 송시열은 정읍에 이르러 사약을 받았다. 윤증의 제자 나양좌가 남긴 《명촌잡록》에는 사약 받는 송시열 모습을 이렇게 표현했다.

"시열이 잡혀오는 도중에 정읍에 이르러 사약을 받았다. 도사가 약을 재촉했으나 끝내 마시지 않으므로, 약을 든 사람이 입을 벌리고 약을 들이부었는데, 한 그릇 반을 비우고서야 죽었다."

숨을 거두었지만, 한 많은 삶인지라 눈을 감지 못하였으니, 이를 안타까이 여긴 제자 권상하가 손으로 쓰다듬었지만 소용이 없었다. 100명도 넘는 문인 제자들이 흰 띠를 매는 복을 입었고, 1천 명에 달하는 사람들이 장례 의식에 참례했다.

숙종이 죽고 실록 찬수청이 설치될 때 노론의 힘이 컸으나, 신임옥사로 소론이 조정을 장악하자 조태구가 실록 총재관이 되었다. 그러다 경종 사망으로 영조가 즉위하면서 다시 노론들이 실록을 주관했으니, 송시열에 대한 평가도 그 업적을 기리고 추모 하는 내용으로 채워졌다. 그 후 정미환국으로 소론이 새로 득세하자, 완성단계에 접어든 실록을 더 이상 수정이 불가능한지라, 부득이하게 숙종실록보궐정오를 붙였으니, 이곳에 덧붙여진 송시열 졸기에,

"진실로 재주를 갖춘 것이 없었으며, 기질이 거칠고 학문이 허술하여, 본래 함양됨이 없고, 강(剛)함과 엄함이 지나치며, 가엾이 여기는 어짊이 적었다. 명목에 끌렸으나, 체험의 공이 없었으며, 스스로 사문(斯文)을 위호(衛護)하여 당습의 괴격함으로 귀착됨을 면하지 못했

다. 스스로 대의를 밝히어 힘쓰면서도 도리어 패도에 치우치고, 인의를 가차(假借)하는 병이 있었다. 처음에는 능히 통렬하게 갈고 닦으면서 말과 행실을 굳게 우뚝 잡아 한때 사람들이 복종하는 바가 되었으나, 군자는 본디 그 학술의 순수하지 못함을 의심하는데, 그 혈기가 이미 쇠하게 되자, 스스로 다스림이 점점 허술하고 세상의 화를 겪어서 분함과 미워함이 이미 치우쳤다. 인도하여 아첨함에 익숙해지고 주장이 크게 지나치고 바로잡는 힘이 약하여, 집요한 성질을 돌이키기 어려우니, 젊은 시절에 비하면 거의 딴 사람과 같아, 군자가 더욱 그 이름을 끝까지 보전하지 못함을 애석해 하였다."

라는 부정적인 평들로 채워졌으니, 자기 논리만 앞세우면서 자당 이익만 일삼았던 옛 역사를 돌이켜 보면, 오늘을 살아가는 우리에게 시사하는 바가 적지 않다 할 것이다.

장씨와 새로 태어난 왕자에 빠져버린 숙종은 인현왕후에게 싫증을 느껴 아예 중전 지위를 폐하려 하였으니, 노론은 물론이오, 소론이나 심지어 남인들조차 아니 된다 여기는 사람들이 많았다. 이 즈음에 서인들 한 패거리가 귀양 갔고, 내쫓기지 않은 자는 모두 파면 당해 있더니, 드디어 통문을 돌려 상소로 극력 간하기로 하였다. 전 판서 오두인, 전 참판 류헌·이세화 등 40여 명이 와서 모였는데, 전 응교 박태보가 여러 사람의 소본(疏本)을 가져다가 손수 첨삭하여 올렸다.

날이 저물어 소에 참여한 사람들이 파하고 돌아갔지만, 오두인·이세화·박태보·심수량 등 몇 사람이 궐하에 남아 있었다. 궁중에 불빛이 하늘에 비치고 떠드는 소리가 땅을 진동하는 것을 보고 크게 놀라, 필시 친국하려는 조짐인가 의심하여, 죽을 줄 알고 몸을 떨고 있었는데, 태보만이 홀로 태연하게,

"일이 이미 여기에 이르렀는데 놀라고 두려워하면 무슨 소용이 있는

가.”

하였다. 해창위 오태주가 아버지 오두인을 보고 말하기를,

　“어찌하여 공술할 말을 여러분과 함께 확실히 약속하지 않으십니
　까.”

하니, 태보가 말하기를,

　“대감이 대궐 뜰에 들어가면 위에서 반드시 상소문을 누가 지었느냐
　고 물을 터이니, 바로 대답하고 숨기지 마시오.”

하는지라, 두인이 말하기를,

　“내가 소두(疏頭)가 되었는데 어찌 차마 그렇게 하겠는가.”

하였다. 태보가 다시 말하기를,

　“오늘 일은 더욱 숨기지 않는 것이 옳소.”

하니, 이세화가 바지를 걷고 다리를 만지면서 길게 탄식하기를,

　“나라의 은혜를 받아 녹을 먹은 지 30년에 다리가 이렇게 살쪘더니,
　오늘 대궐 뜰에서 매를 맞게 되었구나.”

라고 했다.

　이윽고 대궐 쪽에서 횃불이 화살처럼 날아오는데, 금부도사와 나장
이 소리 지르기를,

　“소두 오두인은 어디 있느냐.”

하매 두인이 잡히자, 태보가 그의 손을 잡고 말하기를,

　“제발 바로 말하시오. 혼자 당할 일이 아니오. 실상 내가 짓고 쓴 것
　이니 대감이 만일 숨기고 말하지 않더라도 내가 마땅히 자수해서 죽
　음을 받을 터이니, 부디 숨기지 마시오.”

하고, 곧 가죽신을 벗어 짚신을 신고 앉아서 명을 기다렸다.

　화형(火刑)을 쓰라는 숙종의 명이 엄하고 급하여 나졸들이 옷으로 불
을 붙이고, 태보를 거꾸로 기둥에 매달아 지지니, 태보가 낮은 소리로,

"신이 듣건대, 무릎을 누르는 형벌이나 화형은 모두 역적을 다스리
는 극형이라 하는데, 신에게 무슨 죄가 있기에 역적과 같이 치죄하
십니까."

하니, 임금이 이르기를,

"네 죄는 역적보다도 더하다."

하면서 옷을 벗기고 온 몸을 지지기를 두 차례나 거듭했고, 소를 함께 올
린 동료들 또한 심한 고문이 가해졌다. 모진 고문을 끝으로 진도 유배형
을 받은 박태보는 끌려가던 도중에 노량진에서 죽고 말았다.

이미 먼저 유배길에 올랐던 송시열은 태보가 화를 입었다는 소식을
듣고, 손자 주석에게,

"박태보와 관련된 문자는 모두 불에 넣으라."

라고 일렀음을 《명촌잡록》에서 전하고 있다.

송시열과 윤선거가 다툴 적에, 윤선거의 외손자였음에도 한쪽에 치
우치지 않은 의리를 내세워 공정한 시비로 찬사 받았던 젊은 선비 박태
보는 이렇게 죽어갔다. 당쟁에 휘말린 아들의 죽음을 목도한 서계 박세
당은 낙향하여, 손수 농사를 지으며 제자를 양성하고 학문에만 침잠했
지만, 후일 송시열을 비판하다 사문난적이 되고 말았다.

한편 4월 23일은 인현왕후 생일인지라. 축하로 물건을 바치는 단자
와 백관들의 하례 단자를 들이는 것이 전례인데, 임금이 이를 모두 내보
내고 중궁에게 들여간 음식도 모두 후원에 묻어 버렸다. 이어서 음식을
받들어 올린 승전들을 잡아 가두고, 대신들과 종이품 이상을 불러들여
폐출하라는 전교를 내렸으니,

"후비가 투기하는 것은 옛날에도 있었으나 오늘같이 심하지는 않았
다. 중궁이 꿈에 들은 선왕과 대비의 말씀이라고 감히 말을 하고, 원
자가 탄생한 뒤로 원망하고 노여워하는 빛이 많이 있으니, 반드시

종사에 화를 끼칠 것이다, 내가 미리 원자를 세운 것도 이를 걱정했기 때문이었다. 이런 패악한 행동으로는 결코 하루도 국모 노릇을 할 수 없겠으므로 폐출하라고 분부한다."

하였다.

폐출된 인현왕후는 감고당에서 기거하면서 스스로 죄인이라 하여 잡곡밥으로 연명했지만, 희빈 장씨는 드디어 중전 자리에 올랐다. 이를 계기로 정국은 완연한 남인들 세상이 되었으니, 송시열이 사약 받기 이틀 전의 일이었다.

장다리는 한철이나, 미나리는 사철

인경왕후 아버지이자 과격파 노론으로 군림한 광성부원군 김만기는 기사환국 이전에 생을 마감했지만, 환국으로 남인정권이 들어서자 삭직되는 수모를 겪었다. 그의 아우 김만중은 조사석을 공격하다 유배되는 신세가 되었다. 이렇듯 광산 김씨만이 아니라 여흥 민씨를 비롯한 다른 외척들을 포함한 서인들이 절멸한 상황이라, 노·소론을 막론하고 절치부심 반격의 기회를 노렸다.

서인들이 퍼뜨린 것으로 보이는,

"장다리(장씨)는 한철이고 미나리(민씨)는 사철이다"

라는 동요가 여항을 떠돌았고, 김만중은 《사씨남정기》라는 한글 소설로 폐비 민씨를 지원하고 응원하는 염원을 담았다.

노론을 이끌던 김만기의 손자 김춘택과 소론 측 인물이던 승지 한구의 아들 한중혁이 힘을 합쳐 일을 꾸민 것도 그들의 약세를 만회하기 위한 몸부림이었다. 그 음모에 가담했던 함이완이란 자의 꼬리가 길어 우의정 민암에게 들키게 되자, 살기 위한 방편으로 은밀한 실상을 털어놓기에 이르렀다.

숙종 재위 20년(1695) 3월에 우의정 민암이 숙종에게 고변했다. 서인들이 불법자금을 모아 환국을 도모했다는 내용이었다. 김춘택과 한중혁이 잡혀와 국청이 열려 죄인들을 심문하고 있는 중에 또 하나의 고변이 등장했다. 서인들의 사주를 받은 김인의 고변 내용은 우의정 민암과 병조 판서 목창명, 신천 군수 윤희 등이 역모를 꾀한다는 맞불 작전이었지만, 그 보다 더 충격적인 것은 중전 오라비 장희재가 숙원 최씨를 독살하려고 김해성을 매수했다는 내용이었다. 김해성의 장모가 숙원 최씨 숙모였기 때문에 이를 통한 독살 계획이었다. 하지만, 남인들이 틀어쥐고 있던 권력 아래에서 함이완 고변은 사실로 받아들여진 반면, 김인은 무고죄라 하여 도로 처벌받을 위기에 처하고 말았다.

변변한 관직도 없던 김춘택이 남인을 정탐할 요량으로, 장희재 처와 내연관계를 맺어 정보를 빼내긴 했으나, 남인들이 이를 눈치 채고 선수를 친 것이었다. 새로운 기회를 잡은 남인들은 김춘택만이 아니라 서인들을 아예 물고를 내리라 작정했다.

그런데 사월 초하루 밤늦은 시각에 갑자기 내린 숙종의 비망기로 전세가 뒤집어졌다.

국청에 참여한 대신 이하를 모두 삭탈 관작하여 문외출송하고, 민암과 금부 당상은 절도에 안치하라는 명을 내린 것이다. 이어 여섯 승지는 물론이고 삼사 관원들을 모두 파직시켜 버렸으니, 그날 입직했던 오위장 황재명을 가승지로 삼아, 영의정 권대운, 좌의정 목내선, 우의정 민암 등 남인 정승들을 쫓아내고, 새로이 영의정에 남구만, 좌의정에 박세채, 우의정에 윤지완을 불러들이는 동시에 병권을 쥐고 있던 판서 목창명과 훈련대장 이의징을 각각 서문중과 신여철로 교체했다. 그리고 그 아래 육조 판서와 참판들도 모두 서인으로 갈아 치웠다.

이렇듯 갑작스런 숙종의 심경 변화로 갑술환국은 시작되었다. 그리고 그 원인은 숙빈 최씨에게 있었음이 분명하다. 최씨를 모해하려 했다는 고변이 있자 장희재가 즉시 죄를 청했음에도 오히려 위로의 말을 건넸던 숙종이었건만, 갑자기 장희재를 비롯한 남인들을 몰아내는 환국을 단행한 것이다.

최씨가 무수리 출신이라 알려져 있으나, 이에 대한 확실한 근거를 찾기 어려우며, 침방나인이었다는 설도 있다. 최씨가 침방 시절 세누비가 가장 힘들었다고 했던 말을 기억한 영조가 평생 누비옷을 입지 않았다는 이야기도 이와 연관된 것이리라.

언제 어떻게 입궁했는가에 대한 설도 다양하다. 천애 고아가 된 아이를 산신령 계시를 받은 나주목사가 거두었는데 목사 부인이 인현왕후 친척인지라 입궁했다고도 하고, 인현왕후 부친 민유중이 영광군수로 부임했을 적에 가엾은 아이를 거둬 인현왕후 나인으로 입궁했다고도 한다.

《인현왕후전》이나 《사씨남정기》와 같이 인현왕후를 긍정적으로 바라본 기록에 따르면, 왕후는 언제나 현숙한 여인이자 부덕이 높은 여군자로 묘사되었기에, 후세 사람들도 그렇게 믿는 경향이 많았다. 하지만, 숙종 총애를 받고 있던 장씨 견제를 위해 영빈 김씨를 들이도록 주선했고, 장씨가 버릇없이 군다는 이유로 종아리를 칠 정도였으니, 심약하고 온화한 성격이 아니라 매우 강단 있는 중전의 모습을 보여준 것도 사실이다. 이런 인현왕후 처소에서 잔뼈가 굵은 최씨이고 보면, 은연중에 후궁 장씨에 대한 증오감이 타올랐을 것이다.

노론 측 기록으로 널리 알려진 이문정의 《농수수문록》에 따르면, 중전 자리에 오른 장씨가 숙빈 최씨를 밧줄로 묶어 매질 한 후에 거꾸로 세운 큰 독 안에 가두었다고 하듯이, 최씨와 장씨 두 사람이 앙숙이었던 것은 분명하거니와, 인현왕후 처소 나인이었던 최씨로서는 서인들과 정치적 입장을 함께 할 수밖에 없었다.

기사환국으로 쫓겨난 서인들이 숙빈 최씨에게 기대를 걸었던 것은 왕자 생산이었을 것인데, 그녀가 낳은 첫 왕자는 두 달 만에 죽고 말았다. 그 후 태어난 왕자가 연잉군(영조)이었으니, 노론은 오로지 어린 왕자 연잉군에게 정치 생명을 걸지 않을 수 없었다.

최씨가 숙종을 만났던 시기를 그녀 나이 23살로 추정해 보면, 대략 숙종 재위 18년(1692)경이었다. 깊어진 야밤에 숙종이 궁궐 안을 산책하다가 나인들 방을 지나가게 되었는데, 유독 방 하나의 등촉이 휘황찬란하여 엿보았더니, 진수성찬을 차려놓고 두 손을 마주잡고 상 앞에 꿇어앉은 나인이 보였다. 이를 이상히 여겨 그 연유를 물었더니, 다소곳이 아뢰기를,

"내일이 중전의 탄신일인데, 폐위되어 서궁에 계시면서 죄인으로 자처하여 수라를 들지 않으시고 조석으로 드시는 것이라곤 거친 현미뿐입니다. 내일 탄신일에 누가 좋은 음식을 올리겠습니까? 슬픔을 이기지 못하여 이렇게 소찬을 차렸지만, 진헌할 길이 없어 방안에 차려놓고 정성을 드리고자 한 것입니다."

라고 하는지라, 그 성의를 가상히 여겨 마침내 가까이 하게 되었다고 한다.

한때 장씨에게 마음을 빼앗긴 숙종이었건만, 이어 숙빈 최씨에게 정을 주었다가 다시 인현왕후를 생각하게 되었으니, 남인들 모두를 쫓아내고 온 조정을 서인으로 채운 다음날 숙종은,

"폐인(廢人 : 인현왕후)을 입에 올리는 자나 왕세자의 안위에 위협이 되는 말을 하는 자는 무조건 대역죄로 묻겠다."

라는 엄명을 내려놓고도, 폐인을 경운궁으로 들일 것을 명했다. 그런 후 예고도 없이 중전 장씨가 거처하던 대조전을 비우라는 명을 또 내렸다.

당초 숙종이 폐비할 적에,

"장 숙원이 전생에 짐승이었는데 주상께서 쏘아 죽이시어, 묵은 원한을 갚고자 이 세상에 태어났습니다. 그래서 경신년에 옥을 일으킨 후 불령(不逞)한 무리들과 결탁했던 것이며, 장차 일어날 화는 이루 헤아리지 못할 것입니다. 또 숙원 팔자에 아들이 없다 하니, 주상이 고생하셔도 소용없을 것이며, 내전(인현왕후)에는 자손이 많을 것이니, 장차 선묘(宣廟) 때와 다름없을 것입니다."

라는 저주 섞인 투기를 했다 하여, 폐비를 반대하던 신하들을 몰아붙이던 기세는 그 어디에도 찾을 수가 없었다.

당초 소론들은 왕후로 복위하는 것이 아니라 별궁으로 모셔 편안한 여생을 보내도록 하는 정도로 생각했다. 뒤늦은 복위 낌새를 알아차린 병조 판서 서문중과 이조 참판 박태상을 위시한 소론 중신들은 후사를 생각하여 장씨가 중전 자리를 지켜야 한다는 의견을 모았으니, 노론들은 눈살을 찌푸렸다.

소론들의 사직소가 잇따르는 가운데, 소론을 이끌던 원로대신 남구만이 나섰다. 자식이 어버이의 일을 거론하는 것이 도리에 어긋난다는 논리가 먹혀들자, 인현왕후 복위가 쉽게 결정되었다.

남았던 장씨 남매 처리 문제로 의견이 크게 갈렸다. 희빈 장씨와 장희재까지 보호하려 한 남구만을 반대하여 소론 내부에서는 강경파들이 생겨났다. 좌상 박세채가 장희재 구원이 부당하다 지적했고, 그의 문인 유득일과 신완 등은 아예 노론으로 전향해 버렸다.

중전 자리에 밀려나긴 했어도 최악의 상황을 피한 장씨와 그 가족들은 반격할 뭔가를 찾았고, 그것은 숙종 22년(1696)에 세자 저주 사건으로 나타났다. 사람 형상을 한 나무 인형 하나가 신여철의 가노가 지녔던 호패와 함께 장희재 부친 묘역에서 발견되었는데, 그 인형에는 세자의 생년 간지가 적혀 있었다. 병조 판서였던 노론 신여철의 행적을 의심케 하는 이 사건으로 국청이 열리자, 여러 사람들이 끌려 왔고, 심문 결과 자작극이었음이 밝혀졌다. 그 호패가 다름 아닌 장희재 집 가노 업동이 훔쳐 왔던 물건이니, 노론들에게는 더할 나위 없는 호기를 맞은 셈이 되었다.

이제 세자의 안위까지 걱정해야 할 처지가 되어버린 남구만을 비롯한 소론 3정승과 대사헌 오도일이 장씨가를 적극 보호하려는 자세를 취하자, 숙종 또한 이들에게 힘을 실어 주었다. 장희재와 업동을 언급하는 자들이 처벌 받는 경우가 오히려 더 많았다. 하지만, 숙종은 더 이상 장씨 처소를 쳐다보지 않았고, 장씨 또한 국왕과 왕비에게 문안하는 후궁의 예를 한 차례도 행하지 않았다.

이런 정국 속에서 소론들은 인현왕후에게 왕후의 예로 올리기를 주저했고, 장씨에게는 후궁이란 작호 대신 모처(某處)라고 에둘러 표현했다. 왕후에 준하는 새로운 작위를 만들어 장씨에게 올려야 한다는 상소도 빼놓지 않았다.

이런 아슬아슬한 정국이 이어지는 가운데, 인현왕후는 까닭모를 병마에 시달리고 있었다. 후궁 나인들이 중전 처소 앞을 얼쩡거리지 못하는 것이 엄연한 궁중 법도이거늘, 창문을 뚫고 엿보거나, 측간에 갈 적에도 미행이 따른다 하여, 불안에 떨며 심약해진 인현왕후는 친지들에게,

"오늘의 내 증상이 지극히 괴이해 사람들 모두 빌미가 된 무엇이 있다고 말한다. 장씨의 궁인 시영에게 의심나는 형적이 많이 밝혀졌고 또 탄로 난 일까지 많지만, 그 누가 임금께 고할 것이며, 어떻게 알 것인가?"

라는 한탄을 했노라고 《단암만록》에서 기술하고 있지만, 이는 인현왕후 오라비 민진원이 지은 책이란 점도 감안해야 한다.

후궁을 모시는 나인들이 감히 중전 처소를 이토록 맘대로 돌아다닐 수는 없는 일이다. 만약 그게 사실이라면, 복위된 인현왕후를 지켜 줄 세력 또한 변변치 않았음을 반증하는 것이기도 하다.

아무튼, 1년 5개월 동안 병마에 시달리던 인현왕후가 창경궁 경춘전에서 생을 마감하니, 35세의 젊은 나이였다. 노론으로서는 큰 타격이었고, 남인들 입장에서는 또 한 번의 기회가 왔음을 말한다. 장씨가 복위되어 중전의 자리에 오른다면 남인들 세상이 될 것이기 때문이다.

남인 이봉징은 장씨가 상복을 입을 적에 다른 후궁과 같아서는 안 된다는 논리를 폈다. 한 나라에 두 지존이 있을 수 없다는 명분과 논리로 본다면, 장씨는 당연히 1년 복이어야만 했지만, 이를 기화로 복위를 노린다는 속셈을 간파한 숙종은 소를 올린 이봉징을 외딴 섬에 위리안치시키는 중죄를 내렸다.

그리고 희빈 장씨에게는 사약을 내렸다.

희빈을 무너뜨린 것은 숙빈 최씨였다. 취선당으로 내몰린 희빈 장씨가 그곳 은밀한 곳에 인현왕후 인형을 만들어 놓고 송곳으로 찌르는가 하면, 좌시(左矢 : 왼손으로 쏘는 화살)를 쏘아 저주했던 것이 발각된 것이다. 이를 숙종에게 고해바친 이가 숙빈 최씨였고, 숙종 재위 26년(1701)에 일어난 이 사건을 '신사의 옥' 혹은 '무고(巫蠱)의 옥'이라 부른다.

숙종은 희빈 장씨에게 사사를 명하고, 제주에 귀양 간 장희재를 처형하는 동시에 이현일과 이서우 등을 파직하고, 이미 죽은 허목, 윤휴, 윤선도 등의 관작도 모두 추탈했다. 갑술환국에 이어 벌어진 신사년의 옥사는 겨우 명맥을 유지하던 남인을 완전한 재기불능 상태로 만들어 버렸다. 세자 보호를 자처하며 겨우 자리를 보전해 갔던 소론 역시 박세채

문하생들의 이탈 속에 노론의 강력한 견제를 받다가, 15년이 흐른 병신년에 가서 노론에게 판정승을 안겼다. 임금이 내린 이 판정을 두고 '병신처분'이라 이르는데, 이때부터 노론의 독주 체제가 갖추어졌다.

한편 장희재 처와 내연관계를 맺어 얻은 정보로 갑술환국의 공을 세운 김춘택은 무고의 옥 직후 노론으로부터 크게 칭송받았다. 하지만, 일부 노론은 그의 부도덕한 계략을 비판 했고, 소론에서는 그를 완전히 배척하려 했다.

소론과 남인들은 그의 정당치 못한 방법을 끈질기게 물고 늘어졌고, 그때마다 노론의 절대적인 지지와 변호가 있었다. 그럼에도 김춘택은 조정에 발을 들이지 못한 채 금천으로 유배되었고, 무고의 옥 수사 과정에서 장희재 처와 간통하여 간자로 삼았었다는 증언이 발고되어 재차 전라도 부안으로 정배되는 수모를 겪었다. 이어 그의 행위가 세자를 모해하려는 것이라 하여 제주도로 이배되기까지 했다. 우의정으로 있던 노론 대신 김창집이 적극 보호에 나섰지만, 힘이 부칠 뿐이었다.

남인과 소론들은 여기에 그치질 않았다. 김춘택이 숙빈 최씨와 관계하여 영조를 낳았다는 설까지 유포되었던 것이 이를 잘 대변한다. 소론 강경파를 이끌던 김일경의 죄를 다스리고자 영조가 친국하자, 끝까지 '나으리'라는 호칭을 버리지 않았던 것은 물론, 영조 집권 불만으로 이인좌가 난을 일으켰을 적에 소론과 남인들 사이에서 번졌던 이 소문들이 임금과 노론을 극도로 흥분토록 만들었다. 영조가 숙종의 아들이 아니란 것이야말로 역린 중에서도 역린이었으니, 백성을 사랑하는 맘으로 악형을 금지한 영조였지만, 이를 입에 올린 자에게는 악형에다 극형을 더한 철저한 보복으로 앙갚음했다.

노론 소론 분열과 회니시비

조선 후기 정치사를 이해하는 중요 키워드 중에 하나가 산림(山林)이니, 이는 산림지사(山林之士)를 줄인 말이다. 이 또한 산림의 숙덕지사(宿德之士) 혹은 산림의 독서지사 약칭인지라, 초야에 묻혀 은거한 채 독서로 학문의 경지를 높이고 덕을 쌓은 인물들을 지칭하는 것이니, 임하지인(林下之人) 혹은 임하독서지인 등으로도 불렸다.

은거는 하였으되 은둔한 것이 아니었으니, 단지 과거에 응시하지 않았을 뿐, 정계와 무관하거나 정치에 무관심했던 것이 결코 아니었다. 정계에 진출했다 할지라도 항상 산림에 본거지를 가지고 있는 조선 후기 특유의 존재였다. 이들은 국가로부터 징소를 받아 온갖 대우를 향유했으니, 단순한 일민(逸民)이나 징소 받지 못한 재야학자들과도 구분된다 할 것이다. 그리하여 이들이 일정한 정치세력으로 자리 잡았을 때를 일러 산인이니 산당으로 불리기도 했다.

잦은 사화 영향으로 벼슬살이 매력이 감해지면서, 향촌에서 침잠성리(沈潛性理)하려는 선비 의식들이 작용한 결과였는데, 산림이라는 용어는 선조 때 성혼과 정인홍이 임금 부름을 받아 중앙 정치권과 긴밀하게 연결되면서 굳어지게 되었다. 해를 거듭할수록 과거 제도가 문란해졌고, 청나라에 대한 굴욕을 계기로 은거하는 선비가 더욱 추앙받는 사회로 변했던 분위기가 산림의 존재를 더욱 부각시키는 조건이 되었다.

산림이 본격적으로 징소되기 시작한 것은 인조시기부터였다. 그들이 차지할 직책을 특별히 마련하여 우대했으니, 인조 1년(1623) 성균관에 종4품의 사업을 두었고, 이후 세자시강원에도 정3품 찬선과 종5품 익선, 종7품의 자의 등을 두었으며, 효종 때에는 성균관에 정3품 좨주(祭酒)라는 관직을 두어 이들에게 맡겼다. 이런 산림직에 적임자를 찾지 못하면, 차라리 비워 두는 것이 관례였다는 점에서 그 특이성을 잘 보여준다 하겠다.

조선 후기 유교 사회의 상징적 인물로 부각된 산림은 노·소론과 남인을 가리지 않았으니, 김장생·장현광·김집·송시열·송준길·윤선거·권시·허목·윤휴·박세채·윤증·이현일·권상하 등이 임금께 특별히 징소 받은 인물들이었다.

서인의 영수였던 김장생은 그의 아들 김집과 양송(송시열 송준길) 및 윤선거 등을 가르쳤으며, 권시는 윤선거의 아들 윤증의 장인으로 예송 문제가 불거졌을 때 윤선도를 지지하여 양송과 결별한 서인계 인물이다. 박세채 역시 송시열과 윤증의 갈등을 봉합하려다 소론으로 돌아선 바 있다.

인조반정으로 정권을 잡은 서인들이,

"국혼물실(國婚勿失) 숭용산림(崇隆山林)"

이란 모토를 내 걸었듯이, 왕비 배출 가문을 놓치지 않는다는 것과 산림을 우대한다는 목표는 지속되고 있었다. 하지만 동문수학하던 동료들끼리도 모든 사안을 같이 할 수가 없었으니, 굳건하던 서인 세력들도 노론과 소론으로 분열되지 않을 수 없었다.

그 분열의 서막은 임술년의 고변 사건이었다.

갑인 예송으로 정권을 장악한 남인들이 숙종 재위 6년(1680)에 경신환국으로 절멸하고, 온 조정은 서인 인물들로 채워졌다. 그 이듬해 과거 시험에서 출처를 알 수 없는 답안지 하나가 제출되었는데, 남인들의 역모를 고발하는 익명서였다. 이를 계기로 숙종의 외척이던 김석주가 남인들의 동태를 정탐하려고 전 병사 김환을 매수하여 기찰하게 했으나, 그가 중국 사신으로 낙점되자 그 일을 어영대장 김익훈에게 인계하고 떠났다. 임무를 전달받은 김익훈은 곧 김환에게 남인 유생 허새와 군관

허영의 반역 음모를 고발하게 하는 한편, 자신은 전익대가 정탐한 내용을 근거로 전 수원부사 류명견 역모를 고발하였다. 그리고 무과 출신 김중하가 남인을 대표하던 민암 등이 모반했다고 고발하였으니, 이를 흔히 '임술 삼고변'이라 한다.

어지러운 정국 속에 진행된 국문으로 허새와 허영은 역모라고 자백했으나, 류명견과 민암의 역모는 전혀 근거가 없었다. 김환은 공신으로 책봉되었으나, 거짓으로 역모를 고변했던 전익대와 김중하는 처형되었다. 그리고 류명견을 고발했던 김익훈은 공신인데다, 김석주와 전익대에게 책임을 전가하여 문외출송이라는 가벼운 처벌만 받았다.

이렇듯 '임술 삼고변'의 3건 중에 2건은 무고로 밝혀졌고, 1건만이 사실로 인정되었으나, 그마저도 함정수사에 의한 것인지라, 기찰을 주관했던 김석주와 김익훈은 서인 내부에서까지 비난을 피할 수가 없었다.

낙향하여 수차례 징소에도 응하지 않던 송시열에게 이를 자문해야 한다는 요청들이 있어, 여주까지 찾아간 승지 조지겸에게 송시열은 여론의 바람대로 그 허물을 김익훈에게 돌렸다. 도성으로 돌아온 송시열은 김수항을 비롯한 서인들의 입장을 청취한 뒤, 공작 정치를 행한 자들을 두둔하기 시작했다. 김익훈이 취한 수단이 정상적이지 않다 할지라도 남인을 제거하기 위해서는 그럴 수 있다는 입장이었다. 김익훈은 송시열의 스승 김장생의 손자요, 김석주는 숙종의 외척이었다는 점이 작용한 태도 변화였다.

조지겸·한태동·박태유·오도일 등과 같은 서인 소장층 반발이 만만치 않았다. 인사권을 쥔 김석주가 조지겸과 한태동을 파직시키는 한편, 오도일을 울진 현령으로 내쫓았다. 박세채가 이들을 구원하기 위해 상소를 올리자, 노장층 세력들의 비난이 거세게 일었다. 박세채는 자연스레 소론의 영수가 되어 버렸다.

이런 것들이 표면적인 노·소론 분열의 이유들이지만, 실제는 훨씬 그 이전부터 예견되어 있었다.《송자대전》〈어록 3〉에 따르면, 갑자(1684, 숙종 10) 10월에 제자 박광일이 회덕 판교촌으로 스승 송시열을 찾아 대화한 내용이 나오는데,

[광일] 노론·소론의 말이 한번 나온 뒤로 사문의 변이 아주 가까운 곳에서 일어나고 있습니다.

[선생] 이미 노론·소론의 말이 나왔으니, 무슨 일인들 발생하지 않겠느냐. 대체로 요즈음 일은, 그 근원을 따지면 윤휴를 가차없이 배척한 까닭으로 이 지경에 이른 것이다.

[광일] 무슨 말씀입니까?

[선생] 처음에는 윤휴가 총명하고 민첩하였으므로 내가 깊이 혹하였다. 그런데 그 사람은 항상 퇴계·율곡·우계 등 제현의 단점을 말하기 좋아하였으므로 나는 그를 매우 염려하였지만, 그 후로 그가 주자를 한층 더 기탄없이 배척하였으니, 이는 사문의 난적이요 이단 중에도 심한 자이다. 저 양주(楊朱)와 묵적(墨翟)은 본래 인·의를 배우다가 잘못된 자이므로 그 해독이 빠르지 않은 편이지만, 윤휴는 공자의 말씀대로 성현의 말씀을 모독하는 자이니, 그 해독이 장차 이루 말할 수 없을 것이다. 그래서 내가 그윽이 바르지 못한 말을 물리치겠다고 다짐하고 있는 힘을 다하여 배척하는 바이다. 나를 나무라는 자들은 맹자와 같은 기력도 없으면서 어떻게 망녕되이 바르지 못한 말을 물리치겠다고 자임하는가라고 묻는다. 그러나 이것은 그렇지 않다. 꼭 법을 맡은 관원이라야 난신·적자를 주벌하는 것이 아니란 말을 주자가《맹자》의 거양묵 조를 설명한 주에도 분명 언급하였으니, 나 같은 필부도 부정한 말을 배척하고 부정한 행실을 막을 수 있는 것이다. 이 때문에 내가 우리 도(道)를 위하여

윤휴를 배척하는 것인데, 윤선거만은 극력 구호하므로 역시 내가 가차 없이 나무랐다. 기해년(1659, 효종10) 이후에는 그가 윤휴를 단념하고 절교하였다고 여겼는데, 윤선거가 죽은 뒤에 윤휴가 제문을 지어 그 자식을 보내서 치전(致奠)하자, 윤증도 거절하지 않고 그것을 받았다. 그런 뒤에야 나는 그가 끝내 윤휴를 거절하지 않은 것을 알았다. 이 때문에 내가 그의 제문에 그 미의(微意)를 약간 표시했고, 묘문(墓文)도 그렇게 했던 것인데, 이것이 윤증이 나를 원망하여 지금에 이르게 된 까닭이다.

라고 하였듯이, 송시열과 윤선거의 사이가 틀어진 것은 윤휴에 대한 관점 차이에서 비롯된 것이었다. 송시열은 한동안 윤선거가 윤휴와 절교했다고 믿고 있었다. 따라서 현종 10년(1669) 윤선거가 생을 마감하기까지는 송시열이 그를 미워할 까닭이 없었다. 그런데 윤휴가 죽은 윤선거를 애도하여 지어 보낸 제문을 아들 윤증이 거절하지도 않고 받았다는 사실을 나중에 알게 된 송시열이 분을 참지 못한 것이다.

윤휴를 왜 미워하고, 왜 그와 단절해야 하는가?

윤휴의 학문은 그의 나이 19살에 이미 세상에 드러냈다. 열 살이나 많았던 당대 석학 송시열과 속리산 복천사에서 3일간의 만남 끝에,

"삼십년 나의 독서가 참으로 가소롭다."

라고 송시열이 자탄했을 정도로 윤휴는 이미 높은 경지에 이른 인물이었다.

이렇듯 젊은 시절부터 송시열·송준길·이유태·유계·윤문거·윤선거 등과 같은 당대의 서인 산림 명사들과 두터운 교분을 나누었으며, 인현왕후 친정 식구였던 민정중·유중 형제들은 그를 찾아 여주를 자주 오갈 정도였다.

그런데 학문적 견해가 서로 달랐던 것이 큰 사단이 나고 말았다. 송

시열은 주자를 신앙적 차원으로 숭상했지만, 윤휴는 주자가 해석한 경전을 놓고 재해석한 학문적 자유주의자였다. 이로 인해 송시열은 윤휴를 사문난적으로 규정하려 했다.

일찍이 효종 재위 4년(1653), 송시열과 윤선거·유계·윤원거 등 당대의 명사들이 금강이 내려다보이는 황산서원에 모인 적이 있었다. 공자의 도통을 이은 주자가 해석한 경전에 하나도 명백하지 않은 것이 없거늘, 윤휴가 감히 자기 의견을 내세우고 있으니, 천하에 용서할 수 없는 사문난적이라 규정하여 목소리를 높인 송시열이었다. 그러면서 공격의 화살을 윤선거에게 돌렸다.

"공(公)은 장래가 유망한 우계 외손으로서 도리어 편당이 되어 주자에게 반역하는 사람의 졸도(卒徒)가 됨은 무슨 짓인가?"

갑작스런 공격을 받은 윤선거는 송시열 입장을 다소 두둔하긴 했지만, 긴요한 대목에 이르러서는,

"우리는 심오한 데를 알 수 없다. 의리는 천하의 공적인 것인데, 지금 희중(希仲 윤휴)에게 감히 말하지 못하게 하려 함은 무슨 일인가. 주자 이후에는 딴 말을 할 수 없다면, 북계(北溪)와 신안(新安)은 어찌하여 말을 하였고, 그 말이 경전에 나와 있겠는가."

라고 항변했다. 이에 송시열이,

"어찌 일찍이 윤휴처럼 주자의 장구(章句)를 치워 버리고 스스로 새로 주석을 내어, 마치 서로 승부를 겨루어 앞서려고 한 것 같겠는가."

라고 하자, 윤선거가 지지 않고,

"이는 희중이 너무 고명한 탓이다."

라고 했다. 이에 얼굴을 붉힌 송시열이,

"공은 주자는 고명하지 못하고 윤휴가 도리어 더 낫다고 여기는가?

윤휴 같은 참람한 사문난적을 고명하다고 한다면, 왕망·동탁·조조·유유 같은 역적들도 모두 고명한 탓이겠는가? 윤휴는 진실로 사문난적으로서, 모든 혈기 있는 사람들이면 누구나 마땅히 죄를 성토해야 한다. 춘추의 법이 난신과 적자를 다스릴 적에는 반드시 먼저 그의 편당을 다스리게 되어 있으니, 왕자(王者)가 나타나게 된다면 공이 마땅히 윤휴보다 먼저 법을 받게 될 것이다."

라고까지 서슴없는 말을 퍼부었다.

황산서원에서의 윤휴 성토장은 그렇게 마무리되었으나, 현종 6년(1665) 계룡산 동학사에서 서인계 유림들이 또 한 차례 모였다. 율곡 이이의 연보 수정을 위한 자리였지만, 윤휴 문제가 또 다시 불거졌다. 기해예송에서 남인의 영수였던 윤휴가 3년 설을 이끌었기 때문에 이제는 학문적 견해 차이를 넘어 제거해야 할 정적 우두머리였다. 윤휴를 향한 윤선거의 태도에 변함이 없음을 눈치 챈 송시열은 윤선거를 향해, 주자가 옳은지 윤휴가 옳은지를 당장 결정하라고 압박했다.

"흑백으로 논한다면 윤휴가 흑이겠으며, 음양으로 논한다면 윤휴가 음이겠다."

라는 대답을 들은 송시열은 안도했다.

"공이 지금 비로소 크게 깨달았다. 이것은 사문의 다행이며 붕우로서도 다행이다."

라는 송시열의 말을 귓전으로 흘린 채 윤선거는 자리를 뜨고 말았다.

그런 후 송시열에게 편지를 보내 당시 상황에 놓고 한 마디 덧붙였다.

"지난 날 음양흑백론은 다만 논의하던 사이에 사소한 것을 가리켜서 한 말이지, 그 사람의 전체를 가리켜서 한 말은 아니었다."

선비의 마지막 자존심을 지킨 윤선거는 현종 10년(1669)에 60세 일기로 생을 마감했다. 죽음을 앞둔 몇 개월 전, 옛 우정을 생각한 송시열에게 장문의 편지를 썼으니, 그 해가 기유년이었다. 그리고 부치질 못한 편지인지라 〈기유의서〉라고들 했으니, 그 편지는 한마디로,

"남인 윤휴와 허적을 참적(讒賊 : 남을 헐뜯는 나쁜 무리)이라 단정할 수 있겠는가."

라는 내용이었으니, 송시열의 현실을 도외시한 북벌 의리론과 남인에 대한 가혹한 처사를 진정으로 충고하는 서한이었다.

이 편지가 전달된 것은 그로부터 4년이나 지났을 무렵이었다.

죽은 자에게 행장과 묘갈명을 지어 올리는 것이 관례였으니, 윤선거의 행장은 박세채가 지었다. 아버지 묘갈을 준비하던 윤증은 송시열에게 부탁했다. 윤선거와 막역한 친구이자, 그에게는 스승이었기 때문이다. 윤증은 박세채에게서 받았던 행장과 편지를 묶어 송시열에게 보냈다. 이렇듯 뒤늦게 부친 편지는 큰 말썽을 일으켰다. 윤선거는 진정한 친구로 여긴 송시열에게 충고라 생각했지만, 편지를 받아 든 송시열은 그렇지 못했다.

"윤선거는 역시 윤휴의 당인이다."

라는 사실만 머리에 맴돈 송시열은 괘씸하기 짝이 없었다. 윤증의 요청을 거절하지도 않은 채 묘갈을 쓰되, 고인에 대한 칭송은 박세채가 지은 행장에 모두 나와 있으니, 내가 덧붙일 게 없다면서도 조롱하는 글들을 덧붙였다. 윤선거는 신선이 타는 고니요 자기는 땅을 기는 벌레라고 비아냥거리기도 했고, 운문 형태의 명(銘)에 엉뚱한 공자의 말씀을 인용하여 사람들을 갸우뚱하게 만들었다. 윤선거 장례 때 그를 애도하여 보낸 제문에서,

"어두운 밤하늘에 홀로 빛나는 별 / 兩儀昏懜 一星孤明."

이라고 찬양했던 모습은 그 어디에도 찾아 볼 수 없었다.

허탈했던 윤증은 스승 송시열에게 수년에 걸쳐 묘갈명 수정을 요청했다. 경상도 한벽의 장기에 유배 중이던 송시열을 찾은 적도 있었건만, 몇 개의 자구만 수정했을 뿐 끝내 요청을 들어주지 않았다.

그런 와중에 송시열과 그 추종자들은 윤선거에 대한 비난 수위를 더 높여 갔다. 의리를 배반하고 절개를 잃은 형편없는 자라는 것이었다. 병자호란 때 윤선거는 강화도가 함락당하면 권순장·김익겸·김상용 등과 함께 순절하기로 굳게 약속했음에도, 그리고 그들과 부인 이씨가 순절했음에도, 남한산성에 있던 아버지와 함께 자살하고자 어머니와 강화도 탈출을 감행했다. 청나라 군대가 남한산성으로 항복을 권유하러 보낸 진원군 이세완의 몸종 선복(宣卜)이란 이름으로 빠져나오긴 했으나, 남한산성으로 들어가지 못하고 말았으니, 이런 이력들을 문제 삼은, 소위 강도순절(江都殉節) 시비였다.

병자호란 후 윤선거는 도학과 예학에 더욱 몰두하여 호서지역의 산림오현으로 명성을 높여갔다. 수차례의 임금님 부름에도 끝까지 징사로 남았다. 그리고 새 부인도 맞지 않았다, 그가 살아 있는 동안 강화도 일로 비난하는 사람은 아무도 없었다. 박세채의 행장을 인용한 송시열의 묘갈명 표현대로, 끝까지 벼슬자리를 탐하지 않은 산림 한가운데 우뚝 선 큰 산, 즉 교악(喬嶽)이었다.

그런 그가 형식적인 북벌만 내세우는 송시열에 실망하여, 당파와 관계없이 인재를 등용함은 물론 제도 개혁을 권면하려다가, 절개를 잃은 사람으로 낙인찍힐 위기에 처하고 말았다. 그러는 사이 경신대출척(1680년, 숙종 6)으로 서인들의 세상이 되어, 송시열은 유배에서 풀려났다.

두 차례 예송 논쟁 과정을 지켜보았고, 경신환국으로 남인들을 몰아내는 상황을 목도한 윤증은 또다시 명의(名義)를 뒤엎고 사류들을 억눌러 평생에 걸쳐 쌓은 공과 명망을 하루아침에 잃지 않을까 근심하여,

"두 대에 걸쳐 사우 관계를 맺은 사람으로서 의리상 끝내 침묵할 수 없다."

라는 결심을 세우고, 마침내 스승 송시열에게 붓을 들었다.

"삼가 선생님께서 전후로 보내 주신 편지에서 항상 세도(世道)를 근심하셨는데, 그 끝은 언제나 언설(言說)로 상대를 억누르고 배척하는 것으로 귀결되었습니다. 따라서 이 점을 아무리 깊이 생각해 보아도 의심을 없앨 수가 없었습니다."

로 시작하는 장문의 편지를 써 내려갔다.

《명재유고》에 수록된 그 전문 모두를 소개할 수가 없지만, 드문드문 살펴보아도 그 참맛을 느낄 수는 있다.

"제가 선생님의 문하에 들어간 지가 오래되었습니다. 그래서 선생님의 마음속에 담긴 뜻과 말씀에서 드러나는 것을 조심스럽게 엿볼 수가 있었습니다. 선생님께서는 주자가 조심하라고 경계하신 왕패병용(王覇竝用)과 의리쌍행(義利雙行)의 설에 빠져 버린 것이 아닌가 생각됩니다. 처음에는 이런 생각이 드는 저 자신을 수없이 반성하고 자책하면서 제 소견이 참람하고 망녕되었다고 생각하였습니다. 하지만 최근 몇 년간에 가슴속의 의심이 날로 더욱 커져서 비록 억지로라도 의심하지 않으려 노력하였지만 끝내 억누르지 못하였습니다. 가만히 생각해 보면, 제가 선생님으로부터 배운 것은 회옹(晦翁 : 주자)의 글뿐입니다. 그런데 무슨 까닭으로 회옹의 글과 이다지도 다른 것입니까. 만약 제가 마음에 의심을 키우면서도 선생님께 죄를 얻는 것이 두려워 여쭙지 않는다면, 이는 영원히 선생님을 저버리는 것은

물론이고 회옹까지도 저버리는 것입니다. 이에 감히 한번 제 속마음을 펴 보여서 참람함과 망녕됨을 용서받고자 합니다. 저의 충심을 살펴보아 주신다면 매우 다행이겠습니다. 제가 이런 근심을 가진 지가 오래되었지만, 지난번 선생님께서 유배지에 계셨을 때는 제 말이 누설되어 혹여 적들의 참소에 보탬이 될까 봐 묵묵히 있다가 지금까지 오게 되었습니다. 그리고 성의 없이 이제까지 미뤘다고 항상 스스로 책망하였습니다. 뿐만 아니라 제 생각이 오해되지나 않을까 하는 두려움으로 가슴속에 넣어 두고 이리저리 생각하느라 이토록 미루게 된 것입니다. 삼가 너그러이 용서하여 주시기를 바랍니다.

… 오로지 회옹의 도학을 지키고, 춘추의 대의를 세우는 것으로 자임하셨기 때문에 주장은 지나치지 않을 수 없었고, 자부는 높지 않을 수 없었습니다. 주장이 지나치다 보니 스스로 마음을 비우고 이로운 말들을 받아들일 수가 없었으며, 자부가 높다 보니 남들이 선생님께 의문을 제기하여 논박할 수 없었습니다. 결국엔 선생님의 의견에 따르는 사람들은 친하게 되었으나 선생님을 비판하는 자들은 소원하게 되었으며, 선생님의 잘못을 바로잡아 옳은 길로 나아가게 하려는 사람들은 환란을 만나게 되었으나, 선생님의 뜻에 순종하는 사람들은 재앙이 없게 되었습니다. 이것이 바로 커다란 명성은 천하를 압도하였지만, 실제의 덕성은 병들게 된 까닭입니다.

… 사람들이 선생님의 위세는 두려워하지만, 선생님의 덕은 흠모하지 않으니, 선생님의 가문(家門)이 완전히 하나의 부귀한 집안처럼 변하여, 더 이상 선비가의 기상은 찾아볼 수가 없습니다. 마침내 평생의 친구들 가운데 시종일관 온전하게 우의를 유지한 사람이 하나도 없게 되었으며, 60~70년간 형제처럼 화합하여 함께 강학하던 곳이 하루아침에 쓸데없이 다투고 애들처럼 싸우는 난장판으로 변해

버렸습니다. 장차 후세의 비웃음을 면하지 못할 것이니, 한집안 형제들이 서로 싸우는 변고와 다름이 없습니다. 그림자를 보면 본 모습을 알 수 있으니, 이것이 바로 문생들에서 드러난 선생님의 문제점입니다.

… 선생님이 처음 조정에 나왔을 때는 사람들의 마음을 깨우치고 생각을 움직이는 효과는 참으로 있었지만, 시간이 지나도 그런 효과를 따르는 실천은 없었습니다. 이 때문에 나라를 다스려 외적을 물리치고 안정과 부강을 이뤄 복수할 것이라는 계획은 볼만한 뚜렷한 실제적인 일이 없었습니다. 볼 수 있었던 것은 녹봉이 많아지고 지위가 높아지며 명성이 넘치게 된 것뿐이었습니다. 이런 것이 이른바 의리쌍행(義利雙行), 즉 의리와 이익을 아울러 행사한다는 것입니다. …"

이렇듯 길고도 긴 명재 윤증이 쓴 이 편지를 〈신유의서〉라 부른다. 이 편지를 초한 까닭은 존명벌청(尊明伐淸)의 대의를 이용해 자기의 정치적 이익만 도모하는 스승의 의리쌍행 행태를 더 이상 침묵으로 버틸 수 없었기 때문이다. 하지만 서로의 정리가 소원해진 상황에서 보탬은 되지 못하고 도리어 해가 되지는 않을까 염려하여 보내질 못했다. 이듬해 감로사에서 박세채를 만나 상의하니, 세도(世道)에 누를 끼칠 수 있다는 충고를 하는지라, 편지를 깊이 감추어 자손이라도 보는 것을 허락하지 않았다.

그런데 3년 후 송시열이 이 편지를 보고 말았으니, 박세채 사위 송순석이 처가에 있던 편지를 몰래 베껴 조부인 송시열에게 넘긴 탓이다. 송시열은 윤증이 자기를 죽이려 한다고 대노했다. 윤선거의 편지는 당사자들끼리 해결할 감정 문제로 남았지만, 윤증의 편지가 알려지자 송시열 측의 연이은 상소로 정치 논쟁으로 격화되고 말았다. 송시열의 문인이던 최신의 상소로 시작된 노론과 소론 사이의 논쟁은 30년 이상 지속되었다.

이를 두고 사람들은 회니시비(懷尼是非)라 일컫는다. 송시열 출신지가 회덕이었고, 윤증의 고향이 니산이었으니, 이 두 지역이 노론과 소론을 상징하는 곳으로 되어 버렸다.

윤증도 아버지를 이어 징사의 길을 걸었다. 과거를 멀리한 채 학문을 닦아 뛰어난 학행으로 이름났으니, 37세를 시작으로 81세에 우의정으로 징소되기까지 무려 40여 차례 임금님 부름이 있었으나, 단 한차례도 관직을 탐하지 않았다. 하지만 현실 정치에 무관하게 살지는 않았다. 할아버지 윤황과 아버지 윤선거로부터 척화변통론 전통을 이어받아, 대의명분에 매몰되지 않고 부국강병으로 가는 제도 개혁에 관심을 기울였으니, 자연히 스승의 노선과 멀어질 수밖에 없었다.

윤증은 정책 논쟁으로 생각했지만, 노론 측에서는 주자학적 의리론으로 몰고 가 스승을 배반했다는 공격을 퍼부었다. 사간 정호 등이 상소하여 윤증이 스승을 배반하였다고 헐뜯었으나 숙종은 정호를 벌주며,

"아버지와 스승 중 어느 쪽이 더 중한가. 그 아버지의 욕됨을 받는 그 아들의 마음이 편하겠는가."

라고 꾸짖었다.

윤증에게 무엇보다 상처가 깊었던 것은 아버지 문제였다. 느닷없는 노론 측이 순절 의리 공세로 나왔기 때문이다. 아내를 죽게 만들어 놓고 혼자 살아남아 친구까지 배반했다거나, 노복으로 위장하여 도망치다가 청군에게 무릎을 꿇었다는 비방까지 서슴지 않았다.

윤증은 강도(江都)의 일에 대해, 아버지가 애초부터 죽어야 할 의리가 없었을 뿐만 아니라, 강화부성 남문에서 화약고를 폭발시켜 순절한 김상용 곁에 김익겸과 권순장도 남문에 있지 않았다면, 반드시 죽어야 할

의리는 없었다고도 했다. 아버지가 벼슬하지 않은 것도 순절한 사람에 대한 죄책감이 아니라, 오랑캐 사신을 죽이라고 상소했던 자로서 오랑캐 치하에 벼슬하는 것 자체가 부끄러웠기 때문이라 주장했다.

숙종 15년(1689) 장희빈이 낳은 왕자를 세자로 봉하려는 데 반대하다 제주도로 유배길에 오른 송시열이 스승 김장생 묘소를 참배하여,

"이 귀양길은 윤증이 날뛰기 때문입니다."

라는 제문을 올렸고, 정읍에서 사약을 받고 죽을 때에도,

"이 재앙이 윤증으로부터 말미암은 것을 어찌 의심하겠는가?"

라고 했다는 것에서 그의 불편했던 심기를 잘 읽을 수 있다.

윤증 또한 숙종 40년(1714) 85세의 일기로 세상을 떴다. 그를 위해 최석정이 제문을 지어 올릴 적에 송시열의 북벌에 대한 복수대의를 공언(空言)과 고론(高論)에 불과하다 비난하자, 노론 측에서 발끈했다. 숙종은 공적인 문제가 아니라며 의도적으로 판정을 회피했다. 노론과 소론 간의 대립이 확대될 때마다 숙종 특유의 정치술이 동원된 것이다.

몇 차례 환국을 거치면서 노련한 정치력으로 무장한 숙종은 신하들을 혼란에 빠지게 했다. 숙종 그 특유의 변덕으로, 당쟁을 적당하게 부추기는 한편 적절한 통제도 가해 정국 주도권을 놓치지 않았다. 소론의 등에 업힌 세자를 보호할 수 있었던 것도 그런 영향이 컸다.

《가례원류》 발문에서 윤증을 배사자(背師者)로 비난한 정호를 파면했지만, 몇 년이 지난 재위 46년 병신(1716)에 윤증을 내치고 송시열 측의 손을 들어 주었다. 30년 전에 송시열에게 사약을 내린 숙종이 이번에는 송시열을 완벽하게 살려냈으니, 이를 "병신처분"이라 일컫는데, 그 이후에는 노론의 일당 독재 길만이 열려 있었다. 장희빈의 아들 경종이 즉위하면서 잠시 주춤하긴 했지만, 노론의 독주는 탕평 정국 속에서도 막을 수가 없었다.

만동묘를 품은 화양동서원

충청도 괴산에 화양동을 가로 지르는 계곡을 일러 화양구곡이라 부르는데, 송나라 주자 선생의 무이구곡을 본 뜬 구곡들이 조선 땅 여기저기에도 생겨났으니, 우암 송시열이 이를 본 받아 붙인 것이다. 그곳 제4곡에 해당하는 금사담은 물과 바위가 조화를 이루어 화양구곡 중에서도 손꼽히는 절경이니, 글자 그대로 물속에 잠긴 모래가 금싸라기 같이 반짝이는 곳인지라, 그곳 암반 위에 날아갈 듯 암서재(巖棲齋)가 자리하고 있으니, 송우암이 만년에 은거하여 학문을 닦고 후학들을 가르치던 곳이다.

금사담 바위벽에는 '금사담(金沙潭)' '충효절의(忠孝節義)' '창오운단(蒼梧雲斷) 무이산공(武夷山空)'이라 새겨진 글귀가 지금도 선명한데, 창오란 중국에서 임금을 상징하는 산이요, 무이산은 주자 선생이 살던 곳이니, 그 뜻을 새기자면,

"창오산은 구름이 끊어지고 무이산은 비었구나."

라고 했던 내용으로 추정컨대, 중화로 중심 잡던 명나라 패망으로 존주대의마저 흔들리고 있음에 대한 송시열의 불안한 심기를 각자한 것이리라.

벼슬을 뿌리친 송시열이 회갑이 되던 현종 7년(1666) 무렵부터 이곳에 정착하였으니, 진실로 송 우암을 위해 하늘이 아껴두고 땅이 숨겨 놓은 곳이라고들 하는지라, 화양동이야말로 하늘이 열리고 나서 송시열에 의해 세상에 드러나게 된 셈이다.

예송 문제로 치열한 논쟁을 벌이던 시기에 남인 거두 허목이 화양동을 찾았으나, 결국 송시열을 만나지 못하고 돌아서면서 남겼다는 시가 사람들 입으로 전해지고 있다.

보지화양동(步之華陽洞) / 화양동을 찾았건만

불알송선생(不謁宋先生) / 끝내 송선생을 만나지 못했구나

막강한 권력을 휘두르던 화양동서원을 풍자한 시임에는 틀림이 없으나, 지은 이가 정말 미수 허목인지는 잘 확인되질 않는다. 헌종 시절 김삿갓이 화양동서원을 찾았다가 문전박대 당하자, 분풀이로 이 시를 대문에 붙이고 도망갔다는 이야기도 전한다.

현종이 죽고 갑인 예송으로 서인들이 쫓겨날 때 한차례 귀양 갔던 송시열은 엎치락 뒤치락 했던 남인들과의 당쟁 속에서 항상 중심인물이었으니, 숙종 재위 15년에 소의 장씨가 아들 균을 낳은 지 몇 달 만에 원자로 삼아 명호(名號)를 정하려 함에 반대하다 결국 사약을 받고 말았다.

그 후 숙종 20년의 갑술환국에서 남인들을 몰아내고 서인들 세상이 되자, 대대적인 송시열 복권 운동이 전개되었다. 그리하여 관작은 물론 문정(文正)이란 시호까지 내려졌으니, 추모 열기가 더욱 불을 뿜어 송 선생을 배향하는 서원들이 우후죽순처럼 생겨났다. 당초 장지였던 수원의 매곡서원, 그가 사약을 마셨던 정읍의 고암서원, 갑인 예송으로 오랜 유배지였던 덕원의 용진서원 등등 그를 배향하는 서원들이 44개소에 이를 지경이었다.

그중에서도 숙종 22년(1696)에 세워진 화양동서원이야말로 송시열의 상징이요, 노론 서원의 구심점이자 메카였다. 창건되던 해에 바로 사액을 내렸고, 숙종 재위 42년 병신년(1716)에 어필까지 내려 편액을 달았으니, 그 권위는 하늘을 찌르고도 남았다. 서원마다 주향과 배향이나 추향(追享)이 있기 마련이지만, 화양동서원은 오로지 송시열만을 위한 전향지원(專享之院)이었으니, 그의 적전 제자 권상하조차도 배향이 거부될 정도였다. 경종 집권으로 소론이 정권을 잡아 노론들이 대거 숙청되

고 송시열에 대한 평가 역시 철퇴를 맞았으나, 화양동서원만은 무사할 수가 있었다.

이렇듯 송시열을 모신 수많은 서원 중에 유독 화양동서원 존재가 두드러졌던 것은 만동묘를 품었기 때문이다. 원래 화양동 만경대 아래 위치했던 화양동서원이었지만, 만동묘가 창건된 지 일곱 해가 지나 그 아래쪽에 옮겨왔으니, 때는 숙종 재위 36년(1710)이었다.

서원을 이곳으로 이건한 권상하는 스승인 우암 송시열에게 고하는 제문을 올려,

> 오직 이 화양서원은 옛날 무이정사와 같아
> 평소에 좋아하신 곳이니 영혼도 편히 여기시리
> 저 남쪽 언덕을 돌아보매 만동묘가 가까이 있으니
> 아마 영령께서는 오르내리며 황제를 뫼시이리다
> 이에 새 사당을 창건해 가옥이 완성되었는지라
> 위패를 봉안하여 엄숙히 일을 거행하나이다

라고 읊었으니, 지하에 묻힌 스승과 이를 고하는 제자 사이의 도타운 정리가 묻어나고 배어난다.

이렇듯 만동묘를 품은 화양동서원이 되었으니, 서로가 하나 되듯 밀어주고 당겨주어, 사액서원 중에서도 권위와 위세를 가히 따를 곳이 없는지라, 제수전 봉납을 강요하는 화양묵패(華陽墨牌)까지 생겨나게 되었다.

여기서 말한 묵패란 것이, 제수에 필요한 돈과 물품이 얼마이니, 아무 날 아무 날까지 봉납하라는 식의 세금고지서나 다름없고, 불응이라도 하게 되면 서원으로 끌려가 사형(私刑) 당하기 일쑤였다. 참배객들이 몰

려드는 화양서원 인근 마을에 복주촌(福酒村)이란 지정음식점을 두어, 신성불가침의 특권을 주게 되니, 요역 기피자들까지 모여들어 나라 살림을 축나게도 했다.

그런지라 식자들의 서원 병폐를 입에 올릴 때에 의례 화양동서원이 으뜸 자리를 차지하였으니, 흥선대원군이 권력을 잡아 제일 먼저 철폐하고자 했던 것이 서원이었다.

그러면 만동묘란 무엇인고?

만절필동(萬折必東)의 줄임말이니,《순자》〈유좌〉편에서 따온 말이다. 황허를 바라보고 있는 공자에게 제자 자공이 그 까닭을 묻자, 굽이굽이 굴곡이 심한 강물이지만 반드시 동쪽으로 흘러가는 것을 가리켜, 군자의 굳건한 의지로 풀이하였으니, 곡절을 겪더라도 결국은 원래 뜻대로 되어 감을 비유한 것이다.

송시열이 우거하던 이곳에 만동묘를 세운 것은 명나라 신종과 의종을 모시기 위한 것이었으니, 만력제 신종은 임진왜란 원병으로 조선을 도왔고, 숭정제 의종은 명나라 마지막 황제였기 때문이다. 이처럼 이미 망해버린 먼 나라 황제를 추모하는 만동묘 설립 연유를 찾아보자면, 흥석기 편지에 답하는 송시열 글에 잘 나타나니,

"전에 노봉 민정중 대감이 사신으로 중국 연경에 갔을 적에, 숭정황제 어필을 구하려고 만금이라도 아끼지 않겠다고 했더니, 어떤 명나라 사람이 큰 붓으로 쓴 〈비례부동(非禮不動)〉 네 글자를 보여 주기에, 값을 주려 하였으나 받지 않고 돌아가 버렸으니, 이는 아마도 민대감의 정성에 감동해서 일 것입니다. 일찍이 나는 민 대감과 이 어필을 영원히 보존할 계획을 세워 화양동 석벽에 이 글자를 모각했는데, 비바람을 막을 수 있게 위가 덮였고 옆이 가리어져 있습니다. 당

초 계획은 그 모각 옆에 집을 짓고 산승으로 하여 지키게 하고는, 《논어》 속에 나오는 '환호문장(煥乎文章)'의 뜻을 따서, 그 집 이름을 환장(煥章)이라 붙이려 했는데, 일이 시작되기도 전에 이 화를 만나 머지않아 죽게 될 것입니다.

효종대왕께서 청나라 오랑캐와는 불공대천의 원수임을 생각하고, 통분하고 미워하시어 기필코 대의를 펴려 하시다가, 하늘이 무심하여 갑자기 승하하셨습니다. 그러자 민 대감이 효종대왕의 뜻을 받들어 임금께 향한 충성을 이 일에 붙이려 하였으니, 그 뜻이 비장하다 하겠습니다. 그러나 건물이 끝내 이루어지지 못하면 민 대감 뜻마저 매몰될 것이 두려워, 환장이라고 붙인 건물 동편의 절에 붙여 환장암(煥章菴)이라 지었습니다. 그러나 여기에는 효종대왕과 민 대감의 뜻을 드러내 밝히는 글이 없어서는 안 될 것이니, 집사께서 그 일을 먼저 서둘러 주시기 바랍니다."

라고 했던 것에서 그 대강을 추정할 수 있다.

이렇듯 만동묘가 세워지기 전에 숭정황제 어필을 안장시키려고 환장암을 조성한 것이 현종 갑인년(1674)이었으니, 예송 문제로 현종이 송시열에게 싸늘하기 그지없는 비망기로 질책하여 유배형을 명할 때였다.

그해에 현종이 승하하고 숙종이 임금에 올랐으나, 숙종 또한 예송 문제 파장을 이유로 서인들을 쫓아내고 남인들을 중용했고, 그 후 두 세력 간의 치열한 공방전이 이어지다가, 숙종 15년(1689)에 송시열이 사사될 적에, 그의 제자 권상하에게 명나라 신종과 의종의 사당을 세워 제사 지내주기를 부탁했다. 스승의 뜻을 받들은 권상하가 숙종 29년(1703)에 민정중·정호·이선직 등과 함께 인근 유생들 협조를 얻어 만동묘를 창건함으로써 스승에게 도리를 다하고자 했다.

만동묘 근원을 좀 더 거슬러 올라 가보면, 경기도 가평군의 조종암이

출발선이었으니, 한말 근기 남인 학자로 이름 높은 성재 허전의 문집 연보에서 이르기를,

"조종암은 가평 조종천 대보산 기슭에 있는데, 처음에 창해 허격이 군수 이제두와 그 지역 선비 백해명과 함께 의종 황제 글씨 '사무사(思無邪)' 세 글자와 우리 선조대왕 글씨 '만절필동 재조번방(萬折必東 再造藩邦)' 여덟 자를 바위에 새겼고, 이어 송시열이 쓴 효종대왕의 '일모도원 지통재심(日暮途遠 至痛在心)'이라는 말도 새겼다. 효종을 따라 조선으로 왔던 명나라 아홉 의사가 있었는데, 그 후손들이 이곳에 단을 쌓아 대대로 지키면서 명나라 태조 제사를 지냈으니, 그 단을 대통행묘(大統行廟)라 하였고, 또 아홉 의사 제사 지내는 단을 구의행사(九義行祀)라 하였다."

라고 하였다.

임진왜란 당시 명나라 원병으로 나라 구한 것을 잊지 못한 선조가 썼다는 8자 글자의 의미는,

"황하강이 만 번이나 굽이쳐 흘러도 종국에는 동으로 흘러가니, 명나라가 도와주어 나라를 되찾았네."

라는 내용인지라, 명나라를 향한 존주 사대의식의 끝판왕인 셈이다.

조선 말 이유원이 쓴 《임하필기》에서,

"가평군 조종면은 모든 강물은 반드시 동쪽으로 흘러든다[萬折必東] 라는 의미를 지니고 있다. 우암 송공이 처음 만동묘를 설치하고자 하였다가, 뒤에 화양곡 화양동을 얻고는 마침내 조종면의 터를 버렸다. 뒤에 조진관이 냇가 석벽에 비를 세우고 '재조번방(再造藩邦)'이라는 네 자를 새겼는데, 이는 신종황제 어필이다."

라고 하였듯이, 가평의 조종암에 새워진 사당 또한 망하고 없던 명나라를 섬기는 성지 가운데 하나였다.

이렇게 창건된 만동묘는 이듬해(숙종 30년) 정월에 명나라 황제 신종과 의종에 대한 첫 제사를 올렸으니, 명나라가 망한 지 햇수로 따져 꼭 60년이 되던 때였다. 권상하를 비롯한 노론계 인사들의 이런 처사를 두고, 부정적으로 바라보던 측에서는 목숨을 걸고 덤벼드는 시비까지 마다하지 않았다.

"제사 지낼 귀신이 아닌데도 제사 지낸다."

라는 참례(僭禮)로 규정한 남인들은 비난을 퍼부었다.

번방에서 천자에 대한 제사를 지낼 수 없었던 것은, 유교를 국가 이념으로 하는 세계관에서는 지엄한 법도이기 때문이다. 그때마다 노론 측에서는, 큰아들이 없으면 작은아들이 제사를 받드는 것이 변례(變禮)에 부합한다는 논리로 대응했다. 그러나 실제로 제사를 행하게 되면, 종묘보다 예우를 크게 해야 할 지경에 이르러 국가 체면이 손상되는 것도 문제였다. 이런 예론상의 문제만 있었던 것도 아니었으니, 청나라가 알게 되면 국가 안위가 위태로운 현실적인 면도 엄연히 존재했다.

이런 상황을 놓고 권상하가,

"화양의 예(禮)로 인해 나를 알아주기도 하고, 나를 허물하기도 하네."

라고 고백했듯이, 당파 간의 달랐던 입장들은 서로 마주 앉기를 거부하는 정도를 넘어, 사생결단의 자세로 가고 말았다.

집권 여당의 한 축을 담당했던 소론들은 이를 의도적으로 회피하거나 미온적인 태도를 견지할 수밖에 없었다. 명나라에 대한 재조지은을 부정할 수 없는 노릇이고, 존주 사상 또한 마찬가지였다. 그럼에도 노론의 이 같은 행위 속에는 다분히 정치적 의도가 깔려 있다고 믿기에 선뜻 박수를 보낼 입장도 아니었다.

아무튼, 숭정황제의 〈비례부동〉이란 친필을 얻어 와서, 이를 보관하는 장소를 환장암이라 했던 것이 만동묘의 출발점이었고, 그 옆에 환장사(煥章寺)란 절이 또 있었으니, 부처님 도량과 존주대의를 외치던 노론 성지가 절묘한 조화인지 부조화인지 알 수는 없지만, 이곳에 세워진 화양서원과 만동묘엔 뭇 선비들의 발걸음이 끊이질 않았으니, 부처님 말씀을 전하던 중들은 그저 지나가는 선비들 행색 구경을 낙으로 삼곤 했다.

워낙 찾는 선비들이 많은지라, 이곳을 지키던 중들까지 세상을 보는 눈까지 트였으니, 영조 때 무신으로 입신했던 이야기꾼 구수훈이 기술한 《이순록》을 보면,

어떤 중이 이르기를,

"여기에 거처한 지가 30여 년이 되었는데, 산수가 절승이므로 유람하러 오는 길손들을 많이 겪어서 자연히 사색당파를 알게 되었습니다. 그 모양과 행동을 보면 쉽게 구별할 수 있으니,

처음 동구에 들어올 때 산천을 두루 돌아보면서 좋다! 좋다! 하고 동(洞) 안에 들어와서는 반드시 암자의 중을 부르고, 서원을 지날 때에는 눈을 부릅뜨고 손을 휘저으며 기침하고 침을 뱉기를 함부로 하고, 만동묘를 지날 때 공경하고 근신을 하지 않는 자는 남인이요.

동에 들어올 때 산수는 자세히 보지 않고, 서원과 만동묘에 이르러서는 반드시 중들의 허물 있는 것을 자세히 살펴서 잔소리를 하며 성가시게 구는 것은 노론이요.

동에 들어와서 산수만을 보고, 서원과 만동묘를 지날 때 존경하는 뜻이 없지만 거만한 태도도 짓지 않고, 바쁘게 지나가는 자는 소북이요.

동에 들어올 적에 좌우로 산천을 돌아보며 혹 냇가에 앉거나 바위에 기대었다가, 서원에 이르러서는 조심스럽게 뜰에서 절하고, 자세히 서적을 보며 감탄하기를 마지아니하고, 만동묘에 이르러서는 처마

만 쳐다보아도 이미 깊은 감회가 생기고, 전(殿) 안을 봉심(奉審)하고 몸을 굽혀 뜰을 지나 암자에 이르러서는 중들의 생활을 자세히 묻고, 밤에 늙은 중을 불러 담화하면서 산중의 소회를 묻는 자는 소론입니다."

라고 한 내용이 참으로 신묘하기까지 하다.

민간 차원에서 명나라 황제에게 제사를 올린 후에, 숙종 임금 또한 신종황제 사당을 세워 제사하는 문제를 신하들에게 하문하였으니, 이에 좌상 이여와 판서 민진후가 아뢰기를,

"제후국으로 중국 천자의 사당을 세워 제사하는 것은 예율(禮律)을 정하기가 매우 어렵습니다. 그러나 사민들이 성심으로 황제를 모시는 사람들에게 금하지도 않고 죄주지도 않는다는 뜻을 보여 준다면 사민들이 안심하고 제사를 받들 것입니다."

하였고, 또 아뢰기를,

"효종대왕을 황제 사당에 배양하자는 의론이 오래전부터 있었으나, 우리나라의 사민이 어찌 감히 효종을 사사로이 제사 지낼 수 있겠습니까? 황공하고 외람됨이 천자를 제사 지내는 것보다 심하기 때문에 감히 배향하지 못한다고 합니다."

라고 하였다.

이렇듯 예민한 문제를 두고 이여는 숙종 뜻을 헤아려 긍정적으로 아뢰었지만, 민진후는 사체(事體)에 입각하여 어렵다 하였으니, 대개의 신하들도 국가에서 황제 사당을 세우는 일을 어렵다고 여겼다. 이에 숙종이 이르기를,

"내가 《삼학사전》을 읽어 보건대, 신종황제의 사당을 세워 효종대왕을 배향하고 삼학사도 종향해야 된다 하였으니, 선정(先正 : 송시열)의 의견도 이와 같았다."

하고는, 재외 대신과 유신(儒臣)들에게 문의하라 명하였다.

이에 이여가 편지를 내어 권상하에게 문의하니, 권공이 답서하기를, "성상의 존주대의를 천하 후세에 드러내어야 할 것이고, 청나라가 트집 잡을 것이 염려된다 하나, 우리가 명나라에 은혜를 입은 것은 천하가 다 아는 사실이고, 군신과 부자가 같은 것인지라 자손이 없는 옛 임금에게 옛 신하가 제사 지내는 것이 무슨 잘못이겠습니까? 도성에 사당 세우는 것이 어렵다면, 강화도는 옛 도읍인데다 한쪽 구석에 있으니, 위협을 받을 염려가 없을 것이라."

하였다.

이해관계가 얽힌 다양한 의견들이 표출되고 있는 와중에 임금이 창덕궁 춘당대에 단을 쌓아 의종에게 제사를 올렸으니, 숙종 재위 30년 (1704) 삼월 열아흐레였다. 그리고 이 날이 바로 명나라 운세가 막을 내린 날이었다.

명나라 황제 제사가 국가적 의례로 승격되어 버렸으니, 그로부터 몇 달이 흐른 후 노론으로 좌의정 일을 보던 이여가 제단 설치를 주장하고 나섰다. 사당 설치가 어렵다는 판단에서 나온 일종의 묘수였다. 반대 의견을 쉽게 잠재우고 정해진 이름이 대보단(大報壇)이었으니, 이제는 궁중 안에서도 명나라 황제에게 제사를 지낼 터전을 마련한 셈이 되었다.

조선 후기의 사회가 존주대의에 바탕을 둔 소중화 의식으로 흘러가다 보니, 명나라 섬기기를 자기 조상보다 우위에 둔 것만은 틀림없다 할 것이다. 영조는 만동묘에 제전과 노비를 내렸고, 예조에 명하여 군사들 90명을 보내 묘우를 지키게 했다. 그를 이은 정조가 즉위하자 바로 어필 사액을 내렸고, 순조는 헐었던 건물을 털어내고 다시 지었으며, 헌종도 충청도 관찰사에게 정식으로 제사를 받들게 했으니, 만동묘 향사가 있을 무렵이면 전국에서 수천의 유생들이 모여들었다.

만동묘 오르는 계단이 엄청 가파르고 까다로운 것은 참배객들이 꼿꼿하게 서지 말고 엉금엉금 기어 올라가라는 의미였다. 이곳에 들른 흥선대원군이 가파른 계단을 오르면서 하인들 부축을 받다가, 황제 배알 예의에 어긋난다며 구박했던 만동묘지기가 있었더란다. 그 흥선 대감이 훗날 권력을 잡아 서원 철폐를 단행하리라고는 상상조차 못 했을 것이다.

이렇듯 당시 만동묘지기 위세가 가히 하늘을 찔러, 이 일대 아이들이 즐기던 동요에,

"원님 위에 감사, 감사 위에 참판, 참판 위에 판서, 판서 위에 정승, 정승 위에 승지, 승지 위에 임금, 임금 위에 만동묘지기."

라고까지 했으니, 문고리 권력인 승지의 권세는 말할 것도 없고, 만동묘지기를 임금님 위에다 올려놓은 것이다.

조선 후기 실학자 이규경은 그의 저서 《오주연문장전산고》에서, 존주대의에 바탕에 두고 극성을 부린 대명의리론을 두고 다음과 같이 평하고 있다.

"명나라 말기에 이르러 우리나라의 처사가 매우 분명하고 확실하여, 천하 후세에 할 말이 있게 되었다. 어찌 고려 조정에서 원 나라에 대하던 처사와 비교가 되겠는가. 명나라 왕통(王統)이 끊어져 버렸는데도 대보단(大報壇)과 만동묘(萬東廟)를 두었고, 먼 시골의 백성들까지 이미 망해버린 명나라를 끝끝내 존중하여, 연호를 기록할 때는 반드시 '숭정 기원 후 ○년'이라고 썼으니, 《이십삼사》를 다 펼쳐 보아도 충성이 이렇게 간절한 민족성은 보지 못하였다. 아! 이를 두고 이른 바, 풀밭에 바람이 일면 풀이 반드시 비스듬히 눕는다는 이치에 기

인한 것인가 보구나."

당대에 처한 현실 비판의식들이 남다르나, 미래를 내다보는 혜안들이 성리학자 틀을 벗어나지 못했다고 비판받기 일쑤였던 실학자들이었건만,

오주(五洲) 이규경.

그가 바라본 시각은 오늘을 살아가는 우리가 봐도 참으로 경이롭기까지 하다.

성혼과 이이의 문묘종사

숙종 재위 7년 신유(1681) 9월.

인조 이래 효종·현종 등 4대에 걸쳐 58년이나 끌던 두 사람(율곡 이이, 우계 성혼)의 문묘종사(文廟從祀)가 이루어졌다.

무릇 문묘란 공자 신위를 모신 사당이니, 유교 국가 상징물 중에서 가장 핵심이라 할 것이다. 자고로 문묘에는 공자를, 무묘에는 관우를 모셔 왔지만, 유교 국가 발전에 따른 문치주의가 정착하면서, 무묘 숭상 분위기는 잦아들고 공자 추모 열기가 갈수록 커졌으니, 조선조에 들어와서 문묘는 거의 종묘사직에 버금가는 상징물이 된 것이다.

우리나라 문묘는 신라 성덕왕 13년(714)에 당나라로 갔던 김수충이 문선왕이라 일컬어지는 공자와 그 아래 10철 72제자 화상을 들여 와 국학에 두면서 시작되었다. 고려를 거쳐 조선이 망할 때까지 승출(陞黜)을 거듭한 바 있지만, 공자 아래 4성(증자, 안자, 자사, 맹자)을 비롯한 공문 10철과 송조 6현, 그리고 중국 역대 제현 94위와 동국 18현 등을 합친 133

위를 봉안해 왔으니, 성균관이나 지방 향교마다 그 위패를 모셔 제향을 올리던 대성전이란 건물을 따로 두었다.

원래 성균관 대성전은 공자와 4성 10철 및 6현들만 배향하던 곳이었고, 중국 역대제현 94위와 동국 18현 위패는 대성전 밖의 동서쪽 행각인 동무(東廡)와 서무(西廡)에 배치되어 있었는데, 일제 때에 성균관이 경학원으로 격하되던 수모를 겪고 해방이 된 후 심산 김창숙 선생이 성균관을 재건할 적에, 중국 94위 위패를 땅에 묻고 동국 18현 위패를 높여 대성전 안으로 옮겼으니, 시대와 현실을 반영한 변화상이라 할 것이다.

문묘에 종사된 우리나라 유현(儒賢)들을 흔히 동국 18현이라 일컫는데, 고려 때에 최치원과 설총, 안향 등 세 사람을 배향했고, 조선 중종 때 정몽주를 배향하고 광해군 때 5현(김굉필·정여창·조광조·이언적·이황)을 배향한 이래 김인후·이이·성혼·김장생·조헌·김집·송시열·송준길·박세채 등이 추가되었다.

실학의 선구자로 평가받는 이수광은 그가 지은 《지봉유설》에서,

"우리나라 유선(儒先)으로서 문묘에 종사된 이는 최치원·설총·안유·정몽주·김굉필·정여창·조광조·이언적·이황 등 모두 9명이다. 그런데 조광조를 제외하고는 모두 영남 사람이니, 장하다고 할 만하다. 세상에서 영남을 인재의 창고라고 하더니, 어찌 믿지 않을 수 있겠는가."

라고 한 바가 있는데, 그가 살았던 당대에 문묘에 배향된 자가 9명밖에 없었기 때문이다. 동방 5현들의 문묘종사가 이루어 질 때에도 40년 논란 끝에 광해군이 전격적으로 받아들이면서 해결되었듯이, 문묘종사란게 간단한 것이 아니었다.

그 이후 8명의 문묘종사 인물들이 추가될 때마다 치열한 공방전으로 나라가 쪼개질 듯했지만, 정작 영남 인물은 더 이상 찾을 수 없으니, 조

선 후기 정국 운영권은 서인들 손아귀에서 놀았기 때문이었다. 서인들 중에서 노론 중심의 정국이 전개되었으니, 배향 인물 또한 1명을 빼고는 모두 노론계가 차지하고 있는 셈이다.

이미 고려시대에 배향된 설총·최치원·안향 같은 이를 두고도,

"우리 조선의 종사(從祀)하는 법은 이해할 수 없는 것이 많다. 최치원 같은 이는 한갓 문장만 숭상하였을 뿐 아니라 불교에 아첨함이 또한 심하였다. 그의 문집 속의 불소(佛疏) 등의 저작을 볼 때마다 몹시 증오스럽고 극히 한스러운 생각이 든다. 그런 이를 문묘의 배향에 참여시킨 것은 어찌 공자를 욕되게 함이 심하지 아니한가."

라고 했던 《퇴계집》의 내용이고 보면, 설총 또한 공자를 모신 문묘에 종사될 것이 아니란 비난들이 있었으니, 갈수록 그 잣대가 공자 유학 본연에 맞춰진 것이라 할 것이다.

조선 중종 때 조광조가 조선 성리학의 도통을 확립하려 했을 때, 정몽주를 동방의 이학지조(理學之祖)로 삼아 사림파로 연결하였으니, 관학파로 알려진 권근이나 변계량 등을 건너뛴 채, 문묘종사 논의가 동국 5현으로 건너가 버렸다.

선조 재위 3년부터 동방 4현 문묘종사 운동을 벌이다가, 이황이 죽자 그를 포함한 5현 종사를 끈질기게 요구하였으나, 선조는 이언적의 출처를 문제 삼아 거부하였다. 하지만 이언적은 스스로 공부해서 깨친 후 태극 논쟁에서 자칫 불교와 섞일 수 있는 성리학 이론을 바로잡아 이황에게 영향을 끼친 인물인지라, 5현의 문묘종사 요구가 40년이나 흘렀다 해도, 광해 즉위 2년에 결국 이루어졌다. 이 과정에서 북인을 이끌던 정인홍이 그의 스승 조식의 배향을 위해 무리하게 이언적과 이황을 공격하다 유적(儒籍)에서 삭제당하기도 했다.

성리학에 대한 이해도가 깊어질수록 선비들의 엄격한 자기 관리와

처신이 요구되었기에, 이 시기에 오면 출처관(出處觀)이 분명하지 않은 선비들은 대접조차 받을 수 없었으니, 이른바 《중용》에서 말하는,

> "나라에 도(道)가 있을 때에는 그 말이 몸을 일으키게 하기에 충분하고, 나라에 도가 없을 때에는 그 침묵이 몸을 용납되게 하기에 충분하다."

라는 구절을 금과옥조로 여겨야만 했다.

아무튼, 문묘란 것이 공자를 모신 사당인지라, 배향 기준 또한 공자의 도를 기준으로 삼으면 될 터이니, 앞에서 살펴 본 대로 퇴계 이황이 들이댔던 잣대를 기준으로 삼으면 문제가 없어 보인다. 도학을 얼마나 실천했으며, 그 발전에 어떤 공을 세웠는가 라는 명분이 전제조건이기 때문이다. 하지만 그것은 어디까지나 명분에 불과할 뿐이었다. 학문과 정치가 딱히 구분되지 않은 사회에서의 문묘종사는 정치 문제이자 곧 권력의 문제였다.

예컨대, 광해군이 5현의 문묘종사라는 뜨거운 감자를 덜컥 손에 쥔 것은 약한 정통성 고리를 해결하려는 의도가 다분했다. 그리고 권력을 쥐고 있던 정인홍이 그의 스승 조식의 문묘종사 운동을 벌렸음에도 실패로 끝난 것은, 권력을 가진 자에게 권위마저 줄 수 없다는 광해군의 견제심리가 작용한 측면이 크다.

인조반정을 통해 서인들이 권력을 틀어쥐긴 했지만, 약한 정통성에다 부족한 정당성과 명분을 채워 넣기 위해 꺼낸 카드가 바로 문묘종사였다. 인조반정 공신들의 면면을 보노라면, 서인 중에서도 이항복을 따르는 자들이 많았고, 그들은 대개 이이와 성혼, 그리고 김장생 문하에 드나들던 사람들이었다.

당초 이이의 문묘종사 운동 시작은 인조가 임금 자리에 오른 직후였지만, 이괄의 난으로 소강상태가 되었다. 이때만 하더라도 성혼은 신원

되지 않은 상황이라, 이이의 단독 종사를 밀어붙이려 하였지만, 반정공신 중에는 성혼 문하생들이 오히려 더 많을 지경이었고, 서인의 지도자 김집이 성혼의 문묘종사를 지지함으로써 당론으로 굳어지게 되었다.

이를 우·율승무(牛·栗陞廡)라 부르기도 하는데, 우계 성혼과 율곡 이이의 호를 따서 붙인 것이다. 하지만, 권력을 가진 자에게 권위까지 줄 수 없다는, 인조와 효종 그리고 현종 3대에 걸친 견제심리가 작동하였고, 숙종 초기까지도 그 연장선상에 있었다. 그러다가 숙종이 정국 운영 방식을 갑자기 바꿔버렸으니, 우·율의 문묘종사도 여기에 휩쓸려버렸다.

숙종의 환국정치.

힘의 균형이 아니라 한쪽을 완전히 궤멸시켜 버린 것이 환국 정치였으니, 이를 두고 DNA상 선천적으로 타고난 다혈질의 숙종 임금 성격에서 비롯된 측면이 크다고들 말한다. 그 원인이야 어찌 되었건 간에 이제 붕당 간의 공존 원리가 무너졌으며, 상대 당의 재기를 원천적으로 차단키 위해 살육을 서슴지 않았다. 갑인예송으로 남인들이 정국 주도권을 잡고 있었지만, 하루아침에 이들을 도륙내고 조정의 모든 신료들을 서인으로 채운 경신년(1680)의 대출척으로 견제세력이 없게 되었다.

이때 우·율 문묘종사가 손쉽게 이루어진 것은 그런 이유 때문이었다.

인조가 즉위한 처음에, 해서 유생들이 소를 올려 이이와 성혼을 문묘에 종사하기를 청한 적이 있고, 그 후 인조 재위 13년 을해(1625) 5월에 성균관 유생 송시영 등 280여 명이 연명으로 소를 올렸을 적에 임금이 비답하기를,

"이이와 성혼이 비록 선인(善人)이라고는 하나 도와 덕이 높지 못하고, 결함에 대한 세상의 비방이 있으니, 더할 수 없이 중대한 문묘 종사를 결코 경솔하게 논의할 수 없다."

하였다.

같은 날 채진후·오정일 등 남인 계열 유생 57명이 연명한 반대 소를 올리면서, 성균관을 박차고 나왔다. 당시 성균관 소속 젊은 유생들의 물불 가리지 않는 집단행동들은 매우 과격하게 진행될 수밖에 없었다. 이들은 복건 차림으로 "(서인 계열) 성균관 유생들에게 쫓겨났다"고 외치며 대궐 앞을 행진하는 등 등교 거부 및 거리 시위를 벌였다.

중재를 맡아야 할 중신들 모두 서인이었으니, 영의정 윤방과 좌의정 김상용 등이 차자를 올려, 두 어진 신하가 문묘에 참여한 여러 유현에 비해 부끄러울 것이 없다고 극력 진언하였다. 그런 후 유생 채진후 등이 무리를 지어 선현을 헐뜯고 비방한 것이라 매도했다.

인조가 이이와 성혼 문묘종사를 거절한 이유는,

"도와 덕이 높지 못하고, 결함에 대한 세상 비방이 있다"

는 것이었으니, 결함에 대한 세상 비방이란 것을 놓고 보면, 이이는 젊어 한때 입산수도하여 불경을 공부한 적이 있었고, 성혼은 죄를 입어 파주에 낙향해 있으면서도 선조 몽진 길에 나와 맞이하지도 않고 끝내 외면했다는 비판을 받고 있었기 때문이다.

성혼은 일찍이 이황을 사숙했으나 이황의 이기호발설에 회의를 품어, 이이에게 질문한 데서 비롯되어 전후 9차례 서신을 주고받으면서 사칠이기설을 논한 적이 있다. 그런데다 그들 둘 다 파주에 터전을 둔 인연으로 가까워졌으니, 성혼이 관직에 나간 것도 이이의 권유에 의한 것이었다.

정여립 사건이라 불리던 기축옥사(1589)때 서인 집권으로 성혼이 이조 판서로 복귀했는데, 길삼봉으로 몰린 최영경이 억울하게 죽자 동인들 화살이 성혼에게 집중된 적이 있었다. 이때 성혼은 최영경을 구원하자는 서신을 정철에게 보내기까지 한 바가 있지만, 남인에게 미운 털이 박힌 악연으로, 그의 문묘종사를 남인들이 더 세게 반발했던 것이다.

아무튼 서인들의 요청을 인조는 이들의 결함을 지적하면서 거절하자, 좌의정 오윤겸이 이를 변호하는 기나긴 차자를 올렸으니,

"… 임진왜란 때에는, 시골에 숨어 있는 신하로서 조정에 죄를 입어 방금 처벌을 논의하는 중에 있으니, 비록 국가에 변란이 있다 하더라도 부르는 명을 기다리지 않고 스스로 궐하(闕下)에 나아간다는 것은 의리상 온당하지 못하다고 생각하였습니다. 때문에 멀리서 우러러 바라보며 마음이 편치 않아 나아가고자 하였지만 감히 나가지 못하였던 것입니다. 임금의 피난 행차가 임진강을 지날 때에, 성혼의 집은 나룻터에서 20리 밖의 산골에 있었기 때문에 아득하여 듣지 못하였습니다. 성혼의 처남 신식이 임금의 행차를 따라 나룻터에 도착하였으나, 강을 건너지 못하고 그냥 성혼의 집으로 갔을 때 비로소 알게 되어 서로 붙잡고 통곡하며 뒤쫓아 가고자 하였으나, 나룻길이 막히고 난병(亂兵)들이 길을 막았으므로 드디어 병든 몸을 끌고 산골짜기를 전전하였습니다. … 그런데도 말하는 자가, 임금이 은근하게 부르셨건만 달려오지 아니하였다고 한 것은 무함이 아니겠습니까 …"

라고 아뢰었건만, 인조가 비답하기를,

"자세히 살펴보았으나, 두 사람의 장점과 단점은 내가 안 지 오래다. 이론에 동요되어 윤허하지 않는 것이 아니다."

라고 냉정하게 거절했다.

이런 혼란스런 정국이 한동안 지속되었지만, 인조의 완강한 의지를 꺾을 수가 없었다. 하지만, 서인들의 위세를 완전히 꺾을 수가 없는 상황이라, 채진후를 비롯한 남인 유생들을 성균관에서 쫓아내거나 과거 응시 자격을 박탈하는 정거 죄를 씌웠다.

세월은 어느 듯 27년이 흘러, 인조가 죽고 효종이 즉위하였으니, 이 때를 놓칠세라 서인들은 문묘종사 운동을 더 크게 벌렸다. 효종 즉위를 경축하는 과거를 앞두고, 서인 계열 성균관 유생 100여 명이 등교 거부를 선언한 것이다. 이런 서인들의 움직임이 클수록, 그에 비례하여 반발은 더 크게 일었으니, 안동 선비 유직을 비롯한 950명이 연명하여 우·율 승무반대소(牛栗陞廡反對疏)를 올린 것이다. 영남지역 72개 고을 유림 전체가 궐기한 것인데다, 상소를 바치기 위해 상경한 선비들이 무려 150명을 넘겼다.

현종 재위 15년 동안에도 8도 유생들의 집단 상소는 끊이질 않았고, 서인을 이끌던 송시열과 송준길까지 동원되었지만, 우·율 문묘종사는 끝내 거부되었다. 이러한 공방전 속에 근기 남인들과 영남 남인들의 결속력이 굳어갔고, 군왕들의 적절한 서인세력 견제를 통해 건전한 비판과 대안을 가진 붕당정치가 행해지는 듯했다.

그러나 환국정치가 발현되자 그 구도가 깨어지고 말았으니, 우·율 문묘종사 또한 그 따라 춤추기 시작했다. 숙종 재위 15년 기사년(1689)에 장희빈에게 빠진 임금이 환국을 단행하여 송시열에게 사약을 내리면서 남인들을 대거 등용하였으니, 우·율의 위판을 끌어내려 땅에다 묻는, 소위 말하는 문묘 출향 조치를 단행했다.

기사년 3월에 진사 이현령 등이 올린 소를 보면,

"이이·성혼의 종향을 청하는 일이, 을해부터 신유에 이르기까지 전후 50년 동안 여러 번 일어나고 여러 번 그쳤다가, 종말에는 드디어 힘으로 공론에 항거하고 위세로 한때를 제압하여, 제멋대로 선비들의 여론이 일치하게 돌아갔다고 일컬어 종향 위열(位列)에 올려놓고야 말았으니, 그 성묘(聖廟)에 욕됨과 사문(斯文)에 재앙됨을 어찌 이루 다 말하겠습니까."

라고 아뢰니, 임금이 비답하기를,

"아아, 우리나라의 유현으로 문묘에 종사한 이가 전후를 통하여 어
찌 한두 사람뿐이겠는가. 그러나 여러 사람의 심정이 흡연하여 끝끝
내 이의하는 이가 없었는데, 유독 이 두 신하에게는 여러 선비들이
정성을 다하여 일제히 부르짖으며 반드시 그들의 출향을 원함이 그
칠 줄 모르는 것은 어찌 다른 뜻이 있겠는가. 대체로 역대 임금의 밝
은 가르침을 준수하고, 저 무리들이 흠과 허물을 가리어 덮고 속여
외람되게 승사(陞祀)한 것을 아프게 생각하는 뜻이 있기 때문일 것이
다. 한 번 두 신하가 배향의 열에 오른 뒤로부터는 송시열이 그들의
나머지 논의를 주워 모아, 사람을 무찌르고 나라를 병들게 한 것이
진실로 한두 가지가 아니다. 그 끝에 생긴 폐해를 말하자면 조정이
분열되고, 인심이 사악에 빠져 들어간 것이 윤증(尹拯)을 극력 배척
하는 일에 있어서 다시 수습할 여지가 없게 되었다. 떳떳한 윤리가
퇴패해 끊어지고 나라가 나라 구실을 하지 못함을 면치 못하게 되었
으니, 길이 생각할수록 어찌 마음 아프지 않겠는가. 공론을 끝내 거
부할 수 없어 특히 청하는 것을 윤허하여, 한편으로는 옳고 그른 것
을 바르게 판단하고, 한편으로는 사설(邪說)을 억제하려 한다."

하고는, 3월 열 여드레 날에 고유하고 위판을 묻었다.

그러다가 숙종 재위 20년 갑술(1694)에 임금이 또 다시 심술을 부려,
인현왕후를 복위시키면서 남인들을 모조리 쫓아냈으니, 이 해 5월에 양
주와 광주 유생 박순 등이 올린 소의 대략에,

"두 현신의 출묘를 복향하라는 명이 아직 없습니다. 기사년 변고는
말하려 하면 가히 통곡할 만합니다. 승향(陞享)도 전하께서 하시고
출향도 전하께서 하셔서, 한때의 두려워하는 호소의 여론이 비등할
줄이야 어찌 생각이나 하였겠습니까. 저 두 어진 신하의 도덕이 전

에는 높고 후에는 낮은 것이 아닙니다. 대체로 성현의 도가 융성함과 쇠망함이 때가 있고, 전하의 덕을 지킴이 한결같지 않은 까닭으로 소인들의 말이 틈을 탈 수 있었던 것입니다. 그때 도깨비 같고 불여우 같은 안전·이현령 무리가 헐뜯은 말은 본래 그들이 새로 끄집어 낸 흠이 아니고 여러 간사한 무리의 허구와 무함을 이어받아 서술한 것입니다. 사설과 정론 사이에는 옳고 그른 것이 자연히 분별되는 것이온데, 어찌 전하의 도를 숭상하시는 성의로 시종일관하지 못하시고, 단번에 참소하는 말에 따라 변하고 옮겨졌단 말입니까."

하니, 비답하기를,

"지난 때에 권세를 잡은 간신들이 일마다 가리고 속인 정상을 이미 깨달아 알고 있는데, 하물며 이는 사문(斯文)의 흥망에 관계되고 시운의 성쇠가 달려 있는 일이겠는가. 마땅히 해당 관청으로 하여금 품지하여 처리하도록 하겠다."

하였다.

이에 영의정 남구만이,

"두 현신의 종사에 누가 감히 이의를 제기하겠습니까. 그러하오나 전에는 이미 승사하였다가 출사하였고, 지금은 출사하였다가 다시 승사하는 것이오니, 유생이 올린 소로 인하여 해당 조(曹)에서 거행하는 것은 그 일을 중대하게 여기는 뜻이 없는 것 같습니다. 밖에 있는 여러 대신들이 들어오기를 기다려 널리 의논하여 처리하게 하십시오."

라고 하였다.

예조에서 두 현신 복향하는 길일을 윤5월 28일로 잡아, 그 사유를 먼저 대성전에 고유한 뒤에 위판을 봉안한 후, 출향을 주청했던 이현령을 먼 변방으로 정배시켰다.

이렇듯 우·율의 문묘종사는 서인 집권기냐 남인 집권기냐에 따라 부침이 심했고, 그러는 동안 서인들도 우계 학통을 이은 소론(성혼-윤선거-윤증)과 율곡 학통을 이은 노론(이이-김장생·김집-송시열·송준길)으로 나누어졌으며, 조선이 망할 때까지 노론이 정국을 주도해 나갔다. 그 과정에서 당쟁을 극복하려는 탕평론이 나오긴 했지만, 영조와 정조 시기의 탕평정치 아래에서도 소론이 힘을 제대로 발휘하지 못했고, 극소수 남인들은 개별적인 정권 참여 정도에 그치고 있었다.

그런 상황이고 보면, 그 이후의 문묘종사 또한 비슷한 양상을 보이기 마련이니, 숙종 32년 병술(1706)에 송시열 스승으로 노론을 상징하던 사계 김장생이 문묘에 배향되었고, 영조 재위 32년 병자(1756)에는 송시열과 송준길까지 배향되기에 이르렀다. 특히 양송(송시열·송준길) 문묘종사에서 소론과 남인의 반대가 심했지만, 노론이 정권을 장악한 상황이라 이를 저지할 수가 없었다.

여기에서 소론의 영수로 알려진 다소 특이한 경우가 박세채 배향이라 할 것이다. 노·소론 간의 시비가 골이 깊어, 윤증이 그의 스승 송시열과 척을 지고 향리에 머물고 있었는데, 숙종 임금이 외척을 견제코자 3대 산림으로 군림했던 박세채와 송시열·윤증에게 출사를 명했다. 나랏님 부름으로 상경하던 윤증이 송시열과 함께 출사할 수 없다고 과천에서 버티자, 이를 화해시키려고 뛰어든 이가 박세채였다. 과천으로 달려갔던 박세채가 오히려 설득 당하여 윤증과 입장을 같이하게 되었으니, 그의 입지는 자연스레 소론이 되었다.

박세채가 일찍이 황극탕평론을 주창하여 영조의 탕평론에도 큰 영향을 끼친 인물인지라, 영조가 문묘종사라는 선물을 박세채에게 안겨주고자 했으니, 그 해가 영조 40년(1764)이었다. 몇 년간 이어진 유생들의 상소를 이유로 문순공 박세채의 문묘 종사를 명하자, 노론의 거친 항의 시위들로 정국이 혼란에 빠졌다. 그럼에도 영조가 박세채 문묘종사를 결행할 수 있었던 것은 특유의 그 완고한 고집으로 신권을 제압하는 카리스마에 힘입은 것이었다. 문묘종사 반교에 응하지 않는 신하들을 파직시켜 버린 것에서 그 단면이 잘 드러난다. 탕평론의 원조 박세채를 내세워, 다시 한 번 당색을 구분하지 않는 탕평 정치를 신민들에게 천명한 것이다. 그 후 박세채 출향을 요구하는 상소들이 정조 때까지 이어졌지만, 정조 또한 영조의 유지를 잘 계승해 나갔다.

동국 18현 중에서 유일한 호남 출신인 하서 김인후는 정조 임금 재위 20년(1796)에 왕권을 동원하여 전격적으로 배향시킨 경우다. 김인후로 말한다면 퇴계나 율곡보다 선배학자였으니, 명종 때 정치가 어지러워지자 고향 장성으로 낙향하여 생을 마감한 인물이란 점에서, 학맥으로 굳이 따질 상황도 아니다. 한동안 묻혔던 그가 이 시기에 와서 갑자기 정조에게 호명된 것이다.

강력한 왕권에 기반한 탕평 정치로 자신감을 회복한 정조는 산림의 권위를 더는 인정하지 않는 대신, 학문적 정통성 계보를 자기에게 연결시키려는 군주도통론을 끄집어냈다. 노론이 주창하던 조헌과 김집의 문묘 종사론을 철회시키면서까지 김인후 신위를 문묘에 올리게 된 연유가 여기에 있었으니, 소외되었던 호남학파를 끌어안아 군주도통론에 힘을 보태기 위한 것이었다. 개인 문집을 간행한 유일한 임금이 정조이듯이, 학문적으로도 신하들을 억눌러야 한다는 강박관념이었는지도 모른다. 그리고 김집과 조헌의 문묘종사가 고종 20년(1883)에 가서야 이루어졌으니, 이때까지도 노론 중심의 사회였음을 잘 보여 주고 있다.

이렇듯 본격적인 당쟁이 시작되고 나서부터 노론 일색인지라 남인들은 단 한명의 문묘종사자를 배출하지 못했다. 그렇다고 남인 계열 문묘종사 운동이 없었던 것은 아니다. 순조 때 학봉 김성일과 서애 류성룡,

그리고 한강 정구와 여헌 장현광 등 4명에 대한 문묘종사소를 올리자고 했을 적에 김성일과 류성룡 중에 누구를 앞에 쓰느냐로 다툼이 일었다.

그 다툼 연원이 꽤 깊었으니, 광해군 때 안동 호계서원(당초에는 여강 서원)에서 비롯되었다. 선조 때 퇴계 선생 학덕을 기리기 위해 건립된 호계서원에 주향인 퇴계 좌우에 두 제자를 함께 배향하려 했던 것이 광해군 12년(1620)경이었는데, 좌측을 누구로 할 것인가에 시비가 일었다. 좌의정이 우의정보다 높듯이 좌측을 상위로 보는 개념으로 살았기 때문이다. 관직으로 따지면 영의정을 지낸 서애가 한 수 위라 할 것이나, 나이가 더 많았던 학봉은 퇴계 학통을 계승한 적전제자였다는 점에서 더 높이려는 경향이 있었다. 이런 논란으로 결국엔 서애 류성룡을 병산서원에 따로 배향하게 되었다. 이를 일러 병호시비라 부르는데, 수백 년 동안 영남 유림 전체가 시비 소용돌이 속에 휘말렸을 뿐 아니라, 오늘날까지 이어지고 있다.

아무튼 영남 남인들이 준비하던 문묘종사소가 병호시비로 지체되었고, 학봉을 먼저 쓴다는 합의가 있었음에도 서애측에서 따로 소를 올리자, 정구와 장현광 제자들도 소를 올렸다. 하지만 이들에게 문묘종사의 문이 열리지는 않았다.

307

제20대
경종대왕

휘는 윤(昀), 자는 휘서(輝瑞). 숙종의 맏아들로, 어머니는 희빈 장씨이다. 숙종 14년 무진(1688) 11월에 창경궁 취선당에서 출생하여 이듬해에 바로 원자로 책봉되었고, 경오년(1690)에 세자에 책봉되었다. 경자년(1720) 7월 경덕궁 숭정문에서 즉위했고, 갑진년(1724) 8월에 36세의 일기로 창경궁 환취정에서 승하했다. 왕세자로 책봉되어 약 30년 후에 즉위했으니, 최장수 왕세자 기간을 보낸 셈이나, 재위 기간은 4년 3개월에 불과하다. 즉위한 이듬해에 이복동생 연잉군(영조)을 왕세제로 책봉하고 대리청정을 허락했지만, 반발한 소론 의견을 받아들여 다시 친정을 했다. 비는 심호의 딸 단의왕후, 계비는 어유구의 딸 선의왕후이다. 단의왕후는 숙종 22년(1696) 세자빈(世子嬪)으로 책봉되었으나, 경종이 즉위하기 2년 전에 병으로 죽었다. 단의왕후가 죽던 해에 계비 선의왕후가 간택되어 후일 중전이 되었다. 경종 능호는 의릉(懿陵)으로 선의왕후와 같이 묻혔다.

임금과 왕세제

죄인의 아들 경종.

그런 의미에선 연산군과 닮았다.

하지만, 연산군은 정비 소생이었던 반면에 경종은 장희빈이란 후궁의 아들이었다.

후궁 소생이란 점에서 보면, 경종은 광해군과 닮은꼴이다. 뿐만 아니라, 세자 자리를 놓고 신하들과 흥정하려 했던 부왕의 통치 스타일까지 닮았으니, 이 모두가 미약한 정통성을 안고 태어났다는 점 때문이었다. 따라서 피를 말리듯 한 인고의 세자시절을 보내고 등극한 조선조 임금을 들라면, 주저 없이 그 둘을 꼽아야 할 것이라 여겨진다.

정통성을 확보하지 못한 세자에게는 부왕의 통치 기간이 길면 길수록 불안 요소가 쌓이기 마련이니, 16년간의 세자시절을 보내야 했던 광해군은 온갖 풍상을 다 겪다가 간신히 왕위에 올랐고, 31년이란 긴 세월 동안 세자 자리에 있어야만 했던 경종의 삶 역시 말로 형용하기 어려운 일들의 연속이었음은 말할 나위가 없다.

아버지 숙종이 46년을 통치했고, 배다른 동생 영조 또한 장장 52년이란 긴 세월 동안 재위했건만, 그 사이에 끼인 경종은 겨우 4년 남짓 왕 노릇을 했을 뿐이다. 하지만 숙종과 그의 아들 2명이 500년 조선왕조 중에서 100년이 넘는 시기를 통치했으니, 조선을 가히 숙종의 나라라 칭해도 지나친 말이 아닐 듯하다.

선비들이 유배와 사약을 밥 먹듯 했던 때가 바로 이 시기였고, 우리 역사상 가장 치열한 정치세력 다툼이 벌어진 것이 바로 이 시기였다. 후궁의 몸에서 태어난 상처와 극심한 스트레스가 경종 수명을 단축시켰을지도 모른다. 자신을 지켜주던 남인은 이미 몰락했고, 숙종 말년에 보호자로 자처한 소론까지 정계에서 소외된 상태가 되었으니, 범 같은 노론 대신들에 둘러쌓여 온갖 풍상을 겪고 등극했지만, 통치기간 내내 병약한 모습을 보였던 것이 어찌 우연이겠는가.

숙종 정국 후반기에 노론과 소론이 또다시 격돌했으니, 소론을 이끌던 최석정이 죽은 윤증의 제문을 지은 것이 발단이었다. 최석정은 제문에서 송시열의 복수대의(復讐大義)를 공언(空言)과 고론(高論)에 불과하다 비난했기 때문이다. 논란이 일자 숙종은 공적인 문제가 아니라 하여 판정을 회피했다.

숙종 37년(1711) 《가례원류》 간행으로 노·소론이 또다시 날카롭게 대립했다. 이 책은 유계와 윤선거가 함께 정리한 것인데, 유계의 손자 유상기가 간행하면서 유계 단독 저서로 엮었기에, 소론측에서 비판의 칼날을 세운 것이다. 논란이 일자 숙종은 발문을 쓴 정호가 윤증을 비난한 것이 잘못이라 한 후, 정호를 파직시키고 발문을 사용하지 못하게 했다.

하지만, 이 판정들이 곧 회니시비와 연결되어 번복되고 말았으니, 처음에는 소론측인 윤증 손을 들어 주었지만, 나중에 번복하여 송시열이 옳다는 숙종의 판정에 따라 정호의 발문을 다시 넣도록 하였음은 물론 윤증에게는 선정(先正)이란 칭호까지 금하도록 명했다. 숙종 재위 42년(1716)에 일어난 이 사건을 병신처분이라 한다.

숙종의 병신처분으로 온 조정은 노론들 차지였다.

그런 상황 속에서 임금이 갑자기 노론 대신 좌의정 이이명에게 입시하라 명했다. 담당 승지와 사관이 함께 들어가려던 참에 이이명만 들라는 명이 또 떨어졌다.

전례가 없던 독대였고, 숙종 재위 43년(1717) 7월에 일어난 일이었다.

그러하니 둘 사이에 무슨 말이 오고 갔는지는 알 수가 없다. 후일 영조때 김복택 옥사 처리 과정에서 그 전말이 드러나긴 했지만, 여전히 의문의 때가 벗겨진 것은 아니었다. 당시 숙종은 이이명에게 연잉군(영조, 숙빈 최씨 소생)과 연령군(명빈 박씨 소생)을 부탁했고, 이에 화답하듯 이이명은 김춘택의 사촌 아우 김용택과 사위 이천기를 추천했다.

이를 전해들은 김용택과 이천기는 이이명의 아들 조카와 함께 무사와 술사들을 양성하여 만약의 사태에 대비했다. 그 와중에 연령군이 죽자 노론들의 관심은 연잉군에게 집중될 수밖에 없었다. 아무튼 정치적 대립이 매우 예민했던 시기에 숙종과 이이명의 독대는 큰 파장을 몰고 왔고, 세자 교체를 놓고 정치적 타협을 시도한 것이라 보는 경향이 예나 지금이나 강한 것도 그 때문이다.

후궁 소생이었지만 경종이 태어났을 때만 해도, 숙종의 첫아들이었던 까닭에 백일도 되지 않아 원자 책봉을 받았으니, 얼마나 총애를 받았는지 짐작하고도 남는다. 그리고 그때까지 든든한 남인들이 버티고 있었기에 평탄한 세월을 보내기도 했다. 하지만, 야속한 세월이라 어머니가 중전 자리에 올랐다가 다시 후궁으로 격하되고 이어 죄인의 몸으로 사약까지 마시게 되면서, 세자 또한 죄인의 아들이었으니 부왕의 눈초리가 심상치 않았다.

이이명 독대가 이루어진 다음, 숙종은 왕세자에게 대리청정을 명했다. 수년 동안 앓아 온 안질과 병으로 세자에게 정사를 맡기려는 것이지만, 당연하게 아니되옵니다를 외쳐야 할 노론들이 뜨거운 감자를 손에 쥐고도 입을 다물고 있으니, 소론들 입장에서는 의심이 더 커질 수밖에 없다. 낙향해 있던 90세 고령의 영부사 윤지완이 관을 끌고 한양에 입성하여, 독대의 잘못을 지적하면서 대리청정을 거두어 달라는 소를 올렸다.

하지만 8월 초하루부터 세자의 대리청정은 시작되었다.

낳아 준 이는 희빈 장씨였지만, 어머니가 죄인이 되자 인현왕후 아들로 입적될 수밖에 없을 정도로 정통성에 흠결이 있으니, 숙빈 최씨가 낳은 연잉군을 세자로 옹립하려는 노론들의 공작은 멈추질 않았다. 부왕도 믿을 수 없는 불안한 나날을 보내야 했던 세자이고 보면, 극도로 조심하는 길밖에 없었다.

대리청정은 곧 독이 든 성배나 다름없으니, 무슨 사안이 올라와도,

"아뢴대로 하라" 혹은 "유념하겠노라."

로 일관했다. 답답했던 노론계 신하들이 그렇게 답하지 말고 의견을 내보시라 간청해도, 세자의 대답은 유의하겠다는 말만 되풀이 할 뿐이었다.

불안한 대리청정이 3년이나 이어지는 동안, 재위 46년에 접어 든 숙종도 승하했다. 장장 30년이 넘는 세월 동안 세자로 보냈으니, 조선왕조 역사상 가장 길었던 세자였음은 물론 가장 불안한 나날을 보낸 세자이기도 했다. 그의 뒷배가 되어 준 남인들의 흔적은 찾을 길이 없고, 그를 지켜주려 했던 소론들도 날개를 잃었으니, 성벽처럼 둘러쌓인 노론 틈바구니 속에서 참으로 고단(孤單)한 신세로 임금 자리에 올랐다.

경종이 즉위하자, 소론계 유생 조중우가 기다렸다는 듯이 상소를 올렸다. 제왕의 덕은 효행에서 나오는 것이라 하여, 죽은 희빈을 추숭해야 한다는 것이었다.

노심초사 경종 즉위를 기다리던 소론들의 입장을 대변한 상소였지만, 소론은 물론 경종 자신도 노론 세력을 압도할 그 무엇을 가진 게 없었다. 힘의 논리에 밀린 경종은 그를 지켜주지 못했다. 조중우를 변방으로 유배 보낸 노론은 여세를 몰아 경종을 압박해 왔다. 신사년에 처했던 희빈 장씨 죄목을 숙종 지문(誌文)에다 넣어야 한다는 주장이었다. 이를 제기한 자는 성균관 장의 윤지술이었다. 그를 변방으로 유배시키려 하

자, 벌떼같은 노론들이 연이어 상소를 올려 철회를 요구했다. 성균관 유생들은 권당(捲堂)을 감행했다. 일종의 동맹휴학이다. 이를 감당하지 못한 경종은 결국 윤지술의 유배를 철회하고 말았다.

힘의 우위를 확인한 노론은 여기에 만족하지 아니하고, 그들이 내세우고자 했던 연잉군을 후사로 책봉하라는 압박을 가했다. 경종의 나이 34살이나 되었건만, 그때까지 아들이 없었기 때문이다. 병약한 몸이 점차 무거워져 몸소 치러야 하는 제전(祭奠)을 행하지 못하는 기력에다, 읽지 못한 소장들도 쌓여 간다 하여, 노론들이 그냥 넘길 태세가 아니었다.

경종을 받들던 중전 선의왕후 어씨가 17살에 불과했으니, 더 기다려 봐야 할 시간적 여유가 있었다. 하지만, 자식이 생기지 않은 조급함에 양자 들이려는 생각을 굳혀 갔다. 배다른 동생 연잉군을 제외하면 가까운 혈육이라곤 밀풍군의 아들 이관석 뿐이었다. 밀풍군으로 말한다면 소현세자의 3남 경안군 손자이니, 이관석이 경종에게는 9촌으로까지 멀어진 사이였다. 그럼에도 연잉군을 견제하기 위해서는 관석에게 눈독을 들일 수밖에 없었고, 이를 알아차린 노론 측에서는 다급하기 이를 데 없었다.

경종 재위 1년(1721) 8월 스무날, 드디어 노론계 이정소가,

"저위(儲位)를 미리 세우는 것은 나라를 위하는 큰 근본이고 종묘사직을 위하는 지극한 계책입니다. 지금 우리 주상 전하께서는 하늘이 맡겨 주신 중책을 받고 선왕이 물려주신 어렵고 큰 왕업을 이었는데, 춘추가 한창인데도 오히려 뒤를 이을 아들이 없으시니, 한갓 중외의 신민들만 걱정하고 근심하며 길이 탄식할 뿐만이 아닙니다."

라는 상소를 올렸다.

경종 임금에는 다분히 치욕이었다. 그럼에도 즉시 비답을 내려 대신들에게 의논하여 처리하라 명했다.

영의정 김창집, 판중추부사 조태채, 좌의정 이건명, 호조 판서 민진

원, 공조 판서 이관명, 병조 판서 이만성 등이 청대하여 입시한 후 한결같이, 세자 자리를 하루도 비워서는 안 된다고 아뢰었고, 이어 김창집이 자전께 품지할 것을 우러러 청하니, 임금이 윤허하였다.

자전이란 인현왕후가 죽은 후 새로 들인 숙종 계비 인원왕후 김씨를 말함이니, 당초 소론이었던 경주 김씨 외척들이 이미 노론으로 돌아선 터라, 연잉군 쪽으로 기울어질 판세가 불을 보듯 뻔했다.

신하들이 물러나 합문 바깥에서 기다리자, 임금이 다시 입시하라 명을 하여 봉서 한 통을 내려 주었다. 김창집이 봉투를 열어 두 장의 종이를 끄집어냈다. 하나는 '연잉군(延礽君)'이라는 세 글자요, 다른 하나는 자전의 언문 교서였다.

사관이 번역하여 쓴 언문 교서를 보면,

"다음과 같이 말씀하셨다. 효종대왕의 혈맥이자 선대왕(先大王 숙종) 의 골육으로는 주상과 연잉군만 있을 뿐이니, 어찌 다른 뜻이 있겠 는가. 내 뜻이 이러함을 대신에게 하교해야 마땅하다."

하는지라, 입시했던 노론 신하들 모두 감격의 눈물을 흘리며,

"이 하교를 받드니, 비감함을 이기지 못하겠습니다."

라며 감복했다.

승지 조영복이 전지에 '연잉군을 저사로 삼는다.'라고 쓰고, 이어 예조 당상을 급히 불러들여 절목을 거행하였으니, 정종이 태종을 봉할 적에 '세자'라고 한 것을 두고 계서(繼序)를 중히 여기고 윤차(倫次)를 가볍게 여겼다는 논의가 있어, 이를 따르지 않고 '세제(世弟)'라 칭했으니, 연잉군은 말 그대로 '왕세제'가 되었다. 개국 이래 유래 없던 왕세제 책봉이었다.

이건명의 《한포재집》에 따르면, 연잉군이 세자 자리에 오를 때에 위호(位號)를 어떻게 할 것인가 의논들이 분분하여, 이건명이 아뢰기를,

"역대 제왕이 후사가 없어서 친동생을 왕세자로 세우고 번번이 태제(太弟)로 봉했던 것은 분명하게 상고할 수 있고, 우리나라 정종대왕께서 등극하신 뒤에 태종대왕께서 세자로 책봉 받았으니, 그 당시의 책문(冊文)이 《열성지장》 안에 실려 있습니다.

삼가 생각건대 태종대왕께서 정도전의 역란을 평정한 뒤에 태조대왕께서 책봉하여 세자로 삼았는데, 태종대왕께서 겸양의 덕으로 정종대왕께 지위를 미루셨습니다. 그러므로 정종대왕께서 비록 등극하셨지만, 태종대왕의 왕세자 호칭은 그대로 두어 바꾸지 않았습니다. 게다가 태조대왕께서 막 상왕 지위에 오르셨으니, 세자라는 호칭이 조금도 문제 될 것이 없었습니다.

오늘날 사세는 정종대왕 때와는 차이가 있지만, 선정신 이언적은 인종대왕의 환후가 편찮으실 때를 당하여, 명종대왕께서 막 대군이 되시자 책봉하여 세제로 삼아 국본을 정하자고 의논한 일이 있었습니다. 선현의 정론이 이미 이와 같으니, 지금 연잉군의 위호를 왕세제(王世弟)로 정하는 것이 합당할 듯합니다. 삼가 성상께서 재단하시기 바라옵니다."

라는 의견이 가납되었던 것이다.

세자가 아닌 세제로 부르는 것이 노론측 입장에서야 당연한 논리였을 것이다. 나라의 지존을 이어가는 국본(國本)을 정하는 데는 응당 계서(繼序)를 중히 여기고 윤차(倫次)를 가볍게 여겨야 하는 법이거늘, 군신 의리보다 형제 의리를 강조한 숨은 의도가 개입되지 않고는, 이런 결론이 날 수가 없기 때문이다.

하룻밤 사이에 이루어진 세제 책봉이라, 노론 횡포에 소론은 경악했다. 현임 대신인 우의정 조태구에게도 알리지 않고 한밤중에 처리한 처사를 놓고, 도저히 묵과할 수 없었던 소론계 류봉휘가,

"전하께서 중전을 다시 맞이하신 지 이제 겨우 몇 해 지나 약시중 들며 근심하고 경황이 없다가 이어 상중에 계시니, 대를 이을 후사의 있고 없음은 아직 논할 바가 아닙니다. 전하 연세가 바야흐로 한창이고 중전 연세는 겨우 계례(筓禮 : 15세에 치르는 성인식)를 넘겼기에, 조만간 후사를 얻는 경사가 있기를 온 백성이 바라고 있습니다. 혹시 양궁(兩宮)께 병환이 있어서 후사를 낳아 기르시기에 방해된다면, 보호할 지위에 있는 자는 본디 정성을 다해 치료하는 데 마음과 힘을 다해야 마땅하거늘, 이것을 염려하는 자가 있다는 말은 들리지 않고, 즉위하신 원년에 느닷없이 이런 거조를 하시니, 이 무슨 까닭입니까."

라는 내용의 소를 올렸다.

이 상소가 빌미되어 류봉휘는 유배 당하고, 이를 구하려던 우의정 조태구 또한 탄핵 당했으니, 소론의 처지가 더욱 참담한 지경에 이르렀다고 《천의소감》은 기록하고 있다.

세제 책봉은 이미 어명으로 결정된 사안이라 되돌릴 수 없지만, 이를 주창한 대신들의 죄를 덮어둘 수 없다는 것이 소론의 논리였다. 하지만 세를 동반하지 못한 주장은 허공에 맴돌 뿐이었고, 불편한 심기를 억누르고 있을 연잉군 마음을 헤아린 노론은 차제에 왕세제 대리청정까지 주장하고 나섰다.

왕세제 책봉 문서에 붓끝도 마르기 전에 사헌 집의로 있던 조성복이 아뢰기를,

"전하께서 만일 신료를 인접할 때와 정령(政令)을 결재할 때마다 세제를 곁에 두어 참여하게 하여, 한편으로는 가부를 강론해 확정하는 방도로 삼으시고 한편으로는 일에 따라 가르치는 방법으로 삼으신다면, 틀림없이 여러 일을 분명하게 점검하여 처리할 수 있을 것이

고 나랏일에 보탬이 될 것입니다."

라고 하니, 비답하기를,

"진달한 바가 좋으니, 유념하지 아니할 수 있겠는가."

하고, 이어 비망기를 내렸으니,

"내가 질병을 앓은 지 10여 년 이래로 나을 기약이 없으니, 이것이 바로 선조께서 염려하신 바였고, 군주가 처리할 수많은 일들에 수응하기 참으로 어렵다. … 등극한 이래 밤낮으로 근심스럽고 두려워서 근래에는 병의 증세가 더욱 깊어지고 수응 또한 어려워서 정사가 많이 정체되고 있다. 나랏일을 생각하니 마음이 더욱 안타깝다. 이제 세제가 젊고 영민하며 총명하니 만약 청정하게 하면 나랏일을 의탁할 수 있고 내가 마음 편히 조섭할 수 있을 것이다. 크고 작은 나랏일을 세제로 하여금 재단(裁斷)하게 하라."

라는 내용이었다.

늦은 밤인데도 불구하고 좌참찬 최석항이 면대를 요구하여 왕명 거두기를 청하였더니, 그제사 임금이 비망기를 도로 거두었다. 태조 창업 이래 대리청정 명령이 내려질 때마다 신하들이 아니되옵니다 라고 외치지 않은 적이 없건만, 신하된 자가 이를 스스로 건의한다는 것은 정치 도의상 있을 수가 없는 일이었다. 그럼에도 경종은 즉각 윤허하여 연잉군으로 하여금 대리청정케 하라 명했고, 또 다시 이를 거두어들이기까지 했다.

노론계 이건명은 이런 일이 벌어질지 모른다는 생각으로 김재로와 함께 뒤따라 입궐했지만, 때는 이미 환수 명령이 떨어진 뒤였다. 오락가락하는 경종을 사이에 두고 노론과 소론의 논쟁은 계속된 가운데, 경종은 또 다시 전교를 내려 대리청정 의사를 내비쳤다. 노론들은 하루빨리 연잉군 대리청정 문제를 매듭을 지으려 했고, 소론들은 어떻게든 다시 환수시켜야만 했다.

소론을 이끌던 우의정 조태구가 경종 인견을 요청했다. 이를 주달해야 할 승지 조영복이 인견을 방해하자, 이를 알아차린 경종이 조태구를 들라 일렀다. 경종 면전에서 선 조태구가 대리청정 환수를 청하자, 노론 김창집도 마지못해 그리 하셔야 한다고 아뢰었다. 대리청정을 환수한다는 경종의 결정으로 소론을 들썩였고, 노론의 어깨는 무겁게 처져갔다.

국왕 암살 3가지 시나리오

민심 따라 날씨까지 흉흉한 사태로 치닫게 되자 나라에서 널리 구언(求言)할 때, 이를 빌미로 강경파 소론을 이끌던 김일경을 비롯한 7명이 연명으로 소를 올렸다.

" … 아! 아래에 간범(干犯)이 있는데 위에서 처벌하는 일이 없으면 임금이 임금 노릇을 하지 못하고, 신하가 신하 노릇을 하지 못하여 난신적자가 멋대로 횡행하여, 나라가 이로 인해 망하게 됩니다. … 삼가 바라건대 전하께서는 특별히 교지를 내려 속히 역적 조성복 및 네 흉적을 하나같이 국법으로 결단하고 조금도 용서하지 마시어, 난신적자가 감히 다시는 일어나지 못하게 하고, 충성스럽고 뜻있는 자들이 스스로 면려하게 하여, 위태로운 종묘사직이 이에 힘입어 다시 안정되게 하소서. … "

경종 1년 신축년(1721)이 저물어 갈 무렵에 올린 이 상소는 어느 시대 어느 상황보다 큰 파문을 몰고 왔다. 왕세제 대리청정을 주창한 조성복과 노론 4대신이라 불리는 이이명·이건명·김창집·조태채를 사흉(四

凶)으로 지목하여, 그들이 경종에게 위해를 가했던 일 하나하나를 따졌으니, 소론 강성들의 주장에 밀린 경종은 노론 4대신을 유배하여 위리안치 시키고, 이들 추종 세력들을 조정에서 물러나게 하였다.

이 소가 바로 신축옥사 혹은 신축환국이라 부르는 역사적 사건의 출발선이었다.

자신의 울타리가 되어 준 노론들이 제거되자, 연잉군이 이미 왕세제로 책봉되었다 할지라도 절체절명의 위기가 아닐 수 없었다. 김일경의 사주를 받은 환관 박상검이 국왕에게 문안드리던 길까지 막고 나서자, 참다못한 연잉군은 왕대비에게 왕세제 작호를 거두어 달라 요청했다.

이렇듯 불안한 나날을 보내던 연잉군을 또 다시 옥죄게 만든 대형 사건이 터졌으니, 목호룡 고변이었다. 경종 재위 2년(1722) 3월에 있었던 목호룡 고변은 노론 고위층 자제들이 세 가지 수단으로 임금 경종을 살해하려 한다는 무지막지한 내용인지라, 노론에게는 결정타였고, 거기에다 연잉군이 살해 음모에 연루되었다는 혐의까지 씌워졌다. 그러하니 빠져 나올 수 없는 올가미에 걸린 셈이 되고 말았다.

고변에서 밝혀진 경종 살해 방법 첫 번째는 칼, 두 번째는 비상, 그리고 세 번째는 폐출이었으니, 모두 3가지 시나리오였다.

그 구체적인 내용을 보면, 숙종 국상 중에 김용택이 왕세제의 매 사냥꾼 백망에게 보검을 주어 잠입시켜 살해하는 방법이 대급수(大急手), 이기지·정인중·이희지·김용택·이천기·홍의인·홍철인 등이 지상궁을 은으로 매수하여 수라상에 약을 타게 하는 방법이 소급수(小急手), 이희지가 가짜 교지를 초하여 나인 백열·업이와 환관 장세상으로 하여금 국상에 임하여 폐출시키는 방법이 평지수(平地手)였다.

이렇듯 국왕 암살 혹은 제거 방법으로 대급수·소급수·평지수 등 3가지 실행 계획을 짜 넣은 속에는 왕세제 연잉군과도 연관된 말도 들어 있는지라, 죽음을 면키 어려웠다. 하지만 온건 소론을 이끌던 최석항의 건의로 왕세제 관련 내용만은 조서에서 삭제할 수 있었다. 세월이 흘러 영조가 왕위에 오른 후에도 여전히 그에겐 주홍글씨나 다름없었다. 그러하니 사건만 일어나면 이와 연관되었다고 의심하여 죽어간 자들이 부지기수였다.

목호룡 고변으로 정국이 뒤집어지자 노론을 이끌던 자들을 그냥 둘 수 없었다. 귀양 가 있던 노론 4대신들은 사약을 마시고 죽어갔다. 그리고 그 추종자들 170여 명이 처형되거나 유배되는 대형 참사가 일었다. 임인년에 일어난 이 옥사를 1년 전의 신축년 옥사와 묶어 '신임옥사'라 부르고 있다.

국왕 암살을 사주받은 백망은 노론 대신 자제들인 이천기·김용택과 함께 어울린 적이 많았다. 목호룡 또한 평소에 자주 어울린 편이라, 비밀스러운 일들이 새어나갈 것을 염려한 이들은 목호룡을 죽이려 했다. 이 사실을 눈치 챈 김일경이 목호룡에게 접근했으니, 경종 암살 계획 고변은 이렇게 시작되었고, 그 어마어마한 내용 때문에 김일경이 눈에 가시처럼 여기던 노론들은 살아남을 수가 없었다.

《청성잡기》에 따르면, 목호룡은 청릉군(靑陵君 : 개국공신 이지란 6대손 이인기)의 종이었지만, 시 잘하고 풍수지리에 뛰어난 재주가 있어, 한량이나 선비들과 어울릴 수 있었다고 전한다. 그가 자신의 운명을 놓고 점을 쳤더니,

"인(寅)에서 일어나고 진(辰)에서 패한다."

라는 점괘가 나오자. 스스로 이름을 호룡, 자를 익주(翼珠)라고 하였는데, 과연 임인년(1722, 경종 2)에 공을 세워 동성군에 봉해지고, 갑진년(1724, 영조 즉위)에 처형되고 말았다.

신임옥사 파장이 워낙 컸기에 노론 쪽 인사들은 죽음을 면치 못했고,

그 수하들까지 변을 당해야 했다. 훈련대장 이홍술 시신이 수문 밖에 나오자, 김주서가 동료 한 사람을 데리고 밤에 나가 염을 해준 후에 허겁지겁 아침 출근 시간에 당도했다. 새로 훈련대장이 된 윤취상이 장교들을 모아놓고 두루 물었다.

"너희들 중에 전 대장을 염한 자가 있느냐?"

이를 숨기지 못한 김주서가 혼자 나아가 대답하였다.

"제가 염했습니다."

윤취상이 한참을 뚫어지게 쳐다보자, 김주서는 필시 죽게 되리라 여겼고, 같이 있던 사람들도 두려워 떨고 있었다. 이때 병조 판서 이광좌가 여러 진영 장교들에게 큰 소리로 말하기를,

"이번 인사에서 김주서가 선주 첨사로 첫 번째 이름을 올렸으니, 너
희들은 다투지 말라."

하였으니, 온건파 소론을 이끌던 이광좌의 아량이 이러했다.

노론을 이끌던 김창집은 평소 무인 기질 있던 자를 눈여겨보던 사람이었다. 호협으로 알려진 보성 사람 양익표가 무과에 급제하고선 제멋대로 한양을 휘젓고 다녔으니, 기생을 끼고 술을 퍼마시며 방탕한 생활로 일관했다. 김창집이 하루는 우홍규를 불러 말하기를,

"내 들으니 양익표라는 자의 재주와 기개가 쓸 만하다는데, 무절제
한 행실로 등용되지 못하고 있다 하니, 그대가 잘 타일러 보게. 스스
로 조심할 수 있게 되면, 내가 써 볼 작정이네."

라고 넌지시 일렀다.

무인이던 우홍규는 나중에 신임옥사에 연루되어 죽은 자인데, 김창집의 제의가 있은 얼마 후 기방에서 양익표를 만났다. 그날도 예외 없는 패악을 부리기에 이를 저지하자, 양익표가 노기충천하여 칼을 뽑으면서 큰 소리로,

"나의 낙이 이것밖에 더 있겠나. 너희는 귀하고 높은 몸이면서 또 나를 얽어매려 하느냐."
라고 소리쳤다. 이에 우홍규가 김창집의 말을 전하며 타이르자, 양익표가 즉시 흥분을 가라앉히고 말을 조심스럽게 하였다.

이 일을 보고 받은 김창집은 때 맞춰 중국 사신으로 가게 된 이이명에게 양익표를 데리고 갈 것을 부탁하면서,
"도중에 잘 삼가서 처신하거든 미리 나에게 알려주게나."
하였다.

사신 행렬을 따라간 양익표가 몸가짐을 조심하였는데, 이이명이 서한으로 김창집에게 이 사실을 알려 주었다. 김창집이 당시 태복시 제조를 맡아 있어 양익표를 내승(內乘)으로 정해 놓고, 그가 돌아올 때 태복시 말에다 법안(法鞍 : 궁중 관리들이 타던 말 안장)을 갖추어 홍제원에서 맞이하니, 그 영화로움이 일행을 압도하였다. 이에 감복한 양익표는 김창집에게 죽음으로 보답할 것이라 다짐하였다.

신임옥사가 일어나자 양익표가 전혀 가담한 사실이 없는데도, 김씨 문객이라 하여 무수한 고문을 당해 온몸이 성한 데가 없었으나, 끝내 언사를 바꾸지 않고 사형에 처해졌으니, 용맹스러운 그가 김씨를 위해 죽음까지 불사했던 것이다.

양익표가 수레에 실려 성문 밖으로 나갈 적에 그의 아들이 따라오며 곡을 하자, 돌아보고 웃으며 이르기를,
"나는 남도의 천한 놈으로 요행히 과거에 급제하여 한양에서 놀았으나, 그저 한 명의 건달에 불과했다. 지금 사화(士禍)로 죽으니 가문의 영광이요, 너는 사대부가 될 것인데 무엇 때문에 곡을 하느냐."
하고는 술을 가져다가 들이켰는데, 뒤에 병조 참판에 추증되어 과연 그의 말대로 귀하게 되었으니, 양익표는 참으로 호쾌한 장부였다.

이 고사를 남긴 성대중은 그의 야사집 《청성잡기》에서,

"옛날 대신들이 인재를 쓰는데 이처럼 관심을 두었으니 어찌 죽음으로써 보답 받지 않겠는가. 과연 인재는 스스로 만들어 가는 것인가. 오로지 남이 써 주느냐 써 주지 않느냐에 달려 있을 뿐이다. 양익표가 건달로 끝나지 않은 것은 진실로 다행스러운 일이지만, 더욱 다행스러운 것은 김씨에게 발탁되어 사화로 죽을 수 있었던 것이다. 그렇지 않았다면 흉악한 무리에게 이용당하다가 헛되이 죽었을지도 모르는 일 아닌가."

라고 하였듯이, 사화를 바라보는 관점이 오늘날과 다르다는 것을 알 수 있다.

옥사를 마무리한 소론들은 삭탈관직 되었던 윤선거와 윤증을 복관시키고, 윤휴에게는 시호를 내렸다. 그리고 남구만·박세채·윤지완·최석정을 숙종 묘정에 배향하여, 자신들의 명분을 한층 더 끌어올렸다.

노론 치죄 과정에서 조태구나 최석항 등은 온건한 처벌을 주장하여 완소(緩少)라 불렸지만, 김일경은 강경한 처벌을 굽히지 않아 준소(峻少) 혹은 급소(急少)라 불렸다. 권력이 준소 김일경 쪽으로 기울어지자, 소론 내부에서도 걱정하는 이들이 늘어갔다.

권신으로서 동요에 오르내린 자들이 패망하지 않은 경우가 없었으니,

김자점이 권세를 부릴 적에 동요에,

"자점이 점점(點點)이다."

하였더니, 김자점이 멸문지화를 당했고,

허적이 권력을 잡았을 때 동요에,

"허적은 산적(散炙)이다."

라고 하는지라, 허적이 멸망하였으며,

김일경(金一鏡)이 한창 성할 때 동요에,

"일경은 파경(破鏡)이다."

라고 하였더니, 김일경이 끝내 능지처참 형을 받아 삼족까지 살아남지 못했다.

영조가 왕위에 오른 후에 신임옥사가 잘못이라 하여 김일경을 친히 국문하였을 때, 김일경은 선왕의 충신이라는 이유로 영조를 향해 단 한 차례도 신(臣)이라 하지 않았으니, 뼈 속까지 경종의 신하였다. 경종이 영조에게 독살 당했다고 굳게 믿었기 때문이다.

그러하니 영조가 친국하는 자리에서도,

"시원하게 나를 죽여라."

라고 맞서는 기개를 보인 것이다.

옛 법에 봄과 여름에는 사형을 집행하지 않고 가을철 추분까지 기다리는 것이 관례였다. 하지만, 중죄를 범한 죄인에게는 부대시처참(不待時處斬)이라 하여 바로 형을 집행했다. 김일경 죄를 놓고 노론과 영조 입장에서 때를 기다려주는 법으로 다스릴 리가 없었고, 자식들 모두 연좌로 절멸시켜 버렸다. 노론의 정신적 지주였던 광산 김씨 김장생의 방계로 태어났지만, 그가 선택한 길은 소론이었고, 그것이 잘못 끼워진 단추가 되고 말았다.

김일경이 처형되고 한참이나 지난 영조 31년(1755), 나주에서 조정을 비방하는 벽서가 나붙은 사건이 일어났을 적에, 김일경 아들 중에 혹시 살아남은 자가 있을지 모르니, 모조리 찾아 처단하라는 지엄한 명이 내려진 것을 보면, 노론 치하에서 그만큼 철저하게 응징되었던 인물도 없을 것이다. 김일경 후손 가운데 산속으로 들어가 중이 된 자가 있다는 말이 떠돌았을 때에도 영조와 노론들이 예민하게 반응한 것을 보면, 영조가 숙종 임금 씨앗이 아니란 일부 남인이나 소론에 퍼진 소문들이 그로부터 시작된 것인지도 모른다. 이인좌를 비롯한 소론과 남인 인사들이 무신년에 칼을 들었던 것도 그 소문과 연결되어 있다.

패관 문학의 백미로 꼽히는 《청성잡기》에서 성대경은 당파의 폐해에 대해,

"문벌을 쓰는 폐해는 반드시 당파가 갈라지는 데에 이르고, 당파의 화가 극에 달하면 반드시 역모의 변고가 생긴다. 그러므로 역모의 변고가 없기를 바란다면 먼저 붕당을 없애야 하며, 붕당의 화가 없기를 바란다면 먼저 문벌을 등용하지 말아야 한다. 대대로 봉록을 누린 가문에서 예를 제대로 따르는 자가 드물었던 것은 주나라 말기의 폐단이었고, 붕당을 지어 원수가 되고 권세를 빌려 위협해서 서로를 멸망시킨 것은 은나라 말기의 폐단이었다. 이 두 가지 폐단은 모두 반역이다. 그러나 반역하는 무리들이라고 어찌 다 나라에 딴 마음을 품었겠는가. 그들의 사욕이 붕당의 폐습에 고질이 되고 남을 해치고자 하는 마음이 원수에게 맺어져서이다. 밤낮으로 기회를 엿보아 사생결단을 내어 한번 통쾌하게 풀고자 하는 상대는 반드시 국권을 쥐고 있는 대신들이니, 이런 마음은 참으로 충분히 재앙을 불러올 수 있다. 더구나 군주의 팔다리와 같은 신하를 원수로 여긴다면 그 머리가 되는 군주와 잘 지낼 수 있겠는가. 반역자라는 이름을 실로 자초하는 것이니, 요행히 상대에 승리를 거두더라도 결국은 자신에게 화가 미칠 것이다."

라는 명쾌한 해법을 내렸지만, 당시를 살아갔던 수많은 선비들은 이런 해법에 귀 기울일 만한 여력조차 없었던 것 같다. 온건파 소론들의 정치 지향점을 다시금 생각해 봐야 할 시점이다.

329

제21대
영조대왕

휘는 금(昑), 자는 광숙(光叔), 호는 양성헌(養性軒)이다. 숙종의 아들 중
에서 둘째이며, 어머니는 화경숙빈 최씨이다. 숙종 20년 갑술(1694) 9월
에 창덕궁 보경당에서 출생하였고, 갑진년(1724) 창덕궁 인정문에서 즉
위하여, 병신년(1776) 82세 일기로 경희궁 집경당에서 승하했다. 국왕
재위 기간이 무려 51년 6개월이다. 비는 대구 서씨 서종제의 딸 정성왕
후이고, 계비는 경주 김씨 김한구의 딸 정순왕후이다. 숙종 25년(1699)
연잉군에 봉해졌으나, 어머니가 미천하여 노론 유력자 김창집의 종질녀
이자 숙종 후궁 영빈 김씨 양자로 입적하였다. 능묘는 원릉(元陵)이다.

무신란戊申亂과 영조

택군(擇君).

신하가 임금을 선택하는 것이 택군이니, 왕조 국가에서는 있을 수 없
는 일인지라 그 여파가 클 수밖에 없다. 노론의 선택을 받아 임금 자리에
오른 영조는 그것이 정통성을 확보하지 못했다는 반증이기도 하여, 반
세기를 넘긴 길고 긴 치세의 아킬레스건이기도 했다.

효종과 현종 그리고 숙종 등 내리 세 임금의 피를 이은 자손이란 뜻
을 담은 삼종혈맥(三宗血脈)을 강조한 것도 이반된 민심을 다잡기 위한
몸부림이었다. 영조의 왕위 계승에 전혀 하자가 없다는 자기방어 논리
를 담은 것이었으니, 뒤집어 보면 의구심이 깔려 있음을 전제로 하는 것
이 아니겠는가.

인조의 맏아들 소현세자가 왕위를 이어갔으면, 그 후에 일어나는 비
극들이 없었을 것이다. 강빈과 그 아들들이 처참하게 죽임을 당하지도
않았고, 그 후 치열하게 벌어진 예송 논쟁 또한 일어날 소지조차 없었다.
봉림대군의 왕위 계승을 장자로 보느냐 차자로 보느냐로 갈린 의견이기
에, 효종의 정통성 문제와 직결되어 목숨을 걸어야 했고, 영조가 임금이
된 후에 삼종혈맥을 들고 나온 것도 그런 이유 때문이다.

효종이 일곱 딸을 두었지만 아들은 현종뿐이었고, 현종 또한 딸 셋을
낳았지만 아들은 숙종뿐이었다. 정비에게 아들을 보지 못한 숙종은 경
종과 영조 그리고 연령군을 두었지만, 연령군이 일찍 죽고 둘만 남았으
니, 귀하디귀한 손을 삼종혈맥이라 불러 돋보이게 만들었다.

하지만 영조가 즉위한 배경에는 경종 독살설과 맞물려 있어, 조마조
마한 정국이 이어지곤 했는데, 나주 괘서사건 연루자를 잡아와 친국했
을 때, 신치운이 고개를 꼿꼿하게 든 채 영조에게,

"나는 갑진년(1724년 경종 사망)부터 게장을 먹지 않았다."
고 응수하자, 분통을 터뜨리고 눈물까지 흘리며 경종 독살설에 대한 예민한 반응으로, 잡아 죽인 자만 무려 41명에 달했다. 영조가 보낸 게장과 홍시를 먹고 경종이 죽었다는 이야기가 소론과 남인들 사이에 파다했기에 부풀려진 사건이었다. 괘서에 무엇을 담았는지는 알 길이 없지만, 우리는 신치운의 항변에서 그 전모를 짐작만 할 뿐이다.

영조 집권기 내내 이런 괘서들이 나붙는 일들이 많아, 그때마다 날카로운 신경을 곤두세우곤 했는데, 무려 15차례나 익명서 대자보가 걸렸고, 그때마다 사관에게 엄명을 내려,

"괘서의 내용을 절대 기록하지 말라."
라고 했기에, 현존하는 문헌마다 '부도지언(不道之言)'이라 기록하여, '말로 표현할 수 없다'는 사실만 전하고 있을 뿐이다.

재위 4년 2개월 만에 병약했던 경종의 승하로 영조가 대통을 이어 받았건만, 영의정 이광좌를 중심으로 한 조정은 소론 일색이었다. 자기를 지켜주었던 노론들을 불러들이고자, 유배 중이던 인현왕후 오라비 민진원부터 방면했다.

노론 등용 기미가 보이던 영조 1년(1725) 승지 윤봉조가 신임옥사를 일으킨 김일경·박상검·목호룡에 대한 명확한 시비를 가려야 한다 했고, 노론들은 그 여세를 몰아 그들을 역적으로 처벌하려 했다. 시대가 변하고 세월이 바뀌자, 신임옥사를 무옥이라 하여 김일경과 목호룡을 극형으로 처단하였으니, 이를 역사책에서는 '을사처분' 혹은 '을사환국'이라 부른다.

이조 판서 민진원을 필두로 노론들이 조정을 채워갔으니, 김일경 처형과 노론 중용이 맞물려가자 급진파 소론과 남인들은 더 큰 위기의식을 맞았다. 영조 재위 4년(1728)에 세상을 뒤엎으려 한 이들이 급진파 소

론과 남인들이었으니, 그해가 무신년인지라 우리는 무신란이라 일컫는다. 혹자는 이인좌의 난이라 하기도 하나, 이는 그 사건을 지역적으로 표현한 용어에 불과하다. 급진적이던 준소(峻少)들과 오랜기간 실세한 남인들이 연합하여 일으킨 전국적인 규모였기 때문이다.

호서에서는 이인좌를 비롯한 신천영·민원보 등이, 경기에서는 정세윤·정계윤·임서호·권서봉·서린·신광원·조관규, 경상도에서는 안음의 정희량을 필두로 합천의 조성좌, 문경의 조세추, 상주의 한세홍·김홍수, 풍기의 임환 등이 핵심 인물이었다. 그리고 호남에서는 태인현감 박필현을 비롯하여 담양부사 심유현, 나주 부호 나만치·나숭대·나숭곤, 변산의 정팔룡, 부안의 고응량·성득하·김수형 등이 가담했고, 한양에서는 포도대장 남태징 및 총융사 김중기와 민관효·이유익·윤덕유·이하·양명하 등이 참여했으며, 평안도에서 평안병사 이사성과 군관 안추, 함경도에서 함경감사 권익관과 전 경흥부사 황부, 강원도 원주의 한세능·덕징과 춘천의 심성연·익연과 윤수·신봉조, 강릉의 정봉남·김분립 등이 동참한 8도에 두루 걸친 대규모 반군이었다.

이들은 소현세자 증손 밀풍군 이탄(李坦)을 추대하여 세상을 바꾸려한 혁명적 성격의 무장봉기였으며, 그 바탕에는 혈연과 학맥 또는 지연으로 연결돼 있었다. 아울러 쌍계사·연곡사 등 지리산과 안음·무주 등 덕유산 일원의 승려와 농민군은 물론 서얼·중소상인과 화전민·노비·백정까지 가담했다.

주모자 격인 박필현·이인좌·정희량 3인방이 각각 호남과 호서 그리고 영남을 맡은 인물이었으니, 모의 공작을 시작한 이가 박필현이었다. 그는 당대 소론을 이끌던 장안의 갑족 양반 반남 박씨 가문에서 태어난 한양 출신이었지만, 전라도 태인으로 부임한 까닭에 호남지역을 맡았는데, 선대부터 귀양살이를 밥 먹듯 하던 집안이라 당초 이인좌를 끌어들인 것도 그였다. 이인좌가 상주에 이주하여 살았을 적에 함께 고된 세월을 씹으며 사생지교(死生之交)로 의기투합 했으니, 김일경을 따르던 소론 강경파들이었다. 할머니가 남인의 영수 권대운 딸이었던 이인좌는 송시열과 다투던 윤휴의 손자사위이기도 하여, 남인들과도 떼려야 뗄 수 없는 혼맥으로 얽힌 과갈(瓜葛)이었다.

이인좌와 세교로 사귀던 정희량은 경상도 안음 지역에 세거해 왔던 초계 정씨 출신이니, 김상헌과 함께 척화론으로 이름 높인 동계 정온의 현손인지라, 동계 정온은 같은 스승 아래 배운 정인홍과는 약간 결을 달리 해 온 대북이었지만, 그 후예들이 대대로 영남우도를 지켜오던 대가세족으로 살아, 저 멀리 전라도 나주의 나씨들이 무신란에 선뜻 동참한 것도 이들과의 혼맥으로 얽힌 사연이 있기 때문이다.

이들은 힘을 합쳐 당시 만연했던 경종 독살설이나 영조가 숙종의 씨가 아니란 소문들을 퍼뜨리는 고도의 심리전부터 시작했다. 무신년 새해부터 남원이나 전주는 물론 한양의 서소문과 종루에 이르기까지 괘서가 나붙었다. 남원이나 전주에 나붙은 괘서는 태인 현감 박필현과 연관되었을 것이며, 내용 또한 앞에서 추정한 것과 다르지 않을 것이다. 이건창이 저술한《당의통략》에서, 이인좌가 청주성을 점령할 때 경종을 위한 복수의 깃발을 세우고, 경종 위패를 설치하여 아침저녁으로 곡을 했다는 사실을 기록한 것도 같은 맥락이라 할 것이다.

도성안의 민심은 흉흉했고, 용인이나 양지 등에선 인적이 드물었다. 경종 때 우의정과 영의정을 역임한 후 성묘를 핑계로 용인으로 물러났던 최규서는 영조가 즉위하여 노론이 득세했을 때에도 무사하게 넘길 수 있었다. 그러던 영조 4년에 무신란 조짐이 보이자, 팔순 노구를 이끌고 조정으로 달려와 변고를 알렸다.

노명흠의 야담집《동패낙송(東稗洛誦)》에 따르면,

"최규서가 어렸을 때 친구들과 정동의 어떤 집에 모이곤 했는데, 그 집은 귀신이 나와 폐가가 된 곳이었다. 매번 아침이면 모였다가 저녁이면 헤어졌는데, 하루는 종일토록 비가 와서 촛불을 밝히고 밤까지 놀던 중에 갑자기 갑옷을 입고 칼을 찬 장군이 조복을 입고 나타나 규서를 꾸짖으며, 나는 장군이고 내 뒤에 있는 자는 아들인데, 우리 부자가 하소연할 게 있지만, 다들 해골을 보고 놀라 도망가기에 바빴다. 지금 그대를 보니 귀한 사람이 될 상이다. 내 묘는 이 집 동쪽 돌기둥 아래에 있고 아들 묘는 저쪽 돌기둥 아래에 있는데, 주인이 거기에 기둥을 세운 지 오래되어 처지가 절박하게 되었으니, 우리 해골을 옮겨주면 후히 보답하겠노라 하였다. 규서가 마루 밑을 파 보니, 하나는 고려 장군이고, 하나는 고려 각간이었다. 그 장군 귀신이 다시 말하기를, 그대는 모름지기 정승 판서가 될 것인데, 그 자리에서 바로 내려오지 않으면 안된다고 당부했다. 훗날 규서가 등과하여 정미년간에 병조 판서가 되었는데, 귀신들이 말한 그 탁언을 잊고 있었다. 판서에 오른 지 며칠이 안 되어 그 혼령이 나타나, 화가 가까이 이르렀는데도 그대로 있음을 꾸짖었다. 그 날로 사직하고 용인에 내려가 있다가, 이듬해 삼월에 변란이 일어나자 먼저 달려와 고하여 녹훈 받았다."

라는 일화도 전해오고 있다.

아무튼 최규서 고변으로 난의 기미를 조정에서 먼저 알아차리자, 이인좌도 거사를 앞당겨 실행하지 않을 수 없었다. 무신년 삼월 보름날 왕래가 잦은 거리에 격문을 내 걸었으니,

"경종 임금의 깊은 복수를 갚지 못한 채 5년이 지났다. 춘추대의에 누구든 떳떳한 정의 크고 같은 마음이 없겠는가. 경종 임금이 흉계에 넘어가 게장을 드시고 급히 서거했음을 통탄한다. 영조는 숙종

임금 친아들이 아니니 어찌 새 임금을 받들지 않으리오. 왕대비 어씨(선의왕후)는 윤통(倫統)이 끊어진 것을 통탄하여 밀지를 내려, 세신(世臣)은 흉얼(凶孼)을 멸하여 역종(易種 : 씨를 바꿈)이 없도록 하라고 했다. 소현세자 적파인 밀풍군 탄을 추대하기 위해, 풍운의 재사(才士)와 용호(龍虎)의 선비는 마땅히 현주(賢主)인 밀풍군 탄에게 귀의하라. 의로운 기 아래 구름처럼 모여 분쇄하자. 피를 흘리고 울음을 삼키는 것을 참지 못하여 크게 소리 내어 외치노라. 3월 15일 복수의 깃발을 세우고 선대왕(경종)의 위패를 봉안하자.

경종대왕 8년 대원수 이인좌"

라는 내용이었다.

장례식으로 위장한 상여와 관 속에 숨긴 무기로 청주성을 급습하여, 충청병사 이봉상, 영장 남연년, 군관 홍림을 살해한 뒤에 권서봉을 목사로 삼은 후, 여러 읍에 격문을 보내 병마를 모집하고 관곡을 풀어 백성들을 먹였다. 목천·청안·진천을 연이어 격파한 후 안성과 죽산으로 향했지만 안성과 죽산에서 패하여, 이인좌와 수하들이 서울로 압송되었다.

영남 지방 정희량은 묘소를 천장(遷葬)한다는 구실로 군사를 모아, 안음현과 거창현 두 지역을 쉽게 손에 넣었다. 이어 인척이던 조성좌 도움으로 합천과 함양을 점령하여 기세를 올렸지만, 전라도 경계를 넘어 충청도 반군과 합류하려던 길이 여의치 않았다. 거창으로 철수한 정희량 등 21명의 주모자들 또한 토벌군 작전에 말려 체포되었다.

일찍이 첩보를 입수한 영조는 도성문부터 폐쇄하여 외부와 단절시켰다. 병조 판서 오명항을 토벌군 대장으로 보낼 적에 노론들은 안심이 되지 않는다는 반대가 심했다. 소론이었던 오명항은 이참에 역도와 관련이 없음을 증명해야 할 판국이라, 이인좌을 비롯한 권서봉·목함경 등을 사로잡는 공을 세웠고, 이어 영남지역 반군도 거의 궤멸시키는 승전보를 영조에게 안겨 주었다.

한양 묵동의 서제(庶弟) 집에서 평안 병사 이사성, 상주의 한세홍 등과 거사 계획을 논하던 박필현이 태인 현감으로 부임하자, 마침 전라도 무장에 유배 중이던 종형 박필몽을 대장으로 삼을 준비를 해 왔다. 이인좌가 청주에서 거사했다는 소식을 접한 박필현은 소속 군사들을 거느리고 전주로 갔지만, 태도를 돌변시킨 전라 감사 정사효가 성문을 열어주지 않자, 역부족이라 경상도 상주로 도주 길을 택했다. 그가 칼과 방패를 써 보지도 못하고 실패한 원인을 굳이 들추자면, 누대에 걸쳐 세거해 온 땅이 아니라 혈혈단신 부임해 간 낯선 땅이었기 때문이다.

박필현이 일찍이 상주에서 머물 적에, 박동형이 노복처럼 따라다니며 그를 잘 섬겼다. 관상을 잘 보던 박필현은 항상 말하기를,

"박동형은 반드시 귀하게 될 상이다."

하였다.

무신년에 박필현이 태인 땅을 근거지로 반란하려 계획을 세울 적에, 박동형을 불러 고을에서 거둔 세금의 절반을 주며 말했다.

"내가 대사를 일으킬 터인데, 일이 성공하면 너를 곧바로 태인 현감
에 제수할 것이요, 성공하지 못하면 네 집에 숨을 것이다. 그때 너는
이 돈으로 나를 먹여 살려라."

하는지라, 박동형은 이를 받아 상주로 돌아왔다.

반란이 실패하자 박필현이 상주에 있던 박동형에게로 달려가니, 박동형은 그를 깊이 숨겨준 후 달려가 고발해 버렸다. 관군들이 박필현을 잡아 죽인 후 박동형의 공로를 조정에 상신하니, 나라에서는 그를 군(君)으로 봉하고 박필현이 갖고 있던 재물을 상으로 주었다. 박필현은 박동형이 반드시 귀하게 될 줄은 알았으나, 자기 때문에 귀한 몸이 될 줄은 꿈에도 몰랐다고 《청성잡기》는 기록하고 있다.

무신란이 일어나기 한 세대 전 즈음에 안음 땅 초계 정씨가에서 선산을 이장하려 하자, 주역에 밝은 시집간 딸이, 쌀 서 말을 묘 터에 묻어 놓고 기다리면 갓 쓴 여자가 지나갈 터이니, 그 두 시각 지날 즈음에 하관하라 부탁을 했더란다. 그런데 갑자기 먹구름이 몰려들어 서둘러 하관하고 난 후에 세찬 비가 내렸는데, 들일하던 아낙이 이고 가던 새참에 비를 맞히지 않으려고 위에 얹은 솥뚜껑 모양새가 흡사 갓 쓴 여자였다. 이를 전해들은 딸이 탄식하여 가로되,

"잘 썩은 한 톨 한 톨의 쌀이 모두 군사가 되어 도울 것인데, 생쌀을 묻었으니 뒷날 우리 집에 누군가가 군사를 쓸 적에, 죽어서 썩기 싫어하는 부하로 인해 화를 입을까 걱정이다."

라고 했다 하니, 배신한 부하로 죽게 된 정희량을 놓고 보면, 꼭 들어맞는 예언이 아닐 수가 없다.

무신란에 연루된 억울한 영혼을 달래는 동일한 서사구조 이야기는 합천에서 거병한 조성좌에게도 예외가 없으니, 이 지역 '석가산의 쇠 갓'이란 전설을 보면,

"합천 봉산 권빈리 석가산에 우뚝 솟은 봉우리 언저리에 조성좌 조부 무덤을 조성할 때, 쇠 갓을 쓴 사람이 지나갈 터이니 그 후에 하관하라 풍수가 일러줬건만, 기다려도 나타나지 않아 하관하고 나니, 부자정(父子亭) 모퉁이에서 흰옷 입은 부녀자가 솥뚜껑을 이고 가는 것이 보였다. 그 후 겨드랑이 날개 달린 눈동자가 크고 총명한 아기가 태어났으니, 그가 바로 조성좌였다."

라는 내용이 1995년에 간행된 《합천군사》에도 기록되어 있다.

승자의 행적은 햇볕을 받아 역사가 되지만, 패자의 행적은 달빛 속으로 숨어들어 전설이 된다 하였던가! 전국 규모의 재야 지식인들이 동원되었지만, 반란으로 낙인찍혀 버린 패자들의 행적은 그 영혼을 위로하

는 전설로 승화되어, 이곳저곳의 달빛으로 스며들었음이 분명하다.

안음 초계 정씨가의 딸들에겐 주역을 공부하는 내력들이 있었는데, 정희량 누이의 점괘에 나락이 익을 가을 거사가 길하다고 나왔으나, 미룰 수 없는 사정으로 정희량이 춘삼월에 칼을 잡았을 때,

"이것 역시 우리 집 가운데다가 너의 운명이라 어쩔 수가 없다, 너는 틀림없이 목 없는 귀신이 될 팔자."

라고 예언했다는 이야기도 함께 전해오고 있다.

난신적자의 근거지로 지목받은 청주목은 서원현으로 강등되었고, 전라도는 전광도로 개편되었다. 용인·이천·진위·남원·장흥·담양·예천·풍기 등의 읍호도 강등됐다가 후일 복구되었다. 정희량이 태어난 안음현은 폐현되어 거창과 함양으로 찢어 갈겨졌다가, 영조 43년(1767)에야 의로운 지역이 되라는 뜻을 담은 안의현으로 고쳐 부를 수 있었다.

의문의 죽음이었던 경종을 다시 소환하고, 밀풍군을 추대하여 새 왕조를 꿈꾸던 자들은 역도로 처단되었다. 난을 최초로 보고한 이가 소론 최규서요, 도순문사를 자청하여 진압한 이도 소론 오명항이었으니, 소론이 소론을 소탕한 모양새가 되었다. 이들은 연대책임을 피하려는 방편이었고, 노론 또한 원인 제공자였다는 것을 임금 영조는 간과하지 않았다.

"대탕평(大蕩平)이 답이다."

라는 교훈을 뼈저리게 느끼게 해 준 사건이었기에, 오랜 통치 기간을 채웠던 영조의 손익계산서로 따진다면 이문이 없었던 것도 아니다.

성대중의 《청성잡기》에 따르면,

"조성좌가 합천에서 거사했을 적에 합천군 사람들이 그를 죽였지만, 그와 연루된 자들이 더 많았다. 몇 년 뒤에 사사로운 원한으로 그 일을 들추어내어, 요행으로 법망을 피했던 사람들을 고발한 자가 있었는데, 고발당한 사람들이 거의 군민 전체에 이를 정도였다. 이들 모

두 옥에 가두어 놓고 조정에서 내려오는 명령만 기다리고 있었으니,
옥에 갇힌 자들은 살아남을 수 없을 것이라 여겼다. 얼마 후 선전관
이 내려와 체포된 자들을 뜰에 세운 뒤에 성상의 명으로 훈계한 뒤
풀어 주고, 오히려 고발한 자를 참형에 처했으니, 이 사건 하나로 영
남 인심을 크게 진정시켰다."

라는 사실을 전하고 있다. 참으로 정치 9단 영조의 면모가 아닐 수 없다.

하지만, 탕평을 외친 영조조차 자신의 정치기반인 노론 세를 외면할
수 없었으니, 조선이 망할 때까지 영남 인사들은 주류에서 밀려나 있었
고, 간혹 영남 내륙에서 신 노론으로 전향한 가문들이 생겨난 것도 그런
영향 때문이었다.

영남 유생들은 과거 응시 기회조차 빼앗겨 버린 정거(停擧)의 피해자
로 전락했으며, 중앙 정부에서는 무신란 원인을 남명 조식과 정인홍에
게로 돌려 노골적으로 경상좌우도 분리정책을 펼쳤다. 함께 거사하기를
뿌리친 안동은 포용하고 껴안았지만, 진주를 비롯한 영남우도 인사를
끝까지 등용하지 않으려는 차별 정책으로 일관했다.

무신란 일주갑을 맞은 정조 4년(1780)에 대구의 경상감영 남문 앞 대
로변에 평영남비(平嶺南碑)를 세운 것을 보노라면, 노론 정권의 영남에
대한 감정의 골이 얼마나 깊었던가를 여실히 보여주고 있다. 이 비에서
노론들은 당시 경상감사였던 황선의 치적을 높이고, 도순무사 오명항을
깎아내리는 내용을 담았다. 황선이 노론이었고 오명항은 소론이었으니,
정조 임금이 혹시나 남인과 소론으로 기울지나 않을까 의심의 눈초리를
보내던 노론대신들이 대못을 박기 위한 조치였다.

황희 정승 후손이기도 한 경상 감사 황선이 영남 반군들을 진압하던
과정에서 죽었을 때, 도승지 박사수가 녹훈을 청했으나 영조는 윤허하지
않았다. 정희량과 조성좌의 기병 당시 우왕좌왕하여 초기 대응에 실패했

고, 상주에 숨어 든 박필현을 의금부 국청으로 보내지 않고 서둘러 목을 벴다 하여 추고 당한 적이 있기 때문이었다. 하지만 영조 재위 24년 (1748) 무렵에 9,700여 명에 이르는 분무원종공신록에는 이름을 올릴 수 있었다.

북학파로 이름 높인 홍대용이 그의 저서 《담헌서》에서,

"남인들 중 무신란에 연루되지 않는 자는 일천 명에 한두 명도 되지

않을 것이며, 남인들이 금수로 변했으니 이들을 배척해야 한다."

라고 했으니, 선각자로 자처한 담헌마저도 노론들 주류 시선에서 벗어나지 못했던 것을 알 수 있다.

무신란 이후 조선 양반 사회는 오로지 충역(忠逆)을 가리는 일에만 매몰되어, 각 문중에서 생산해 낸 인물 행장이나 묘갈을 검토하다 보면, 충으로 위장하고 합리화시킨 일들이 너무나 많아, 오늘날까지 문중 간에 티격태격하는 일들이 다반사인지라, 이 해묵은 숙제를 어떻게 풀어야 할지 난감할 때가 한 두 번이 아니다.

비운의 왕세자 사도思悼

임오화변(壬午禍變).

임오년(1762, 영조 38)에 일어난 화변이란 뜻인데, 영조가 그의 아들 사도세자를 뒤주 속에 넣어 죽인 사건을 지칭하는 역사 용어다.

정성왕후에겐 자식을 보지 못한 영조가 왕위에 오르기 전부터 정빈 이씨가 낳은 아들이 있었으니, 즉위하자마자 서둘러 그를 세자로 책봉했지만 10살쯤 되던 해에 죽었고, 그로부터 9년이 흐른 뒤 영빈 이씨에

게서 새로운 왕자가 태어났으니, 그가 사도세자였다. 궁중에서 손이 귀해 2살배기에 불과한 어린 후궁 아들을 세자로 책봉하였으니, 그는 분명 축복받은 행운아였다. 하지만 제왕 수업을 받던 27살에 아버지 영조에게 죽임을 당했으니, 행운아가 아닌 비운 중에서도 비운아로 기억되는 인물이 바로 사도세자였다.

영조 재위 38년(1762) 윤오월의 세자를 폐하고 뒤주에 가둔 사건을 《영조실록》을 통해서 보면 다음과 같다.

임금이 창덕궁에 나아가 세자를 폐하여 서인으로 삼고, 안에다 엄히 가두었다. 처음에 효장세자가 이미 죽어, 임금에게는 오랫동안 후사 없다가 세자가 탄생하기에 이르렀다. 타고난 자품이 탁월하여 임금이 매우 사랑하였는데, 10여 세 이후부터 글공부를 태만하게 했고, 대리청정한 후부터 질병이 생겨 천성을 잃었으니, 처음에는 대단치 않게 여겨 신민들이 낫기를 바랐었다. 정축(영조 33년)·무인(영조 34년) 이후부터 병의 증세가 더욱 심해, 병이 발작할 때에는 궁녀와 환관들을 죽이고, 죽인 후에는 문득 후회하곤 하였다.

임금이 매양 엄한 하교를 내려 절실하게 책망하니, 세자가 의구심에서 질병이 더하게 되었다. 임금이 경희궁으로 이어하자 두 궁 사이가 서로 막히게 되고, 또 환관·기녀들과 어울려 절제 없는 유희에 빠져, 하루 세 차례 해야 하는 문안도 모두 폐하였으니, 임금의 뜻에 맞지 않았으나 다른 후사가 없었으므로, 매양 나라를 위해 근심하였다.

나경언이 고변한 일로 폐세자 하기로 결심하였으나 차마 말을 꺼내지 못하였는데, 갑자기 유언비어가 안에서부터 일어나 임금이 크게 놀랐다. 이에 창덕궁에 나아가 선원전에 전배하고, 이어서 동궁의 대명(待命)을 풀어주고 동행하여 휘령전(당시 영조 비 정성황후 신위가 모셔져 있던 곳이며, 세자로 책봉되면서 정성황후 아들로 입적 됨)에 예를 행하도록 하였으나, 세자가 병을 핑계 삼아 가지 않으니, 임금이 도승지 조영진을 특별히 파직하고 다시 세자에게 예를 갖추기를 재촉하였다.

임금이 직접 휘령전으로 향하여 세자궁을 지나면서 차비관을 시켜 자세히 살폈으나 보이는 것이 없었다. 세자가 집영문 밖에서 맞을 차비를 하고 이어서 어가를 따라 휘령전으로 나아갔다. 임금이 행례를 하고 세자가 뜰 가운데서 사배례(四拜禮)를 마치자, 임금이 갑자기 손뼉을 치면서 하교하기를,

"여러 신하들 역시 신(神)의 말을 들었는가? 정성왕후께서 정녕하게 나에게 이르기를, '변란이 호흡 사이에 달려 있다'고 하였다."

라고 소리친 후에, 지키던 군사들에게 명하여 전각문을 네다섯 겹으로 굳게 막도록 하고, 또 총관 등으로 하여금 배열하여 지키게 하면서, 궁의 담 쪽을 향하여 칼을 뽑아들게 하였다. 궁성문을 막고 나팔을 불어 군사를 모아 호위하고 사람 출입을 금하였으니, 비록 경재(卿宰)라 할지라도 한 사람 들어온 자가 없었는데, 오직 영의정 신만이 홀로 들어왔다.

임금이 세자에게 명하여 땅에 엎드려 관(冠)을 벗게 하고, 맨발로 머리를 땅에 조아리게 한 후에 차마 들을 수 없는 전교를 내려 자결할 것을 재촉하니, 세자가 조아린 이마에서 피가 나왔다.

신만과 좌의정 홍봉한, 판부사 정휘량, 도승지 이이장, 승지 한광조 등이 뒤따라 들어왔으나, 미처 진언할 수가 없었다. 임금이 삼 대신과 한광조 네 사람의 파직을 명하니, 모두 물러갔다. 어린 세손[정조]이 들어와 관과 포를 벗고 세자 뒤에 엎드리니, 임금이 안아다가 시강원으로 보내어, 김성응 부자에게 지키게 한 후, 다시는 들어오지 못하게 하라 명하였다. 임금이 칼을 들고 연달아 차마 들을 수 없는 전교를 내려 자결을 재촉하니, 세자가 자결하고자 칼을 들자 춘방[세자시강원] 여러 신하들이 말렸다.

임금이 이어서 폐하여 서인을 삼는다는 명을 내렸다. 이때 신만·홍봉한·정휘량이 다시 들어왔으나 감히 간하지 못하였고, 여러 신하들 역시 감히 입을 열지 못했다. 임금이 시위하는 군병들을 시켜 춘방 여러 신하들을 내쫓게 하였는데, 한림 임덕제만이 굳게 엎드려서 떠나지 않으니, 임금이 엄하게 질책하여,

"세자를 폐하였는데, 어찌 사관이 여기 있겠는가?"

하고는, 사람을 시켜 붙잡아 내보내게 하니, 세자가 임덕제 옷자락을 부여잡고 울면서 말하기를,

"너까지 가버리면 나는 장차 누구를 의지하란 말이냐?"

하고는, 전각문으로 나와 춘방 여러 관원에게 어떻게 하면 좋은가를 물었다.

사서 임성이 아뢰기를,

"마땅히 다시 전정(殿庭)으로 들어가 처분을 기다릴 수밖에 없습니다."

하니, 세자가 울면서 다시 들어가 땅에 엎드려 개과천선 하기를 청하였다. 임금의 전교는 더욱 엄해지고, 영빈이 고한 바를 대략 설명하였는데, 영빈은 바로 세자를 낳은 이씨로 임금에게 세자비리를 밀고한 여자였다.

이에 도승지 이이장이 죽음을 무릅쓰고 아뢰기를,

"전하께서 깊은 궁궐에 있는 한 여자의 말에 혹해서 국본을 흔들려 하십니까?"

하니, 임금이 진노하여 나라 형법으로 다루라고 명했다가, 곧 그 명을 중지하였다.

세자를 깊이 가두라 명하였을 적에 세손이 황급히 들어왔다. 임금이 빈궁과 세손 및 여러 왕손들을 좌의정 홍봉한 집으로 보내라고 명하였

는데, 밤이 이미 반이나 지난 시각이었다. 임금이 전교를 내려 중외에 반시(頒示)하였는데, 사관도 꺼려 감히 아무것도 쓰지 못하였다.

이렇듯 《영조실록》에서는, 폐세자를 먼저 선언한 후 세자에게 자결을 강요하였으니, 세자빈과 세손 역시 폐서인된 것이나 다름없어, 더 이상 궁궐에 머물 수가 없는 것이 법도였다. 혜경궁 홍씨와 세손을 홍씨 친정으로 보낸 것이 영조의 명이었음을 밝히고 있지만, 실은 홍씨가 먼저 영조에게 더 이상 궁궐에 머물 수 없음을 간청하여 이루어진 일이었다.

이 시절에 주역에 정통한 진주사람 손익룡이란 자가 과거 공부하러 한양에 와 있었는데, 그의 기이한 행적을 입에 올리는 자가 많았다. 한번은 조정에서 홍계희를 보고,

"꼬리 잘린 여우의 상이니, 목숨이나 건지면 다행이겠다. 그의 후손
    이 반드시 멸망할 것이다."

하였더니, 나중에 역모를 꾀하던 홍계희가 과연 그의 말처럼 되었다. 그가 이윤성의 집을 지나갈 때에 마침 재목을 손질하여 크게 집을 짓는 것에 눈살을 찌푸리며,

"나무에 괴이한 벌레들이 어찌 이리 많은가."

하였는데, 같이 가던 사람은 아무것도 볼 수 없었으나, 나중에 이윤성은 사위의 죄에 연루되어 유배 가서 죽었다.

영조에게 대든 이이장이 평소 손익룡과 허물없이 지냈는데, 한번은 그가 말하기를,

"나라에 어려움이 있으면 구차하게 모면하려는 뜻을 두어서는 안 되
    네."

라는 부탁을 기억하고 있다가, 진노한 영조에게도 직언을 서슴지 않았던 일로 명절(名節)을 세워 세인의 칭송을 받았다고 《청성잡기》는 전하고 있다.

뒤주 속에 세자를 가둔 영조는 환관 박필수와 여승 가선 등을 참수하고, 세자궁에 보관했던 물건들을 모두 불태우라 명했다. 박필수가 세자를 종용하여 좋지 못한 일을 많이 저질렀고, 가선은 안암동 여승인데 머리를 기르고 입궁하여 세자를 어지럽혔기 때문이다. 세자를 보필하던 시강원과 호위하던 익위사 관원들도 모두 파직되었다.

윤오월 뙤약볕 아래 물 한 모금 마시지도 못한 세자는 아흐레만인 스무하룻날 훙서(薨逝)하였다. 그러자 영조가 전교를 내려,

"이미 이 보고를 들은 후이니, 어찌 30년 가까운 부자간의 은의를 생각하지 않겠는가? 세손 마음을 생각하고 대신의 뜻을 헤아려, 단지 그 명호를 회복하고, 겸하여 시호를 사도(思悼) 세자라 한다."

라는 결정에 이어 후한 예로 다 할 것을 명했다.

생각할 사(思), 슬퍼할 도(悼).

영조가 내린 시호 치고는 참으로 아이러니한 시호가 아닐 수 없다. 영조는 이 처분을 놓고, 의로써 은(恩)을 제어한 것이며, 나라를 위해 의로써 결단을 내린 것이라 하였다.

처음부터 죽일 생각이었는지 아니면 겁을 준 후에 풀어주려 했는지, 감시하는 군사들조차 알지를 못했다. 느슨한 구금 상태를 알아차린 영조가 격노하여 뒤주를 꽁꽁 묶어 그 위에 풀을 덮었는데, 이를 두고 《대천록》에서는 홍인한이 한 짓이라 비난했고, 《임오일기》에서는 뒤주 위에 큰 돌을 올렸다고 기술하기도 했다. 엄명을 내려 포도대장 구선복에게 지키게 했더니, 뒤주 옆에서 맛난 음식을 차려 냄새를 풍기며 방자하게 세자를 희롱했다는 이야기도 전해 온다.

세자 비위 10조목을 영조에게 고변한 나경언은 형조 판서 윤급의 청지기였으니, 노론의 하수인에 불과했다. 노론이라 할지라도 세자 장인 홍봉한은 비위를 감춰 보호하려 했으나, 이를 못마땅하게 여긴 김상로

와 홍계희 등이 소론과 가까운 세자를 끌어내리려 하였다. 노론 주도권 싸움이 공홍파와 부홍파로 나뉘어 끝없는 정쟁을 일삼았으니, 조용할 날이 드물었다.

세자가 죽어가는 동안에도 소극적인 행동으로 일관했던 홍봉한은 자신의 입장을 정당화시키지 않으면 안 되었다. 사건 성격에 대한 분명한 입장 정리가 필요한 시점이 오자, 종묘와 사직을 위해 임오화변이 부득이했음을 천명한 동시에, 자신의 의리도 훼손되지 않았음을 차자로 올려, 영조가 짊어져야 할 짐을 그가 대신 어깨에 메었다.

사도세자가 죽은 지 9년째 되던 해에 청주 유생 한유가 불에 달군 수저로 '죽음으로 나라에 보답한다(以死報國)' 라는 글자를 팔뚝에 새긴 후 도끼를 메고 상경하여,

> "홍봉한의 권력 농단으로 어린 아이들 동요에, '망국동(亡國洞) 망정
> 승(亡政丞)'이라 부르고 있으니, 이 도끼로 신을 먼저 쳐 죽인 후에 홍
> 봉한을 처단하십시오."

라고 하여, 안국동에 살던 홍봉한을 저격했으니, 그 뒷배는 다름 아닌 공홍파가 버티고 있었다. 이들은 정조 즉위를 막으려다가 뜻대로 되지 않자 후일 벽파가 되었고, 사도세자를 억울하게 여기던 시파와 극한 대립을 하게 되었다.

영조가 사약이나 다른 방법이 아닌 자결을 요구하다가 뒤주에 넣은 이유가 분명 있을 터인데, 세자의 아들 세손을 죄인의 아들로 만들 수 없다 논리가 작동했을 가능성이 크다. 삼종혈맥을 주장해야 할 만큼 자신의 치명적 결함이 정통성 문제인지라, 이를 세손에게까지 물려주고 싶지는 않았을 터이다.

정조의 문집인 《홍재전서》에 따르면, 영조가 죽음을 앞둔 재위 52년 병신(1776) 봄에 《승정원일기》와 공문서의 정축년부터 임오년 사이에

차마 말 못할 기록들은 모두 지워라 하면서 이르기를,

"세손의 상소를 듣고 그의 청원을 특별히 들어준 것인데, 지금 내 마음은 슬퍼 견딜 수가 없다."

하면서 눈물을 흘렸다. 그리고 전교를 내려,

"지금 나는 낮이나 밤이나 오직 종묘사직에 마음이 있을 뿐이다. 지금 이 일도 사실은 저 어린 것을 위해서이다. 아! 임오년 윤5월《일기》를 보고 사도가 만약 지각이 있다면, 틀림없이 눈물을 삼키면서 여한이 없을 것이라 할 것이다. 당시 《일기》도 《실록》의 전례대로 승지와 주서가 차일암으로 갖고 가서 세초하도록 하라. … 이후부터 만약 임오년 사건을 언급하는 자가 있을 때는 가차 없이 역률로 논할 것이니, 모두 이 말을 듣고 법을 범함이 없도록 하라. 저 어린 것이 직접 내가 한 말을 들었으니, 내가 이제는 편한 잠을 잘 수 있겠다."

하였으니, 현존하는《승정원일기》해당 부분을 찾아보면, 작은 부분은 붓으로 지우고, 중간 정도는 예리한 칼로 오려내고, 큰 규모의 기사 내용은 통째로 드러냈던 흔적들이 고스란히 남아 있다. 그러하니, 사도세자 죽음과 관련하여서는 온갖 추론만 난무할 수밖에 없다.

정성왕후와 정순왕후

영조가 10살이 되던 해에 2살 많은 달성부원군 서종제 딸과 혼인한 후 20대 후반에 왕세제로 책봉됨에 따라 서씨 또한 세제빈이 되었다. 그런 후 영조가 왕위에 오르면서 중전이 되어 66세로 사망할 때까지 무려

33년간 곤전의 자리를 지켰으니, 역대 왕비 중에서 가장 오랜 기간 궁궐 안주인 노릇을 한 이가 정성왕후였다.

하지만, 영조와의 관계가 데면데면한 데다 자식까지 두지 못해 적적하게 보내야만 했으니, 정성왕후를 창덕궁으로 내보내고 영조 자신은 경희궁에 거처하는 동안 중전 처소를 찾지 않았다. 50대에 접어든 정성왕후가 시름시름 앓아 통증을 호소했으나, 영조는 담증 정도로 엄살 부린다고 핀잔을 주곤 했으니, 진찰한 의관들도 내시를 통해 보고할 정도로 임금 눈치를 살펴야 하는 분위기였다.

왕후가 회갑이 되었을 적에 하례를 드리자는 우의정 김상로 요청도 냉정하게 거절한 영조이고 보면, 두 사람 사이에 뭔가 단단히 틀어진 게 있는 모양새였다. 정성왕후가 죽었을 적에 빈소를 지키기는커녕 같은 시기에 사망한 일성위(정치달, 화완옹주 남편) 문상을 가버렸을 정도로, 영조는 예법에도 어긋난 행동을 보이기도 했다.

영조의 이런 행동을 두고, 정성왕후가 시집 온 첫날부터 소박맞았다는 이야기가 있으니, 첫날 밤에 신부의 손이 곱다 하여 관심을 표하자 무심코,

"손에 물 묻히지 않고 귀하게 자라 그렇사옵니다."

라는 대답으로 눈 밖에 났다는 것이었다. 무수리 출신이라 알려질 만큼 천한 어머니 최씨를 두고, 자격지심 가득한 가슴으로 살아야 했던 영조에게는 자칫 모욕적인 언사로 들렸을 수가 있다. 고생하며 살아야 했던 거친 어머니 손을 생각한 효심의 발동이었지만, 또 다른 한 여인의 생을 망가뜨린다는 생각에는 미치지는 못한 것이다.

영조의 눈 밖에 난 이유를 설명하는 또 다른 설이 있으니, 정성왕후 친정 식구로 인해 곤욕을 치른 일 때문이라는 것이다. 경종 재위 시절 소론과 노론들이 치열하게 정쟁을 다툴 적에, 임금 경종을 살해하려는 세

력이 있다는 고변이 있었는데, 왕세제로 책봉된 영조 또한 이 혐의를 벗기 어려운 시절이 있었다. 모의에 가담했던 정성왕후 조카 서덕수가 영조에게, 이러이러한 모의가 있으니 알고 계시라 언질을 준 적이 있고, 이로 인해 폐세제를 자청하여 목숨조차 부지하지 못 할 상황을 용케 넘겼으니, 달성서씨라면 끔찍하게 배척했을 가능성이 없는 것은 아니다.

그러나 후자의 경우 결혼한지 거의 20년 가까이 지난 상황인지라, 설득력이 좀 떨어지는 측면이 있다. 구중궁궐 속에 갇힌 여인들은 오로지 임금 사랑이 묘약인 게 인지상정이라, 정성왕후 서씨 또한 쌓인 한으로 말한다면 책 한 권으로도 모자랄 판인데, 남아 있는 기록들이 별로 찾아지지 않는다. 궁궐 안주인 노릇 최장수 기록을 가진 정성왕후이지만, 이를 뒤집어 본다면 그만큼 존재감이 떨어진다는 말도 되는 것이다.

유일한 위안거리는 영빈 이씨가 낳은 사도세자가 법적인 아들로 입적되어 잘 따랐다는 점이다. 그런데, 세자의 길을 걷던 사도의 비행들을 지켜줄 생각이 없었던 영조는 죽은 정성왕후 힘을 빌려 아들을 처단하려 했으니, 서씨 신위가 모셔져 있던 휘령전으로 사도를 끌고 가서는 갑자기,

"신하들은 신(神)의 말을 들었는가? 정성왕후가 나에게 이르기를, 변란이 호흡 사이에 달려 있다 하였다."

라고 외치어, 세자가 영조 자신을 향하여 칼날을 곧추세우고 있다는 사실을 정성왕후가 알려 주었다고 몰아세우더니, 군사들에게 궁궐을 에워싸도록 명령을 내린 후 자결하라 다그쳤다.

영조의 이 행위는 정성왕후와 세자의 관계를 의식해서 나온 것이 분명할 진데, 뒤주 안에 갇힌 세자가 정성왕후 혼령에게 하고 싶은 말이 많았지만, 못 다 전하고 죽었을 것이다.

정성왕후 서씨가 죽은 후 그녀를 대하던 영조의 모습을 보노라면, 다

소 심경 변화가 있었는 듯하다. 부왕 숙종이 묻힌 명릉 근처에 터를 잡아 훗날 자신도 그 옆에 묻히길 바라면서 능을 조성했기 때문이다. 홍릉을 조성할 때 오른쪽을 비워두는 우허제(右虛制)로 만든 데다가, 석물들도 쌍릉 형식으로 갖췄다.

하지만, 영조가 승하하자 그가 생전에 마련했던 홍릉에 묻히질 못했다. 아버지를 죽인 원한의 찌꺼기가 남았는지, 아니면 살아있는 권력 정순왕후 눈치를 본 것인지 알 수야 없지만, 영조는 정성왕후 옆으로 가지 못했다. 신하들의 반대를 물리치고 정조가 내린 결정이었다. 그러하니, 살아 생전에 옆구리가 시리던 정성왕후는 죽어서도 마찬가지 운명이 되고 말았고, 영조 나이 66살 되던 해에 맞이했던 15살의 어린 신부 정순왕후가 훗날 영조 곁에 나란히 묻히는 행운을 얻었다. 동구릉 권역의 원릉이 쌍릉이 된 것은 그런 이유 때문이다.

근세에 강효석이 편찬한 야사집《대동기문》에는 정순왕후에 대한 재미난 일화가 소개되어 있는데, 이는 드라마나 방송에서도 자주 다루던 것이기도 하다.

영조 35년(1759)에 정성왕후 삼년상을 다하자, 영조가 친히 왕비 감을 간택하려고 사대부 딸들을 궁중에 모았는데, 15살의 정순왕후가 홀로 지정된 자리를 피하여 앉아 있으니, 영조가 묻기를,

"어찌하여 피해 앉았는가?"

하니, 대답하기를,

"아비의 이름이 여기에 적혀 있는데 어찌 감히 그 자리에 앉겠습니까."

라고 하였다. 대개 왕비를 간택할 때 그 아버지의 이름을 방석 끝에 썼기 때문이다.

영조가 다시 여러 처녀들에게 묻기를,

"세상에서 무엇이 가장 깊은고?"

하였더니, 어떤 처녀는 산이 깊다 말하고, 어떤 처녀는 물이 깊다고 하여 중론이 일치하지 않았는데, 정순황후가 홀로 말하기를,

"사람의 마음이 가장 깊습니다."

라고 하는지라, 주상이 그 까닭을 물으니 대답하기를,

"사물의 깊이는 헤아릴 수 있거니와 사람의 마음은 헤아릴 수 없기 때문입니다."

라고 했다. 주상이 또 묻기를,

"무슨 꽃이 가장 좋은가?"

하매, 어떤 처녀는 복숭아꽃이 좋다 하고, 어떤 처녀는 모란꽃이 좋다고 말하고, 어떤 처녀는 해당화가 좋다고 말하여, 대답하는 바가 일치하지 않았다. 그때 정순왕후가 홀로 말하기를,

"목화(면화)가 가장 좋습니다."

라고 하는지라, 주상이 그 까닭을 물으니,

"다른 꽃들은 한때의 좋은 것에 지나지 않고, 오직 목화는 천하 사람에게 옷을 지어 입혀 따뜻하게 해주는 공이 있습니다."

라고 대답했다.

이때 마침 비가 주룩주룩 내려 주상이 묻기를,

"월랑의 기왓골이 모두 몇 줄인지 세어 보아라."

하였더니, 처녀들 모두 손가락으로 하나 둘 셋 넷 하며 세었으되, 정순왕후는 머리를 숙이고 가만히 앉아 있다가 몇 줄인가를 대답했다. 의아하게 여긴 주상이 묻기를,

"어찌하여 기왓골이 몇 줄인 줄 알았느냐?"

하니, 정순왕후가 대답하기를,

"처마에 떨어지는 낙숫물을 세어 보았으므로 알았습니다."

하므로, 주상이 가상히 여겼다.

그 이튿날 아침에 채색 무지개가 대궐로부터 일어나서 정순왕후가 세수하는 그릇에 꽂히니, 후비의 덕이 있다 하여 특별히 정궁으로 간택하였다.

장차 입궁하려 할 적에 상궁이 옷 치수를 재기 위해 정순왕후에게 돌아앉기를 청하니, 정색을 하면서,

"네가 돌아앉으면 되지 않느냐?"

라고 호통을 치는지라, 상궁이 황공하게 여겼다.

정순왕후가 궁궐에 들어오게 되자, 주상이 말하기를,

"왕후가 옛날 곤궁할 적에 돌봐준 사람이 없었는가?"

라고 묻자, 대답하기를,

"옛날 정묘년(1747)에 한양으로 들어오던 도중에 극심한 추위를 만나 동상을 입게 되었는데, 이사관이라는 사람이 돈피갖옷을 벗어 주지 않았으면 지탱하지 못하였을 것입니다."

라고 아뢰어, 영조가 그를 발탁해 썼는데, 덕망이 높아 14년 만에 정승 자리까지 올랐다.

정순황후 김씨가 어릴 때 서산에 살았는데, 정순왕후 아버지 김한구가 가난하여 친척 집에 우거하고 있을 적에 돌림병이 성하여 온 마을이 모두 전염되자, 야외에 초막을 지어 피하였다. 정순왕후와 그 어머니도 나가 피하였는데, 정순왕후가 겨우 세 살이었다. 어느 날 도깨비들이 정순왕후가 묵고 있는 초막 밖에 떼로 몰려와서 말하기를,

"곤전(왕비)이 임어하셨으니, 시끄럽게 떠들어서는 안 된다."

하고는 흩어지므로, 모부인이 이를 이상하게 여겼다.

영조 23년(1747) 정월에 김한구가 세 살 난 정순왕후와 가족을 데리고 서울로 돌아오다가, 호서 지방 수령으로 부임하는 이사관을 만났으

니, 예전부터 서로 아는 처지였다. 눈바람이 휘몰아치는 매우 추운 날씨인지라, 이사관이 김한구에게 말하기를,

"날씨가 이처럼 추운데, 그대 딸이 추위에 고생이 없을 수 있겠소."

라면서 돈피갖옷을 벗어 주었다. 김한구가 이를 고맙게 여겨 매번 정순왕후에게 들려주었더니, 이를 기억했다가 영조에게 아뢴 것이다.

이사관의 본관은 한산이고, 자는 숙빈, 호는 장음으로, 영조 13년(1737) 문과에 급제하여 48년(1772)에 정승에 임명되어 좌상에 이르고, 시호는 효정이다.

그가 죽은 후 어느 사관이 내린 인물평을 보면,

"학식은 있으나 지망(地望)이 가벼우므로, 전후 이력은 모두 중비(中批)에서 나왔다. 상부(相府)에 오르게 되어서는 부침(浮沈)하여, 남의 뜻을 맞추고 건백(建白)하는 것이 없었으니, 참으로 이른바 반식재상(伴食宰相)이었다."

라고 하였듯이, 그다지 좋은 평가를 받은 것은 아니었다. '중비(中批)'란 전형을 거치지 않은 임금 특지(特旨)로 임명된 것을 뜻하고, '반식재상'이란 어울려 밥만 먹고 다니는 무능한 재상을 뜻하니, 보는 각도에 따라 세평이 이렇게 달랐다.

제22대
정조대왕

휘는 산(祠). 자는 형운(亨運), 호는 홍재(弘齋). 영조 둘째아들 장헌세자와 혜경궁 홍씨 사이의 차남이다. 영조 28년 임신년(1752) 창경궁 경춘전에서 태어나, 영조 35년 기묘(1759)에 세손으로 책봉되고, 임오년(1762)에 장헌세자가 비극의 죽음을 당하자, 요절한 영조 맏아들 효장세자 후사로 입적되어 왕통을 이었다. 병신년(1776) 경희궁 숭정문에서 즉위하여, 경신년(1800) 창경궁 영춘헌에서 승하했다. 재위기간이 약 24년 4개월이다. 능묘는 건릉(健陵)이다. 비는 청원부원군 김시묵의 딸 효의왕후 청풍김씨이다.

정조와 홍국영

"과인은 사도세자의 아들이다."

정조가 즉위하면서 일성으로 날린 말이다. 하지만 이미 산전수전을 겪은 데다 정치꾼으로서의 동물적 감각을 타고난 정조는 효장세자의 아들로 여기까지 왔다고 천명하는 것을 잊지 않았다. 영조가 자기 손으로 아들 사도를 죽인 몸이라, 세손을 위해서라도 장자였던 효장세자 아들로 입적시키지 않을 수 없었다. 이는 곧 왕위 계승 걸림돌을 사전에 없애고자 한 것이니, 할아버지 속내를 읽고 있던 정조는 저울추가 기울지 않는 선에서 아버지를 언급한 것이다.

나경언을 동원하여 사도세자 비행을 낱낱이 고하게 했던 홍계희를 비롯한 세력들이 여전히 조정을 장악하고 있어, 세손으로 살아가야 하는 정조는 가히 살얼음판을 걸어야만 했다. 팔순을 넘긴 영조 재위 51년 (1775)에 세손더러 대리청정을 시키겠노라 의견을 구했을 때, 홍인한이 불쑥 나서,

> "동궁께서는 노론과 소론을 알 필요가 없으며, 이조 판서와 병조 판
> 서를 알 필요가 없습니다. 조정의 일에 이르러서는 더욱이 알 필요
> 가 없습니다."

라는, 이른바 '삼불필지설(三不必知說)'을 내세웠다고 《영조실록》에서 밝혔으니, 이것이야말로 세손 권위를 땅에 처박는 행위나 다름없었다. 그럼에도 세손이 무사하게 버틸 수 있었던 것은 홍국영을 비롯하여 김종수나 정민시 등이 보좌하고 있었기 때문이다.

세손시절부터 외척 풍산 홍씨와 경주 김씨 폐해를 목도한 정조는 이들을 견제하기 위해 비척신 계열에게 힘을 실어주었다. 부홍파 풍산 홍씨와 공홍파 경주 김씨가 사사건건 대립하였지만, 세손 대리청정에는 한 목소리를 냈으니, 앞장서서 반대했던 홍인한과 정후겸·김구주를 실각시키는 한편, 홍상간·홍인한·윤양로 등 세손을 해치려는 자를 처형시켰다. 세손의 오른 팔이나 다름없던 홍국영의 뚝심으로 이룬 성과였다. 3월에 즉위한 정조가 3일 만에 홍국영을 동부승지로 발탁하고, 7월에 도승지로 승진시킨 다소 파격적인 인사를 보노라면, 그에 대한 신임이 잘 나타난다.

정조가 즉위한 지 한 해가 흐른 여름, 세 명의 사내가 경희궁 흥화문 앞 보신탕집을 나섰다. 홍계희의 손자 홍상범에게 포섭된 호위군관 강용휘 손에는 쇠몽둥이 철편이 들려 있었고, 또 다른 사내 전흥문은 칼을 숨긴 채 궁궐에 잠입할 기회를 노렸다. 20여 명의 대기조를 거느린 홍상범은 상황에 따른 대응을 위해 한 발짝 물러나 몸을 숨겼다. 군왕 살해 임무를 부여받는 두 명의 자객은 존현각 지붕 위에서 기와를 뜯어내다, 밤늦게까지 글을 읽고 있던 정조에게 들켜 도망치기에 급급했다.

이 사건을 계기로 정조는 창덕궁으로 이궁하고 말았다. 정조는 단순한 도둑으로 처리하려 했지만, 매의 눈으로 사건 현장을 확인한 홍국영의 생각은 달랐다. 전격적인 수색과 기찰을 통해 사건 전모가 밝혀지려던 때에, 무사히 탈출한 강용휘와 전흥문이 재차 궁으로 잠입했다가, 한층 강화된 궁궐 수비에 지레 겁을 먹고 대궐 뜰에 숨었으나, 이내 발각되고 말았다.

홍계희 아들 홍술해와 손자 홍상범이 그의 일족 홍계능과 모의하여 정조 이복동생 은전군 이찬을 옹립하려는 거사였음이 밝혀졌으니, 정조의 시름은 한층 더 깊어갔다. 배를 달리하는 동생이라 할지라도 사랑하는 마음을 열어놓고 살았기에, 신하들 의견을 끝내 외면할 길이 없는지라 눈물을 흘리며 사사할 수밖에 없었다. 하지만, 홍계능·홍상길·홍신해·홍이해 등 남양 홍씨들이 집단 연루된 모반임을 밝혀 이들에게 앙갚음을 했으니, 향후 큰 걸림돌을 치운 셈이 되었다.

이렇듯 온갖 위험이 도사린 정글 속에서도 세월은 흘러, 정조 재위 3년 기해(1779) 9월 26일에 도승지 홍국영에게 입조하라 명하자, 달려와 임금을 알현하고 나온 그는,

"신이 한번 대궐 문을 나가서 다시 세상에 뜻을 둔다면, 하늘이 반드시 벌을 내릴 것입니다."

라는 사직소를 올렸다. 그러자 정조는,

"이전에도 이후 천년에도 이 같은 군주와 신하의 만남이 있었던가? 그리고 언제 다시 있을 것인가?"

라며 한껏 치켜세우더니,

"옛날부터 흑발 재상은 있었으되 흑발 봉조하는 없었는데, 이제는 흑발 봉조하도 있게 되었도다."

라는 농까지 잊지 않았다.

봉조하(奉朝賀).

연로한 공신이나 국가 원로들이 현직에서 물러날 때 주는 명예직이 봉조하인지라, 송시열급에 준하는 명예로 여겼다. 하지만, 32살에 불과한 홍국영에게 봉조하를 제수하였으니, 그야말로 정치적 사형선고를 내린 것이나 다름 없어, 유배 아닌 유배를 당한 꼴이 되고 말았다.

전해 오는 바에 따르면, 인현왕후 처소에서 부리던 하찮은 궁녀 출신 어머니를 둔 영조가 《자치통감강목》에 나오는 '이모비야(爾母婢也, 네 어미는 종년이다)'라는 구절을 너무나 싫어하여, -일설에는 《시전》〈요아편〉의 '아버지 날 낳으시고 어머니가 날 기르셨으니, 그 깊은 은혜를 갚고자

할진데 하늘이 끝이 없음과 같이 다함이 없도다.'라는 구절이라 함- 신하나 백성들이 이 책 읽는 것을 금할 정도였는데, 어느 날 갑자기 영조가 책 읽기를 좋아했던 세손(정조)에게 요즘 어떤 책을 읽느냐고 물었고, 세손은 아무 생각도 없이 강목을 읽고 있다 답하였다.

이를 들은 영조가 대노하자, 세손이 이 부분만을 읽지 않았다고 발뺌하니, 이를 믿지 못한 영조가 내시를 시켜 세손이 읽던 책을 찾아오라 명하였다. 동궁전에서 근무하던 홍국영이 이를 눈치 채고 얼른 책을 찾아 중요한 그 부분을 오려낸 후 내시에게 건네주자, 이를 받아 본 영조가 세손을 더욱 기특하게 여겼고, 위기에서 벗어 난 어린 세손은 홍국영에게 '세 번 죽을 죄를 범해도 그대를 용서하리.' 라는 신임을 보내며 전적으로 의존하게 되었다.

홍국영으로 말하자면, 선조가 낳은 정명공주와 결혼한 영안위 홍주원 6대손이니, 혜경궁 홍씨 가계와 멀지 않은 10촌 안팎이었다. 왕실 계보로 따져도 정조 임금과는 12촌을 벗어나지 않으니, 명문가 자제였음이 분명하고, 《한중록》에 따르면, 영조가 홍국영을 두고 내 손자라고 이를 정도로 아꼈다고도 한다.

영조 48년(1772) 25살 되던 해에 문과에 합격한 후 엘리트 코스인 한림[사관]을 거쳤다가 27살에 세자 교육을 맡은 시강원 정7품 벼슬 설서에 임명되어, 정조와 첫 인연을 맺었다. 영조가 승하하고 정조가 즉위하자 곧 동부승지로 특진되어, 날랜 군사들을 뽑아 숙위소를 창설하더니 숙위대장을 겸하면서 비서실장격인 도승지에까지 올랐으니, 경호실장에다 비서실장 권력까지 움켜쥔 것이다.

이러하니, 삼사의 소와 계문은 물론이고, 8도에서 올라오는 장계나 공문서까지 그의 손을 거쳐 임금에게 보고될 정도로 막강한 권력자가 되었다. 비록 삼공육경(三公六卿)이라 할지라도 그 앞에서 무릎 꿇고 보고할 정도의 위세를 떨쳐, 자연히 '세도(勢道)'라는 말까지 생겨났으니, 안동 김씨나 풍양 조씨 같은 세도정치가 등장하기 전의 일인데도, 홍국영을 세도정치 시작으로 보는 시각들이 많다.

홍국영의 외모가 준수하고 눈치가 빠르며 민첩했다거나, 동궁(정조)께서 한 번 보고 크게 좋아하셔서 가까이 두고 아끼셨다는 세평처럼, 잘난 외모에다 시나 노래는 물론 언변까지 좋아, 글공부보다는 시정잡배들과 술잔을 기울이고 장기와 내기 바둑을 즐기는 한량 기질을 타고 난 자였다. "나비야 나비야 청산 가자"라는 그의 시조는 도성에서도 알아주는 실력이었다.

이러하니, 우뚝 선 혜경궁 홍씨 집안에서는 그를 버러지 보듯 하여, 《한중록》에서도,

  "요 작은 놈(홍국영)이 간사한 꾀를 내어 동궁(정조)께 곧게 충고하는
  체하나, 실은 다 듣기 좋은 말이라. 한 번 국영이 들어오자 외부 사정
  에 대해 여쭙지 않는 일이 없고, 전하지 않는 말이 없으니, 동궁께서
  신기하고 귀하게 여기시어…"

라고 표현했듯이, 세손 시절 정조는 궁궐 밖의 소식을 주로 홍국영에게 의존했음을 알 수 있다. 그러하니 세손을 달갑지 않게 여기던 혜경궁의 숙부 홍인한에게는 눈에 가시나 다름없었다. 훗날 정조가 자신을 지켜준 홍국영과 노론의 정민시·김종수, 소론의 서명선 등과 동덕회(同德會)라는 모임을 따로 만들어 만남을 가질 정도로 예우했던 것으로 알려져 있다.

정조가 홍국영을 두고,

  "전후좌우가 모두 역적의 무리를 편드는 사람들뿐이었지만, 오직 홍
  국영만이 몸과 마음을 바쳐 국본(國本)의 안위를 받들었다."

라는 평가에서 볼 수 있듯이, 그를 아끼고 특별히 대했다.

정조를 설득하여 영조가 선언한 신임의리를 재차 천명하게 한 것도 홍국영이었으니, 사도세자 죽음에 관여한 자들이 당파적 이익이 아닌 조정의 안정을 바라는 충심이었다고 인정한 것이야말로 통합으로 가는 제스처였다. 영조가 노련한 정국 운영 방안으로 이를 천명했듯이, 사도세자 아들 정조 입으로 신임의리를 밝힌 것이야말로 그동안 전전긍긍했던 노론들에게는 크나큰 정치적 선물이었다.

"온 세상이 두려워하여 그의 말을 조금이라도 어기면 조석을 보전하
지 못할 듯하였다."
라는 세평에서 보듯이, 홍국영의 기세는 등등했고, 노론을 이끌던 좌의정 김종수까지,

"홍국영과 갈라서는 자는 역적이다."
라고 말할 정도가 되었다.

그런데 정조가 홍국영을 내치자, 동덕회 회원들도 홍국영에게 등을 돌렸다.

춘추시대 한비자는, 용을 잘 길들이면 그 등에 탈 수도 있지만, 역린을 건드리면 죽임을 당한다고 했는데, 용의 목에 달린 비늘이 이렇듯 무서운 것인 바, 홍국영이 정조의 역린(逆鱗)을 건드렸으니, 살아남을 수가 있겠는가?

신하가 왕위 계승에 관여한다면, 군주에게 이는 역린이다.

정조 재위 2년이 되던 무술(1778) 6월에 홍국영 누이동생 홍씨가 원빈(元嬪)에 봉해졌지만, 1년도 되지 않아 세상을 떠나버렸으니, 닭 쫓던 개 신세가 되어 버렸다. 그때까지도 정조는 아들을 두지 못했으니, 이에 기댄 홍국영 욕심이 물거품이 되려 하자, 정조에게 조카가 되는 사도세자 서자 은언군 아들 이담을 죽은 누이의 양자로 들인 후, 군호를 완풍군(完豊君)으로 고쳤다.

완이란 글자는 왕실이 일어난 완산(전주)을 뜻하고, 풍이란 글자는 홍국영의 본관이던 풍산을 의미하니, 그 욕심이 지나쳤던 것이다. 나는 새도 떨어트린다는 홍국영이 완풍군을 나의 생질이라 부르며,

"저사(儲嗣)를 따로 구할 필요가 없다."

라고 공공연하게 떠들고 다녔으니, 역린 중에서도 역대 급 역린이었다.

원빈이 죽은 것이 중전 때문이라며, 제멋대로 중궁전 처소 궁녀를 잡아들여 고문했다는 게 사실이라면, 이런 홍국영을 정조가 더 이상 좌시하지는 않았을 것이 분명하다. 심지어는 홍국영이 중전을 독살하려 했다는 이야기까지 돈 것을 보면, 홍국영이 중전 처소에 가졌던 악감정들이 민가에까지 잘 스며들었다고 보인다.

홍국영이 아닌 다른 사람이었다면 삼족이 멸문의 화를 당했을 법 하지만, 그래도 정조를 지켜 준 공을 생각하여 조용히 은퇴시켰는데, 사직소를 올리고도 한양에 머물다 이를 문제 삼은 정적들에 의해 강원도를 떠돌며 술과 원망으로 날을 보내다 33세에 생을 마쳤다.

정조는 홍국영을 두고 회고하기를,

"지난날 홍국영을 쓴 것은 어찌 그렇게 하지 않아도 되는데 그런 것이겠는가. 온 세상 사람이 모두 한 구덩이에 들어 있는데, 흉적의 집안과 원한 맺은 사람은 오직 그 한 사람이므로, 그를 쓴 뒤에야 흉적과 입장을 달리하는 사람들이 그를 발판으로 조정에 설 수 있었다. 그의 낭패는 내가 어찌 염려하지 않았겠는가."

라고 《홍재전서》에서 고백했듯이, 이이제이를 위한 것이었음을 나름대로 변명하고 있다. 이와 아울러 《정조실록》 5년 4월 5일자 기사의,

"홍국영이 이런 죄에 빠진 것은 사려가 올바르지 못한 탓이다. 처음엔 나라의 안정과 근심을 함께 할 적에 그의 지위가 무겁지 않으면 위엄이 서지 않았기에 권력의 손잡이를 임시로 맡겼다. 그런데 스스

로 조심하고 두려워하며 삼가는 방도를 생각 않고, 오로지 총애만을 믿고 '위복(威福)'을 멋대로 사용하여 끝내 극죄를 저지르게 된 것이다."

라는 정조의 말처럼, 위복을 멋대로 사용한 죄 값을 받았으니, 벌과 복을 주는 고유한 임금의 권력인 위복을 신하가 함부로 남용한 죄가 크다 하지 않을 수 없다.

아버지의 죽음을 목도한 정조는 특정 당파의 독주를 원치 않아, 홍국영의 손을 빌어 노론 반대파인 김구주나 외조부 홍봉한까지 쳐냈는데, 홍국영이라는 새로운 노론 권력을 맞닥뜨렸으니, 이는 분명 정조가 넘어야 할 산이었다. 그리고 국영은 정조가 쉽게 넘을 수 있도록 허점을 너무 빨리 노출해 버렸다.

바둑을 좋아하던 홍국영은 스스로 국수라 여길 만큼 실력이 출중했다. 이 풍문을 들은 평안도 개천 출신 최선기가 가진 밭 한 뙈기 판 돈 아홉 냥으로, 연경에 사신으로 가는 사람에게 부탁하여 수정 갓끈 하나를 손에 넣고, 여관 외상 밥을 먹으며 홍국영 집에 드나들게 되었다.

하지만, 당대 세도가 집이라 날마다 빈객들로 가득 차, 윗목에 앉았다가 돌아오기를 반복하다, 하루는 폭우가 쏟아진 틈을 노려 홍참판댁 사랑으로 갔더니, 홍국영이 혼자 무료하게 앉아 반갑다는 듯이 인사를 붙여주기에, 코가 땅에 닿도록 절하고 황공한 듯 앉았다. 이럭저럭 말이 오가다가, 자네 바둑 좀 놓을 줄 아는가 하고 물으니, 기다리던 판이라 시골 무식꾼이 두어 점 놓을 줄은 안다고 하면서, 마음먹은 바가 있는 터라 내기바둑을 두자고 제안했다.

이를 우습게 여긴 홍국영이 무엇을 걸겠냐고 묻자, 최선기가 소매 자락에서 수정 갓끈을 내놓으며, 소인이 이기면 청하는 대로 줄 수 있느냐고 흥정을 붙였다. 두나마나 자기가 이길 것이라 여긴 홍국영이 좋다 하여 바둑을 두어보니, 최선기 바둑이 여태껏 다른 사람과는 딴판이었다. 바짝 정신을 차린 바둑을 겨우 이기자, 최선기는 두 말 없이 갓끈을 두고 물러났다.

며칠 후 또 비가 오자, 우비를 빌려 입은 최선기가 홍참판 댁으로 가서 내기 바둑을 두었는데, 이번에는 홍국영이 당해내지 못한지라, 최선기가 소매 속에서 간지 마흔 장을 내 놓으며, 소인의 청은 다름이 아니오라, 영감께서 평안도 41주 수령마다 내가 신임하는 사람이라고 편지 한 장씩 써 주시면. 그 덕택으로 조용히 살아보겠노라고 정중히 아뢰었다. 재물을 달라는 것도 아니고 벼슬자리 내 놓으란 것도 아닌지라, 어렵지 않게 여긴 홍국영은 내가 특별히 신임하는 사람이란 뜻을 담은 신임장 마흔 개를 써 주었다. 그걸 가지고 평안도에 내려간 최선기가 고을마다 찾아다니니, 수령들이 그를 홀대할 수 없어 적게는 3~4백 냥씩, 많게는 수천 냥을 내놓는 이들이 많았다. 불과 두어 달 안에 수만 냥의 돈을 손에 움켜쥔 최선기가 제 꾀에 속아 넘어간 홍국영을 비웃었을 것이니, 바둑도 인생도 한 수 가르쳐 주고 싶었을 것이다.

심낙수의 《은파산고》에 나오는 이 이야기를 통해 홍국영의 당시 위세를 엿볼 수 있지만, 그보다 정조에게 허점을 쉽게 노출해 버렸듯이, 최선기에게도 이렇듯 쉽게 드러내며 살았으니, 외모가 준수하고 눈치가 빠르며 민첩했다는 세평에 먹칠한 꼴이 되고 말았다.

정조 치적과 문체반정

자신의 즉위를 도와주었던 홍국영 절대 신임으로부터 벗어난 정조는 국정 혼란을 수습한 후, 규장각을 강화했다. 즉위하자마자 신설했던 규장각이고 보면, 그 준비는 이미 세손시절부터 했던 것으로 보인다. 절의와 청론을 상징하는 신선한 선비들을 뽑아 들인 친위 세력 양성이 목적이었으니, 그가 바라던 개혁정치의 요람이 되었던 것은 분명하다.

규장각 제학 이하 6명의 각신(閣臣) 외에, 능력 있는 서자 출신을 과감하게 검서관으로 선발했는데, 이덕무·류득공·박제가·서이수 등이 최초로 선발된 자들이었다. 왕의 허락 없이는 그 누구도 각신의 죄를 청할 수 없었고, 공무 중에는 체포나 구금도 허락되지 않았다.

그러하니 규장각을 두고, 전하의 사각(私閣)에다 전하의 사신(私臣)이란 불만이 제기되기도 했다. 노론 중심, 노론 중에서도 사도세자에게 동정표를 던진 시파 중심으로 운영된 측면이 있긴 했지만, 의리 문제만큼은 논의가 준절하여, 당론을 따르면서도 탕평을 거부하지 않는 청류들이란 자부심 또한 대단했다.

이와 함께 정조는 초계문신 제도를 두어, 37세 미만의 신진들을 뽑아 규장각에서 재교육했으니, 때 묻지 않은 젊은 엘리트를 개혁 주체로 양성하기 위함이었다. 정조 통치기간 동안 초계문신으로 선발된 이가 모두 138명인데, 그중에는 우리에게 친숙한 정약용도 당연히 들어 있다. 정조가 직접 이들에게 시험을 치르게 하고 강의하는 일들도 많아, 군신 간의 학문적 결속은 물론 정치적으로도 동지애를 느끼기에 충분했다.

어려서부터 책읽기를 좋아했던 정조의 독서량은 상상을 초월할 정도였으니, 우물쭈물하는 승지들에게 어느 책 몇 째 줄에 그 내용이 있다는 지적을 두고, 실제로 확인해 본 승지가 혀를 내둘렀다고 전한다. 정조는 자신의 학문적 업적을 바탕으로 거대한 문집 《홍재전서》까지 펴냈으니, 신하들에게 책을 읽지 않는다는 핀잔을 내리기 일쑤였다.

이렇듯 자신감에 차오른 정조가 군주도통론을 주장하기에 이르렀으니, 공맹의 도가 동쪽 나라 서인 입장에서는 이이→김장생→김집→송시열로 이어 왔다는 인식으로 살았지만, 그 도통(道通)을 무시하고 정조 자신에게 이어진다는 논리로 대치했다.

당파별 세력 균형의 추를 조정하여 승기를 잡은 정조가 기어이,

"내 임금이 바로 내 스승이며, 오늘날 사림의 영수는 주상이십니다."

라는 노론 강경파 김종수의 답변을 얻어내고야 말았으니, 이로 인한 반작용이 없었던 것은 아니나, 어쨌든 학문적으로 추종을 불허할 정도였던 것은 사실이었다.

한편, 여러 차례 암살 위기에 시달린 정조는 자신을 호위할 부대가 절실했다. 기존 군영들이 특정 당파에 장악되어 자신에게 오히려 위협이 된다는 느낌을 받았기 때문이다. 이리하여 정조 재위 12년(1788)에 장용영을 설치하였으니, 이 친위부대로 정권 유지에 필요한 무력기반을 확고하게 잡았다는 말이 된다. 이는 몇 년 전 급조된 장용위를 확대 개편한 것이었고, 그 후 정조 17년에 다시 내영과 외영체제로 갖췄으니, 내영은 수도 방위를 위한 한성부 안에, 외영은 현륭원과 행궁이 위치한 화성에 둔 것이다.

외영을 둔 표면상 이유는 이장해 온 사도세자의 묘(현륭원)와 행궁 수호라 했지만, 실상은 세자에게 양위를 염두에 둔 친위 부대 육성이었고, 그렇기에 이곳이 바로 무력의 본산인 셈이었다. 사도세자 묘를 현륭원으로 이장한 후 화성을 축조하고, 수원을 아예 화성이란 이름으로 개칭한 것도 그의 웅대한 계획에 따른 것이었으니, 이 모든 것들이 정조의 정치적 자신감에서 차곡차곡 진행된 결과물들이었다.

하지만, 문체반정이니 서체반정이니 하여, 오늘날 기준으로 볼 때 터무니없는 일에 집착하여 시간과 정력을 낭비한 면이 있기는 하다. 한문으로 표현하는 문장을 순정고문(醇正古文)으로 해야 한다는 것이니, 주자

의 시문이나 당송 8대가의 문장을 모범으로 쳤다.

이 시기 순정고문의 틀에 벗어난 대표적인 책이 바로 박지원의 《열하일기》인데, 소설식 문체와 해학적인 표현을 패관문학이라 하여 금지한 것이니, 성리학적 교조주의를 벗어나지 못한 시각인 것은 분명하다.

조선 후기에 이르러 민중의식이 커지면서 한글 소설들이 나오기 시작했고, 청나라를 통해 들어오는 서학까지 보태지면서, 연암이 지은 미완성본 열하 기행문이 선비들 사이에 인기를 끌게 되었다.

정조는 이를 문화의 타락이라고 보았다. 젊잖은 선비가 읽어야 할 책들은 다름 아닌 사서삼경이나 당송 팔대가들이 남긴 순정고문이니, 중후한 격식을 갖춘 문장으로 무너져 가는 사회 질서를 다잡아야 한다는 생각이었다.

정조 11년 정미(1787)에 김조순과 이상황이 예문관에서 함께 숙직하면서, 당·송 시대 각종 소설과 《평산냉연》 등의 서적들을 가져다 보면서 한가한 시간을 보내고 있었다. 그런데 임금이 우연히 입시해 있던 승정원 주서로 하여금, 김조순과 이상황이 무얼 하고 있는지 보게 하였던 바, 때마침 그러한 책을 읽고 있었으므로 불태워버리도록 명하고서는, 두 사람을 경계하여 경전에 전력하고 잡서들은 보지 말도록 하였다.

《평산냉연》은 당대 유행하던 청나라 소설인데, 평·산·냉·연이란 네 명의 꽃미남과 꽃미녀들이 등장하는 연애담이었으니, 임금이 이런 책들을 잡서로 규정하여 금한지라, 곧 문체반정의 서막이었다.

정조 정비 효의왕후가 병이 깊어 후사를 볼 수 없었기에 두 차례나 간택후궁을 맞았지만 끝내 회임하지 못했고, 요행으로 승은을 내린 궁녀 성씨에게 첫아들을 보아 원자에 이어 세자로까지 책봉했지만, 그도 다섯 살에 요절하고 말았으니, 삼세번 심정으로 수빈 박씨를 간택후궁으로 맞기에 이르렀다.

궁궐 안 침체된 분위기로 낙담해 있던 정조를 위로한 것은 젊고 총명한 신하들이었다. 노론 4대신의 한 사람이었던 김창집의 4대손 김낙순이 스물한 살 나이에 급제하자, 기쁨에 넘친 정조는 그 이름을 조순이라 바꿔주고, 호까지 내려주었다. 이때부터 김낙순은 김조순이 되었다.

급제한 다음 해에 초계문신으로 뽑혔던 김조순이 이어서 예문관 검열로 근무했던 것을 보면, 당대 엘리트 코스를 차곡차곡 밟게 된 것이니, 정조가 왜 이렇듯 노론 명문가 후손에게 넋이 나간 것인지, 아무튼 개혁 군주 이미지와는 걸맞지 않는 행보였다. 김조순이 패관문학을 가까이 하다 들킬 때는 고작 스물셋의 젊은 관료였고, 정조는 재위 11년차에 접어들어 자신감으로 차 있던 서른여섯의 위풍당당한 임금이었다.

그날의 엄중한 경고에도 불구하고, 신료들의 패관소설 읽기는 그칠 줄을 몰랐으니, 유행이란 문화현상을 권력으로 제어하는 것이 어렵다는 것은 고금을 통한 진리임이 분명하다. 그러자 재위 16년(1792년)에 정조 임금이 단단히 뿔이 났다. 초계문신 남공철의 대책문에 패관 문자를 인용했고, 유생이던 이옥이 지은 표문에도 패관 문장체가 흐른다 하여, 이들을 벌주는 한편, 재차 엄히 금하라는 명을 내렸다.

이때 동지사 서장관으로 청나라에 가던 김조순에게도 파발을 띄웠다. 옛적 패관 소설 읽은 죄를 물어, 반성의 글을 내라는 어명이었다. 김조순이 스스로의 잘못을 반성한 시문을 지어 올리자,

"어느 사람이 허물이 없겠는가마는 고치는 것이 중요하다. … 이 함답을 보니 문체가 바르고 우아하고 뜻이 풍부하여 무한한 함축미가 있음을 깨닫겠다. 촛불을 밝히고 읽고 또 읽고 밤 깊은 줄도 모르게 무릎을 치곤하였다. 저 부들부들하다 못해 도리어 옹졸해진 남공철의 대답이나 경박하게 듣기 좋게만 꾸민 이상황의 말, 뻣뻣하여 알기 어려운 심상규의 공초는 모두가 입술에 발린 소리로 억지로 자기

변명 하기 위해 한 소리들이지만, 이 사람만은 할 것은 한다 못할 것
은 못한다고 하여, 결코 스스로를 속이거나 나를 속이려 함이 없음
을 알겠다. 이 판부(判付)를 파발마로 보내 이 사실을 알려, 그로 하여
금 마음 놓고 길을 떠나 먼 길을 잘 다녀오게 하라."

라는 극찬을 아끼지 않았으니, 당시 청나라에서 들여 온 패관문학들을
왕조 체제를 위협하는 것으로 인식한 정조의 문체반정은 단순히 문화
운동 차원이 아니었다. 무너져 가는 옛 질서를 회복하려는 몸부림이었
다.

옛날 예문관에서 김조순과 함께 패설을 읽었던 이상황의 반성문이나
남공철과 심상규가 제출한 것도 임시 모면을 위한 것이란 야단만 맞았
을 뿐이다. 김조순과 남공철은 절충하여 다소 고문 쪽으로 기울기는 했
지만, 심상규와 이상황은 정승까지 지내면서도 여전히 패설에 젖어 살
았다.

이 상황을 두고 《임하필기》에서,

"평일에 손에서 놓지 않고 항상 보는 책이 곧 패설이었는데, 종류를
따지지 않고 신본(新本)을 즐겨 읽었으니, 당시 사역원 도제조를 겸
하고 있어, 연경으로 가는 역관들이 앞 다투어 사다가 바친 책들이
수천 권이나 쌓였다."

라고 할 정도였으며, 판서를 지낸 이만수를 두고는,

"평생토록 패설이 무슨 글인지조차 알지 못하다가, 어느 날 어떤 사
람이 그에게 김성탄이 비점 한 《서상기》와 《수호전》 두 책을 선물하
였기에, 이를 한번 훑어본 뒤 놀라 말하기를, 이 글이 문자 변환을 능
히 갖추고 있을 줄은 생각지도 못했다 하였으니, 이로 말미암아 그
가 짓는 글의 체제가 크게 변하였다."

라고 했다.

정조가 남인 천주교 신자들을 보호하기 위해 문체반정 운동을 펼쳤다는 주장도 있는데, 성리학적 질서와 규범에서 한 치 벗어날 수 없었던 것이 노론이었지만, 서학에 젖은 남인들이 자유분방한 문체에 매력을 느낄 수밖에 없다는 논리인지라 그럴싸하다.

하지만, 정작 정조에게 혼이 난 인물들은 노론의 김조순이고 박지원이었으니, 조정에서 소동이 일어났던 정조 16년(1792)에 연암은 안의 현감으로 내려가 있을 때였다. 당시 정조가 연암 박지원에게 내린 가혹한 조치를 놓고, 류득공은 그의 문집 《고운당필기》에서 다음과 같이 기술하고 있다.

문체가 비속하다 하여, 임금이 여러 차례 윤음을 내려 신하들을 꾸짖었을 때, 성대중 홀로 법도를 좇은 순정고문으로 칭찬 받아 매양 포상을 더하였는데, 그를 북청부사로 제수한 후 규장각에 술자리를 열게 하고 시를 읊어 출발에 대한 총영(寵榮)을 내렸다.

이날 규장각 각신 남공철이 성상이 내린 유시(諭示)를 받들어, 안의 현감 박지원에게 보냈으니,

　　"《열하일기》를 내 이미 읽어보았다. 다시 아정(雅正)한 문장으로 새
　　로 짓되, 편질이 그와 비슷하고 사람들 입에 그만큼이나 회자될 수
　　있다면 괜찮겠지만, 그렇지 못하면 벌을 내릴 것이다."

라는 내용이었다.

연암은 약관에 글을 잘 지어 그 명성이 장안에 떠들썩하였다. 불우하여 과거에 급제하지 못한 채 연경으로 사신 가는 족형 금성도위(錦城都尉 : 영조 딸 화평옹주 남편 박명원)를 따라 열하에 갔다 와서, 《열하일기》 20권을 지었으니, 탄식과 웃음, 노여움과 꾸짖음에다 우언(寓言)이 버무려져 있었다.

그 가운데 〈상기〉, 〈호질〉, 〈양반전〉 같은 글이 걸출하고 기이하여, 당

대 사대부들이 전하여 베끼고 빌려 보는 것이 여러 해가 지나도록 그치지 않았다. 이 책이 마침내 대궐까지 들어가서 이런 분부가 있게 된 것이다.

연암 박선생은 《열하일기》를 짓고 나서, 그 이전에 쓴 글을 모두 없애버리면서,

"이 《열하일기》만 있으면, 나머지 글은 후세에 전할 것 없다."

라고 할 정도로 애착을 가진 작품이었다.

그러하지만 지금 시골에서 고을살이를 하는 터에 글 상자에는 단 한 장의 예전 원고가 없을 것인데, 임금이 갑자기 장중한 글을 쓰라고 명한들, 무슨 수로 스무 권이나 되는 양을 채우겠는가.

장중한 글이란 또 사람들에게 널리 읽히기 쉽지 않으니, 불후의 작품으로 자부하는 것이라 한들, 악시(惡詩)의 표본처럼 되고 말 것이니, 천하에 낭패스러운 사람으로 연암만 한 이가 더 있겠는가. 나와 무관(懋官 : 이덕무)은 그저 흉내나 내는 사람에 불과하다고 토로한 이가 류득공이었다.

이렇듯 딱한 처지에 몰린 연암을 걱정하는 류득공을 통해서, 당대 선비들에게 《열하일기》 인기가 어떠했나를 짐작할 수 있는데, 연암이 한양에 있을 적에 이들의 계모임이 바로 백탑파였다.

백탑이란 지금의 탑골공원에 세워진 원각사탑을 두고 한 말인데, 세조가 이곳에 원각사란 절을 지어 흰 대리석으로 높디높은 탑을 세웠으니, 이를 백탑이라 하여 일종의 랜드마크 구실을 해왔다. 오늘날에도 갈 곳 없는 노인들이 모여드는 상징이 되었지만, 정조 시대 역시 연암 박지원의 주도 아래 대접 받지 못하던 서자 출신 문필가들이 모여들어 연암파라는 별칭까지 생겨났다. 실학자로 이름난 이덕무·이서구·류득공 같은 규장각 검서관들에다 홍대용이나 백동수와 박제가도 후일에 합류한 인물들이다.

박지원과 홍대용은 당대를 호령하던 노론 명망가 출신이었으나, 서얼 출신 이덕무·박제가·류득공·서상수 등과 허물없이 작금의 폐단과 신학문을 논하기에 부족함이 없었으니, 이들은 서로의 벗이자 스승이었다.

이들이 꿈꾼 것은 새로운 세상이었지만, 쉽게 오지는 않았다.

노론에다 명문대가 자손이었던 박지원은 문체반정 위험도 비껴갔지만, 유생 신분에 불과했던 이옥은 그 가문이 보잘 것 볼 것 없는데다 당파도 불분명하니, 사륙문 50수를 순정고문체로 지어 바친 후에 과거에 응시할 수 있다는 명이 떨어졌고, 결국 패관 문체를 버리지 못했다 하여 충군(充軍)되기에 이르렀다. 양반 신분으로 군역을 진다는 것을 그 죄 값으로 따진다면 작은 일이 아니나, 어쨌건 충군을 마치고 다시 본 과거에서 장원급제로 올라갔지만, 정조가 굳이 소설체 문장이 아직 남았다는 이유로 꼴찌로 떨어지자, 그는 미련없이 고향으로 내려가고 말았다. 하지만, 자기 문장을 끝내 버리질 않았다.

서얼 출신 성대중은 그의 신분 한계를 극복하고 문과에 도전하여 합격한 수재인 데다, 순정한 문장으로 이름 높아 정조에게 극찬까지 받은 사람인데, 나중에는 패관문학의 백미로 일컬어지는 《청성잡기》를 남겼으니, 참으로 알 수 없는 것이 세상사다.

임금님 취향의 생활 정치

정조의 삶 속에서 떼어놓을 수 없는 것이 활쏘기였다.

"문장은 아름답게 꾸밀 줄 알면서 활을 쏠 줄을 모르는 것은 문무(文武)를 갖춘 재목이 아니다."

라는 말로 신하들을 채근했던 임금 때문에 규장각 관원들도 예외 없는 활쏘기 사역에 시달렸다. 과녁이 빗나가는 날에는 남아서 연습을 해야 했으니, 활쏘기 나머지 공부를 도맡아 한 이가 정약용이었다. 학문에는 그 누구도 넘볼 수 없을 정도로 출중했지만, 무예 실력이 달렸던 정약용이,

"규장각에 소속이 되어 내원에서 활쏘기를 할 때마다 늘 맞추지 못하여 벌을 받았다."

라고 고백했듯이, 나머지 공부에도 활 솜씨가 늘지 않는 정약용을 위해 정조는 극약 처방까지 내렸으니, 그를 유배 보내는 일이었다. 그런데 유배 간 곳은 다름 아닌 규장각 바로 앞 부용지 한 가운데 놓인 섬이었다. 직접 배를 띄워 노를 젓는 정약용을 두고 정조가 배꼽 빠져라 웃는 모습이 쉬이 짐작 가고도 남는다.

우리 역사에서 손꼽히는 명궁으로는 태조 이성계가 있지만, 그 못지 않게 활을 잘 다룬 임금이 정조였다. 기록에 의하면 50발 중 49발을 맞히고 1발은 일부러 안 맞혔다고 한다. 50발을 다 맞추면 오만해질 수 있기 때문이다. 수원화성이 완공되어 이곳을 찾은 정조가 축성의 노고를 치하하고, 동북각루에 올라 활시위를 당겼다. 그에게 활은 자부심이었고, 국왕으로서의 권위를 보여주는 의례 중에 하나였다.

이유원의 《임하필기》에 따르면,

"군복은 종군할 때의 차림이니, 문신이라 하더라도 오히려 달갑게 여기지 않는 법인데 하물며 지존이겠는가. 과거에 현륭원[사도세자] 이 항상 군복을 입었으므로, 정조가 추모하여 화성에 행행할 때마다 입었다. 한번은 군복을 입고 행궁에서 여러 신하들을 조회하는데, 재상 김익이 '전하께서는 이 어인 복색입니까' 라고 아뢰니, 부끄럽게 여겼다."

라고 하였고, 이어서 또 이르기를,

"어진을 그릴 때에도 군복 입은 모습을 하나 그려 화령전에 봉안하
였다. 익종(효명세자)과 헌종 두 임금의 어진도 군복 차림을 그린 것
이 있고, 철종도 군복 차림으로 그렸으나 오직 순조는 이러한 어진
이 없다."

라고 하였듯이, 조선 말기에 그린 어진을 보면 군복차림에다 왼손 엄지
에 화살 당기는 깍지 낀 모습이 보이는데, 6.25 전쟁 통에 모두 불타버린
중에서 그나마 반쪽만 남은 철종 어진을 통해 확인이 가능하다. 이를 통
해 정조부터 비롯된 군복 차림 어진 형상의 대강을 유추해 볼 수 있으니,
그나마 다행이 아닐 수 없다.

정조에게 군복 차림의 어색함을 간한 김익이 남긴 시에,

"마상의 군왕은 소매통 좁은 옷을 입었네.[馬上君王狹袖衣]"

라고 읊은 것이 이를 두고 한 말인데, 그 후에도 임금이 행행할 때마다
으레 착용하였다고 전한다.

정조는 술과 담배에 푹 절어 살았던 애주가에다 애연가였다.

뿐만 아니라, 신료들에게까지 강요를 일삼는 예찬론자였다. 승정원 승
지나 규장각 각신들에게 담배 한 대 물린 후 이를 다 피우기 전에 시 한
수 짓도록 강요했으니, 이 천재적 능력으로 세 곱의 점수를 받은 이가 다
산 정약용이었다. 정조는 단순히 즐기고 예찬만 한 게 아니라, 초계문신
들에게 책문(策問 : 정치에 관한 계책을 물어 답하게 하던 시험 과목의 하나)으
로 담배에 대한 향후 정책안까지 제출토록 했으니, 《홍재전서》에 실린
그 내용을 간추려 보면,

"여러 가지 식물 중에 사용함에 이롭고 사람에게 유익한 것으로는

남령초만 한 것이 없다. …

나는 어릴 적부터 다른 기호품은 없었으나 오직 책 읽는 것을 좋아하였으니, 연구하고 탐닉하느라 마음과 몸에 피로가 쌓인 지 수십 년에 책 속에서 생긴 병이 마침내 가슴속에 항시 막혀 있어서 혹 뜬 눈으로 밤을 지새우기도 하였다. 그리고 즉위를 한 이래로는 책을 읽던 버릇이 일체 정무로까지 옮겨져서 그 증세가 더욱 심해졌으므로, 복용한 빈랑나무 열매와 쥐눈이콩만도 근이나 포대로 계산하여야 할 정도였고, 백방으로 약을 구하여 보았지만 오직 이 남령초에서만 힘을 얻게 되었다. 화기로 한담을 공격하니 가슴에 막혔던 것이 자연히 없어졌고, 연기의 진액이 폐장을 윤택하게 하여 밤잠을 안온하게 잘 수 있었다. 정치의 득과 실을 깊이 생각할 때에 뒤엉켜서 요란한 마음을 맑은 거울로 비추어 요령을 잡게 하는 것도 그 힘이며, 갑이냐 을이냐를 교정하여 퇴고할 때에 생각을 짜내느라 고심하는 번뇌를 공평하게 저울질하게 하는 것도 그 힘이다. …

그런데 그 후에 그 효능을 알아낸 자들은 대부분 말하기를, 간장을 억제하고 비위를 도우며 마비 증세를 없애고 습담을 제거하니, 사람에게 유익함은 있어도 실제로 독은 없다고 하였다. 점차 세상에 성행하게 되고 심지어는 말 한 필과 남초 한 근을 바꾸기도 하며, 지금와서는 곳곳에 재배하고 사람마다 효험을 보고 있는데, 금지하자는 것이 무슨 말인가. 쓰임에 유용하고 사람에게 유익한 것으로 말하자면 차나 술보다 낫다고 할 수 있다. …

들은 것을 다하여 여러 방면으로 인용하고 곡진하게 증명한 글을 지어 올려라. 내 친히 열람하리라."

라고 했듯이, 책을 읽고 글을 쓸 때는 물론 섬세한 교정을 볼 때도 끼고 앉았던 것이 담배였으니, 오늘날 창작을 일삼는 사람들 옆에 수북이 쌓인 꽁초를 보는 듯 그려진다. 아울러 정조가 왜 그렇게 담배를 찾았는지, 그에게 담배가 어떤 의미를 담고 있는지 이해되기도 한다. 인간적인 고뇌엔 담배만한 것이 더 있겠는가.

정조가 직접 낸 문제를 현판에 걸어놓고 다음날 문을 닫는 시각까지 써서 바치라고 하였는데, 당시 현제판에 걸렸던 〈남령초 책문〉 원본이 《전책제초》란 문서철의 7개 문건 중에 하나로 규장각에 보존되어 있다.

이 책문에 답한 신하의 글이나 평가와 포상의 기록은 별로 남아 있지 않다. 답안을 점검하고 채점해야 할 다음날, 규장각 제학 정민시와 심환지는 신병을 이유로 출근도 않았으니, 담배에 대한 신하들의 반감이 그렇게 표출된 것인지 모를 일이다.

두 명의 신하가 답안을 제출한 것으로 확인되나, 박종순은 그 묘지명에서 담뱃대를 구리와 은으로 화려하게 만드는 사치 풍속을 지적했다는 사실만 보일 뿐이고, 이면승의 답안만이 오롯이 전해오니, 그가 초계문신으로 재직할 때 왕명으로 지은 시문을 모아 《감은편》이란 책자로 만들 적에 전문을 실었기 때문이다. 답안과 관련한 사실을 원전에서 찾은 것이 아니라, 안대희 교수의 글에서 따왔기에 살짝 죄송하다.

담배에 대한 논란은 그때나 지금이나 분분하기 마련이라, 채제공을 비롯한 부정론자들은 그 백해무익함을 앞세우기도 했지만 별 소용이 없었는데, 미복 차림 민정 시찰에서 백성들이 담배 농사로 입에 들어갈 곡식이 줄어든다는 것을 알고는 끊었다고 전한다.

면앙정은 광주 인근을 대표하는 누정이다.

이 일대 가사문학을 일컬을 때 그 원류가 되는 이가 면앙정이다. 면앙정 송순(1493~1583)이 87세 되던 해에 그 정자에서 잔치가 열렸으니, 과거 급제 60년을 경축하는 회방연(回榜宴)이었다. 술기운이 거나해진 송순이 잠자리에 들려 하자 제자들이 가마를 메고 아랫마을로 내려갔으니, 송강 정철 또한 당시 가마꾼 중에 한 사람이었다.

훗날 정조가,

"면앙정에서 가마를 멘 일"

을 두고, 호남 인재를 등용하는 과거시험 어제(御題)로 냈으니, 술 취한 면앙 모습에 혹한 정조의 기발한 생각이 과거시험 문제로까지 둔갑한 것이었다.

이럴 정도로 장난기 곁들인 폭음 강요 스타일이 정조였으니, 다산 정약용이 그의 아들 학유에게 쓴 편지(《다산시문집》 21, 유아)에 따르면,

"주상께서 삼중소주(三重燒酒)를 옥필통에 가득히 부어 하사하신 일이 있었는데, 오늘은 죽었구나 생각하며 마시지 않을 수가 없었으나, 취하지는 않았다. 또 한 번은 큰 사발로 술을 받았는데, 이를 마신 다른 각신(閣臣)들은 모두 인사불성이 되었다. 어떤 이는 남쪽으로 향해 절을 올리고, 어떤 이는 그 자리에 벌렁 누워 버렸다. 그러나 나는 시권(試券)을 다 읽고 착오 없이 등수도 정했으니, 약간 취했을 뿐이다."

라고 했으니, 옥필통을 술잔으로 삼중소주를 마신 것은 중희당에서 벌어진 일이었고, 큰 사발로 들이켜 각신들이 모두 취한 것은 영화당 앞 춘당대에서 열린 과시 채점을 앞두고 내린 하사주였다.

정약용이 마신 삼중소주란 전통적인 제조법으로 세 번 고아 만든 증류주였을 것이니, 오늘날 안동소주보다 더 독한 술이 아닌지 모를 일이다. 그런 술을 옥필통에다 가득 부어 마시게 했으니, 붓을 꽂는 필통인지라 머그잔보다 큰 것이 틀림없을 것이다. 참다운 술맛이란 입술을 적시는 데 있는 것이라 하여, 극도로 술을 경계해 온 다산이고 보면, 정조와의 술자리가 여간 고역이 아니었던 것으로 보인다.

《정조실록》에 따르면, 재위 16년 3월에 성균관 제술 시험에 합격한

유생들을 희정당에 불러, 술과 음식을 내리면서 연구(聯句)로 기쁨을 기록하라 명하였으니,

"옛사람 말에 술로 취하게 하고 그의 덕을 살펴본다 하였으니, 너희들은 모름지기 취하지 않으면 돌아가지 않는다[無醉不歸]는 뜻을 생각하고, 각자 양껏 마셔라. 우부승지 신기는 술좌석에 익숙하니, 잔 돌리는 일을 맡길 만하다. 내각과 승정원과 호조로 하여금 술을 많이 가져오게 하여, 노인은 작은 잔 젊은이는 큰 잔을 사용하되, 잔은 내각의 팔환은배(八環銀盃)를 사용토록 하고, 승지 민태혁과 각신 서영보가 함께 술잔 돌리는 것을 감독하여라."

하였다는 기록이 그것이다.

임금님 명으로 무취불귀라 하였으니, 취하지 않으면 돌아가지 못하는 술판에서, 잔 돌리기 임무를 우부승지 신기에게 맡겼으니, 그는 가히 그 방면에 이력이 난 인물이었음이 틀림없다. 아울러 돌릴 술잔을 팔환은배로 정했으니, 여덟 굽이 모양을 낸 은으로 만든 잔이 따로 있어, 여기에 가득 부은 술을 차례대로 마셔야 하는 음주문화였음이 분명하다.

원래 조선시대에는 각 관청마다 독특한 음주문화를 갖고 있었는데, 임금에게 간(諫)을 주 임무로 하는 사간원 관료들은 근무 중에도 술만큼은 관대했으니, 이들이 마시던 술잔이 아란배(鵝卵盃)였다. 아란이란 거위 알을 뜻하는데, 이런 모양으로 만든 아란배는 구슬 한 됫박이 들어갈 정도의 큰 술잔이었다.

이에 비해 승정원 관원들이 마시는 술잔은 작은 갈호배(蝎虎盃)였는데, 술만 보면 죽어버린다는 사막에 사는 도마뱀 일종이 갈호였다. 술을 극도로 삼가야 하는 승정원에 딱 맞는 술잔이었다.

이날 벌어진 술자리에서 돌릴 잔으로 지정된 것이 내각의 팔환은배였으니, 이는 규장각 관원들 회식 자리에서 사용하던 전용 술잔이었다.

그 잔도 큰 것과 작은 것의 규격이 있어, 늙은이들에게는 작은 잔을 사용한다 했지만, 술이 삼중소주인지라 장난이 아니었을 것이다.

　아무튼 내려진 지엄한 어명을 받들지 않을 수 없어, 가득 부은 팔환은배로 잔 돌리기가 시작되었고, 흥이 무르익을 무렵에 각신 이만수가 아뢰기를,

　　"오태증은 고 대제학 오도일 후손입니다. 집안 대대로 술을 잘 마셨는데, 태증이 지금 다섯 잔을 마셨는데도 아직까지 취하지 않았습니다."

라고 아뢰니, 임금이 이르기를,

　　"이 희정당이야말로 바로 오도일이 취해 넘어졌던 곳이다. 태증이 그 할아버지를 생각한다면, 어찌 감히 사양하겠는가. 다시 큰 잔으로 다섯 순배를 부어주어라."

라고 흥을 돋우었다. 술자리가 파할 무렵 서영보가 아뢰기를,

　　"태증이 술을 더는 이기지 못하니, 물러가게 하소서."

하니, 임금이 이르기를,

　　"취하여 누워 있은들 무슨 상관이 있겠는가. 옛날 숙종 조에 고 판서가 경연 신하로 총애를 받아, 임금에게 술을 하사받아 취해 쓰러져 일어나지 못했던 일이 지금까지 미담으로 전해지고 있다. 그런데 그 후손이 또 이 희정당에서 취해 누웠으니, 참으로 우연이 아니다."

하고는, 별감에게 명하여 업고 나가게 하였다.

　그때 가랑비가 보슬보슬 내리니,

　　"봄비에 선비들과 경림(瓊林)에서 잔치했다."

라는 제목으로 연구(聯句)를 짓도록 하였다. 옛날 송나라에서 전시 합격자 발표가 있을 때면 진사들에게 잔치를 베풀어 주어 경림연(瓊林宴)이라 하였으니, 이를 기려 임금이 먼저 춘(春)자로 압운하고, 여러 신하와 유생

들에게 차운하는 시를 짓는대로 올리게 하였다. 그리고 취하여 짓지 못하는 자가 있으면 내일 추후로 제출하라 일렀다.

정조가 즐긴 술은 술이 아니라, 피 말리는 당쟁 정국 속에 피운 해학이자 낭만이었다. 세조가 술을 그렇게 즐겼듯이, 정조도 해학과 웃음으로 승화시키려는 뜻을 담은 것이다.

옛날 세조가 신임 정승 구치관을 불러 축하하는 술자리에 구정승 신숙주까지 불러다 놓고,

"내가 신정승을 부르면 신정승이 대답하고, 구정승을 부르면 구정승
이 대답하라. 잘못 대답할 때에는 벌주를 내리리라."

하고 당부한 후에 구정승 하고 불렀으니, 새로 임명된 구치관이,

"네, 전하."

라고 대답하자, 안면을 바꾼 세조는 오래전에 임명되었던 신숙주를 불렀노라 우겨 벌주를 내렸다. 그 후 다시 구정승 하고 부르자, 신숙주가 잘못 대답했다 하여 벌주를 내렸고, 그 담에는 둘 다 대답을 아니했다 하여 벌주를 내렸고, 또 담에는 둘 다 같이 대답했다고 벌주를 내려, 밤새껏 마시다가 새벽에 헤어졌다는 고사가 《필원잡기》에 실려 있나니,

세조의 술은 해학과 낭만의 술로 그쳤지만, 정조의 술은 술에 그친 것이 아니라, 과거 시험 시제로 올라가는 정치술이나, 당쟁과 정쟁을 누그러뜨리는 마술로 둔갑 되기도 했다.

탕평과 정조의 비밀편지

사도세자의 죽음을 놓고, 종사 대계를 위한 당연한 처결이었다는 파

와 억울한 죽음이었다는 파당 간의 정쟁이 갈수록 치열해졌다. 대개 전자를 벽파, 후자를 시파라 부르니, 영조가 탕평책을 펼친 이래 가장 치열한 싸움이 되었다.

탕평이란 《상서》 홍범구주 가운데 5조인 〈황극설〉의,

"무편무당 왕도탕탕 무당무편 왕도평평(無偏無黨 王道蕩蕩 無黨無偏 王道平平)"

에서 따온 말이니, 인군의 정치가 한쪽으로 기움이 없는 대공지정(大公至正) 지경에 이른 것을 의미한다.

선조 시절 동서분당으로 시작된 당쟁은 국가 안위나 민생 휴척에 관계되는 정강이나 정책이 아니라, 왕실 복상제 같은 의례나 세자와 왕비 책봉 같은 문제를 놓고 다른 정파를 배제시키는 정권 장악이 목적이었으니, 파당 간의 다툼이 갈수록 격렬해져, 실패했을 때에 귀양은 물론 주륙이 뒤따르는 것을 알면서도 그만 둘 수가 없었다.

이런 정국들이 지속되자, 숙종 9년(1683) 박세채가 탕평이란 것을 들고 나왔고, 훗날 그가 영의정이 되어 또다시 탕평을 제기했으니, 격렬해져 가는 노·소론 간의 정쟁을 조정하려는 목적이었다. 그는 〈황극설〉의 탕평을 실천하기 위한 방안으로 이이가 당초 제기했던 시비 조정과 인물 등용방법을 제시했다. 그 뒤 소론 재상 최석정이 한때 남인을 등용하기 위한 포석으로 탕평을 표방했고, 숙종 또한 관심을 보이긴 했으나, 무용지물이 되었다.

탕평을 새로 강조하여 정책적으로 밀고 간 사람은 영조였다. 그가 왕좌에 앉는 과정에서 겪었던 세제 책립과 대리청정 시비로 어느 때보다 노·소론 간의 정쟁이 격심하여, 직접 피해를 입기도 한 당사자인지라, 이를 반성하는 차원에서 들고 나온 것이 탕평책이었다.

영조가 즉위하던 때에 자신의 세제 책봉과 대리청정을 원하지 않던

소론 영수 이광좌의 손에 권력이 쥐어져 있었다. 이에 당쟁 폐해를 하교한 영조는 신임옥사를 일으킨 소론 김일경과 남인 목호룡을 숙청하는 한편, 노론을 다시 조정에 불러들였으니, 이를 을사처분이라 부른다. 하지만, 영조가 의도한 탕평정국으로 흐른 것이 아니라, 노론 강경파들이 소론을 몰아붙이려 하매 이들을 내친 후, 노론과 소론 정치 의리를 절충한 기유처분으로 두 당파의 온건한 자들을 고르게 등용하였으니, 초기 탕평책의 기초를 마련한 셈이 되었다.

이때 인사정책이 쌍거호대(雙擧互對)였는데, 영의정에 노론을 앉히면 좌의정에는 소론으로 임명하여 서로 맞잡아 보게 하는 방식이니, 그 아래 청요직도 이 같은 방법으로 서로 견제토록 하는 조정국면으로 수습되기에 이르렀다. 이런 안정감을 바탕으로 이제는 재능에 따른 유재시용(惟才是用) 인사 원칙으로 노론·소론·남인·소북 등 사색을 고루 등용하여 영조 중반에는 탕평국면이 자리 잡히게 되었다.

영조 18년(1742)에 드디어,

"원만해 편벽되지 않음은 곧 군자의 공정한 마음이오, 편벽해 원만하지 않음은 바로 소인의 사사로운 마음이다(周而弗比 乃君子之公心 比而弗周 寔小人之私意)"

라는 문구를 친히 지어, 성균관 반수교 위에 돌로 새겼으니, 탕평비라 부르는 이 비가 오늘날까지 그 자리를 지키고 있다.

이렇듯 완론탕평을 바탕으로 시작된 탕평책이었지만, 노론 우위는 피할 수 없었다. 그러함에 노·소론 간에 청류를 자처하는 강경파들의 불만이 표출되자, 이를 극복하려는 생각으로 온건한 노론 가문들과 맺은 혼인으로 지지 기반을 삼았으니, 결국은 척신 비중을 높이는 결과가 되었다.

사도세자 사건 이후 세손 보필 임무를 맡은 홍봉한도 강경한 노론들에게 시세에 편승한다는 비난을 받았다. 그런데다 영조 초기 정계에서 밀려난 소론·남인 급진파들의 반발 또한 거세게 일었으니, 나주에 괘서를 내다붙인 사건에다 조정을 비난하는 과거 답안지 글로 한때의 조정을 시끄럽게 만들었다.

이렇듯 혼란한 정국 아래 즉위했던 정조는 홍국영을 중용하여 자신의 외가인 풍산 홍씨와 아버지 외가인 경주 김씨 척족들을 제거하고 또 청류들에게 힘을 실어 청류 탕평을 펼쳤다. 아울러 규장각과 초계문신 제도를 두어 비노론 인물들의 출사 길을 활짝 열었다.

정조 12년(1788)에는 채제공을 비롯한 남인들을 본격적으로 등용해 노론과 남인의 보합을 도모했으니, 이에 호응한 영남 남인들이 만인소를 올려 그동안 금기로 여겼던 사도세자 죄를 신원하고 죄를 씌운 무리를 처벌하라 요구했다. 이렇듯 영남 남인들이 임오의리 문제를 제기하자, 충격에 빠진 노론들의 대응 방식들이 각기 달라 시파와 벽파가 수면 위로 올라 왔으니, 이때부터 사색은 간데없고, 시벽만 보일 뿐이었다.

일제시기 학자들이 정조 외할아버지 홍봉한을 지지하면 시파로, 공격하면 벽파로 단순하게 구분한 적도 있지만, 지지파 중에서도 그 죄상을 용서할 수 없다는 이가 많았고, 공격파 중에서도 정조를 돕지 않은 것이 아니란 점에서 그리 단순하게 나눌 성질의 것이 아니었다. 남인과 소론의 당론서에서는 정조의 뜻에 따르는가 아닌가로 시파와 벽파의 기준으로 삼았는데, 이는 노론 주류들을 벽파로 간주했기 때문이다.

하지만 정부 공식 문서에는 이 두 파 모두 사적 이익을 추구하는 도적놈이란 뜻을 가진 녹림도당이라 기록하였으니, 둘 다 평지풍파를 일으킨 장본인으로 취급한 정도였다. 정작 벽파들이 옹골차게 시파를 탄압한 것은 정조가 죽은 후에 정순왕후를 등에 업고 모반죄인으로 몰아 죽인 동시에 정조 개혁정치들을 파괴해 버려 강한 인상을 남기고 말았다.

할아버지 영조가 펼쳤던 탕평책을 이어받았지만, 강경파를 제외시킨 완론 탕평과는 결을 달리하는 방법을 택한 것이 정조였다. 선대가 남긴 유산이던 외척 세력부터 제거한 것도 왕권을 강화하여 준엄한 의리를 중시하는 준론탕평을 펼치려는 계산이 섰기 때문이다.

정조는 그동안 소외당했던 남인과 소론 강경파를 적극 등용했다. 그러면서 여러 당파를 고루 등용하여 파국을 막는 효과를 거두었으니, 이것을 두고 영조 탕평책보다 진전된 것이라 평가를 받는다. 그러나 정쟁의 조정 역할을 해 주던 김종수가 죽고 채제공도 유명을 달리하자, 거칠은 정쟁을 적절하게 조정 관리할 인물이 나오질 않았다. 그런데다 정조의 급작스런 죽음으로 이상적인 탕평정치는 물 건너가고 말았으니, 재위 24년이 너무 짧기만 했다.

서영보는 정조 세손 시절부터 보좌해 온 임금의 팔다리나 다름없는 소론 대신이었다. 그러하니 그는 일생을 정조를 위해 살았다고 해도 과언이 아니었다. 정조가 현융원 행차 때마다 넘어야 할 고개에 올라서서 저 멀리 아버지 묘를 바라보며 천천히 가라고 외쳤다 하여, 지지대 고개라 이름 붙여진 곳에 비를 세웠으니,

"우리 전하께서 능원을 살피시고 해마다 이 대를 지나며 슬퍼하시고, … 마치 선왕을 뵙는 듯 효심을 나타내시어 여기에 새기게 하셨다."

라는 애절함을 담고 있는데, 이 비문을 지은 이가 바로 서영보다.

사도세자 문제를 놓고 대립각을 세우던 벽파 노론 정객 심환지와 주고받은 정조의 편지에서, 자신을 그토록 지켜주려 애썼던 서영보를 두고,

"호종자(胡種子)"

로 표현했으니, 이를 우리말로 옮기자면 오랑캐 자식이거나 호로자식인

지라 참으로 놀랍기 그지없다.

정조는 측근 신하뿐만 아니라 자신의 맘에 들지 않은 젊은 문신 김매순과 김이영을 가리켜,

"젖비린내 나고 사람 꼴도 갖추지 못한 놈과 경박하고 어지러워 동서도 구분 못하는 놈이 감히 주둥아리를 놀리려고 한다."

는 비난도 서슴지 않았고,

황인기와 김이수에 대해,

"과연 어떤 놈들이기에 감히 주둥아리를 놀리는가!"

라고 한 것을 보노라면, 아무리 은밀하게 주고받는 편지라 할지라도, 근엄한 양반사회를 끌고 가는 군왕의 입에서 '주둥아리' '호로자식'이 나올 상황은 아니었다.

또한 한문으로 써 내려가던 편지 중간에 난데없는 한글도 툭 튀어 나오니,

"요사이 벽파 탈락 소문이 자못 성행한다고 하는데 … 그 이해득실은 어떠하오? 지금처럼 벽파 무리들이 '뒤죽박죽' 되었을 때에는 종종 이처럼 근거 없는 소문이 있다 해도 무방하오. 이해할 수가 있겠오?"

라고 하였듯이, 마땅한 한문 글자를 조합하지 못한 정조의 급한 성격이 여지없이 드러난다.

편지를 받은 당사자 심환지에게도 생각 없는 늙은이라는 막말까지 동원하여,

"경은 갈수록 입을 조심하지 않는다."

라는 경고를 내리기도 했고, 때로는 심환지 부인의 병을 걱정하며 약재를 보내거나, 벼슬을 그만두고 금강산 유람을 떠나는 심환지 걱정에 약재까지 챙겨주기도 했다.

이런 내용을 담은 정조의 299통에 달하는 편지 〈정조 어찰첩〉이 공개되자, 학계는 물론 일반인들에까지 비상한 관심을 끌었다. 노론의 수장으로 정조의 정책을 놓고 사사건건 시비를 일삼던 이가 바로 심환지였으니, 정조 독살에 관여되었을지도 모른다는 의심까지 받던 인물이었다.

심환지로 말하자면, 순조 재위 2년에 영의정으로 사망한 후 몇 년이 지나 벽파가 몰락하면서 역적 괴수로 단죄된 인물이니, 남긴 글이 모두 불태워져 버려 그의 진면목이야 알 수가 없다. 다만 나라 기록인 정사에 의하면, 검소한 성품에다 사람을 거짓으로 대하지 않았다는 평가들이 보이며, 정조 또한 그의 훌륭한 문장에 매료되기도 했거니와, 원칙에 투철한 정치인이라 보았다.

한때 정조가,

"명령대로 따르라."

라고 내린 교서를 두고 감히 신하가,

"나라를 망치는 말"

이라고 지적하여, 정조의 분노를 산 적이 있을 정도로 원칙에 충실한 인간형이었으니, 그를 정승으로 발탁한 것은 세상의 큰 도리를 되살리는 책임을 부여하기 위한 것이었다.

이렇듯 강경한 원칙론으로 보수를 지키려는 벽파 영수 심환지. 그리고 사도세자를 추숭하고 개혁을 과제로 삼은 탕평 군주 정조대왕.

그런 두 사람이 이토록 막역한 군신 관계일 줄이야?

읽은 후 불태우라 당부했던 정조를 외면한 심환지는 어떤 생각으로 편지를 고스란히 남겼을까?

첨예한 이해관계가 얽힌 정치적 밀담만이 아니라, 노·소론을 가리지 않는 신료들에 대한 뒷담화와 욕설은 물론 세세한 안부까지 챙기는 막역한 사이였음이 드러났으니, 목숨을 건 당쟁 이면에 숨겨진 생생한 민

낮인지라,

"아! 이것이 정치로구나."

라는 것을 새삼 느끼게 해 준다.

정조가 바란 탕평은 모든 당색을 품어 안고 가야 하는 통합의 정치였기에, 자신의 정책 노선을 반대하던 심환지도 예외가 아니었으며, 중요 인사 문제나 국정 현안을 놓고 한쪽은 때려잡고 한쪽만 몰아 준 옛적 환국정치를 버리고, 대탕평을 위해 선택한 외로운 길을 걸었다고 볼 수 있다.

정조 22년(1798) 7월 14일에 심환지를 예조 판서로 임명하고, 이어 8월 28일에 우의정으로 초고속 승진시켜 사람들을 어리둥절하게 만들었다. 그런데 정조가 심환지에게 비밀리에 편지를 보내, 인사조치 내용을 미리 알려주어 준비하고 있으란 행동지침까지 내렸다. 뿐만 아니라 내일 어전 회의에서 이런 사안을 제시할 터이니, 당신이 이런 의견을 내 놓으면, 내가 승인하겠노라는 내용까지 확인된다.

우의정에 올랐던 심환지가 여러 차례 사직상소를 올린 적이 있었는데, 이 또한 정조와 심환지가 미리 입을 맞춘 것이었으니, 9월 18일 금강산 유람에서 돌아 온 심환지에게 언제 사직소를 낼 것인가를 물은 정조에게 답변과 상소 문안이 도착하자, 곧 바로 사흘 후에 내는 것이 좋겠다는 조언을 한 후 손수 사직상소 문안까지 손을 봤다.

정조가 편지를 써 내려가던 중간 중간, 스스로 생각하기에도 가소롭다거나 우습다고 여길 때는 어김없이 '呵呵(가가)'라고 적었으니, 이는 껄껄 웃는 모습의 표현이라, 요즘 SNS 소통 언어로 바꾼다면, ㅎㅎ, ㅋㅋ, ㅠㅠ 정도가 되지 않을까 싶다.

"비밀을 누설하지 말라고 신신당부했겠지요? 어용겸이 내 의중을 파악이나 할런지 … 呵呵"

"감역 자리를 소론에게 돌리지 않으면 또 무슨 욕을 먹으려나 … 呵
呵"

"그대의 녹봉이 넉넉한데도 이걸 보내니, 그야말로 삿갓을 쓰고도
받고, 전립을 쓰고도 받는 셈이 아니겠소. 呵呵 이만 줄이겠소."

무려 스무 두 살이나 연장인 아버지뻘 심환지를 놀려대는 천진난만
함도 그지없어,

"경의 아들을 합격시키지 못해 미안하이. 아쉽구려! 300등 안에만
들었어도 …"

라는 편지글은 분명 위로가 아닌 놀리는 어투였다.

하지만, 정조가 속으로 담고 있던 진심이란,

"이번엔 합격하지 못했으나, 어느 때인들 합격 못하리오. 내 굳이 이
번에 합격을 바란 것은 경이 더 늙기 전에 경사를 보도록 하고 싶었
기 때문이오."

라는 의미를 담았던 것이니, 세종 다음 성군으로 칭송받는 근엄하고 교
조적인 행실철학에 절어있어야 할 정조는 찾을 수가 없고, 찰지게 욕하
고 본능을 숨김없이 드러내는 인간미 가득한 모습이라 더욱 친근하다.

학문적 성취감에 취한 정조가 스스로를 군사(君師)라 자임했듯이, 우
리가 그려 온 정조 모습은 당연히 근엄한 군왕의 상이어야만 했다. 이런
상식을 여지없이 깨트린 참모습을 우리는 편지에서 보았고, 벽파 노론
의 거두 심환지를 어르듯 녹이고, 왈기듯 달래는 능수능란하면서도 자
상한 리더십이 혹여 이중인격으로 매도될까 두렵다.

아끼던 김조순을 승지로 발탁한 정조가 그를 접견하던 중에 병세가
위중해졌고, 한달음에 달려온 심환지가 인삼차와 청심환을 입에 넣어주
려 했지만, 삼키지도 못한 채 숨을 거두고 말았다.

정조가 승하하기 십여 일 전에도 심환지에게 편지를 보내,

"배 속의 화기가 올라만 가고 내려가질 않는다. … 항상 얼음물을 마
시거나 차가운 장판에 등을 붙인 채 잠을 이루지 못하고 뒤척이니
심히 고통스럽다."
라는 자신의 병통까지 하소연 하고 있다.

　평소에도 정조는 욱하는 성정의 화증(火症) 증세를 자주 보였는데, 현
대의학 용어로 풀이한다면 조울증 같은 것이 아닐까 한다. 그 근원을 따
져 올라가자면, 인조 이래 선천적으로 내려오던 DNA라 입을 모으는 이
들이 많다. 그렇다면 그 DNA는 약간의 잠복기를 거쳐 숙종부터 영조와
사도세자에 이르러 폭발했고, 정조 또한 이를 물려받았으나 학문으로
승화시켜, 그 증세를 다소 완화 시켰을 가능성이 크다.

제23대
순조대왕

휘는 공(玜), 자는 공보(公寶), 호는 순재(純齋)이다. 정조의 둘째 아들이다. 어머니는 박준원의 딸 수빈이다. 정조 14년 경술(1790) 6월 창경궁 집복헌에서 출생하여, 정조 24년 경신(1800) 정월 왕세자에 책봉되었고, 이 해 6월 정조가 승하하자 11세의 어린 나이로 창덕궁 인정문에서 즉위하니, 세자로 책봉된 지 불과 6개월뿐인 어린 나이라, 대왕대비 정순왕후 김씨가 수렴청정 하였다. 순조 2년(1802) 영안부원군 김조순 딸을 왕비로 맞았으니 순원왕후이고, 갑오년(1834) 11월 경희궁 회상전에서 승하하니, 재위 34년 4개월이었다. 능묘는 인릉(仁陵)이다.

홍경래와 김삿갓

홍경래.

그는 순조 연간의 정치 사회가 혼란한 틈을 타고, 풍수복설가 우군칙과 더불어 군사를 끌어모아 반란을 일으켰다. 젊어 전국을 유랑하며 풍수를 공부하고 정감록에 정통하여 스스로 정진인(鄭眞人)이라 하였으니, 혼란에 빠진 민심을 더욱 흩트리려고,

> "일사횡관 귀신탈의 십필가일척 소구유양족
> 一士橫冠 鬼神脫衣 十疋加一尺 小丘有兩足"

이란 괴담까지 퍼뜨렸으니, 이 글자들을 놓고 무지렁이 백성들은 무슨 말인지 알 수가 없었다. 하지만 고을마다 재빠른 풀이로 민심을 자극시키던 호사가들이 있었으니,

"일사횡관(一士橫冠)은 사(士) 위에 일(一)을 삐딱하게 썼으니 '임(壬)'이란 글자요, 귀신탈의(鬼神脫衣)란 귀(鬼)와 신(神)에서 옷(衤)을 떼어내니 '신(申)'이요, 십필가일척(十疋加一尺)은 십(十)과 필(疋)에 몸(己)을 더하니 '기(起)'란 글자요, 소구유양족(小丘有兩足)은 구(丘) 아래 두 다리를 붙이니 '병(兵)'이 된다네. 따라서 이 네 글자를 조합하면 임신기병(壬申起兵)이라, 내년이 바로 임신년이 아닌가?"

라는 신묘한 풀이가 그것이다.

이런 요언들이 평안도와 황해도는 물론 함경도 일대까지 퍼져 민심이 요동 쳤으니, 당초 요언을 고안해 냈던 김창시는 흐뭇하였다. 그는 소과에 합격했다가 조정 처사에 불만을 품고 홍경래와 결의를 맺어, 가산부호 이희저(역노 출신으로 무과에 합격한 부호)와 힘이 장사로 알려진 곽

산의 홍총각은 물론 꾀를 내는 일에 당할 자 없었던 태천의 김사용까지 끌어들였다.

평안도 용강의 몰락한 양반가에서 태어난 홍경래가 외숙인 유학권에게 글을 배울 적에,

"가을바람 불 때 역수의 장사는 주먹을 들어 대낮에 함양에 있는 천자의 머리를 노린다."

라는 《사략》 글귀에 정신 팔린 것을 보고 외숙이 걱정하였으니, 이는 형가가 진시황을 죽이려다가 실패한 고사를 인용한 글이었다. 더 이상 가르칠 수 없다 여긴 외숙이, 재주는 비범하나 뜻이 순정치 않아 세심한 지도가 필요하다는 당부의 글도 함께 보냈다.

이후 홍경래는 홀로 《사기》와 《병서》를 즐겨 읽고 술법과 풍수지리까지 섭렵한 데다, 타고 난 용력으로 무예를 갈고 닦아 축지법까지 쓴다고 알려지게 되었다. 정조 시절부터 사마시 낙방거사였던 그가 청룡사에서 우군칙을 만나 의기 투합했으니, 우군칙 역시 명문가 서얼 신세를 못 면한지라 떠돌이 지관 신세에 불과했다.

우군칙에게 포섭된 이희저는 그 바탕이 역노(驛奴)에 불과했지만, 이재에 밝아 재산을 끌어모은 부호에다 무과에도 급제한 한량이었으니, 우군칙이 그의 선조 묏자리를 봐 준 것이 인연이 되었다.

이리하여 홍경래를 비롯한 도당들은 가산과 박천 사이 다복동을 근거지로 10년을 준비한 끝에, 임신년(1812) 정월에 칼을 잡자는 약속을 했다. 사람들이 모여드는 것을 수상히 여긴 관에서 낌새를 차리자, 이들은 임신년 해가 밝기도 전인 섣달 보름으로 거사를 앞당기지 않을 수 없었다.

평양 감영 아래 설치했던 폭약이 거사를 알리는 신호였으나, 마침 비가 내려 폭발시킬 수 없었으니, 기다리던 군사들이 실패로 여겨 흩어진

끝자락에 근거지가 노출되는 위험까지 닥쳤다. 이에 홍경래가 스스로 관서대원수라 칭하여 격문을 선포했다.

"관서대원수는 급히 격문을 돌리노라. 우리 관서의 부노(父老)와 공사(公私) 노비들은 모두 이 격문을 귀담아 들으시오. 대개 관서지방은 기자의 옛 성이 있고, 단군의 옛 터전이어서 훌륭한 인재가 많이 났고 문물이 빛났습니다. 임진왜란 때에는 나라를 다시 세운 공이 있었고, 정묘호란 때에는 목숨을 바쳐 싸운 충성이 있었습니다. 그리하여, 저 둔암 선우협 학문과 월포 홍경우 재주가 서쪽 땅에서 났는데도, 조정에서 서쪽 땅 버리기를 똥 무더기 치우듯 하고 있습니다. 심지어 권세 있는 집 노비들조차 서쪽 사람을 보면 반드시 '평안도놈(平漢)'이라 부릅니다. 그 서쪽 사람이 된 자, 어찌 원통 억울하지 않겠습니까? 나라에 급한 일이 있으면 반드시 서쪽 땅의 힘을 빌리고, 또 과거 볼 적에는 서쪽 땅의 글을 빌렸으니, 400년 동안 서쪽 사람들이 조정에 무엇을 등졌습니까?
지금 어린 왕이 위에 있고 척족 세력이 기승을 부려, 김모[김조순]·박모[박종경] 같은 무리가 나라 권세를 쥐고 흔드니, 하늘이 재앙을 내려 겨울에 우레와 지진이 일고, 살별이 나타나고 폭풍과 우박이 해마다 일어나지 않는 해가 없습니다. ⋯ "

기세를 올린 반군들이 가산 군수 정시를 죽이고, 병사를 남북으로 나누어 진격했다. 북으로 향하던 군사는 곽산을 거쳐 정주, 선천, 태천, 철산, 용천 등을 점령했고, 남쪽을 진격하던 군사는 박천을 손에 넣었지만, 지도부 의견이 달라 지체되던 틈을 노려, 평안 병사 이해우가 안주로 들어오고, 조정에서 급파한 양서순무사 이요헌 정예군의 합세로 전세가 역전되기에 이르렀다.

《국조보감》에 따르면,

관서 토적 홍경래에게 가산 군수 정시가 죽임을 당했다는 보고를 접한 임금이 대신들을 불러 계책을 묻고, 중앙 군사를 조발하도록 명하면서,

"장수로 삼을 만한 사람이 누구인가?"

물으니, 좌의정 김재찬이 아뢰기를,

"무장 중에서는 이요헌이 임용할 만합니다."

하였다. 이에 이요헌을 양서순무사로 삼고, 상방검을 하사하면서 이르기를,

"절도사 이하로서 명을 따르지 않는 자는 참수하고, 군무는 모두 편리한 대로 처리하라."

하였다. 곧이어 이요헌에게 명하여, 서능보·김계온을 종사관으로 삼아, 중군 박기풍을 먼저 보내 군사 4초(哨)를 거느리고 출정하게 하였다.

정주 성으로 후퇴한 홍경래 군사들은 한성의 동지들 승전보가 날아들 것을 기대하며, 희망의 끈을 버리지 않았다. 혹독한 폐정에 시달리던 백성들이 우군이 되어 줄 것으로 믿었기 때문이다.

조정을 틀어 쥔 세도가들의 부패에다 삼정 문란 속에 허덕이던 농민과 하층민들에게 홍경래는 그들의 영웅이었다. 그렇기에 정주성이 쉽게 함락되질 않았다. 반군 진압을 위해 성 주변을 초토화 시킨 관군들의 작전이 오히려 농민들의 반감을 사고 말았으니, 해를 넘기고도 4월 말에 접어들어서야 진압되었다. 성 아래 굴을 파고 화약을 터뜨린 여세를 몰아 들이닥친 관군들에 의해 성이 무너졌고, 총에 맞은 홍경래는 쓰러졌다.

홍경래난을 대응하는 과정에서 신하의 도리를 다하여 의롭게 죽은

이도 있지만, 곧바로 투항하여 역적에게 도움을 준 자도 있었으니, 이들은 후세에까지 이름을 드높이거나 더럽히기도 하여, 매서운 역사의 심판을 받았다.

다산의 《목민심서》에,

"정시가 가산 군수가 되었을 때 홍경래·이희저 등이 반란을 일으키니, 고을의 아전과 장교들은 모두 적과 화응하였다. 수청기생이 그 기미를 몰래 고해 바치고 달아나기를 청하니, 정시가 말하기를, 지방 수령은 의리상 자리를 떠날 수 없다고 하였다. 정시는 적이 이를 것을 미리 알고 등촉을 밝히고 단정히 앉았으니, 기생 하나가 옆에 있을 뿐이었다. 적이 곧 마루에 올라와 그 무리를 시켜 끌어내어 항복시키려 하니, 정시는 적을 꾸짖으며 굽히지 않다가 드디어 적에게 죽었고, 그 아버지와 아우도 같이 적에게 피살되었다.

훗날 관찰사 정만석이 이를 추모하며 만사를 지었다.

만고의 강상을 세운 건 이 삼부자요 / 萬古綱常三父子

오성의 풍진 속에 한 남아가 있었네 / 五城風雨一男兒

이 사실이 조정에 알려져 정시에게 특별히 병조 판서로 추증되었으니, 바로 한강 정구 후손이다."

라고 칭송한 바가 있고, 순조 연간 박사호의 견문록 《심전고》에서도,

"가산 기생 연홍은 충렬공 정시가 사랑하던 자인데, 충렬이 도적[홍경래]을 꾸짖고 굽히지 않다가 죽고, 그 아우 정질도 상처를 입고 죽게 되었을 제, 연홍이 울며 적에게 시체를 거둘 것을 청하여 적도 의롭게 여겨 허락하니, 마침내 자기 집에서 염을 하였으며, 그 아우는 구해 내서 치료하여, 그 덕에 다시 살아나게 되었다. 충렬공 관이 고향으로 돌아갈 제, 패강까지 따라가 통곡하고 돌아왔다. 임금이 이소문을 들으시고, 세금과 부역을 면제하고 상을 후히 내려 그 절개

를 표창하였다. 대저, 연홍이 한낱 시골 기생으로 그 이름이 대궐 안에까지 들렸으며, 오가는 사람들 모두 얼굴을 한번 보기를 원하고, 선물하기를 아끼지 아니하였으니, 이 어찌 타고난 천성이 사람을 감동케 하여 그렇게 한 것이 아니겠는가?

저 항복한 고을 원으로 도둑의 뜰에서 무릎 꿇고 얼굴을 못 드는 자는 대체 어떤 심정이었겠는가?

충렬공 정시는 성주 천평 사람이다. 신미년에 도적이 가산에서 일어나자, 고을 원으로 적에게 붙잡혔으나 굽히지 않고 적을 꾸짖고 죽었다. 그의 아버지 정노가 그 아들이 잡힌 것을 보고, 신하의 절개로써 조용히 의를 위하여 목숨을 끊으라고 권하고, 같은 날 함께 목숨을 바쳤나니, 조정에서는 아울러 시호를 내리어 은전을 베풀었다. 어질도다, 공이여!

공은 한강(寒岡) 후손으로서 문사(文事)를 버리고 지방관이 되어, 서쪽 고을을 지휘하다가 불행하게도 흉적의 창끝을 만나, 칼날 밟기를 즐거운 땅으로 가듯이 하였다. 만약에, 평소에 가정에서 의리를 강론하지 않았던들, 어찌 부자 모두 의에 죽기를 그처럼 장렬하게 하였을 것인가? 내가 성주 고을 천평을 지나면서 그의 옛집을 물어서 찾고, 또 그 아우를 방문하였다. 정각(旌閣)과 무덤이 높은 산 큰 시내 사이에 우뚝하게 서 있으니, 그 사람을 생각해 볼 수 있다."

라는 찬사를 받았으니, 후세인들도 정시란 인물을 두고 의인으로 추모하게 되었다.

그런데, 싸워보지도 않고 바로 적에게 투항한 선천 부사 김익순은 그들에게 군관으로 임명되었다가 후일 조정에 잡혀 와 참형을 당했으니, 어차피 죽을 목숨이라면 청명에 죽으나 한식에 죽으나 마찬가지이지만, 어떻게 죽느냐에 따라 역사 심판은 가혹하리만큼 차이 날 수밖에 없다.

조문형이란 자가 괴적 김창시 수급을 베어오자, 김익순이 천금을 주겠다는 수기(手記)로 억지로 팔게 하고는 갖고 와서 바쳤는데, 난이 진압되고 난 후 조사 과정에서 이 사실이 밝혀져 처형되었다.

안동 김씨 세도 치하에서, 김익순 또한 김씨 집안의 김조순과 같은 항렬이라, 그의 아들 김안근은 수치심으로 살다, 고작 39살에 화병으로 세상을 등졌다. 족보를 한참이나 거슬러 올라가야 만날 수 있는 먼 촌수이지만, 안동 김문의 양반가라 김안근의 부인 함평 이씨가 몰락한 가문의 이력을 숨기고, 소백산 산골에 숨어 아들을 키웠으니, 우리에게 잘 알려진 방랑시인 김삿갓이었다.

김삿갓이란 늘상 삿갓을 쓰고 다닌 통에 얻은 별호에 지나지 않았고, 그의 본명은 김병연이었으니, 윗대나 그의 돌림자로 본다 해도 안동 김씨임에는 틀림이 없다. 그의 나이 열여섯 됨직했을 적에 응시했던 지방 향시 시제에 마침,

"김익순의 죄가 하늘까지 미쳤음을 꾸짖고, 가산 군수 정시의 충절 어린 죽음을 논하다(嘆金益淳罪通于天 論鄭嘉山忠節死)"

라는 것이 걸려, 빼어난 글을 제출하고 집에 돌아와 자랑할 요량으로 어머니께 전했더니, 울면서 할아버지를 욕되게 하였다고 탄식을 하는지라, 자기가 쓴 글을 새삼 돌이켜 새겨보니,

"임금을 잃은 이 날 또 어버이를 잃었으니, 한 번만의 죽음은 가볍고 만 번 죽어 마땅하리, 춘추필법을 네 아는가 모르는가."
라고까지 적은 구절에 충격받고 말았다.

몇 년간을 틀어박혀 폐인처럼 지내다가, 20살이 되던 해에 삿갓으로 가린 채 떠돌이 방랑길에 오른 후, 그의 나이 57세의 일기로 전라도 동

복현 안 초시 사랑방에서 숨을 거두어, 길고 긴 방랑의 종지부를 찍었다. 그는 마지막 순간까지 처와 자식은 찾지 않은 채,

"안 초시. 내 어머니가 보고 싶소. 저 등잔을 좀 꺼 주시오."
라는 말을 남겼다고 전한다.

그가 천하를 주유하고 방랑하면서, 모욕을 받을 때는 해학과 풍자로, 세상이 싫을 때는 원망과 한탄으로 승화한 시들이 너무 많아 모두 소개할 수가 없어, 몇 개만 소개하기로 한다.

삿갓 쓰고 돌고 돌던 어느 날, 아무 고을 부잣집 회갑연에 술 한잔 생각으로 말석에 앉았지만, 눈치 없는 푸대접에 은근하게 화가 난 그가 축시 한 수 지으리다 하고는, 칠언절구로 된 첫 소절 시작부터,

"피좌노인비인간(披坐老人非人間) / 저기 앉은 늙은이는 사람이 아니다."

라고 했으니, 몰매 맞기 십상으로 험악한 분위기가 연출되지 않을 수 없었다. 이를 모면하고자 급히 시구를 이어,

"의시천상강신선(疑是天上降神仙) / 마치 하늘에서 내려 온 신선 같구나."

라는 내용으로 반전을 시킨지라, 좌중이 그만 조용해지고 말았다. 그러다가 다시 이은 시구에,

"슬하칠자개도적(膝下七子皆盜賊) / 슬하 일곱 아들 모두 도둑놈이니."

라는 민망한 가락이 이어지자, 새로 험악한 분위기가 연출되었다. 짐짓 모른 채 술 한 잔을 청한 김삿갓이 시원하게 목을 축이고는, 마지막 시구를 읊조려,

"투득천도헌수연(偷得天桃獻壽宴) / 하늘이 내린 복숭아를 훔쳐다 잔치를 빛내는구나."

라는 마무리로 좌중을 들었다 났다 감탄하게 만든 후에, 주안상 배불리 먹고 조용히 사라졌다.

방랑하던 김삿갓이 한 끼 밥이 급했지만, 심술 고약했던 시골 훈장이 그를 내쫓으려고, 잘 쓰이지도 않던 '찾을 멱(覓)'자 네 개의 운으로 시를 짓게 했으니,

허다운자하호멱(許多韻字何呼覓) / 많고 많은 운자에 하필 멱자를 부르는고?
피멱유난황차멱(彼覓有難況此覓) / 첫 번 멱자도 어려웠는데 이번 멱자는 어이 할꼬?
일야숙침현어멱(一夜宿寢懸於覓) / 하룻밤 자고 못 자는 운수가 멱자에 걸렸는데
산촌훈장단지멱(山村訓長但知覓) / 산촌 훈장 놈은 멱자 밖에 모르는구나

라고 태연하게 응수했다. 지금껏 '사멱(四覓) 난운(難韻)'을 통과한 사람이 없었는데, 이 절묘한 시를 본 시골 훈장이 난감한 표정으로 하룻밤을 정성껏 모셨으니, 그의 재주는 타의 추종을 불허하는 타고 난 것이었다.

또 다른 어느 고을 서당에서 밥이나 한술 얻어먹으려고, 근처 놀던

아이를 심부름 보냈더니, 얼굴도 내밀지 않고 야박하게 문전 박대하는 훈장이 있는지라,

> 서당내조지(書堂乃早知) / 내 일찍이 서당인 줄은 알았지만
> 방중개존물(房中皆尊物) / 방안에는 모두 귀한 분들일세
> 생도제미십(生徒諸未十) / 생도는 모두 10명도 못 되고
> 선생내불알(先生來不謁) / 선생은 와서 인사도 않는구나

라는, 교묘한 우리 말 육두문자 시로 훈계했다고 전한다.

김삿갓이 금강산 어느 절에 갔더니, 마침 선비와 스님이 자기들끼리 통하는 농을 주고받다가, 말솜씨에 눌린 김삿갓을 내쫓으려고 수작을 부렸다.

선 비 : 내가 먼저 운을 한번 띄울 테니, 어디 댓구를 해 보시오.
김삿갓 : 좋습니다. 운을 띄워 보시오.
선 비 : 타!
김삿갓 : 언문 풍월이오?
선 비 : 당연하지.
김삿갓 : 그거 좋지요.
선 비 : 그럼 해 보시오.
김삿갓 : 사면 기둥 붉게 타!
선 비 : 또 타!
김삿갓 : 석양 행객 시장 타!
선 비 : 또 타!
김삿갓 : 네절 인심 고약 타!

운을 띄우자마자 바로바로 나오는 김삿갓을 본 이들은 할 말을 잃은 데다, 갈수록 거북한 소리가 튀어나오니, 그만 두 손을 들고 말았다.

어느 마을에서 헐레벌떡 뛰어가는 머슴을 본 김삿갓이 어딜 그리 급하게 가냐고 물었더니, 사람이 죽어 부고 쓰려고 간다고 답했다. 그러자 김삿갓이 내가 글을 아니 멀리 갈 게 없다며,

"유유화화(柳柳花花)"

라 써 주었으니, 글 모르던 머슴이 넙죽 절하고 받아갔다. 김삿갓이 담은 뜻을 옮겨보면, 유유(柳柳)는 버들버들, 화화(花花)는 꽃꽂이라, 버들버들 떨다가 꽃꽂해졌다고 하여, 죽음까지 해학으로 희화한 것이다.

때로는 방랑 중에 글을 가르쳐 잠자리와 먹거리 해결도 했으니, 그의 안내문 광고판을 더욱 재미나게 꾸미려고,

"자지(自知)면 만지(晩知)고, 보지(補知)면 조지(早知)다"

라고 했으니, 이를 풀어보면, 혼자서 알려 하면 늦게 알게 되고, 도움받아 알려 하면 빨리 알게 된다는 뜻이어서, 그 재치와 해학에 넋이 나갈 정도다.

세도가 풍양 조씨로 태어난 조기영이 함경도 관찰사로 있을 적에 김삿갓이 그곳으로 유랑갔다가, 시 한 수 남기지 않을 수 없었다.

선화당상선화당(宣化堂上宣火黨) / 선화당에서 화적 같은 정치를 행하고
낙민루하낙민루(樂民樓下落民淚) / 낙민루 아래에서 백성들이 눈물 흘리네
함경도민함경도(咸鏡道民咸驚逃) / 함경도 백성들이 모두 놀라 달아나니
조기영가조기영(趙冀永家兆豈永) / 조기영이 가문이 어찌 오래 가리오?

위 시를 보면, 구절마다 대구(對句)로 단어를 나열한 발상은 물론이요,

그 통하는 뜻들이 가히 놀랍고도 놀랍다.

그의 풍자시 중에 백미라 할 수 있는 시비(是非) 2글자 조합의 시를 보면. 제목이 시시비비가(是是非非歌)이듯이, 허황한 논리로 옳고 그름을 가리려는 당대의 세속을 풍자하는 맛이 극에 달할 지경이다.

시시비비비시시(是是非非非是是) / 옳은 것을 옳다 하고 그른 것을 그르다 함이 옳지 않으며,

시비비시비비시(是非非是非非是) / 그른 것을 옳다 하고 옳은 것을 그르다 함이 옳지 않음이 아니로다.

시비비시시비비(是非非是是非非) / 그른 것을 옳다 하고, 옳은 것을 그르다 함이 그른 것이 아니며,

시시비비시시비(是是非非是是非) / 옳다는 것을 옳다 하고 그른 것을 그르다 함이 옳고 그름이로다.

조선 후기의 첫째가는 병폐라면, 그것이 바로 시비(是非)였을 것이니, 이것은 분명 세상을 희롱하고, 세도를 조롱한 것이 분명하다. 성리학적 의리와 대의명분을 앞세운 당쟁 속에 치열하도록 시비를 가리려는 일에 몰두한 노론 소론들이 나라를 이 지경으로 만들었다는 생각으로, 군신들 모두에게 한 방 날린 것이라 보이기 때문이다.

김삿갓이 지은 것으로 전해지는 많은 시들이 모두 그의 작품인지는 알 수가 없다. 강효석의 야사 《대동기문》에 따르면, 평안도 땅에서 이름 날리던 노진이란 선비가 김삿갓과 거의 라이벌에 가까운 실력이었는데, 역적 후예 주제에 근신하지 않던 것을 못마땅하게 여기던 차에, 김삿갓이 그곳으로 오자 망신 주어 쫓아낼 생각으로, 그의 조부 허물을 끄집어내 시를 한 수 지었으니, 그 제목이 김익순의 죄가 하늘까지 미쳤음을 꾸

짖고, 가산 군수 정시의 충절 어린 죽음을 논하는 시였다. 크게 취한 김
삿갓이 노진의 시를 또박또박 읽은 뒤,

"그놈, 시 한번 잘 지었구나."

라는 말로 피를 토하며 평안도를 떠나, 일생토록 관서 땅은 밟지 않았다
는 이야기도 전해진다.

아무튼, 홍경래 난에 대처한 두 인간형을 보노라면,

학덕 높던 한강 정구 선생 후손 정시의 의로운 죽음으로 그 후예들은
추앙받는 삶을 살았지만, 한때의 잘못된 선택으로 역적 후예가 된 김병
연은 삿갓을 동여맨 세상살이로 힘겹게 살았다.

김조순과 외손자 효명세자

정조의 갑작스런 죽음으로 11살에 불과한 어린 임금 순조가 즉위했
다. 효의왕후에게 자식을 보지 못한 정조는 의빈 성씨가 낳은 아들을 문
효세자로 책봉했지만, 그가 요절하자 새로 들인 수빈 박씨에게서 겨우
아들 하나 얻었으니, 조선왕조 23대째 임금 자리에 오른 순조였다.

훗날 순조가,

"지난 경신년(정조 24)에 영고(寧考)께서 소자의 손을 잡고 말씀하시
기를, 지금 내가 이 신하에게 너를 부탁하노니, 이 신하는 반드시 비
도(非道)로 너를 보좌하지 않을 것이다. 너는 그렇게 알라."

라고 고백한 바가 있는데, 어린 아들을 두고 끝내 미덥지 못했던 정조가
측근 신하 한 사람을 붙들고 은밀히 부탁했으니, 그가 바로 김조순이었
다.

세자 나이 열 살로 접어들자 혼례 치를 나이가 되어, 간택 절차 또한 무르익어 진행되고 있을 적에,

"내가 김조순 가문에 대해 처음에는 별 마음을 두지 않았는데, 현릉원 참배하던 날 밤에 꿈이 너무 좋아 마치 나를 대해 그렇게 하라 하신 것 같았다. 그래도 처음에는 해득을 못했다가, 시간이 지나서야 마음에 깨치는 바가 있었다. 오늘 간택 때도 그가 들어올 때 살펴보니, 얼굴에는 복이 가득하고 행동거지도 타고나 궁중 사람들 모두에게 관심이 쏠렸으며, 자전과 자궁도 한 번 보시고는 첫눈에 좋아하셨다. 종묘사직의 끝없는 복이 오늘부터 다시 시작되는 것이다. …… 더구나 그 가문이 덕문이요 명망이 있어, 뭇사람들이 우러러보는 집이라 내 마음 기쁘기 이루 말할 수가 없도다."

라며, 정조 임금은 흡족한 표정을 지었다.

후궁이나 왕자와 공주 배우자를 고르는 간택은 간단하게 초간과 재간으로 끝내는 경우가 많았지만, 왕과 왕세자 정실을 고르는 간택은 여러 규수들을 놓고 초간, 재간, 삼간의 단계별로 진행되는, 엄하고도 중한 일이었다.

하지만, 정조가 김조순의 여식을 염두에 두고 직접 개입한 세자빈 간택이라, 일이 수월하고도 순조롭게 진행되어 2차 간택까지 술술 진행되고 있었다. 그러는 사이 김조순은 승지로 발탁되어 측근에서 임금을 모실 수가 있게 되었으니, 단순한 군신관계를 뛰어넘는 그 무엇이 있었다. 그러던 중에 정조가 갑자기 숨을 거두어 국상을 당하자, 간택을 챙길 여유도, 챙겨 줄 사람도 없었다.

중전자리를 비워 놓은 상태의 어린 순조가 즉위하였으니, 왕실 최고 어른이던 정순왕후 수렴청정이 시작되었고, 이로 인해 정조 치하에서 수세로 몰렸던 벽파들이 조정을 장악하기에 이르자, 속이 타들어가는

사람은 오로지 김조순이었다.

힘의 우세를 바탕으로 벽파들은 정조가 심혈을 기울여 군사 기반을 삼았던 장용영부터 혁파했다. 이는 시파의 군사적 기반이기도 했기 때문이다. 그런 후 노론 벽파는 남인 시파들이 몰두하던 천주학를 사학(邪學)으로 몰아붙였다. 심환지·김관주·권유·김달순 등 벽파 중신들은 천주교에 다소 우호적이었던 정조 치하에서 커 온 남인 지식인들을 한꺼번에 제거할 호기를 잡았으니, 이를 놓칠 리가 없었다.

드디어 천주교를 무부무군(無父無君)의 멸륜지교(滅倫之敎)라 선언한 순조 재위 1년 신유(1801)에 이들에 대한 대대적인 검거 바람이 일었으니, 이를 신유박해라 부른다. 이때 생긴 순교자만 300명에 이르렀는데, 이승훈과 정약종 등이 서소문 밖에서 참수 당했고, 정약용과 정약전 형제도 귀양길에 올랐으니, 그 후로 기호 남인들은 씨가 마르게 되었다.

정약용이 그의 형 약종의 옥사에 연루되어 진술하기를,

"임금을 속일 수 있겠습니까? 임금은 속일 수 없습니다. 그리고 형을 증인으로 세울 수 있겠습니까? 형은 증인으로 세울 수 없습니다."

라고 하자, 세상 사람들은 공적인 의리와 사적인 윤리를 다 갖춘 참으로 묘언이라 칭송하였다. 유배지 19년 동안 온갖 시련을 겪었지만 아무런 내색도 보이지 않던 그가, 서울로 떠날 좌천객 한 사람을 보내면서, 부채에다 시 한 수를 써주었다. 그 첫머리를 〈역정추우송인지(驛亭秋雨送人遲) / 가을비 내리는 역참에 이별이 더디구나〉로 시작하여, 〈이릉귀한수무기(李陵歸漢遂無期) / 이릉의 귀향도 마침내 기약하기 어렵구나〉라고 맺은 시를 쓴 후 붓을 던지고, 오랫동안 그 시를 읊으며 처량하게 눈물을 흘렸다. 그 사람은 서울로 간 후, 어느 재상을 만나 무심코 그 부채를 보였더니, 깜짝 놀라며,

"정다산이 아직도 인간세계에 살아 있습니까?"
라고 한 바가 있었는데, 그 후 석방되었다고 《매천야록》은 전하고 있다.

시를 적은 부채를 건네받은 이는 좌천되었던 안동 김씨 가문의 김이교였고, 이를 보고 임금께 아뢰어 다산을 석방시킨 이는 김조순이었으니, 당색을 달리해도 규장각에서 한때 임금 총애를 같이 받던 자별한 정을 내보인 것이라 여겨진다.

정조 재위 시절에 구선복의 역모 사건에 휘말려 강화도로 유배 갔던 은언군(철종 조부)은 죽었지만, 그곳에서 어렵게 생활하던 처 송씨와 며느리 신씨도 천주를 신봉했다 하여 사사되었고, 혜경궁 홍씨의 동생 홍낙임도 이때에 처형되었으니, 신유년의 피바람은 거세게 몰아쳤다.

상황이 상황인지라, 시파에 속했던 김조순은 은인자중 신중한 처신으로 정순왕후 표정만 살피느라 정신 줄이 없었다. 그의 온화한 성품은 타고난 것이어서, 다른 정파에게 폐부를 찌르는 소리나 행동을 해 본 적이 없었다. 까다롭기 이를 데 없는 정조가 그의 문장을 보고 탄복했듯이, 당대의 문장가로 손색이 없는데다 정파를 가리지 않은 성격이라, 비문을 받아가려는 사람들 또한 줄을 이었다. 벽파 인물들이 그에게 공격의 화살을 날리지 않은 것도 그런 이유가 컸다. 이렇듯 원만한 김조순 성격이 정순왕후에게까지 영향을 미쳐, 장용영 대장과 병조 판서 같은 요직을 맡는 배경이 되었다.

비록 수렴청정 아래 있다 할지라도, 순조가 대통을 이은 후 다소 안정기에 접어들자, 중전 간택 문제가 고개를 들기 시작했다. 정조 살아생전 2차 간택까지 통과했던 김조순 딸이 왕비로 책봉되는 것이 자연스런 일이었건만, 노론 벽파들은 반대했다. 김조순이 국구가 되어 세력을 키운다면, 그들로서는 이로울 게 없기 때문이다.

순조 2년(1802) 김조순의 여식이 마침내 왕비로 책봉되었다. 벽파와 뜻을 같이 하는 정순왕후라 할지라도, 선왕이 정했던 일을 3차 간택에서 뒤집을만한 명분을 찾지 못했기 때문이다.

여기에는 안동 김씨 김조순 가문의 영향력이 큰 요인으로 작용했음이 분명하다. 동인과 서인으로 나눠질 때부터 서인의 거두로 우뚝 선 인물들을 보노라면, 가히 다른 가문에서 넘볼 수 없는 위엄이 서려 있고, 벼슬과 학문만이 아니라 군사적 기반까지 겸비했으니, 치열한 벽파 견제 속에 큰 타격을 받은 일이 없었다.

순조의 배필로 순원왕후 김씨가 왕비로 책봉되었으니, 이것이 안동 김씨 60년 세도정치 신호탄이었다. 순조 재위 3년(1803)에 정순왕후 수렴청정을 거두자, 어린 임금의 친정이 시작되었다. 정국 주도권이 김조순에게로 넘어가는 것을 못마땅하게 여긴 권유가 상소를 올렸다. 그러자 좌의정 이시수가 그를 탄핵하는 소를 올려 조정이 한때 시끄러웠다.

권유가 올린 상소에 '윤(尹)·길(姞)' 두 글자와 '곡돌사신(曲突徙薪)' 네 글자를 걸고 넘어졌으니, 윤씨와 길씨는 옛날 주나라 왕실과 주로 혼인했던 세족이고, '곡돌사신'이란 꼬불꼬불하게 굴뚝을 만들고 아궁이 근처 섶을 다른 곳으로 옮긴다는 것이니, 척족들이 분탕질하는 화를 미리 방지해야 한다는 뜻이다. 이 단어들을 접한 시파들이 발끈하여, 왕비 간택에 저촉된다는 이유로 탄핵하게 되었다. 당초 소를 제기한 권유는 유배 가서 죽었고, 그 배후로 지목된 노론 벽파 대신들도 줄줄이 엮여 화를 당했다.

권유의 옥사로 세상이 시끄러워지자, 권세의 무상함을 느낀다 하여 김조순은 사직소를 올렸다. 이에 놀란 순조가,

"내가 어린 나이에 사복(嗣服)했으니, 나를 보도(輔導)하고 보호하는 것이야말로 경의 책임이자 나의 바람이 아닌가?"

라는 비답으로 윤허하지 않았다.

자신의 자리를 굳건히 지키면서도, 화에 대한 책임에서 한 발짝 물러나 있게 만들었던 이가 김조순이었으니, 이처럼 그의 일처리는 깔끔하였고, 이후에 터지는 사건들 마다 그와 연관되지 않은 것이 없었지만, 결코 분란의 중심에 서는 일이 없었다.

규장각 제학이 된 김조순이 내각을 안동 김씨 권력 기반으로 삼았으니, 안동 김씨 주변 인물들이 하나 둘 핵심 부서를 장악해 나갔다. 정조의 개혁정신이 살아 있는 규장각이 세도정치에 이용된 것이나 다름없다.

순조 재위 5년(1805) 정월에 정순왕후가 죽게 되자, 노론 벽파들은 불안하고 초조하게 되었다. 그들을 감싸 안고 돌던 불안감은 사도세자의 죽음 때문이었다. 이에 대한 고리를 끊어내지 않으면 언제든 떼죽음을 당할지 모른다는 위기의식에, 순조가 장성하기 전에 자신들 보호막에 대한 대못을 박고 싶었다.

마침내 벽파를 이끌던 우의정 김달순이 순조를 알현하여, 〈영남만인소〉의 소두 이우를 처벌하고, 동시에 사도세자 스스로 죄를 인정하게 만들었던 박치원과 윤재겸에게 시호와 벼슬을 추증해 달라고 아뢰었다.

애초에 김관주 사주를 받은 박종경이 임금께 먼저 아뢴 후에 김달순이 나서려는 계획이었으나, 이를 눈치 챈 박종경 아버지가 화가 미칠 것을 우려해 입궐을 막은지라, 우의정 김달순은 이를 모른 상태에서 순조에게 덜컥 꺼내어 일을 크게 벌인 셈이 되었다.

옛적에 마무리된 사건을 새로 접하는 순간 당황했으나, 이내 평정심을 되찾은 순조가 선왕의 결정이란 이유로 거절 의사를 밝혔다. 이 중대한 사안을 놓고 시파들은 그냥 넘길 수가 없어, 김달순을 향한 공격의 고삐를 조여 갔으니, 가장 선두에 선 이가 김명순이었다.

김명순은 안동 김씨가 낳은 노론 4대신 중에 한 사람이었던 김창집 현손이니, 김조순과는 6촌 간이 된다. 그런데 김명순에게 탄핵 대상이 된 김달순 또한 김창집의 동생 김창흡 현손인지라, 다 같은 문곡 김수항의 5대손이었지만 벽파와 시파로 갈려 죽음을 건 도박을 한 끝에, 귀양 갔던 김달순은 그것도 모자라 유배지에서 사사되고 말았다.

김달순과 함께 상소 올리는 일을 꾀했던 김관주를 비롯한 노론 벽파 핵심들이 모두 밀려났다. 시파 안동 김씨들이 정국의 주도권을 쥐게 되자, 김조순은 벽파 공격에 소극적이던 반남 박씨와 풍양 조씨에게 손을 내밀었다. 순조가 즉위한 후 서서히 권력을 장악해 가던 안동 김씨 세도가 다져지고 있었다.

순조 재위 기간을 돌이켜 보면, 삼정 문란에다 지방관들의 부정부패가 극에 달해, 도탄에 빠진 백성들의 삶은 갈수록 비참해진데 반해, 부패한 세도가들의 창고는 뇌물로 가득했다. 전국적인 규모의 농민반란이 시작된 것도 이때부터였다.

통치에 자신감을 잃은 데다 건강까지 해친 순조 임금이 그 재위 27년(1827)에 효명세자를 불러 대리청정을 명했다. 우리 역사에 있어 대리청정 명이 떨어질 때마다, 왕세자를 비롯한 뭇 신하들이 아니되옵니다 외쳐야 했지만, 남공철·김재찬·이상황·심상규 등 중신들 모두가 환영의 뜻을 표했으니, 예전과는 사뭇 다른 분위기에서 시작된 대리청정이었다.

왕위에 오른 지 10년이 다 되어 가던 순조 재위 9년(1809)에 얻은 아들이 효명세자였다. 손이 귀한 왕가의 네 살 된 왕자를 세자로 책봉하였으니, 이보다 더한 나라 경사가 없었다. 숙종대왕 이후로 단 한 차례의 정비 소생 세자가 없었으니, 경사스러움이 날로 더하여, 세자 나이 열 살이 되었을 적엔 풍양 조씨 조만영의 딸을 빈으로 맞이하여 세손(헌종)까지 두었으니, 왕실 경사가 또 겹치었다.

아무튼, 대리청정으로 날개를 달은 쪽은 풍양 조씨였지만, 효명세자는 그에 쏠리지 않고 당파도 따지지 않는 인사정책으로 조정의 기강을 잡아 나갔다. 정승 임명까지 홀로 처리한 이 청정이야 말로 어느 대리청정도 감히 흉내 낼 수 없는 일이었다. 안동 김씨 세도에 눌려 지내던 순조에게 보답이라도 하듯 매사의 일 처리가 깔끔하였고, 창덕궁과 창경궁을 담은 동궐도를 그리게 명했던 것도, 효명세자의 왕권 강화책 일환이었다는 연구도 나와 있다.

효명세자가 어린 학생에서부터 일반인에 이르기까지 널리 알려지게된 것은 그의 생을 다룬 연속극 영향이 컸는데, 기록을 보아도 드라마 주인공 같이 출중한 외모에다 영특함을 더 하였으니, 서북쪽에서 홍경래가 난을 일으켰을 적에 3살 나이에 불과한 효명세자가 난이 진압되었다는 말을 듣고, 빨고 있던 젖을 놓으면서 하는 말이,

"쾌하고 좋구나."

라고 하자, 당황한 유모가 무엇이 그러한지를 물었더니,

"도적이 벌써 잡혔으니, 어찌 쾌하고 좋지 않겠는가?"

라고 했다는 이야기가 전할 정도다.

이렇듯 어릴 적부터 영특하다 알려져, 간혹 신하들이 선왕의 일을 입에 올려,

"아무 일과 아무 일 같은 것을 저하께서도 할 수 있사옵니까?"

라고 물으면, 주저 없이,

"할 수 있다."

라는 자신감을 드러내곤 했다고 한다.

실제 여섯 살 고사리 손으로 자신의 신하이자 외숙인 김유근에게 쓴편지가 2011년에 비로소 공개된 적이 있는데,

"內舅承旨開坼 卽承審夜間氣候萬重不勝喜幸 二封唐果食之甚美 後日又爲覓送望望 不備(승지 외숙, 열어보십시오. 제 편지를 받고 승지께서 밤사

이 평안히 보내셨다니, 기쁨과 다행스러움을 이기지 못하겠습니다. 두 봉지 당나라 과자를 먹어보니, 너무나 맛있습니다. 나중에 또 보내주세요. 바라고 또 바랍니다. 이만 줄입니다.)"

라는, 또박또박 정성어린 글씨를 보노라면, 이토록 총명했던 효명세자가 자기 뜻을 제대로 펴지도 못하고 왜 세상을 등졌는지, 한탄 아닌 한탄이 절로 난다.

황현의 《매천야록》에 따르면,

연암 박지원의 손자 박규수는 재주가 뛰어나 어려서부터 가난했지만 날마다 공부를 하였는데, 효명세자가 대리청정 하고 있을 때에 미행을 좋아하여, 어느 날 밤에 자하동에 도착했다. 그때 무너진 담장 사이로 옥이 구르는 듯 낭랑하게 글 읽는 소리가 흘러나와, 세자가 기뻐하며 홀린 듯이 사이 길로 들어섰다. 세자를 모신 무관이 먼저 들어가 손을 저으며,

"어가가 도착하였다"

고 말하자, 박규수는 정신없이 부복 하였다. 세자가 그를 일으켜 세운 후에 무슨 책을 읽느냐고 묻고는,

"네가 글 읽기를 좋아하니 반드시 기용하리라"

라는 약속을 한 후에 떠났다.

그 다음날, 어가가 박규수 집에 갔다는 소문이 장안에 퍼졌으니, 이때부터 박규수도 더욱 분발하였다. 하지만 그 해에 바로 효명세자가 승하하였기에, 호곡을 하며 그 슬픔이 너무 컸던 박규수는 살아갈 방도가 없는 사람처럼 보였다.

이 소문을 들은 신정왕후가 슬픔을 견디지 못하다가, 조병구(신정왕후 오라버니)가 권력을 쥔 후에 왕후가 극력 그를 도와 과거에 급제시켰으니, 그 후 박규수가 갑자년(1864) 회시 고시관으로 발탁되었을 적에 낸

시제(試題)가 〈철금련촉송소학사귀원(撤金蓮燭送蘇學士歸院)〉이었으니, 북송 때 문인 소동파와 송나라 인종 비였던 선인태후 고사를 인용하여 자기를 말한 것이었다.

박규수의 진취적인 생각들과 효명세자의 앞을 내다보는 혜안이 오래도록 만날 수 있었다면, 망해가던 조선이란 나라가 달라졌을 것이라 입을 모으는 것도 근거 없는 소리는 아닌 듯하여, 그 애석함을 필자만 느끼는 것은 아니다.

순조 재위 30년(1830)에 갑작스런 병을 얻어 창덕궁 희정당에서 젊디젊은 22살 나이로 부왕과 어린 세손을 남긴 채 세상을 뜨고 말았다. 각혈을 쏟아 내자 손놀림 바쁜 어의들이 갖은 방도를 썼지만 소용없자, 재야로 밀려나 있던 정약용까지 불렀으나, 돌이킬 수 없는 상황이 되고 말았다. 왕세자 치료를 담당했던 의관들을 처벌하고 사망 원인을 조사하라는 상소가 빗발쳤지만, 자식의 죽음을 앞에 놓고 그렇게 몰고 가기 싫었던 순조는 담담하게 죽음을 받아들였다.

국왕 권위를 드높이고 효심을 표현할 목적으로 순조 탄신 진찬을 성대하게 개최했을 뿐 아니라, 연회에서 핵심 되는 궁중 무용 '정재'를 직접 수정하고 다듬어, 천재적 예술 감각을 보였던 효명세자였기에, 지금도 이를 연구하는 학자들의 논문들이 줄을 잇고 있으니, 연구자들은 하나같이 세종을 잇는 예악(禮樂) 정치의 달인으로 추켜 세우고 있다.

예악 정치는 공자가 바라던 이상향이라, 한 나라를 다스리는 큰 방책이 여기에 들어있어, 유교 정치의 표준이요, 유교 정치의 특징이라 할 것이다. 인과 의로 도덕·윤리 잣대를 삼고, 예와 악으로 문물제도를 심는 정신을 뒷받침 하나니, 예의 정신이 경(敬)에 있다면, 악의 정신은 화(和)에 있다. 따라서 무너진 예와 악을 높이면 땅에 떨어진 국왕 권위도 회복할 수 있다는 생각한 이가 효명세자였다.

이항복 가문의 후예 이유원이 그의 저서 《임하필기》에서,

"기축년(1829, 순조 29) 정월 초하룻날에 순조께서 진전(眞殿 : 왕의 어
진을 모시고 배향하던 곳)에 참배하셨는데, 이때 익종(효명세자)이 세자
로서 배종하였고, 헌종은 원손으로 순조 뒤를 따랐다. 제왕가 3세가
함께 묘정(廟庭)에 배알한 일은 예로부터 매우 드문 일인지라, 그때
의 경재(卿宰)들이 반열에서 물러 나와 서로 경하하였다."

라는, 아버지 효정공에게 들었던 사실을 기술하고 있는데, 지난 시절 이
왕가를 돌이켜 봐도 3대가 함께 했던 것은 세종 때나 가능했을 정도로
희귀했다.

하지만, 20대 초반의 아까운 나이에 부모를 멀리한 효명세자는 어린
아들과 세자빈 조씨까지 남겨 둔 채 세상을 등졌다. 안타까운 4년이 또
흘러 부왕 순조까지 승하하자, 이제 여덟 살밖에 되지 않던 어린 왕세손
헌종이 한 나라를 어깨에 짊어져야 했다.

아들이 즉위했지만, 세자빈 풍양 조씨는 세자 빈궁에 불과했다. 그러
니 수렴청정은 왕실 어른이자 시어머니 순원왕후에게 돌아가야 했고,
헌종이 아버지 효명세자를 익종으로 추존하자, 조씨 또한 왕대비가 되
었다. 잃었던 지위를 아들이 되찾아 준 것이다.

일찍 떠난 효명세자와는 달리 팔순을 넘기도록 살았던 신정왕후는
우리나라 근대 개화기의 굵직굵직한 사건마다 등장하는 조대비로 더 잘
알려져 있듯이, 철종 이후 왕실 최고 어른으로 군림하면서 역사의 고비
마다 주인공이 되었다. 흥선군의 둘째 아들 명복을 양자로 들여앉혀 왕
위에 올렸으니, 고종시대 서막을 열었던 것이다.

제24대
헌종대왕

휘는 환(奐), 자는 문응(文應), 호는 원헌(元軒)이다. 순조의 손자이다. 효명세자 이영의 아들이며, 어머니는 풍은부원군 조만영 딸 신정왕후이다. 비는 영흥부원군 김조근의 딸 효현왕후, 계비는 익풍부원군 홍재룡의 딸 명헌왕후이다. 순조 27년 정해(1827)에 창경궁 경춘전에서 태어나, 3년 후 왕세손으로 책봉되었고, 순조 34년 갑오(1834)에 경희궁 숭정문에서 즉위한 후, 기유년(1849)에 창덕궁 중희당에서 승하하니, 재위 14년 7개월이다. 능묘는 경릉(景陵)이다.

헌종과 내 사랑 경빈 김씨

네 살에 아버지를 여읜 헌종이 이를 늘 마음 아프게 여겨, 한 신하에게 아버지 얼굴을 물었더니,

"진전에 모신 어진이 오히려 매우 닮으신 전하의 용안에는 미치지 못합니다."

라고 하자, 거울에 비친 자신을 보면서 눈물을 흘렸다고 전한다.

효명세자를 빼 닮은 외모에다 재능도 있다는 평가를 받는가 하면, 정사에 관심을 두지 않고 호색에 빠졌다는 평을 받기도 한다. 외모 뿐 아니라 정치의 참 맛을 알 무렵인 20대 초반에 요절한 것으로도 아버지 효명세자와 닮은꼴이고, 세손의 지위에서 조부를 계승했다는 점에서 보면 정조와 닮은꼴이다.

이유원이 《임하필기》에서 헌종을 추모하여,

"순조 계사년(1833)에 임금이 종묘를 배알할 때, 헌종이 7세의 나이로 곤룡포를 입고 금관을 쓰고서 연(輦)을 타고 임금 뒤를 따랐는데, 침착하고 과묵한 태도로 단정하게 앉아 있는 자세가 마치 어른처럼 의젓하여, 구경하는 백성이나 신하들이 다들 반가워하며 기뻐하는 기색이었다."

라면서, 그가 길옆에서 어린 헌종을 우러러 바라볼 기회를 얻었는데, 40년이 지난 지금도 그때 일을 떠올리면 어제 일처럼 선하다고 하였다.

아울러,

"헌종이 정사가 한가하여 편히 쉴 때면 입었던 모시옷을 손수 세탁하는 일이 많았고, 문방구도 보통 물건을 갖추어 쓰되 기교한 물건은 절대 쓰는 일이 없었다. 이불과 깔개도 비단이나 털 담요는 쓴 적이 없었고, 유장(帷帳)도 얇고 고운 비단을 멀리하셨다. 이는 모두 천

신(賤臣 : 이유원)이 항상 눈으로 직접 본 바이다. 그런데도 외간에서

사치한다는 거짓말이 많으니 매우 한스러운 일이다."

라고 하였듯이, 헌종에 대한 애절한 마음을 잘 녹여내고 있다.

세간의 평가와 달리 서예에 능하여, 특히 예서가 뛰어났다 한다. 어린 나이에 등극하여 나름대로 외척 세도 가문을 제어하는 노력을 다했고, 군권을 장악하고 민생을 바로 잡으려 한 바가 있지만, 이미 기울어가는 나라인지라 바로잡을 수가 없었다.

어린 헌종이 당대의 산적한 폐해들에 휩싸여 해쳐 나갈 방도를 찾지 못한 것은 사실이나, 세도를 부리던 이들에게 마냥 끌려 다닌 것도 아닌 듯하다. 김택영의 《한사경》에 따르면, 풍양 조씨 세도가를 이끌던 조병구가 헌종 앞에서 애체(안경)를 썼다고 크게 질책 받았던 기록이 있기 때문이다. 조병구는 다름 아닌 신정왕후 오라비였으니 헌종에게는 외숙이 되는데, 시력이 나빠 안경을 쓰지 않으면 앞을 잘 보지 못한 듯하다.

이때만 하더라도 웃어른 앞에서 안경을 끼는 것이 예가 아니었다. 그런 상황인데, 조병구가 안경 쓴 모습을 우연히 헌종에게 들키자, 노여움을 가라앉히지 못한 임금이,

"외척의 목에는 칼도 들어가지 않더란 말이냐"

라고 호통치자, 극도의 불안감과 압박감을 이기지 못해 음독자살 했노라 알려져 있다.

이렇듯, 조선 후기에 서역을 거쳐 들어 온 안경이 실생활에 크게 도움을 준 것은 사실이지만, 지위가 높거나 어른 앞에서는 쓸 수 없는 물건이라, 그런 에피소드가 많은 것 같다.

《임하필기》에서도,

"헌종과 철종 양조의 어용을 그리고 나서, 시임 원임 대신과 2품 이상 신하들에 명하여 들어와 살펴보도록 하였을 때, 내(이유원)가 번

번이 입참(入參)하였는데, 철종께서 심암 조두순으로 하여금 안경을 착용하도록 권했으나, 착용하지 않자 이후에도 여러 번 하교를 했음에도 끝까지 착용하지 않았다. 나는 이를 강연(講筵)하는 것과 차이가 있기에 착용하지 않은 것이라 여겼다. 당저조(當宁朝 : 고종)에 이르러 어용을 바라볼 때에 나에게 안경 착용을 여러 번 하교하셨으나, 심암의 일을 떠올려 착용하지 않았다."

라고 하였듯이, 임금을 우러러 볼 때 안경을 착용한다는 것은 무시하는 처사나 다름없어, 패륜을 넘어 역모죄로 다스려도 할 말이 없는 시절이었음이 분명하다.

헌종이 자기 정치를 하고자 했을 때, 안동 김씨들의 영향력이 소진되던 것이 자명한 이치라, 순원왕후가 헌종을 두고,

"남의 말을 믿지 않아 의심이 많고 시기심이 강하다"

라는 부정적인 평가를 내린 것을 보면, 의외의 갈등이 없었던 것은 아니었다.

헌종 재위 14년 무신(1848) 7월에 대사간 서상교가 안동 김씨의 실세 중의 실세인 김흥근을 탄핵하는 소를 올렸으니, 궁궐 출입이 무상하여 대왕대비 비위만 맞추는 정치를 했다하여, 그를 귀양 보냈다.

《매천야록》에 따르면,

"장동 김씨 중에는 오직 김흥근만이 헌종을 극간하다 유배되었고, 그 후 풀려나 양화도 별장에서 기거하고 있다가 이조 판서에 제수되어, 임금으로부터 일곱 번이나 부름을 받았지만 끝까지 나가지 않아, 세상 사람들은 한때 그를 고상하게 여겼다. 하지만, 그는 조정으로 나간 후 벼슬을 떠나지 않았고, 여러 차례 재상을 지내면서도 밝은 정치를 하지 못하였다는 평을 받고 말았다."

라고 했다.

국운이 기울어져 가던 시대에, 어린 임금이 나름대로 안동 김씨들을 유배 보내는 동시에 서희순을 이조 판서 겸 총위대장으로 내세워, 김정희·박규수 등을 조정으로 불러들이려 했다. 또한 안동 김씨 후원 아래 영의정에 오른 정원용을 파직하고, 5군영 훈련대장과 병조 판서를 독자적으로 임명한 것을 보면, 외척 세도가들에게 벗어나려는 노력을 기울인 면도 보인다.

외척의 그늘에서 벗어나 뜻을 펼쳐 보려던 헌종은 그 재위 15년, 23살의 젊은 나이로 승하했다. 그의 대를 이을 만한 6촌 이내 왕족을 찾을래야 찾을 수 없었다. 수많은 역모 사건에 얽혀 죽어 나간 왕손들 중에 그나마 남은 친족 또한 신유박해로 죽어갔다. 헌종이 죽자 할머니 순원왕후 김씨는 옥새부터 손에 넣었다. 풍양 조씨와 다툼을 벌이던 안동 김씨들이 또 한 차례 정권을 이어가게 한 순간이었다.

헌종이 죽어 묻힌 경릉.

유네스코 문화유산으로 지정된 조선의 수많은 왕릉 중에서 유일한 삼연릉이다.

삼연릉이란 봉분 3개가 나란히 조성된 능을 말함이니, 정면에서 바라볼 때 왼쪽 봉분이 헌종, 중앙이 효현왕후, 오른쪽이 효정왕후의 능이다. 선조나 숙종도 원비 계비와 한 곳에 묻혔으나, 같은 능원이라 해도 언덕 줄기가 다른 동원이강 형태라, 헌종이 잠들은 경릉과는 그 느낌이나 분위기가 완전히 다르다. 병풍석도 없애고 난간석만으로 나란히 3개의 봉분을 연결하였으니, 죽어서 복을 가장 많이 누린 이가 헌종이 아닐까 싶다.

원비 효현왕후는 안동 김씨 김조근의 딸인데, 10살이 되었을 적에 왕비로 책봉되었다. 어린 헌종의 즉위로 수렴청정하던 순원왕후 김씨 입김으로 안동 김씨들이 또 국혼을 성사시킨 것이다. 효현왕후는 워낙 조용하고 온화한 성품이라 언제나 예법에 맞는 말만 했다는 정도만 전해지고 있는데, 불과 여섯 해 만에 후사도 두지 못하고 죽었다.

남양 홍씨 홍재룡의 딸이던 효정왕후는 14세에 계비로 책봉되어, 궁궐의 안방 주인이 되었지만, 헌종이 요절할 때까지 끝내 자식을 보지 못했으니, 주부 김재청의 딸을 궁궐에 들여 후궁으로 삼았던 여인이 경빈 김씨였다. 하지만 경빈 김씨에게도 자식을 얻지 못했던 것은 마찬가지였다.

한말 김택영이 지은《한사경》에서 이르기를,

"헌종 비 효현왕후가 승하하자, 홍재룡의 딸이 헌종비로 간택되었으니 이가 효정왕후였다. 이때 풍양 조씨 가문의 조병현이 자칫 홍씨 가문과 권력이 분점 되는 것을 걱정하여, 궁녀들에게 몰래 뇌물로 효정왕후 달거리 일자를 알아내어, 임금이 왕비 처소에 들게끔 하였다. 이렇게 몇 차례를 반복하자 임금은 효정왕후를 탐탁치 않게 여겨, 이후로는 왕비 처소로 들지 않았다. 당시 정승인과 권돈인이 임금에게 나아가, 어찌 종묘사직을 생각지 않으시냐고 염려스러운 말투로 간했지만, 가납하지 않으시고 일어나 내전으로 들어가 버렸다. 정원용이 임금을 따라가며 눈물로 간한 것이 수차례나 되어, 그 눈물이 임금 어의를 적셨으나 끝내 가납하지 않으셨다. 이렇듯 조병현 계략이 잘도 먹혀, 헌종 13년(1847)에 드디어 판서 김재찬 딸을 납비하여 경빈(慶嬪)으로 책봉되게 만들었다."

라고 하였는데, 실상 경빈 김씨는 판서 김재찬 딸이 아니라, 광산 김씨 가문의 주부 김재청의 딸이었으니, 약간의 오류가 있음을 알겠다.

한편, 계비 효정왕후를 간택할 때, 헌종은 삼간택에 들었던 김씨를 마음에 두고 있었지만, 웃전의 할머니 순원왕후와 어머니 신정왕후가 홍씨 처녀를 찍어 어쩔 수 없었다. 그러함에도 헌종의 가슴 한 곳엔 김씨가 자리 잡고 있었으니, 내내 잊지 못한 김씨를 궁으로 불러들여 경빈이라 봉한 후 애틋한 사랑이 지나쳤다 하여, 세인들의 입에 자주 올랐다.

하지만, 당시 삼간택에 올라간 처녀 단자를 확인해 보면, 정랑 홍재령의 여식, 부사과 신태운의 여식, 선공봉사 전시승의 여식 등 3명이었으니, 김재청의 여식이 3간택에 올라 간 것은 아니었다. 아울러 초간택에 뽑혀 재간택에 올라간 처녀들을 확인해 봐도 보이질 않는다. 따라서 김재청의 딸이 초간택에 넣었다가 탈락했거나, 아니면 아예 간택하고는 거리가 먼 처녀였으니, 전해오는 이야기는 그저 이야기일 뿐이다. 헌종이 경빈을 궁으로 들여 애절하게 아껴주던 것이 와전되어 전해 오는 것이 분명하다.

어떻게 궁으로 들어 왔건, 경빈 김씨가 헌종 사랑을 듬뿍 받았던 것은 사실이다. 경빈을 맞아들인 헌종이 그녀를 위해 새로 집을 지었으니, 창경궁 한적한 곳의 낙선재와 석복헌이었다. 오늘날은 창덕궁 경내로 진입하여 찾는 이들을 반기고 있지만, 이 건물들을 완공하여 올린 기문(記文)에도 애틋한 사랑을 담았다.

"첫 눈에 반한다는 말 따위는 믿지 않았소. 당신을 만나기 전에는, 오래 기다리게 함을 서운해 마시고 이젠 나의 곁에 머물러주기를, 당신의 온기와 당신의 그림자를 놓치지 않기 위해 복을 드리니, 멈추어라! 아름다운 모습이여!" [석복헌기]

"선(善), 당신은 나에겐 그런 존재였습니다. 만월문 사이로 비치는 뒷모습만으로도 60년의 기다림을 즐거움으로 바꾸는 그림과 글 속에 갇힌 버거움과 외로움은 이젠 화계(花階)에 내려놓으시고, 아련한 600일의 기억만을 간직하소서." [낙선재기]

경빈 김씨가 궁에 발을 들여 놓던 헌종 13년(1848)에, '선(善)을 즐거워한다'는 뜻을 담은 낙선재(樂善齋)라 하여, 중국 태평성대의 순 임금을 좇아 이름을 붙였으니, 화려함보다는 소박함을 내세우기 위해 단청 없이 아름다운 문양의 창살과 벽으로 마무리했다.

이듬해엔 낙선재 동쪽에 석복헌(錫福軒)을 지었으니, '복(福)을 내리는 집'이란 뜻을 담았다. 효현왕후에 이어 효정왕후를 계비로 맞았으나 후사가 없었으니, 새로 들인 후궁 경빈 김씨에게 아들 낳기를 바라는 마음에서 복을 빌었던 것이다. 아울러 석복헌과 나란히 수강재(壽康齋)를 지었으니, 육순이 된 대왕대비 순원왕후가 거처할 공간이었다.

경빈 김씨 위상을 더 높이고, 왕실 권위와 정통성을 높이려 했던 헌종의 숨은 의중이라 여겨진다.

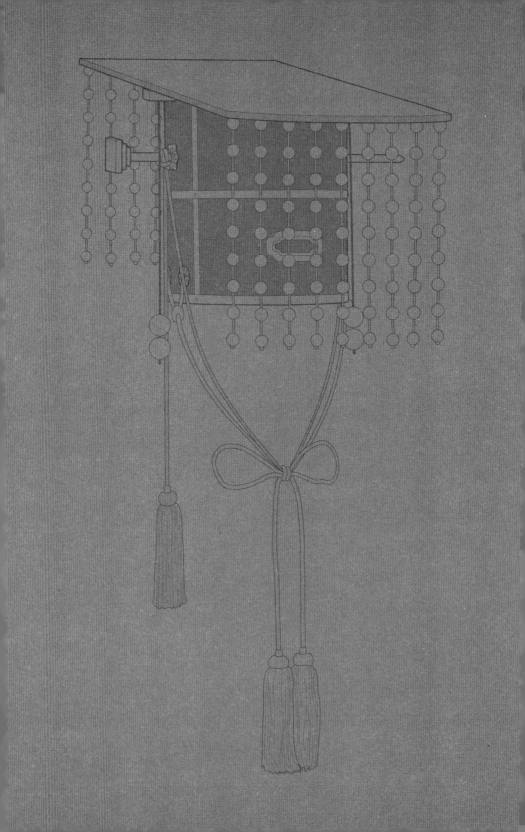

제25대
철종대왕

휘는 변(昪), 초명은 원범(元範)이다. 자는 도승(道升), 호는 대용재(大勇齋)이다. 정조의 이복동생 은언군의 손자이다. 전계대원군 광의 셋째 아들이며, 어머니는 용성부대부인 염씨이다. 순조 31년 신묘(1831)에 한성부 경행방 향교동 사저에서 태어나, 강화도에서 살다가, 기유년(1849)에 창덕궁 인정문에서 즉위하였으며, 갑자년(1864)에 향년 32세의 일기로 창덕궁 대조전 별채에서 승하했다. 재위 기간은 14년 5개월이었고, 능묘는 예릉(睿陵)이다.

세도가들의 세상

김 삿갓을 울려 보냈다는 전설의 평안도 은거 시인 노진이 지은 것이
라 알려진,

"가문의 성세는 자하동의 갑족 김씨요, 이름 석자는 서울에서도 유
명한 '순'자 항렬이라네."

라는 가락이 한때 장안의 호사가들 입에 오르내렸다.

인왕산 아래 계곡에서 피어 오른 안개 쌓인 풍경을 담은 겸재 인왕제
색도의 물 흐르고 숲 우거진 아늑한 골짜기가 바로 자하동이니, 경복궁
북쪽 창의문 바로 아래 자락 북악산과 인왕산을 가르는 깊은 골이었다.

자하동을 부를 때에 '하'자를 생략하여 '자동'이라 부르면서 급하게 발
음하면 그냥 장동으로 들렸으니, 이곳에 터를 잡고 살던 김씨네를 세상
에서는 장동 김씨라 하였고, 이를 줄여 그냥 '장김'이라 부르기를 즐겼다.

《동국여지비고》에,

"김수항의 집은 백악산 아래에 있어, 육상궁과 더불어 담장이 연결
되어 있고, 집 안에 무속헌이 있다."

라고 하였으니, 중종 때 학조 대사가 조카 김번을 위해 집터로 정해준 곳
이다. 오늘날 궁정동 2번지, 속칭 궁정동 안가가 있던 자리에 김상헌이
살았고, 김상용 또한 청운동에 집을 마련했으니, 인왕산 아래 자락과 북
악 아래 자락이 만나는 골짜기 일대가 안동 김씨들의 옛 터전이었음을
잘 나타내 준다.

조선 말기 성리학이 극에 달할 무렵, 노론 세력 안에서 벌어진 철학적
견해가 바로 호락논쟁인데, 송시열을 정점으로 하는 충청도 학맥을 따돌
리고 기호학계가 부상할 수 있었다. 안동 김씨 김창협의 손자 김원행이
화양서원 원장이 되면서 갈등이 표면화 되었으니, 충청권의 호(湖)와 서

울 정계의 낙(洛)이 갈등을 빚었다. 이는 송시열과 그의 제자 권상하를 더 높이느냐 아니면 김창협을 드높이느냐의 문제이기도 하다.

그러니 이는 자연히 시파와 벽파 싸움과도 맞물려, 호와 연결된 벽파는 정순왕후를 등에 업은 경주 김씨였고, 낙은 시파의 세도가 김조순을 대표하는 안동 김씨였다. 시파와 벽파의 갈등이 지속되는 가운데 정순왕후가 죽자, 벽파의 존재 가치도 사라질 위기에 직면했다. 그런데다 새로 부상한 김조순의 딸이 순조 비로 간택되어, 이제는 안동 김씨 세상이 펼쳐졌다.

황현의 《매천야록》을 보면,

"장동 김씨의 조상 김상용·김상헌·김수항·김창집 등은 덕망과 공훈으로 온 나라의 선망을 받았고, 김조순도 문장과 국사에 숙련된 솜씨를 발휘하여 덕망 높은 분으로 칭송을 받았다. 그러나 그의 자손들은 탐욕과 사치만 부려 외척이 국가를 망치는 화근이 되었다. 그들이 오랫동안 국권을 장악하여 세상에서는 장동 김씨만 알고, 국가가 있는 줄을 모르고 있다. 어떤 사람들은 장동 김씨가 국가의 기둥이라 말하지만 어찌 그렇다고 할 수 있겠는가."

라는 비판을 아끼지 않았듯이, 안동 김씨 세도는 장장 60년을 이어갔다. 효명세자를 제외하고 헌종과 철종 대에 이르기까지 국혼을 놓치지 않았기 때문이다.

김조순의 딸이 궁궐 안주인이 된 후에 조정 권한을 움켜쥐고 장동에서 교동(校洞)으로 이사했다. 김조순이 죽고 아들 김유근과 김좌근, 손자 김병기가 이어 교동에 살았고, 김문근이 철종 장인이 되어 조카 김병학과 김병국이 전동에 모여 살면서, 김병기의 권력과 비등하게 되었다. 이리하여 당시 권력을 가리켜 전동 교동이라 하였고, 민간에서도 '전교동 시절'이란 유행어까지 퍼졌다.

장동 김씨가 이름나기 전에 장안에는 회동 정씨가 유명했었다. 회동에서 대대로 벼슬이 끊이지 않았던 동래 정씨를 가리키는 말이 바로 회동 정씨였으니, 조선조에서 정승을 가장 많이 낸 집안으로 널리 알려져 있다.

이들이 살았다는 회동이 오늘날 회현동이니, 남산터널을 지나 도성으로 들어가는 초입의 신세계 백화점 언저리였다. 이들 동래 정씨는 중종 때 영의정을 지낸 정광필 손자 임당 정유길이 좌정승을 지낸 이후, 그 후손들 중에 정태화·정만화·정치화 같은 기라성 같은 정승들이 배출되었으니, 이런 집안인지라 송시열조차 하늘 높은 큰 기러기라 추켜세우지 않을 수 없었고, 회동 정씨에 비하면 자신의 집안은 지렁이에 불과하다 토로할 정도였다.

회동 정씨를 일군 정유길의 외손 후예들도 무수한 정승 판서를 배출했으니, 선원 김상용(정승 3명)과 청음 김상헌(정승 12인)이 바로 그에게 직접 가르침을 받은 외손자들이었다. 안동 김문이 더 크게 부상한 것은 청음의 손자 수흥과 수항, 수항의 아들 창집·창협·창흡 등이 배출되었다는 점이고, 그 이후에도 노론 시파 거두이자 순조 장인이 된 김조순과 자손들이 60년의 세도를 또 부렸으니, 세월 따라 흥망을 거듭하는 보편적 역사 흐름을 거슬러, 이렇듯 오랜 기간의 위세를 이어가기란 참으로 쉬운 일이 아니다.

헌종이 죽고 후사를 세울 만한 인물이 없어 고심하던 안동 김문에서 부득이 강화도에 귀양가 있던 이원범을 데려 오고자 했을 때, 그 일을 부탁 받은 이가 회동 정씨 정원용이었다. 정원용이 정유길의 후손인지라, 멀리 따져보면 그의 외가가 안동 김씨였다. 순조가 즉위한 후에 급제했던 정원용을 일찍이 발탁하여 영의정까지 지내도록 뒷배를 봐준 이가 바로 김조순이었다. 수십 년간 정승자리에 머물면서 조야에 명망이 있었지만, 한편으로는 안동 김씨에 아부하며 살았다 하여, 그를 얕잡아 보는 세평이 있기도 했다.

《매천야록》에 따르면, 정원용은 대소과 회방(回榜 급제한 지 60돌)을 모두 맞이했고, 또 회혼(回婚 결혼 60주년)까지 치렀다. 그의 아들 3형제 중 장남 기세는 정경이 되고, 손자인 범조는 참판을 지냈다. 이것은 모두 그의 생전에 있었던 일이라, 복록을 다 갖춘 사람으로서 근세에는 비교할 사람이 없었으니, 고종이 혼례를 치르면서 다복한 사람을 예사(禮使)로 택하여 폐백을 지게 하였을 적에 정원용이 뽑힐 정도였다.

떠밀려 임금이 된 철종도 혼례 치러야 할 나이가 넘게 되어 급히 간택했지만, 안동 김문을 벗어나지 못했으니, 김문근의 딸이 왕비가 되었다. 영은부원군으로 봉해진 김문근은 사람됨이 너그럽고 신임이 두터워 은혜와 의리로 사람을 대했다. 그럼에도 몸집이 비대한 그를 두고 뱃속에 값난 물건을 많이 싸 두고 있다는 뜻으로, 포물(包物)부원군이라 놀림을 받았으니, 당시 세태의 반영이 아닐 수가 없다.

김문근의 아들 병필은 심약하고 병이 잦아 요직으로 발탁되지 못했다. 이는 영은부원군 김문근이 욕심을 거두었기 때문이고, 도량이 넉넉하다고 판단한 조카 병국과 병학에게 출세길을 열어 주어 훈련대장과 대제학에 올랐다. 그리고 호방한 김병기는 좌찬성이 되었다. 김병기와 그의 내외종 남병철은 학식과 글로 널리 알려져, 김문근은 물론 철종에게도 총애 받았다.

남병철의 어머니가 김조순의 딸인데다, 그 역시 김문근의 딸을 아내로 맞았으니, 타고난 성실함과 높은 학문으로 임금 사랑을 받았지만, 안동 김씨 척족이란 것이 출세의 발판이 된 것은 사실이었다. 그럼에도 그의 외가 안동 김씨 세도가 궁궐 안팎을 압도하자, 싫은 기색을 내보였고, 이를 눈치 챈 김병기가 그를 전라 감사로 쫓아버렸다. 마침 전라도에 내려간 암행어사 행패를 참지 못한 남병철이 군졸을 풀어 어사를 공격한 일로 파직되어, 김병기와는 원수가 되었다.

안동 김씨 세도에 분격한 그가 오히려 억압 당하자, 글씨와 그림 및 성색(聲色)으로 소일하고 지냈는데, 그는 수학과 천문학에 뛰어나 여러 저술을 남긴 것으로 이름 높다. 연암 박지원을 계승한 박규수가 그를 두고, 학문과 문장이 모두 달통한 근세 보기 드문 인물이라 평가했고, 신석희 또한 당대의 큰 선비이자 문명과 학식을 갖춘 인재라 칭송해 마지않았으니, 조선 말기 최고의 천문 과학자로 숭상되고 있다.

그가 죽은 후 신도비 비문을 정작 김병기가 썼으니, 세상 인심 돌아가는 형편이 다 그런 것인가?

안동 김문에서 세도를 크게 부린 이는 다름 아닌 김좌근이다. 영의정을 세 번이나 지내면서 안동 김씨 세도정치 뿌리를 내리게 한 인물이다. 안동 김씨 세력을 두려워한 철종이 신료를 임용할 때마다 혼자서는 아무것도 처리하지 못하고,

"교동 아저씨(김좌근)가 아는 일인가?"

라고 묻곤 했는데, 예외로 딱 한 사람 임명을 마음대로 할 수 있는 자가 이시원이었다. 강화도령으로 있을 적에 이웃에 살았던 사람이 바로 이시원이었기 때문이다. 그가 덕천군 후손이라 전주 이씨 종실이란 혈연상 철종과 무관한 것이 아니지만, 당대 강화학파를 대표하던 인물이었고, 손자 이건창은 조선조 개창 이래 15살 최연소 급제로 문명을 떨치어 한 시대를 풍미한 명문가 일원이었다.

함께 강화학파를 일구어 이건창과 절친했던 황현의 야사 《매천야록》에 따르면, 당대 세도가를 가리킬 때 반드시 그들이 거주한 동네 이름을 따와 불렀기에, 김씨들도 전동(典洞)과 교동(校洞)으로 부르고, 조씨들은 전동(磚洞), 대원군은 운현궁에서 살아 운현(雲峴)이라고들 했다. 그런데

비단 세도가만이 아니라 대신들도 그렇게 하여, 반드시 합(閤) 자를 동명에 붙여 모합(某閤)이라고 불렸으니, 회동에 거주하면 회합, 승동에 거주하면 승합이라고 했다는 것이다.

이런 유행의 극치를 보여 준 사례가 김좌근의 애첩 나주기생이었는데, 세상 사람들이 그 여자를 가리켜 나합(羅閤)이라 불렀다. 정승 반열에 오른 사람에게 합하라 불렀으니, 나주 합하를 줄여 그렇게 부른 것이다. 김좌근이 그 애첩에 빠져들어 지방의 방백 수령은 물론이고, 조정의 웬만한 벼슬자리가 모두 나합의 손에서 나왔다는 말이 떠돌았다. 그러하니 부끄러움을 모르는 자들이 문턱이 닳도록 나합 처소에 들락거려, 8도 재물이 모조리 그 집 창고에 쌓이고, 내탕고가 텅텅 비게 될 정도였다. 그리하여 세상 사람들은 나합을 두고, "나주 조개"라는 다른 뜻을 가진 은어로 빈정대기 일쑤였다.

김좌근의 첩실 나합은 사람 홀리는 데 이력이 난 사람이라 김좌근이 쉽게 빠져들었으니, 방백수령들이 나합 손에서 나온 것이 많았다. 더구나 나합은 김좌근 몰래 빈객들과 간통까지 했으며, 한때 그의 세력이 커져 부끄러움을 모르는 자는 아첨하기를 일삼았다.

어느 날 참판 조연창이 나합의 초대를 받아 단 둘이 대좌하고 있을 때에 예고없이 일찍 들어 온 김좌근이 그를 보고 꾸짖어,

"영감은 대체 무슨 일로 이곳에 와 있소?"

라고 하자, 옆에 앉은 나합이 나긋하게 웃으며.

"어찌 대감은 관상을 벌써 보셨습니까? 저 또한 관상을 보려고 합니다."

라고 하자, 김좌근이 슬며시,

"옳소, 옳소."

하고는 나가 버렸다.

황현의 《매천야록》에 따르면, 풍양 조씨 가문의 조연창이 관상 잘 보기로 이름난 인물이라 알려져 있다.

조대비 신정왕후가 나합의 죄를 물어 한양을 떠나라 명했을 적에, 대원군이 중재하여 추방령이 무마되었는데, 이로 인해 고종 혼례 비용이나 경복궁 중건 비용이 나합의 창고에서 나왔다고도 전한다.

영의정 김좌근 영세불망비가 나주에 세워졌는데, 8도 어디를 돌아봐도 영의정 불망비라는 것이 흔한 것이 아니다. 대기근으로 흉년이 들었을 때 나합이 김좌근을 졸라 이 지역에 구휼미를 풀도록 하여 비를 세웠지만, 안동 김씨 세도가 무너진 틈에 두 동강이 났으니, 다시 붙인 흔적이 역력한 이 비가 지금도 나주 금성관을 지키고 있다.

파락호 대원군이 상가집 개의 탈을 벗고 용틀임을 시작하자, 안동 김씨 세도가 김흥근이 조정에 퍼뜨리기를,

"옛날부터 사친은 정치를 간섭 못 하도록 해 왔으니, 즉시 사제로 돌려보내 한평생 부귀나 잃지 않게 하는 것이 옳은 일이다,"

라고 목소리를 높였다. 그런지 얼마 되지 않아 대내의 대권이 대원군에게 돌아가자, 이때부터 김씨 중에서도 김흥근을 가장 미워하여, 그의 장토와 전답 수십 마지기를 빼앗았다.

김흥근 별장이 북문 밖 삼계동(三溪洞)에 있었는데, 서울에서 가장 유명한 정원이었다. 탐을 낸 대원군이 그 별장 팔기를 간청했으나, 김흥근이 듣지 않자 다시 청하기를,

"하루만 빌려 주어 놀게 해주십시오,"

라고 부탁했다. 정원을 가진 사람에게 놀기 위해 하루 빌려 달라고 하면, 주인이 허락하지 않을 수 없는 것이 서울의 옛 풍속이기 때문이다.

김흥근이 억지 승낙을 해주자, 대원군이 고종에게 행차하도록 권고하여 뫼시고 자신도 따라갔다. 국왕이 행차한 곳에 신하 의리로 감히 그

곳에 거처할 수 없다 생각하여, 다시는 삼계동을 가지 않았으니, 결국 그 별장은 운현궁 소유가 되고 말았다.

뜰에는 해묵은 노송들이 차일처럼 그늘을 드리우고, 서쪽 바위산에서 흘러내린 계류(溪流) 한가운데 평대(平臺)를 쌓아, 그 위에 서양식 건축 기법이 더해진 유수성중관풍루를 세웠으니, 4모지붕이나 기와를 씌우지 않은 색다른 풍경을 하고 있다.

사랑채인 대원군 별장은 홍지동으로 옮겨졌지만, 원래 터 뒤쪽 바위에는 삼계동(三溪洞)이라 새긴 각자가 있어, 옛 주인 영의정 김흥근이 살 적엔 삼계동정사라 불렀다. 대원군이 이를 석파정이라 바꾸고, 그의 호까지 석파로 했다 하니, 권력의 무상함이 이보다 더할 수는 없는 일이다.

강화도령과 강화학파

헌종이 승하하자 왕실 주위에는 왕위를 이을 만한 사람이 없었다.

좌의정 권돈인은 덕흥대원군 봉사손 도정 이하전을 추천했고, 영의정 정원용은 전계군 셋째 아들이 타당하다 하였다. 각자의 주장들로 해결 기미가 보이지 않자, 이들을 물리친 순원왕후 김씨는 영상의 의견을 좇아 전계군 아들로 낙점했다.

후보에서 밀려난 이하전이 후일 철종에게,

"이 나라 조선이 전주 이씨의 나라인가, 안동 김씨 나라인가."

라고 항의한 적이 있는데, 그의 발언이 문제 되어 김순성과 이극선의 추대를 받았다는 무옥으로 끝내 사사되고 말았다. 이렇듯 왕실 언저리에서 태어난 사내들의 씨가 더욱 말라가고 있었다.

철종의 본명은 이원범이고, 전계군 이광의 셋째 아들이니, 순조 때 한성부 경행방 사저에서 출생했다. 그의 조부 은언군은 사도세자가 낳은 아들이니, 정조에게는 배다른 아우였다. 정조 재위 시절 역모에 연루된 은언군이 강화도 교동으로 유배 갔다가, 순조 때 사사 당했지만, 그 아들 전계군도 교동에서 무려 40년을 귀양 살다, 풀려나서 한양에 살적에 원범을 낳았다.

영조 후궁 영빈 이씨 아들이었던 사도세자, 사도세자 승은을 입은 후궁 임씨가 낳은 아들 은언군, 은언군 소실이 낳은 전계군, 그리고 전계군의 서자로 태어난 이원범이었으니, 방계에서 방계로 흐르는 전형적인 방계 혈통이었다. 전계군은 최씨 부인과 첩실 이씨 및 염씨로부터 각각 아들 한 명씩 낳았는데, 그중에서 염씨 부인이 낳은 아들이 이원범이라, 군호조차 받지 못한 한미한 왕족이어서, 입궐하여 즉위하기 전날에야 비로소 덕완군이라는 군호를 받았다.

이원범이 비록 방계 신분에 불과했지만, 왕가의 몇 안 되는 왕족이라 큰 어려움 없이 지냈으나, 그가 14살 되던 해에 민진용이 큰형 이명을 추대하려는 역모를 일으켜, 이명은 처형되고 이원범은 작은형 이경응과 함께 교동으로 유배 갔다. 그러다가 다시 유배지를 강화도로 옮겼으니, 그는 나이 열아홉 될 때까지 강화도에서 밭일에다 나무 짐이나 지던 평범한 백성에 불과하여, 강화도령이란 말이 생겼다. 하지만 강화도에서 생활한 것이 고작 5년에 불과할 정도로 짧은 기간이기도 하다.

아무튼 강화도령 이원범을 왕으로 추대한다는 순원왕후 결정으로, 한양에서 급파된 어가 행렬이 왔을 적에, 군졸들이 자기를 잡으러 온 것이라 착각하여 산속으로 도망쳤다. 후계자를 모시러 간 영의정 정원용 요청으로 주민들이 나서서 설득한 끝에 가마에 올랐으니, 그가 살던 초라한 집이 졸지에 잠저가 되어, 용흥궁(龍興宮)으로 불리게 되었다.

경기도 파주에 염종수란 자가 살았는데, 성격이 교활한 데다 과시욕이 남달랐다. 그가 파주 장터에 나갔다가 철종 외가가 용담 염씨라는 말을 전해 듣고, 자신의 본관 파주 염씨에서 갈라져 나왔다는 생각으로 강화도로 달려갔다. 자손이 끊긴 철종 외가의 무덤엔 돌보는 이들이 없어, 잡풀만 무성할 뿐이었다. 자손이 끊어진 것을 확인한 염종수는 그의 아들을 철종 외조인 염성화 손자로 둔갑시키려고 족보를 위조하여, 자신의 가계에서 갈라져 나간 것으로 만들었다.

족보를 둘러메고 한달음에 궁궐로 찾아간 염종수가 외삼촌이라 위조한 내용을 들이밀면서, 역모의 변괴가 이어지는 통에 화를 피하지 않을 수 없어 숨어 살아왔노라고 아뢰니, 두렵고도 외롭게 살아왔던 동병상련 처지인지라, 염종수 손을 덥석 잡은 철종이 외삼촌이라 부르며, 그를 전라도 수군절도사로 삼았던 것이 철종 9년(1859) 무렵이었다.

갑작스레 임금 외삼촌이 된 염종수는 강화도에 묻힌 용담 염씨 묘역을 단장하러 신발이 닳도록 드나들면서, 급기야 철종 외조의 묘비까지 세우기에 이르렀는데, 본관을 용담이라 하지 않고 파주로 새겨 넣어 세상 사람들에까지 드러내고자 하였다.

이렇게 하기를 3년이란 세월이 흐르는 동안 염종수의 행각도 끝나게 되었으니, 철종의 진짜 외숙되는 염보길의 등장이었다. 신통방통한 염종수의 가짜 행각이 신묘하기 짝이 없으나, 하늘을 속여도 염보길까지 속일 수는 없는지라, 관아로 달려가 이를 고발하니, 당장에 종수를 잡아들여 옥에 가둔 강화 유수 이명적이 임금에게 장계를 올렸다. 철종 재위 12년(1861)에 염종수를 한양으로 압송하여 국청을 설치하니, 사안이 매우 중대하여 임금이 친국하게 되었다. 그리하여 죄인 염종수가 임금을 기만하고 부도(不道)한 짓을 했다 하여 참수형으로 다스렸다.

몰락한 왕가의 피붙이를 용상에 앉히다 보니, 참으로 어처구니가 없는 해프닝들이 다반사로 일어났던 것이다. 당시 강화 유수가 사람을 보내, 철종 외조 염성화 비문에 파주라는 글자를 깎아 내고 그 자리에 용담이라 새겨 넣었으니, 그 흔적들이 지금까지 오롯이 남아 있다.

황현의 《매천야록》에 따르면,

"철종은 천성이 나약하고 온유한 데다가 김씨들에게 견제 받아, 관리 한 사람을 임명할 때도 결정을 내리지 못하였다. 그러나 잠저에 있을 때 이시원과는 한 고을 사람이므로, 이승지가 좋은 관리라는 말을 자주 듣고 기억하고 있다가, 등극한 후 언제나 인사발령을 할 때 이시원 이름이 후보 명단에 있으면, 아무리 차석이나 말석에 있더라도 반드시 서열을 초월하여 임명했다. 한때 개성 유수 자리가 공석 중에 있자, 주상이 어필로 이시원 이름을 첨서하여 낙점하였다. 그는 개성에서 3년 동안 있으면서 자신이 머물던 관아에서 손자 건창을 낳아 아명을 송열(松悅)이라고 하였다. 개성을 속칭 송도라고 했기 때문이다."

라고 했고, 이어서 또 이르기를,

"이시원은 어려서부터 왕골 돗자리를 짜서 팔아 부모의 반찬을 마련하였다. 그는 조정에서 벼슬을 하면서도 퇴근하여 집에 돌아오면 돗자리를 짰으므로, 사람들은 그의 솜씨를 알아보고, 이것은 이승지가 짠 돗자리라 하였다."

라고 전한다.

이시원의 손자 건창은 신동으로 알려졌듯이, 15살에 급제한 개국이래 최연소 과거합격자였다. 그보다 더 놀라운 것은 복잡하게 얽힌 조선조 당쟁의 역사를 총정리한 《당의통략》을 저술하여 후세에 남겼다는 점이다. 이건창 조부 이시원은 병인양요 당시 프랑스 군대가 강화도를 침범하자, 향대부마저 도망가면 후세 사가들이 어떻게 보겠냐며 꾸짖고는,

조상 산소를 돌아본 후에 아우와 함께 담소하며 조용히 유서만 남긴 채 자결한 올곧고도 서릿발 같은 선비였다.

이시원의 조상을 거슬러 올라가면 효민공 이경직이었고, 더 거슬러 올라가면 정종 임금 아들인 덕천군으로 연결된다. 이시원의 5대조가 이조참판 이대성인데, 그의 아들 진유와 진검 형제가 김창집을 비롯한 노론 4대신을 처벌하는 데 앞장섰고, 이어 임인옥사를 주도한 강성 소론이었다. 이들 덕천군 후예들의 진(眞)자 항렬을 들여다보면, 호조 판서 경직의 증손이자 판돈령부사 정영의 손자들이니, 대성의 아들 5형제 중에 장남 진유는 큰집 만성의 대를 잇기 위해 양자로 갔고, 막내 진위가 이시원의 고조였다.

영조가 즉위한 후 소론이 주도했던 옥사를 뒤집은 경신처분으로, 이조 참의를 역임한 진유는 중국 사행 도중에 체포되어 추자도로 귀양을 갔다가, 죄가 중하다 하여 의금부로 압송되어 사사되었다. 이때 아우 예조 판서 진검 또한 강진으로 유배되었다가 사사되었으니, 그야말로 집안이 풍비박산 나고 말았다.

영조에게 한 마디 원망 없이 귀양길에 오른 이진유가 님을 그리는 간절함을 구구절절 읊었던 것이 《속사미인곡》인데, 나주를 거쳐 추자도에 이르는 긴 여정의 경험들을 기행문 형식으로 노래했기에, 송강 정철이 처했던 상황을 젊은 여인네 심정으로 우회하여 표현한 것과는 맛이 색다르다.

서인 중에서도 양명학에 관심을 가진 소론들이 생겨났고, 여기에 심취한 정제두가 숙종 35년(1709)에 안산에서 강화도 하곡으로 이주하여 강화학파가 형성되기에 이르렀다. 그 내막을 좀 더 살펴보면, 아들 정후일과 사위 신대우에게 양명학이 전해진 것은 물론, 20여 년간 정제두에게 사사한 손녀사위 이광명과 그의 종형제 광신·광사는 물론 6촌 광려

등에게까지 전승되었으니, 이들이 소위 강화학파 1세대들이었다.

이경직·경석 형제의 증손에 해당하는 진(眞)자 항렬과 그 아랫대 광(匡)자 항렬에서 두드러진 인물들이 배출되어, 세간에는 육진팔광(六眞八匡)이란 말까지 돌았으니, 육진 중에서 진유·진검·진급·진순·진수·진경은 경직의 현손이고, 진망은 경석의 현손이다. 아울러 팔광 중에서도 광세·광보·광찬·광사·광려는 경직의 현손이고, 광덕·광의·광도는 경석의 현손들이다.

일찍이 정제두 손녀사위가 되어 사사 받은 이광명은 가학으로 양아들 충익에게 그의 학문을 전승했고, 종형 이광사 역시 그의 아들 영익과 긍익에게, 신대우는 아들 작에게, 이광려는 제자 정동유와 류희 등에게 학문을 이어주었다.

한편 충익은 아버지에게 익힌 학문을 그의 아들 면백과 손자 시원·지원으로 이어지게 하였고, 이시원 학문이 다시 아들 상학과 손자 건승·건창에게 전해졌다. 이지원 또한 손자 건방에게 전승 된 학문이 다시 위당 정인보에게까지 계승되었으니, 이들 이씨 가문이 강화학파의 주류였다.

이씨 가문이 강화에 정착하게 된 경위를 보면, 이시원의 고조 이진위가 죽었을 때 아들 광명이 어머니 송씨 뜻에 따라 강화도 사기리에 장사지낸 후 그곳에 정착하게 되었으니, 여기에서 강화학파 육대계승(六代繼承)이란 말이 나오게 되었다. 강화도 입향조가 되는 이광명 아래 충익－면백－시원－상학－건창·건승·건방 형제에 이르기까지의 인물을 가리킨다.

한편 이진검의 아들이자 광명의 사촌인 광사는 동국진체를 완성한 서예의 대가로 우뚝 섰고, 광사의 장자 긍익은 방대한 야사 《연려실기술》을 저술하여, 그들의 진가를 드높였다.

이렇듯 6대에 걸친 약 250여 년 강화학파 계승자들을 보면, 1대 이광명·광현·광사, 2대 충익·긍익, 3대 면백, 4대 시원, 5대 상학, 6대 건창·건승·건방 등이었으니, 출사에 뜻을 두지 않은 채 산림에 묻혀 살던 영향 때문인지, 이시원이 징소 받아 관복을 입었으나, 끝내 강화도로 돌아와 열강 침략에 항거하는 자결의 길을 택했다.

이시원의 유소(遺疏)가 조정에 올라가자, 그를 애도하여 충정(忠貞)이란 시호를 내리고, 정경 대신을 보내 제사 지내게 하였다. 하지만, 간혹 사람들이 그를 두고 용기를 상한 것이라 비꼬기도 했으니, 이는 아마 당색을 달리한 사람들의 평이었을 것이다.

손자인 이건창이 사신이 되어 강화성에 들어가 시랑 황옥과 놀 적에, 옥이 건창의 송서(送序)를 지었는데, 그의 선고 덕을 일컬어,

"죽어야 할 이유가 없는 곳에 살면서, 배웠던 마음을 저버리지 않았다."

라고 기술하였으니, 세상 사람들이 제대로 표현한 참다운 말이라 칭찬했다.

노론의 득세로 양세(兩世)가 폐고 되자, 이시원의 조부 충익은 강화도 초봉 밑에서 호를 초원(椒園)이라 칭하면서 벼슬을 단념한 채, 곁가지로 익힌 의술과 지리에도 능통한 솜씨를 발휘하였으니, 세상 사람들이 삼절(三絶)이라 하였다.

풍수에 일가견 있던 그가 동둔포에다 선조의 묘를 쓴 후에,

"우리 자손 중에 반드시 세상에 유명한 사람이 나올 것이다."

라고 말하고는 또 이르기를,

"이곳은 백로가 물로 내려오는 형국이므로, 백로가 모여들기만 하면 바람이 일 것이다."

라고 하였다. 그의 아들 이면백이 진사시에 합격하여 어떤 사람이 축하

하자,

"아직 바람이 일지 않고 있습니다."

라고 하였다.

이시원이 급제하기 2년 전부터 백로가 모여들기 시작하니, 손가락을 꼽아 보며,

"괴상한 일이다. 왜 틀릴까?"

라고 고개를 갸우뚱하더니, 마침내 이시원이 급제하여 왕을 알현했다는 기별을 듣고서야 웃음을 지으며,

"꼭 이런 일이 있을 줄 알았다."

고 하였다.

그 후 얼마 지나지 않아 충익은 세상을 떴지만, 시원은 명성과 기절로 이름값을 했고, 건창은 문장으로 한 시대를 풍미한 명신으로 추앙받고 있다.

성품이 강직한 이시원은 사람들과 온화하게 지내지 못한 일이 많았지만, 관리로서의 재능은 뛰어났다. 그가 처음 태천 군수로 있을 때 선정을 펼쳤고, 춘천으로 부임하였을 때는 국구 조병구가 관내에서 장례를 치른 일이 있었는데, 도내 수재(守宰)들이 뒤질세라 몰려갔으나, 이시원은 끝내 문상하지 않아 얼마 후 파면되었다.

또 경기도 암행어사로 내려갔을 적에, 그가 올린 서계로 탄핵된 사람들은 꼽아 보면, 참판 이상 8명에다 그 이하가 무려 10명이나 되어, 풍채 늠름한 그를 두고 〈십준팔초(十駿八軺)〉라는 노래까지 유행했다.

강화도령 철종이 강화학파를 계승한 이시원을 발탁한 것은 참으로 혜안에다, 신의 한 수라 할 만하다.

正史를 버무려 쓴
조선왕조야사
2

지은이 | 박홍갑
펴낸이 | 최병식
펴낸날 | 2022년 5월 10일
펴낸곳 | 주류성출판사 www.juluesung.co.kr
서울특별시 서초구 강남대로 435 주류성빌딩 15층
TEL | 02-3481-1024(대표전화) · FAX | 02-3482-0656
e-mail | juluesung@daum.net

값 22,000원

ISBN 978-89-6246-478-8 04910
ISBN 978-89-6246-476-4 04910(세트)

＊본 저작물에는 국립박물관문화재단 클래식 서체,
  문화포털과 국립고궁박물관에서 제공되는 문양이 활용되었습니다.